行政职业能力测验

孔艳侠　**编著**

东南大学出版社
SOUTHEAST UNIVERSITY PRESS
·南京·

图书在版编目(CIP)数据

行政职业能力测验 / 孔艳侠编著. — 南京 ：东南大学出版社，2017.9(2019.8 重印)

ISBN 978-7-5641-7375-3

Ⅰ. ①行… Ⅱ. ①孔… Ⅲ. ①公务员—招聘—考试—中国—教材②行政管理—能力倾向测验—中国—教材 Ⅳ. ①D630.3

中国版本图书馆 CIP 数据核字(2017)第 193637 号

行政职业能力测验

出版发行	东南大学出版社
出 版 人	江建中
社　　址	南京市四牌楼 2 号(邮编 210096)
印　　刷	虎彩印艺股份有限公司
经　　销	全国各地新华书店
开　　本	787 mm×1092 mm 1/16
印　　张	19.5
字　　数	428 千字
版　　次	2017 年 9 月第 1 版
印　　次	2019 年 8 月第 2 次印刷
书　　号	ISBN 978-7-5641-7375-3
印　　数	1501—2300 册
定　　价	44.00 元

本社图书若有印装质量问题，请直接与营销部联系，电话：025—83791830。

前 言

行政职业能力测验是国家和地方公务员考试的必考科目，重在测查学生所具备的行政潜能，具有题量大、知识面广、考查方式灵活三大特征。《行政职业能力测验》一书严格依据国家公务员考试最新大纲编写，深入分析了行政职业能力测验的命题特征、命题重点、命题趋势、基本题型、解题技巧，不仅有助于学生全面把握考试规律，夯实基础，迅速掌握解题之道；而且还能引导学生开阔思路，提高综合素养。

与其他行政职业能力测验教材相比，本书优势与特色如下：

一、重点突出

深入讲解言语理解与表达、判断推理、数量关系、资料分析、常识判断五大题型。重点分析历年真题，所涉真题力求反映近年来行政职业能力测验的现状和趋势，帮助学生把握命题规律。重点分析各类题型的命题特点及其解题思路、解题技巧。指导学生明晰自身优势和劣势，明确考试重点，权衡利弊、顾全大局，培养良好的思维方式。

二、体例科学

本书设置了“解读行测”“言语理解与表达”“判断推理”“数量关系”“资料分析”“常识判断”六大模块。每一模块先对经典真题进行阐释说明，帮助考生真正吃透理论，学会运用，然后设置“实战演练”供学生练习巩固。环环相扣，层层深入。学生既能系统掌握相关知识，又能拓展答题视野与思路。

三、解题技巧实用

精准概括每一类题型的题型特点、解题技巧，并依据解题技巧详细解读真题，指导学生掌握方法技巧，快速准确答题。

四、参考答案准确规范

精选国考和省考典型真题，力求分析更细致、更全面、更深入；参考答案更客观、更严谨。

《行政职业能力测验》既可以作为高等院校公务员考试指导教材，也可以作为社会在职人员的自学和参考用书。

受限于时间和作者的水平，本书在所难免会有一些疏漏之处，衷心期待学界专家和读者批评指正。

孔艳侠
2017 年 8 月

目　录

第一章　解读行测

第一节　了解行测特点　有的放矢

行政职业能力测验是公务员考试的必考科目，主要测查考生从事国家机关工作必须具备的潜能。考生要了解行政职业能力测验的基本特点，熟悉行政职业能力测验的基本题型，让备考做到有的放矢。

一、分级分类命题　试卷同中有异

国考行政职业能力测验副省级卷和地市级卷分开命题，两套试卷，试卷同中有异。首先，两套试卷题量不同。副省级试卷135道题，地市级试卷130道题。副省级试卷数量关系15道题，地市级10道题。地市级的10道题包含在副省级的15道题之内。其次，两套试卷考核重点略有不同。副省级试卷更侧重于宏观规划，其言语理解与表达部分出现了文章阅读的题型。地市级试卷更侧重于贯彻执行，其逻辑推理题型出现了新的考法，一个材料下若干个小题。最后，两套试卷试题大体相同，但重复题目逐渐减少，试题的题号和选项的顺序不尽相同。国考行测分级分类命题，不仅从数量上做了区分，而且在考查内容上做了精准匹配，保证了试卷与职位相匹配，真正体现了国考命题的科学性。

二、基本题型稳中有变　题量略有调整

行政职业能力测验分为五大模块：言语理解与表达、判断推理、常识判断、数量关系、资料分析。其中，言语理解与表达有三种题型：阅读理解（片段阅读、文章阅读）、语句表达、逻辑填空。判断推理有四种题型：图形推理、定义判断、类比推理、逻辑判断。数量关系有两种题型：数字推理、数学运算。资料分析有四种题型：文字型资料、统计图、统计表、复合题型。就近几年国考和省考考试情况来看，行测试卷结构比较稳定，基本题型稳中有变。2005—2016年之间，阅读理解仅考一种题型——片段阅读，题量17道左右。2017年国考副省级言语理解与表达部分文章阅读横空出世，题量达到10道；片段阅读题量减少到12道；逻辑填空由原来固定的20道减为15道。这些变化反映了国考综合性、创新性的趋势。

三、试题覆盖面广　题量大

国考行测副省级共135道题，其中言语理解与表达40道、判断推理40道、数量关系15道、常识判断20道、资料分析20道。地市级130道题，其中言语理解与表达40道、判断推理40道、数量关系10道、常识判断20道、资料分析20道。涉及语言文字、数学、逻辑、政治、经济、法律、人文、历史、科技、地理、生物、军事等多个学科的知识。题量之大、覆盖面之广，其他考试难以望其项背。

四、考查综合能力　难度不断提升

1. 考查综合能力

行政职业能力测验主要测查与公务员职业密切相关的、适合通过客观化纸笔测验方式进行考查的基本素质和能力要素。言语理解与表达主要考查考生对语言文字的综合理解和分析能力。判断推理主要考查考生对各种事物关系的分析推理能力。数量关系主要考查考生快速理解和解决算术问题的能力。资料分析主要考查考生对文字、图形、表格等数据性、统计性资料综合分析、计算、比较、加工的能力。常识判断主要考查考生应知应会的基本知识掌握情况以及运用基本知识分析判断的能力。行政职业能力测验不是考查一种能力，而是考查综合能力。

2. 难度不断提升

行政职业能力测验难度非常大。首先，行政职业能力测验各模块的考点不断翻新，命题方式灵活多变，解题方法不断优化，跨学科的综合性题目不断涌现。试题的难度不断提升。其次，行政职业能力测验涉及多个学科，题量大、覆盖面广，备考难度大。再次，行政职业能力测验时间紧、任务重。考生要在120分钟之内作答130～135道试题，平均50秒作答一道题。作答难度大。这些因素导致行政职业能力测验难度不断攀升。

第二节　掌握备考方法　高效备考

行政职业能力测验通过大量多样化、综合性的试题来考查考生在有限的时间内思维的敏捷度、开阔度和准确度。考生要想马到成功，必须掌握备考方法，稳扎稳打，循序渐进，不断提高自己的综合能力。

一、合理安排时间　做好备考规划

管理会计学的创始人麦金西有句名言："时间是世界上一切成就的土壤。时间给空想者痛苦，给创造者幸福。"考生要学会充分利用时间，合理分配时间，做好备考规划，做到"争分""夺秒"。

时间安排	阶段描述	备考要点	阶段总结
8月	入门涉猎阶段	全面了解行测，包括考试大纲、考试时间、试卷结构、题型题量等	熟悉行测考试各种题型，分模块练习，掌握基本解题技巧
9月	总结深入阶段	对各种题型、解题方法、考点作细致研究；明晰强弱、攻克弱项	真题演练，总结规律，熟悉各种题型解题技巧
10月	强化提高阶段	研究考试大纲，重点研究变化；实战模拟，提高答题速度，查缺补漏，对易错题型加强练习	攻克重点题型，熟练运用解题技巧，提高答题速度
11月	考前冲刺阶段	考前模拟3到5次，梳理知识，建立知识体系，调整心态，轻松应考	复习各种解题思路、解题技巧，提高做题速度，培养考试感觉

二、掌握解题技巧　提高做题速度

1. 快速解题

行政职业能力测验的第一要诀就是"快"。它的作答时限为120分钟，副省级题量为135道，地市级题量为130道，除去填涂答题卡的时间，每道题只有50秒左右的作答时间。因此，考生要快速解题。首先，考生要建立各学科知识框架体系，既要把握各个知识内容和要点，也要弄清楚它们之间的横纵联系，掌握知识内容的整体框架。其次，熟悉行政职业能力测验的各种题型，掌握每一种题型的解题技巧，并能举一反三，熟练运用。

2. 简单着手

简单着手并非仅仅只是一种做题技巧，而是完成整个行测试卷的一种"灵魂思想"。行政职业能力测验并不要求考生答对全部题目，只要在限定的时间内达到行测要求的灵敏度、准确度即可。因此，"避重就轻"，从最简单的部分着手才是上策。

3. 适时放弃

考生要懂得放弃。要明白放弃不是失败，有时是一种智慧。考生做题时切忌在一道题上停留过久。遇到难题，40 秒左右没有一点思路，就果断放弃，跳过往下做，待试卷答完后再返回看先前未答出的题；否则，就有可能浪费宝贵的时间，捡了芝麻丢了西瓜。

4. 注意顺序

行政职业能力测验有五大模块，五大模块稳定不变，但模块的顺序时有调整。考生最好遵循由易至难的原则，从简单的模块或自己最擅长的模块入手。首先，在明确试题无法 100％做完的情况下，要优先作答自己正确率最高、相对擅长的部分。其次，在试题难易度差别较大的情况下，要优先做难度相对低的题目。再次，还要考虑试题的分值。资料分析、言语理解与表达、数学运算、逻辑推理相对分值较高，图形推理、类比推理、常识判断相对分值较低。注意，行政职业能力测验没有最佳做题顺序，只有最适合自己的做题顺序。考生应合理安排做题顺序，先易后难，勿求满分。

5. 巧用排除

排除法是解答行政职业能力测验的必备方法。行政职业能力测验全部是四选一的单选题，考生遇到难以确定答案的试题时，可在综合考虑题干内容和四个选项的各种信息的基础上，运用一定的逻辑推理，排除不符合题干要求或表述错误的干扰项，从而快速选出正确答案。

三、调整心态　全力以赴备战行测

1. 树立自信心

每一次成功都由自信开始。有人向林肯总统请教，请他谈谈成功的经验，林肯说："每一个人都应该有自信心，人所能负的责任，我必能负；人所不能负的责任，我亦能负。如此，你才能磨炼自己，求得更多的知识，进入更高的境界。我的成功经验就是自信。"由此可见，要想成功，首先要树立自信心。有时候，成功与我们失之交臂，并不是成功不青睐我们，而是我们不自信。正如拿破仑所说："胜利不站在智慧的一方，而站在自信的一方。"因此，考生必须树立必胜的信心，相信自己能实现梦想、拥抱梦想。

2. 克服投机取巧心理

由于对自身缺乏冷静、理智的剖析，再加上对行政职业能力测验的认识不深入，有些考生会高估自己的能力与知识水平，盲目自信，对待备考漫不经心、敷衍了事，三天打鱼两天晒网，将自己的成功寄托在考试的超常发挥或监考老师的疏漏上。这种心理的直接后果是麻痹大意，必然导致失败的结果。考生要克服投机取巧心理，端正考试动机，认认真真、脚踏实地地备考，不断地巩固和深化所学知识，掌握快速解题的技巧。只有这样，才能逐步走向成功。

3. 全力以赴备战行测

全力以赴是成功的秘诀。备战行测的过程不可能一帆风顺，总会遇到这样或那样的困难。这些困难好比一道道河，如果我们不全力以赴地跨越，就只能在河边哭泣。只有全身心地投入到备考中，才能享受成功的喜悦。

一天，猎人带着猎狗去丛林中打猎。猎人瞄准一只兔子后扣动了扳机，可惜只打中了兔子的后腿。受伤的兔子拼命逃跑，猎狗在后面穷追不舍。可是没一会儿，兔子不见了，猎狗只好回到猎人身边。猎人责骂猎狗："你真笨啊，连一只受伤的兔子都追不到！"猎狗听后很不服气，说："我已经尽力而为了！"兔子回到洞里，它的家人都围过来，问它："那只猎狗非常凶猛，你又负伤了，怎么能逃过来呢？"兔子说："它是尽力而为，而我为了活命不得不全力以赴啊！"猎狗尽力而为追丢猎物，兔子全力以赴获得生机。考生在备考时一定要全力以赴，必须走在时间前面，比别人做得更多、走得更远。因为全力以赴是逆境的克星，让你咬紧牙关坚持下去，无论被击倒多少次，它总能支持你再爬起来。

第二章　言语理解与表达

第一节　题型概述

言语理解与表达是行政职业能力测验的重头戏，主要测查考生运用语言文字进行思考和交流、迅速准确地理解和把握文字材料内涵的能力。言语理解与表达能力是一项综合性的实践能力，它要求考生正确理解字词、语句、段落、全文的含义，并能准确地表达出来，所以考生必须有较强的言语综合能力，才能在考试中立于不败之地。

一、基本题型

1. 阅读理解。阅读理解主要考查考生对文段、文章的综合理解、分析能力，包括片段阅读和文章阅读两种题型。

2. 语句表达。语句表达题考查考生对句法结构正确掌握与词语正确使用的能力，包括语句填入题和语句排序题两种题型。

3. 逻辑填空。逻辑填空考查考生准确、得体地遣词用字的能力，包括实词填空、成语填空、虚词填空和复合题型四种题型。

二、命题趋势

1. 试题题量

言语理解与表达总题量为30～40道题，国考、省考、事业编题量略有差异。国考40道题，约占总题量的30％。副省级逻辑填空15道题，阅读理解22道题，其中片段阅读12道题，文章阅读两个大题，10个小题，语句表达3道题。地市级逻辑填空20道题，片段阅读17道题，语句表达3道题。山东省一般为30道题，占总题量的25％，其中逻辑填空10道题，片段阅读20道题。

2. 材料来源

言语理解与表达大部分材料内容都出自主流媒体报道，比如《人民日报》《光明日报》《半月谈》《中华读书报》《三联生活周刊》等主流报纸以及新华网、人民网等主流网站报道。材料涵盖了政治、经济、文化、民生、生态文明等多个领域，材料紧密结合社会热点和社会生活，凸现时代特征。

3. 命题趋势

言语理解与表达的题型、题量及考查内容相对稳定。以逻辑填空、片段阅读为主，辅以语句表达和文章阅读。

片段阅读重点考查主旨概括题、文意推断题，同时兼顾细节理解、态度观点等其他小题型。

文章阅读字数多、阅读量大、提问方式灵活，重点考查考生对语言文字的综合分析、理解能力及对中长篇文章的整体把握能力，考查文体主要是社会科学文和科普说明文。题型融合了主旨概括、细节判断、词句理解、标题填入、逻辑填空、语句表达等多种题型，是全面考查考生言语理解与表达能力的综合性题型。

逻辑填空重点考查实词辨析和成语辨析，一词型、两词型、三词型等都可能考查，但以多空考查为主。

语句表达题、语句排序题与语句填充题成为稳定题型，重点考查语句连贯性。

第二节　片段阅读

一、片段阅读概述

（一）试题构成

1. 材料。片段阅读的材料字数一般为200字左右，内容涉及政治、经济、文化、民生、生态文明等多个方面，材料逻辑清晰，结构完整。

2. 提问。阅读理解提问方式丰富多样，比如："对这段文字的概括准确的是""这段文字给人的警语是""对这段话的意思理解不正确的是"等，考生应深入分析提问方式，根据提问方式确定基本题型。

3. 选项。阅读理解的选项为四个，仅一个为正确选项，其他三个为干扰选项。

（二）能力要求

片段阅读着重考查考生对一段文字材料阅读分析的能力。具体讲，主要包括以下几个方面：归纳概括文段主旨的能力、根据文意分析判断作者意图的能力、把握作者观点态度的能力、对词和句子一般意思和特定意义的理解能力、辨析文段细节信息的能力等。

（三）基本题型

片段阅读包括主旨概括题、文意推断题、态度观点题、细节判断题、标题填入题、推断下文题、词语理解题、代词指代题等七大题型。其中题量最大、分量最重的是主旨概括题和文意推断题。

（四）解题思路

1. 审设问　定题型

考生应首先阅读设问，认真分析设问，根据设问确定题型。比如：由设问——"这段话的中心意思是"可知该题为主旨概括题，由设问——"最适合做这段文字标题的是"可知该题是标题填入题。

2. 读材料　作压缩

考生确定了基本题型之后，应根据题型确定阅读的方法和重点。如果是主旨概括题，考生在阅读时应寻找材料的主题句，然后对主题句进行精简压缩，剔除定语、补语、状语，保留主语、谓语和宾语。如主题句"理学所倡导的偏重道轻视事功的倾向，还有他那过分的内省自律，正好为专制帝王起到了为渊驱鱼的效果"，进行精简压缩之后，就是"理学起到了效果"。如果是文意推断题，考生应先对材料主旨进行精简压缩，确定材料的言内之意，在此基础上，合理引申出材料的言外之意。

3. 析选项　定答案

(1) 排除干扰选项。片段阅读干扰选项的设置有一定的规律可以遵循，如果考生能够全面把握干扰选项的特点，准确捕捉选项的错误信息点或不符合题目要求的信息点，迅速排除干扰项，对于提高做题的准确率与做题速度具有事半功倍的作用。片段阅读干扰选项的设置主要有以下几种类型：

①无中生有。选项中的信息在原文中找不到或从原文中推断不出来。

②概念混搭。文段中存在多个概念，但概念之间没有明确的逻辑关系。选项穿凿附会，强拉关系。

③偷换概念。将材料中的概念偷换成一些相似的词语，实际上改变了概念的修饰语、适用范围、所指对象等具体内涵等。

④概括不当。选项对原文内容概括不全面、不准确或者以部分代整体，以整体代部分，以个别代一般。一般选项中出现“全”“都”“凡”“所有”等字眼时，要高度警惕。

⑤曲解文意

a. 偷换逻辑。选项的逻辑关系与文段不符。主要包括因果混乱（因果颠倒、强加因果）、充分条件和必要条件混淆，选择关系和并列关系混淆，承接关系次序颠倒。

b. 偷换时态。混淆已然（已、已经、了）、未然（将要）、进行时态。

c. 偷换范围。混淆大范围（一切、所有、都、完全）与小范围（没有、几乎没有、无、只有、仅仅、唯一）。

d. 偷换程度。混淆低程度与高程度（很、最、特别、非常）。

e. 偷换数量。较多量（大多数、大部分）、较少量（少数、少部分、一点、个别、极个别）与中间量（有些、某些、部分）越级替换。

f. 偷换确定性与不确定性。混淆可能性与必然性。

（2）确定正确答案。考生根据设问和材料对主题句进行精简压缩之后，排除干扰选项，对选项进行同义替换。如材料中心句是“对行贿者宽宏大量的深层次原因存在于社会文化意识之中”。选项“人们原谅行贿者的心理原因”就是主题句的同义替换，是正确答案。

二、主旨概括题

（一）题型判定

主旨概括类提问方式主要有：“这段话的主旨、关键词、中心议题是？”“这段文字旨在说明？”“这段话主要讲述（谈论、强调、说明、阐明、阐述、分析、介绍）的是？”“对这段文字概括（归纳、总结、复述）最准确的是？”等。

（二）解题思路

主旨概括题有明显主题句的，首先寻找主题句，找到主题句之后进行精简压缩、同义替换。没有明显主题句的，考生综合分析文段后，进行归纳概括。注意主旨概括题不能引申，必须基于原文。

（三）解题技巧

1. 复句分析法

复句由两个或两个以上意义相关，结构上互不作句子成分的分句组成。根据分句间的关系是否平等，复句可分为联合复句和偏正复句。联合复句的各个分句之间的关系是平等的，没有主从之分。联合复句包括并列复句、递进复句、承接复句、解说复句和选择复句。偏正复句由正句和偏句两部分组成，正句与偏句之间的关系是不平等的，有主有次，有正有偏。正句承担了复句的基本意思，是基本的、是主要的；偏句修饰或限制主句，是辅助的、次要的。根据正句和偏句之间的关系，偏正复句可以分为因果复句、转折复句、条件复句、假设复句和目的复句。

考生可根据题干中语句构成，明确构成复句的各分句之间的关系，结合现代汉语复句的相关知识来确定关键句。

复句类型	表现形式	语义重心
并列复句	关联词表并列，标点符号表并列（：，；。），词语表并列（和、又、及、以及、同时、同样、另外、此外、与此同时），相同句式表并列	没有重点，要全面准确概括各个分句的意思
递进复句	不但（不仅）……而且……、不光（不仅）……还……、……甚至……、……更……、……尤其……、尚且……何况……等	递进之后是重点，主题句往往是递进之后的内容
因果复句	因为……所以……、既然……就……、由于……因而……、……因此……、既然……那么……、之所以……是因为……、由此可见、综上所述、概而言之、言而总之等	结论或结果是强调的重点。但“之所以……是因为”强调的重点是原因的解释说明
转折复句	虽然……但是……、尽管……但是……、……然而（可是、其实、实际上）……等	转折之前为委婉表达，转折之后是重点
条件复句	1. 必要条件句：只有……才……、……才……、……必须（需要、应该、应当、务必）……等	必要条件强调的重点是条件的唯一性，必要条件后是重点
	2. 充分条件句：只要……就……、凡是……都……、为了……一定……、一旦……就（都、便）……等	充分条件强调的重点不是条件的唯一性，而是结果的必然性
	3. 无条件句：：“无论（不论、不管、任凭）……都（也、还、总、总是）	无条件句强调的重点是结果部分
承接复句	1. 时间上的承接关系：就、便、才、又、于是、后来、然后、接着、继而、终于、刚……就、首先……然后等	时间上的承接关系必须依次概括出全过程的所有环节，不可遗漏
	2. 空间上的承接关系：一般不用关联词语，用方位词起承接作用	空间上的承接关系要依次概括出各个方位存在的事物，不能遗漏
	3. 逻辑事理上的承接关系：分句间的先后顺序实际包含时间先后和前因后果的关系	逻辑事理上的承接关系必须完整反映这个因果的过程
解说复句	由总提和分说两部分组成	结论的部分或总说的部分是文段的中心意思

续表

复句类型	表现形式	语义重心
选择复句	1. 已定选择复句。①先取后舍：宁可（宁肯、宁愿）……也不（不、决不）。②先舍后取：……还不如（倒不如）……；与其……不如（宁肯、还不如、倒不如）	真实地反映了事物情况的分句才是关键句
	2. 未定选择复句：……或者（或是、或、还是）……；或者（或、或是）……或者（或、或是），是……还是，要么……要么等	
假设复句	1. 一致假设复句：常用的关联词语单用："就、那就、那么、那、则、便、的话"；合用："如果（假设、假如、假若、假使、倘若、倘使、要是、若是、若、万一）……就（那就、那么、那、则、便）"	一致假设复句通常强调的是"如果"后假设的条件
	2. 让步假设复句：常用的关联词语单用："也、还"；合用："即使（即便、就是、就算、纵使、纵然、哪怕）……也（还）""再……也"	让步假设复句通常强调的是结果。
目的复句	后一分句通常用"以便、为的是、借以、以免、免得"等关联词语	强调的重点是表行动的分句

【例题精讲】发展体育产业，需要慢工出细活。在最初的体育产业投资大军中，能够留下来坚持走下去的企业，则大多是踏踏实实做事的，也基本称得上是懂体育、懂产业、肯拿出时间精力陪伴体育产业共同成长的。同时，发展体育产业，需要进一步找准突破口。事实证明，调整发展结构、提升发展质量才是推动体育产业可持续健康发展的合理选择。而聚焦做大做强竞赛表演业、稳步提升体育服务品质，中国体育产业还有太多欠账需要及早补齐。

这段文字主要说明了（　　）。

A. 发展体育产业需要补齐历史的短板

B. 发展体育产业需深耕不辍和创新突破

C. 发展体育产业需提高质量和调整结构

D. 发展体育产业需要的方法和途径

【答案】B

【解析】由标志词"同时"可知，文段为并列结构，第一层的主要意思是发展体育产业需要慢工出细活，第二层的主要意思是发展体育产业需要找准突破口。全面概括文段，可知文段的主旨是：发展体育产业既需坚持，也需突破。A项是对文段尾句部分信息的片面概括，是片面选项，排除。B项的深耕不辍和创新突破是对文段两个方面内容的同义替换，当选。C项是对文段第二方面的部分内容的概括，排除。D项概括较为笼统含糊，重点不清晰，不如B项明确。排除。

【例题精讲】(2007·国家)某公司的经验充分显示出,成功的行销运作除了有赖于专门的行销部门外,还需要有优异的产品、精密的市场调研,更少不了专业的业务部门、公关部门、擅长分析的财务部门以及物流后勤等部门的全力配合与支持。如果行销部门独强而其他部门弱,或是行销部门与其他部门不和,或是公司各部门无法有效地整合,都会让行销运作无法顺利有效地进行,难以发挥应有的强大威力。

这段文字主要强调的是(　　)。

A. 该公司各个部门的有效整合是其成功的关键

B. 注重团队合作是该公司取得成功的宝贵经验

C. 成功的行销运作可以给企业带来巨大的经济效益

D. 行销部门只有与其他部门紧密配合才能更好发挥作用

【答案】D

【解析】文段共两句话,第一句强调如何实现成功的"行销运作",首句用表示多重递进的关联词"除了……还……更……",引导出文段的主题句:行销运作少不了其他部门的全力配合与支持。第二句话用"如果……"引导了一个反面论证,从反面论证了行销部门和其他部门配合的必要性。D项与主题句构成了同义替换,因此正确。

A项、B项都是围绕"该公司"来论述,文段中该公司只是引出作者的观点,是例子部分,而且文段也没有说到整合和合作的问题,所以不正确;C项无中生有,文段中根本没有提到经济效益的问题。

【例题精讲】(2013·国家)领导干部读书学习也应该有这三种境界:首先,要有"望尽天涯路"那样志存高远的追求,有耐得住"昨夜西风凋碧树"的清冷和"独上高楼"的寂寞,静下心来通读苦读;其次,要勤奋努力,刻苦钻研,舍得付出,百折不挠,下真功夫、苦功夫、细功夫,即使是"衣带渐宽"也"终不悔","人憔悴"也心甘情愿;再次,要坚持独立思考,学用结合,学有所悟,用有所得,要在学习和实践中"众里寻他千百度",最终"蓦然回首",在"灯火阑珊处"领悟真谛。

下列表述最能概括上述文字内容的是(　　)。

A. 读书要有明确的目标和坚持的恒心

B. 读书要和实践相结合

C. 读书要讲究方法和技巧

D. 要爱看书、勤读书和善读书

【答案】D

【解析】文段摘自习近平《领导干部要爱读书读好书善读书》。文段的主题句是首句——领导干部读书学习也应该有这三种境界,接着用承接复句解释三种境界:首先要静下心来通读苦读;其次要勤奋努力、刻苦钻研,舍得付出,百折不挠,下真功夫、苦功夫、细功夫;再次要独立思考,学用结合,学有所悟,用有所得。D项准确概括出三个方面,为正确答案。A项、B项、C项概括都不全面,排除。

【例题精讲】（2012·国家）随着社会环境的影响和对儿童阅读市场的认识不断加深，越来越多的作家自觉地思考读者定位，发挥自己的创作特长。从读者年龄段来说，有的作家专心致志地为幼儿写作，有的专门为小学低年级写作，还有的着力满足小学中高年级的阅读需求；从写作内容来说，有的作家专门为孩子写科幻故事，有的一心写冒险小说，有的则认真地为孩子写生活故事。

对这段文字概括最准确的是（　　）。

A. 儿童图书写作的目的性不断增强

B. 儿童图书作者的创作定位趋向精准

C. 定位准确的儿童图书更适合儿童阅读

D. 作家应结合自身特长与市场需求确定创作方向

【答案】B

【解析】文段是解说关系，首句总说：儿童图书作家自觉地思考读者定位，发挥自己的创作特长，然后分别从读者年龄段和写作内容两个方面解释说明。由此可知，文段主要说的是儿童图书作家定位的细化问题，B项为同义替换，所以正确答案为B。

A项无中生有，文段并没有提到作家写作的“目的性”；C项过度引申，不能从文中得出；D项干扰性最强，文段强调作家要自觉思考读者定位，并不是鼓励作家确定创作方向，D项错误，排除。

【例题精讲】（2014·国家）收入分配是一系列社会政治经济政策及其相关制度的结果，因此，改革收入分配，其实质就是改革造成收入分配不公平的社会政治经济政策及其相关制度。收入分配改革，从严格意义而言，并非是“均贫富”的改革，而是使社会政治经济制度更加靠近公平、公正和正义的改革，是为全体社会成员提供更加平等发展机会的社会政治经济环境的改革。有了起码的社会公平、公正和正义，有了可以为社会成员提供平等发展机会的政治经济制度，才有可能形成一个合理的收入分配制度。

这段文字主要说明了（　　）。

A. 收入分配改革的实质　　B. 收入分配改革的背景

C. 什么是真正的社会公正　　D. 什么是合理的收入分配制度

【答案】A

【解析】关联词“因此”引出文段主题句“改革收入分配，其实质就是改革造成收入分配不公平的社会政治经济政策及其相关制度”。A项是同义替换，所以正确答案为A。

文段谈论的主体是“收入分配改革”，因此排除C、D两项。B项无中生有，排除。

【例题精讲】（2015·国家）中国历代统治者对户口的管理都极为重视，他们将户口多寡作为国力盛衰与社会治乱的标志，建立了从中央至州、县、乡的完备户籍管理体系，但究其原因，是将户籍作为调派劳役、征收赋税的主要依据，以此维护建立在小农经济基础上的特权。这是一种源远流长的文化烙印，纵使历史的车轮滚滚向前，但那道印痕仍难以抹去。

这段文字主要介绍了（　　）。

A. 户籍管理体系的文化背景　　B. 户籍制度存在的历史根源

C. 中国古代户籍管理体系的构建方式　　D. 户籍制度对维护政治统治的深远影响

【答案】B

【解析】关联词语“但”引出文段主要内容——历代统治者重视户籍制度的原因是维护建立在小农经济基础上的特权。B选项是同义替换，所以是正确答案。

【例题精讲】(2011·国家)目前，我国正处于产业结构调整的关键阶段。在当前的世界经济危机中，我们已有的外贸主导型经济模式可持续性越来越小。农业是经济危机的避风港，只有通过强农惠农、提高农业综合生产能力和粮食市场竞争力，来全面提高农民的收入，推动农村经济的大发展和广阔的农村市场需求的大升级，才能全面扩大内需，推进我国外向型经济向内向型经济的顺利转型。

对这段文字的主旨概括最准确的是(　　)。

A. 当前我国扩大内需最有效的途径应是大力发展农业

B. 世界经济危机可以成为我国经济转型的一个契机

C. 当前我国产业结构调整的重点是农业生产结构的调整

D. 强农惠农政策是当前我国转变经济发展方式的必然要求

【答案】D

【解析】文段结构为“背景铺垫+对策”。文段第一句、第二句为由“目前……在当前世界经济危机中……”引导的背景铺垫；第三句用“只有……才……”引导的必要条件句提出对策，必要条件句强调的重点是“只有”和“才能”之间的内容，因此，文段的主旨是必须采用强农惠农政策，D项为同义替换，所以正确答案为D。

A项、B项均不是文段重点，排除。C项为围绕背景的选项，为干扰项，不能选。

【例题精讲】(2017·江苏)文字是人类继语言之后的一大发明，如果说，语言的出现使人类实现了由动物到人的转变的话，那么文字的发明，则使人类从原始社会的低级阶段上升到文明社会的高级阶段，从而使人们的生活发生了质的飞跃。

这段文字主要强调的是(　　)。

A. 人类使用的语言和文字不是同时出现的

B. 文字发明前人类处于原始社会低级阶段

C. 文字在人类社会发展历史上具有重要作用

D. 文字是人类社会处于高级阶段的显著标志

【答案】C

【解析】文段首先指出“文字是人类继语言之后的一大发明”，之后用充分条件句将语言和文字对人类的不同影响进行对比，强调文字对于人类社会的作用：使人类上升到文明社会的高级阶段，从而使人们的生活发生了质的飞跃。C项为同义替换，正确。

A项不是文段重点，文段重在强调文字对于人类社会的作用，排除。B项“文字发明前”非文段重点，文段强调文字发明之后产生的影响，排除。D项，文段指出文字发明使人类上升到高级阶段，但并未指出文字是高级阶段的显著标志。D项无中生有，排除。

2. 结构分析法

结构就是文段的行文脉络。文段的结构可分为“总—分”“分—总”“总—分—总”“分—总—分”“分—分”五种。“总”就是文段中的重点的句子，核心的句子；“分”是对总句进行论证的句子，如举例论证、原因解释、反面论证、背景铺垫等分句。分句仅仅起辅助和支持作用，选项中围绕分句进行表述的常常属于干扰项。

（1）总—分。“总—分”结构往往在首句提出对策或观点，分句一般通过解释说明、举例论证等方法来证明和支持首句所提对策或观点。首句就是文段的主旨所在。分句仅仅起辅助和支持作用，选项中围绕分句进行表述的常常属于干扰项。

【例题精讲】（2018·国家）南京在历史上的名字变化或褒或贬，根本源头在于统治者的好恶。不惟南京，同样原因也引发了其他地名的变迁，宋廷平定方腊起义之后，深恨江南百姓造反，艺术修养最高的皇帝宋徽宗遂在地名上做文章：方腊的两个活动区域，歙州被改成徽州，取的是“徽”的本意“捆绑束缚”；睦州则被改成严州，意思更是不言自明的。相比之下，朱元璋为避国号讳，取“海定则波宁”之义，将明州改成宁波，已是很“友好”了。

这段文字主要介绍了（　　）。

A. 地名变迁背后的政治因素　　B. 历史事件对地名的影响

C. 古代帝王在地名方面的偏好　　D. 统治者对某些地域的好恶

【答案】A

【解析】文段为总—分结构。首句提出南京地名变化的根源是“统治者的好恶”，接着以徽州、严州、宁波为例，说明这些地名的变迁也在于“统治者的好恶”。因此文段的中心是地名变迁的政治因素，A 项为正确答案。B 项“历史事件对地名的影响”概括不准确，C 项、D 项没有提及“地名变迁”这一论述主体，排除。

（2）分—总。

①列举现象—提出对策。文段开头列举现象，然后提出解决问题的对策。对策部分往往会出现诸如“务必、需要、应该、取决于”等词汇。

②列举现象—提出观点。文段开头列举了大量现象之后，尾句总结出一个观点。结尾分为两种情况：结论型结尾，尾句会出现“因此、综上所述、使得、导致、最终”等结论性引导词；指代型结尾，尾句的开头会出现“这、这些、此”等指示代词用来指代上文的内容作总结。现象只是为了引出之后的对策或观点，现象并不重要，围绕现象的选项直接排除。对策或观点才是文段的论述重点。

【例题精讲】（2014·国家）事实上，延期偿债不仅无助于真正化解地方政府债务风险，在大多数情况下反而是埋下了威力更为巨大的“定时炸弹”。一旦“借新还旧”成为地方政府的常规做法，后果更是不堪设想。有鉴于此，中央政府应及时采取强硬手段，制止地方政府继续大唱“拖字诀”；有关部委也应积极考虑借助资本市场消化地方政府公共债务，以债务证券化等方式引入民间资本，化解债务风险；地方政府也应适当削减其经济建设职能，实现财权、事权对等，从根本上消除负债过度的生存土壤。

对这段文字概括最准确的是（　　）。

A. 强调中央政府在化解地方政府债务风险上的指导作用

B. 论述化解地方政府债务风险的有效手段

C. 分析限制地方政府延期偿债的原因

D. 说明地方政府偿还债务的常规做法

【答案】B

【解析】文段是“分—总”结构。第一句话阐述延期还债对于地方政府的坏处，属于铺垫，接着通过“有鉴于此”，引出三个并列分句，指出中央政府、有关部委和地方政府化解地方政府债务风险的手段措施，B项正确。

A项概括不全面，C项无中生有，D项主体错误。文段论述的主体是化解债务风险的手段，不是偿还债务。

【例题精讲】(2011・国家)在美国，学术界、工业界、主管部门和多数消费者倾向于认为用豆浆代替牛奶是一种更健康的选择。不过，绝大多数西方人很不喜欢豆味，所以美国的豆浆有一步去除或掩盖豆味的操作，而中国人就会觉得这样一点儿豆浆味也没有。对奶味的偏好和对豆味的排斥，是豆浆在西方不够受欢迎的主要原因。此外，豆浆在保存过程中比牛奶容易发生聚集下沉，这也给豆浆成为牛奶那样的方便食品带来了难度。保存难度高，加上市场需求量不是那么大，导致美国豆浆的价格远远高于牛奶。

对这段文字的主旨概括最准确的是(　　)。

A. 对比中国人和西方人对豆浆口味的不同喜好

B. 剖析豆浆在美国市场上价格偏高的原因

C. 探究豆浆在西方市场不受欢迎的根本原因

D. 指出豆浆打入美国市场所必需的技术手段

【答案】B

【解析】文段是“分—总”结构，首先论述豆浆在西方不受欢迎的原因是市场需求量不大和豆浆保存难度高，最后总结这些原因导致豆浆价格高于牛奶。因此全文段是在剖析豆浆在美国市场上价格偏高的原因，所以正确答案为B。

A、C、D三项以偏概全，且C中的“根本原因”不等同于文中的“主要原因”。

(3) 总—分—总。“总—分—总”行文结构分为两种情况：第一种，文段开头提出一个问题或者说明了一种情况，然后开始解释问题产生的原因，或分析问题的重要性，最后提出对策或者措施以解决这个问题。文段开头提出问题最终的目的也是为了解决问题，所以尾句的对策是重点。第二种，文段开头提出了一种观点，之后是解释说明或者进行原因推断，文段最后重申观点的内容。文段首尾句的观点都比较重要，所以正确答案必须包含首句和尾句的所有内容，也就是对首尾句作全面的概括。

【例题精讲】(2007・国家)即使社会努力提供了机会均等的制度，人们还是会在初次分配中形成收入差距。由于在市场经济中资本也要取得报酬，拥有资本的人还可以通过拥有资本来获取报酬，就更加拉大了初次分配中的收入差距。所以当采用市场经济体制后，为了缩小收入分配差距，就必须通过由国家主导的再分配过程来缩小初次分配中所形成的差距。否则就会由于收入分配差距过大，形成社会阶层的过度分化和冲突，导致公产过剩的矛盾。

这段文字主要谈论的是(　　)。

A. 收入均衡难以实现　　B. 再分配过程必不可少

C. 分配差距源于制度　　D. 收入分配体制必须改革

【答案】B

【解析】文段是“总—分—总”结构。首句提出问题：不管制度如何，在初次分配中总有收入差距。接着分析问题形成的原因，即市场经济中资本参与分配，将初次分配中的收入差距进一步拉大。然后提出解决问题的对策：必须通过由国家主导的再分配过程来缩小差距解决问题。最后是由“否则”引导的反面论证，重点在“否则”的前面。B项是文段重点的同义替换，故正确选项为B项。

(4) 分—总—分。文段开头或援引观点、或阐述现状、或铺垫背景，然后提出对策或观点，最后通过列举例子、分析原因、反面论证等方法进行补充论证。

【例题精讲】(2013·宁夏)公元1616年，莎士比亚与汤显祖同年逝世。二人可算16、17世纪之交的伟大剧作家。二人都爱写剧本，不过写法却大不一样。比如《罗密欧与朱丽叶》故事临近结尾，一双恋人殉情身亡，惨烈的悲剧以双方家族的和解收尾。和解的意愿的确美妙，只可惜，莎翁用于和解的笔墨太过不经意，仿佛仅仅为了“和解”的概念草草应付收场。《牡丹亭》里的杜丽娘因梦中的相遇而思，而哀，而死，又因此而还生，而圆满。汤显祖将笔墨挥洒于爱而不耗损于恨，推敲于柔美而不沉醉于暴力，他笔下的爱，期待、给予、容纳、无嗔。

这段文字的主旨是(　　)。

A. 阐述莎士比亚和汤显祖的伟大之处　　B. 分析《牡丹亭》独特的写作手法

C. 比较莎士比亚和汤显祖的艺术风格　　D. 总结中外古典戏曲的共同点

【答案】C

【解析】文段是“分—总—分”结构。前面两句话对莎士比亚和汤显祖进行介绍，目的是引出文段的主旨——二人的剧本写法不一样。然后以《罗密欧与朱丽叶》和《牡丹亭》两部作品具体比较二者艺术风格的不同。只有C项完整地概括了文段的主旨。

A项的“伟大之处”仅在第二句话中提到，偏离了文段的主旨。B项只提到了《牡丹亭》，过于片面。D项，文段的主体是莎士比亚和汤显祖，“中外古典戏剧”无端扩大了主体范围，且“共同点”表述有误，文段主要阐述不同之处。

(5) 分—分。文段各个内容同等重要，不分主次。考生需要对文段进行全面概括，不能遗漏任何信息。

【例题精讲】(2009·山西)黄种人倾斜的凤眼可能与亚洲中部地区多风沙有关，因为这种结构可以保护眼睛；就像白种人的头发呈亚麻色，还有点透明，这样容易使头皮吸收太阳光的热量，从而适应高纬度地区的严寒；黑人的头发更黑更卷，则有利于阻隔太阳光带来的热量，保护大脑。

这段文字谈论的主要内容是(　　)。

A. 各色人种的外表特征

B. 各色人种外表特征之间的差异

C. 人类的长相保护着人类自己

D. 人类的外表特征是人类适应自然环境的产物

【答案】D

【解析】文段是“分—分”结构。文段分三个层次：黄种人倾斜的凤眼可能与亚洲中部地区多风沙有关；白种人的头发呈亚麻色能适应高纬度地区的严寒；黑人的头发更黑更卷，有利于阻隔太阳光带来的热量，保护大脑。三个层次呈并列关系，强调“人类的外表特征是适应自然环境的结果”。因此正确答案为D。

3. 主体排除法

片段阅读往往围绕一个论述主体展开，考生可根据论述主体，迅速定位准确答案。

【例题精讲】中国历代异常发达的政治哲学和历史哲学早就无数次告诫世人：权力的私有及其日益专横，只能导致万民涂炭、王朝崩溃的惨祸。但是由于所有这些深痛剖析永远难以进入法律层面而成为制约统治权力的刚性力量，所以它们只能转而定型为一种“代偿”方式，即思辨、文学和伦理等领域中的深深涵咏和喟叹。因此，在中晚唐开端的中国皇权社会后期文化中，以李商隐等人的作品为代表，不仅“咏史”之作数量日益庞大，而且诸多经典之作及其警策，具有空前沉郁的历史悲剧感。

对这段文字的主旨概括最准确的是(　　)

A. 告诫世人吸取历史兴亡的深刻教训

B. 剖析权力私有必然造成的社会危机

C. 评价李商隐等唐代诗人的创作成就

D. 说明咏史诗作诞生的社会政治背景

【答案】D

【解析】文段为分总结构，结论部分是重点。结论部分阐述的主体是“咏史”之作，接下来观察、对比四个选项，A项、B项、C项没有涉及论述主体，排除。只有D选项论述的主体满足咏史之作，所以正确答案为D。

【例题精讲】(2013·北京)在现实中的卢浮宫，你需要在蒙娜丽莎的外围等上数十分钟，才能凑近那发黄的小画看上片刻。虚拟博物馆此时就可以发挥效用：攒动的人潮没有了，距离没有了，推到眼前的只有高度还原的展厅景观和70亿像素无限细腻的细节和质感。而博物馆虽然有丰富的馆藏和长期列展，但因为空间有限，并不会将所有作品同时展示在展厅里，但在数字展厅，那些难得一见的艺术品你都可以随时观览。

这段文字主要介绍了(　　)。

A. 数字博物馆的优势

B. 博物馆的未来发展方向

C. 传统博物馆的技术局限

D. 建设数字博物馆的重要性

【答案】A

【解析】文段论述的主体是数字虚拟博物馆，通过传统博物馆和数字虚拟博物馆的对比，来突出数字虚拟博物馆的优势，因此正确答案为A。

(四) 提速技巧

阅读理解提速的重要方法就是略看论据。论据是支撑论点的材料，是作者用来证明论点的理由和根据。片段阅读的论据主要有举例论证、原因解释、援引观点、背景铺垫、反面论证五种类型。

<table>
<tr><th>类型</th><th>判定标准</th><th>注意事项</th></tr>
<tr><td>举例论证</td><td>文段出现“比如”“例如”“以……为例”或者出现一些数据、年份、人名、地名、事件等术语</td><td rowspan="5">1. 论据的地位为辅，作用为证。论据不重要，可略读；
2. 考生可以利用论据寻找文段的重点；
3. 围绕论据表述的都是干扰选项，做题时要果断排除</td></tr>
<tr><td>原因解释</td><td>通常带有“因为”“由于”等关联词语，有时关联词语也会省略</td></tr>
<tr><td>援引观点</td><td>1. 正向援引：“正如”等词语＋结论性引导词(因此、所以等)；
2. 反向援引：一家之言(“有一种观点认为”“有一种看法认为”“有人认为”“人们认为”“传统认为”等等)＋转折性引导词(但是、其实、事实上、实际上等)</td></tr>
<tr><td>反面论证</td><td>文段出现“否则、反之、不然、如果……不、要不然”等引导词</td></tr>
<tr><td>背景铺垫</td><td>1. 形势分析：随着……的变化(提高、下降、发展、日益突出等)＋在这样的背景(趋势、形式、情况)下＋文段重点；2. 时间状语：近年来(改革开放以来、目前、日前、当下)＋在这样的背景(趋势、形式、情况下)＋文段重点</td></tr>
</table>

【例题精讲】(2011·424联考)细小的火山灰中含有二氧化硅，这种化合物的熔点是1 100摄氏度，而目前大部分飞机的涡轮发动机工作温度为1 400摄氏度，一旦火山灰被吸入引擎内部，二氧化硅熔化后就会吸附在涡轮叶片和涡轮导向叶片上，导致灾难性后果。1982年，两架飞机曾经从印度尼西亚西爪哇省加隆贡火山喷发的火山灰中穿过，两架飞机的8个引擎全部停转，在从11 000米高空滑翔至4 000米高度后才重新启动，得以紧急迫降。

这段文字主要介绍(　　)。

A. 火山灰对飞机飞行有严重影响

B. 二氧化硅是火山灰的主要成分

C. 降温能使飞机有效避免火山灰的危害

D. 历史上火山喷发曾险些导致飞行事故

【答案】A

【解析】文段首先说了火山灰中二氧化硅的熔点比涡轮发动机的熔点低，一旦被吸入飞机引擎内部，就会造成灾难性后果。紧接着以1982年两架飞机的例子来进行补充说明，这是显性举例论证为论证文段前面观点，因此文段的重点是第一句，精简压缩后就是火山灰被吸入引擎内部，会造成灾难性后果。A项是同义替换，正确答案为A。

B项的主体是“二氧化硅”，并不是文段介绍的重点；C项是提出措施，不是文段主旨，且“降温”这一说法在文段中并没有体现；D项是围绕例子的干扰选项。

【例题精讲】(2016·国家)文学走进互联网，获得了一个崭新的平民化开放视野。网络上自由、兼容和共享的虚拟空间，打破了精英写作对文学话语权的垄断，为愿意上网创作的网民提供了“人人都能当作家”的机会。这种“新民间文学”，标志着文学话语权向民间回归。尽管如此，网络写作仍然不能与“人民写作”相提并论，因为文学的“人民写作”并不取决于传媒的公共性和参与的广泛性，而取决于这种文学的人民性价值取向和为广大民众喜闻乐见的审美品格。

这段文字主要说的是(　　)。

A. 大众化是未来文学发展的趋势

B. 文学创作应坚持人民性的价值取向

C. 网络写作为普通人提供了平等的话语权

D. 平民化的网络文学不能等同于“人民写作”

【答案】 D

【解析】 文段先介绍了文学走进互联网,标志着文学话语权向民间回归。然后用转折复句引出文段主题句——网络写作仍然不能与“人民写作”相提并论。最后进行原因解释。D项概括准确,是正确答案。

A项无中生有。B项为文段最后解释原因的部分,不是重点。C项为文段开篇介绍的现象,不是重点。

【例题精讲】(2008·国家)在古典传统里,和谐的反面是千篇一律:“君子和而不同,小人同而不和。”所以和谐的一个条件是对于多样性的认同。中国人甚至在孔子之前就有了对于和谐的经典认识与体现。中国古代的音乐艺术很发达,特别是一些中国乐器,像钟、磬、瑟等各种完全不同的乐器按照一定的韵律奏出动听的音乐,但如果只有一种乐器就会非常单调。

对这段文字概括最准确的是(　　)。

A. 和谐源于中国古典音乐

B. 差异是和谐的必要条件

C. 中国人很早产生了和谐观念

D. 音乐是对和谐的经典认识和体现

【答案】 B

【解析】 文段首先援引了孔子的观点君子和而不同,小人同而不和,接着用一个表结论的关联词“所以”引出作者的观点——和谐的一个条件是对于多样性的认同。可见,作者的观点与孔子的观点是一致的,前面是一个正向援引。最后用一个中国古代乐器的例子来证明这一观点。B选项正是作者观点的同义替换,差异性与多样性是近义词,所以,正确答案为B。

【例题精讲】(2009·海南)随着通信技术的进步,当今社会,政府执政的舆论环境已发生了明显的变化,各种舆论可以借助网络、短信等现代传播工具,跨越时空迅速传递,使意见空间加大,意见力度增强,而决策透明度的增加和公民民主参与意识的增强,又加大了政府的舆论压力。在这样的背景下,政府对“舆情危机”的处理,需要改变以往的被动方式,针对新出现的情况,及时采取新的方式来应对。

对这段文字概括最准确的是(　　)。

A. 说明政府在新舆论环境下有必要转变应对方式

B. 对比不同时期政府舆论宣传的客观环境与方式

C. 剖析政府执政的舆论压力不断增大的外在原因

D. 分析通信技术发展与舆论环境变化之间的关系

【答案】 A

【解析】 文段先铺垫背景,然后提出应对“舆情危机”的方法——需要改变以往的被动方式，针对新出现的情况，及时采取新的方式来应对。选项A是同义替换，正确。

文段并没有对不同时期的政府舆论宣传的环境与方式进行对比，B项排除；C、D项虽然在文段中提到，但并不是重点。

【例题精讲】（2009·湖北）与相声在传媒中的冷清相比，周末相声俱乐部的火爆与人气，颇耐人寻味。在民众中诞生和成长的艺术，只有回到群众、回归生活，才能获得新的生命力。这种回归，如果没有与观众面对面的交流与切磋，失去了舞台的实践和锤炼，没有观众心领神会的捧腹大笑和心心相印的理解沟通，是不会达到的。

对这段文字概括最准确的是（　　）。

A. 生活实践是相声创作的源泉　　B. 传统的相声表演形式亟须改变

C. 回归观众是相声俱乐部火爆的原因　　D. 相声只有重返民间舞台才能重获新生

【答案】D

【解析】文段先指出周末相声俱乐部火爆的事实，然后用必要条件句引出文段主题句，最后用关联词“如果没有”引导反面论证证明观点。主题句在反面论证之前，即艺术（相声）要回归群众、回归生活。D项是同义替换，准确地反映了文段的主旨。

A项中的“生活实践”“相声创作”在文段中都没有提及，排除。B项中“传统的相声表演形式”文中也没有提及，排除。C项干扰性最强，注意文段强调的是艺术要回归群众、回归生活，是强调具体怎么做，而不是解释相声俱乐部火爆的原因。

三、文意推断题

（一）题型判定

文意推断题考查考生根据文段主旨进行合理引申、推测的能力，常见的提问方式为：“这段话意在说明（阐明、强调）……”“通过这段话，作者想表达（说明、传达、告诉）……”“根据上文我们可以推出（知道）……”等。其中，“意在”“推出”“表达”“推断”等是该类题型标志性词语。

文意推断题和主旨概括题的提问方式不同，考查的角度与重点也不同。主旨概括题要求考生把握文段的中心意思，做题原则是概括言内之意，同义替换。文意推断题要求考生根据文段主旨推断作者的目的和意图，做题原则是体会言外之意，合理引申。

（二）解题思路

通过关联词法、结构分析法提炼文段的中心思想，归纳概括文段的主旨，在此基础上合理引申，推断出作者的目的和意图。考生做题时不要围绕字面含义思考问题，而要找到文段背后的“言外之意”，排除表意肤浅的字面含义选项。

（三）解题技巧

1. 社会现实类

社会现实类的正确答案往往是呼吁的声音，解决问题的正面举措。文段阐述了社会中的消极现象，常常隐含着解决问题的语句或进行对策的推断。文段分析了社会问题的原因所在，可能需要考生对原因进行概括，从而进一步推出解决问题的对策。文段客观陈述问题表象，并无褒贬之意，此时需要对文段含义进行总结概括，推出作者的意图和目的。

【例题精讲】(2019·山东)无论是抖音的口号“记录美好生活”,还是快手的口号“记录世界记录你”,无不在强调短视频的记录功能,从这个意义上来讲,短视频具有和纪录片类似的功能。从微观视角来看,短视频记录的只是一些碎片化的内容,但是从宏观视角来看,短视频记录的却是一个时代的整体风貌。不同于纪录片,短视频的记录是一种拼图式记录,它聚合于拼贴了普通个体对生活瞬间的碎片化记录,以其丰富多样的视角合力记录了一个时代的整体风貌。

这段文字意在强调(　　)。

A. 短视频与纪录片的不同之处　　B. 短视频和纪录片都具有记录功能

C. 短视频记录一个时代的整体风貌　　D. 短视频记录的是碎片化内容

【答案】C

【解析】文段首句指出短视频具有记录功能,接着用转折连词“但是”引出文段重点:“短视频记录的却一个时代的整体风貌。”最后解释短视频如何记录一个时代的整体风貌。因此,文段意在强调:短视频记录一个时代的整体风貌。对应C项。所以,本题的正确答案为C。A项,文段强调的重点不是“短视频与纪录片的不同之处”,排除。B项,文段的论述主体是短视频,而不是短视频和纪录片,排除。D项,“短视频记录的是碎片化内容”为转折之前的内容,不是重点,排除。

【例题精讲】(2018·国家)新工业革命浪潮中,很多制造业大国都在押注智能制造。中国既是制造大国,也是使用大国,如果数据是工业4.0时代创造价值的原材料,那中国无疑是资源最多的国家。但数据并不会直接创造价值,就像是现金流而非固定资产决定一个企业的兴衰一样。真正为企业带来价值的是数据流,是数据经过实时分析后及时地流向决策链的各个环节,成为面向用户、创造价值与服务的内容和依据。虽然德国是工业4.0的发起者,但作为控制器、物联网技术和生产设备的提供者,德国只是基础技术的供应商,直接面向客户的价值创造端却是中国。

这段文字意在强调(　　)。

A. 我国在新工业革命浪潮中面临新的机遇

B. 我国应当充分挖掘数据资源的潜在价值

C. 数据资源拥有者在智能制造方面更具优势

D. 数据流是企业在工业4.0时代领先的关键

【答案】B

【解析】文段为分—总结构。首句交代背景,引出“数据资源”这一话题,并指出中国在数据资源上的优势;第二句通过转折词“但”提出结论,“数据流”对于我国具有重要价值和意义;尾句通过德国和中国的对比,进一步强调数据资源对于中国的价值。因此,文段的主旨是数据资源对我国具有重要价值。由此可知,这段文字意在强调我国应充分挖掘数据资源的价值,对应B项,B项为正确答案。A项,“面临新的机遇”表述不明确,没有涉及论述主体“数据资源”,排除;C、D两项只涉及数据资源的重要性,均没有提到“我国”这一核心主体,故排除。

【例题精讲】（2017·山东）长期以来，由于我国奉行防御性国防政策，在战区空间划设上基本立足本土与近海防御，依照“守疆卫土”模式而建，军事触角很少延伸到疆土之外。但未来，我国所面临的发展危机将远远大于生存危机，要适应维护国家安全与发展利益新要求，应将周边、海外以及新型安全领域纳入战区经略范围，进一步拓展战区任务职能，使其更具外向性、开放性、积极性。尤其是随着多极化、全球化与信息化的飞速发展，国家传统安全领域开始向太空、网络、信息、电磁等领域拓展，未来战区经略范围应进一步向太空及临近空间拓展延伸，着力形成强而有力的多维立体战区空间态势。

这段文字意在表明，我国（ ）。

A. 应拓展国防防御的范围　　B. 国防面临严峻的发展危机

C. 传统安全领域受到新的挑战　　D. 国防战区经略要顺应时代要求

【答案】D

【解析】文段为“分—总”结构。文段首先阐述了我国当下国防政策的现状及问题。接着由关联词“但”引出解决问题的对策，即“应将周边、海外及新型安全领域纳入战区经略范围”“未来战区经略范围应进一步向太空及临近空间拓展延伸，着力形成强而有力的多维立体战区空间态势”。因此，文段的论述重点是“战区经略范围”，意在说明适应新要求，拓展延伸战区经略范围，D项为正确答案。

A项“国防防御”对应文段首句，为转折之前的内容，非重点，文段重点强调的是“战区经略范围”，“战区经略”是一系列筹划治理的总称，而“防御”只侧重强调防守，故表述片面，排除；B项“发展危机”与C项“新的挑战”都是问题表述，非重点，文段重点在于如何解决当下的问题，排除。

【例题精讲】（2017·山东）对于电影文化的保护，博物馆、档案馆、图书馆、音像资料和私人收藏馆都分担了部分保护职能，看似大家在争着保护电影文化遗产，实际上却反映出保护工作的碎片化趋势。每个机构保护一点点，机构之间缺乏沟通和交流，缺乏基于保护维度的统一管理。这种碎片化的保护是非常低效的，因为缺乏沟通必然导致搞不清保护对象的家底，致使一些保护对象就处于未保护状态。保护对象的分散大大增加了遗产合理利用的难度，保护的意义和价值就会大打折扣。

这段文字意在说明（ ）。

A. 保护主体的分散化，使电影保护工作困难重重

B. 沟通是解决电影文化保护工作碎片化的途径

C. 没有统一的保护制度，电影文化遗产难以传承

D. 碎片化分工管理不利于电影文化遗产的保护

【答案】D

【解析】文段首先用转折复句指出电影文化保护的现状——保护工作呈现出碎片化趋势，接着强调碎片化保护非常低效，最后解释为什么低效。因此，文段意在说明碎片化管理不利于电影文化遗产的保护，正确答案为D。

文段讨论的主要话题是电影文化遗产的保护，不是电影的保护，排除A。电影文化的保护除了沟通和交流之外，还需要统一的管理，B项不全面。文段没有提到保护制度，

排除C项。

【例题精讲】(2015·国家)传统的创新观念认为创新没有固定结构，不遵从规则和模式。想要成为创新者的人被告知要“跳出固有思维模式”“尽情拓展思路，用与你的产品和服务毫不相关的东西做类比”。我们则主张一种截然不同的方法：在众所周知的框架内思考，不要跳出它的范围。人在专注于某个状况或问题的内部因素时，创造力才是最强的，通过对某个特定的创新任务进行界定，之后对其外延加以封闭，由此，我们大多数人才可能会更具持久的创造力。

这段文字意在说明(　　)。

A. 专注是提升创造力的重要影响因素

B. 忽视规则和模式的观念不利于激发创造力

C. 框架内的思维往往会更有助于创新

D. 没有固定结构的创新会限制创新者的思维

【答案】C

【解析】文段首先援引传统的创新观念，接着用必要条件句引出作者的观点——“在众所周知的框架内思考，不要跳出它的范围”，然后解释为什么要在框架内思考：在框架内思考会更具持久的创造力。由此可知，文段意在说明：框架内的思考更有利于创新。所以C项为正确答案。

A选项有一定的干扰性，但文段强调的重点并非专注，因此排除。B项的“规则和模式”，D项的“固定结构”在文段后面没有提到，故排除。

2. 寓言故事类

寓言故事类通常通过讲述一则寓言或一个故事，传达深刻的寓意或道理。判断寓言故事的寓意或道理不能停留在字面意思，而是要深入挖掘寓言或故事背后深刻的哲理启示。考生可以从整个寓言或故事的高潮、结局入手寻找产生高潮、结局的原因，找到原因之后分析该则寓言或故事所阐释的道理，然后确定答案。

考生在做题时还可结合选项进行排除。选项要与原文具有一定的关联性，一般蕴含着积极意味。表意肤浅、不深刻的选项，表达内容过于绝对的选项，表达内容不符合客观实际、生活常识或社会规律的选项一般不是正确答案。

【例题精讲】(2013·吉林)跳蚤被放进敞口的瓶子里，它便立刻跳了出来。当把瓶子盖上时，跳蚤还是会竭力跳出瓶子，它不停地撞击着瓶盖的内侧。一个多小时后，它还在那样跳着。差不多三个小时后，它依然在跳，只是它不再撞着瓶盖了，此时它跳的高度离瓶盖大约1厘米，而且每一次都是如此，它已经习惯了这个高度。后来即使瓶盖被拿掉了，跳蚤也没有跳出瓶口，它依然保持着有瓶盖时的高度，再也跳不出瓶口。

跳蚤的故事告诉我们(　　)。

A. 有形的禁锢比无形的束缚更易被打破

B. 习惯往往会束缚我们的思想和行动

C. 胸无大志，势必无所作为

D. 拒绝尝试往往使我们错失成功的机会

【答案】B

【解析】故事的结局是跳蚤再也跳不出来，产生这一结局的原因是“它已经习惯了这个高度”。由此得知，作者通过跳蚤的故事告诉我们：习惯往往会束缚我们的思想和行动。故答案为B。A的侧重点有误，文段并非强调有形的禁锢。C项理解有误，不能通过跳蚤跳不出玻璃瓶推出胸无大志势必无所作为。D项理解有误，跳蚤并非不再尝试，而是适应了高度，再也跳不出瓶口。

【例题精讲】(2013·甘肃)有个登山的人在途中遇到暴风雪，不久就迷路了。而他的御寒装备又不足，他明白，如果不找到避风处，非冻死不可。在他四肢已冻得麻木时，他发现了一个快要冻僵的人。登山人毅然停下来，甩掉手套，开始给那个冻僵的人全身按摩。那个人的血脉流通了，而登山队员在不断的按摩中获得了温暖。于是奇迹出现了，两个几乎冻僵的人相互搀扶着，终于艰难而又十分庆幸地走出了死亡的雪山。

这段文字意在说明(　　)。

A. 毫不吝惜的付出，必有毫不吝惜的回报

B. 给予是相互的，帮助别人也就帮助了自己

C. 恶有恶报，善有善报

D. 我为人人，人人为我

【答案】B

【解析】故事的结局是两个冻僵的人走出了雪山，原因是两个人互相搀扶，互相帮助。因此，文段意在说明：给予是相互的，帮助别人也就帮助了自己。A项“毫不吝惜的付出”并没有体现。C项“恶有恶报”无中生有。D项“人人为我”并未体现。

【例题精讲】(2011·福建)蜗牛参加了很多次动物运动会，成绩如下：跳高，零；跳远，不到一厘米；短跑，一小时一米；马拉松，到了下一届运动会开幕还没跑完，结果每次都没有得奖。今年，蜗牛参加了攀岩比赛，它速度不快，但却登上了顶峰，获得了冠军。

与这个故事寓意最相符的是(　　)。

A. 天生我材必有用　　B. 冰冻三尺，非一日之寒

C. 世上无难事，只怕有心人　　D. 金无足赤，人无完人

【答案】A

【解析】题干对比蜗牛在跳高、跳远、短跑以及长跑方面的劣势和攀岩方面的优势，由此可以得知，尺有所短寸有所长，每个人都有自己的长处，换言之是“天生我材必有用”。C项为迷惑项，它强调的是坚持，而文段中没有体现。

四、态度观点题

(一) 题型判定

态度观点题主要考查考生对作者的态度、观点、倾向的把握能力或对事物的评价能力，通常带有“观点”“态度”“评价”“原意”等字样。常见的提问方式有：“通过这段话可知作者的观点是”“作者支持的观点是”“作者认为……是否正确”“符合作者观点(原意)的一项是”等。考生需要把握文段的整体内容，有时候还需要进行适当的推断。

（二）解题技巧

1. 直接表达观点

有些文段直接表达作者的态度观点，考生通过找“我认为”“我觉得”“笔者认为”“在我看来”“依我看”“××说”“××认为”等引导词判断作者的观点。引导词前面的语句一般是背景铺垫，围绕背景铺垫设计的选项都是干扰项，要果断排除。

【例题精讲】（2014·山东）在过去50年间，不合规范的语言使用现象激起了一场严肃的争论，一方是规范主义者，认为需要指导人们如何说话、写字；另一方是描述主义者，认为我们只能讨论语言当前的用法。规范主义者认为，有的用法是正确的，有的是错误的，推广正确的用法是坚持真理、尊敬文明的精华，纵容错误就是鼓励相对主义、粗俗的平民主义和文学的简单化。描述主义者认为，正确的规范是一种强制性的规则，语言是人类创造性的有机活动，人们应该有高兴怎么写就怎么写的自由。

下面说法中符合描述主义者观点的是（　　）。

A. 语言的平民化应成为媒体的主流　　B. 网络热词可以在更大范围内使用

C. 规范的语言禁锢了人们的思想　　D. 语言应该与时俱进

【答案】C

【解析】根据“另一方是描述主义者，认为我们只能讨论语言当前的用法”“描述主义者认为，正确的规范是一种强制性的规则，语言是人类创造性的有机活动，人们应该有高兴怎么写就怎么写的自由”，可知描述主义者反对语言的规范，要有使用语言的自由。表达倾向一致的是C项。A项描述主义者的观点中没有涉及“语言的平民化”，B项“网络热词”文中没有提及，D项“与时俱进”没有提及。

2. 间接表达观点

有些文段并非直截了当地提出观点，而是间接地表达出来。考生可通过以下技巧判断作者的观点：

（1）利用关联词语判断作者的观点。例如转折关系，转折之后是作者的观点；无条件关系，结论是作者的观点。

（2）利用具有感情倾向的词语判断作者的观点。如“破坏”“虚无”“遗憾地”“所谓地”“表面上看”等带有消极否定的倾向；“促进”“带来”“有趣地”“可喜地”“值得庆幸的是”等则带有积极肯定的倾向。

（3）利用标点符号判断作者的观点。双引号具有表示引用、表示特定称谓、表示特殊含义、表示突出强调、表示讽刺嘲笑五个作用，当给一个褒义词加了双引号，通常表示讽刺嘲笑，如“标致”“杰出”“聪明”等。问号和感叹号在不同语境中也可表示不同的态度立场。

（4）利用反问句和多重否定句判断作者的观点。反问句分为肯定反问句和否定反问句。肯定反问句表示否定的意思，否定反问句表示肯定的意思。例如：难道我们能浪费时间吗？（这句强调不能浪费时间，要珍惜时间，突出时间的重要性。）当土夫子，难道就不需要文化知识了吗？（这句强调当土夫子也需要文化知识。）多重否定句是含有两个或两个以上否定词的句子。否定两次，表示肯定的意思；否定三次，表示否定的意思。常用的双重否定词有“没有……不……；……无不……；非……不……；……不曾不……；……

不能不……；……不会不……”等。例如：从前线回来的人说到白求恩，没有一个不佩服，没有一个不为他的精神所感动。（双重否定表肯定，从前线回来的人都佩服白求恩，都被他的精神感动。）

（5）利用论据判断作者的观点。考生根据举例论证、原因解释、援引观点、反面论证、背景铺垫判断作者的观点。例如，反面论证，如果没有A，那么B。作者的观点是－A。

【例题精讲】（2015·国家）西方现代文论认为，一部作品产生后就是独立的文本，和作者无关。然而这个原则却不适用于中国传统文学。中国古代的文学家，很多是朝廷的官员或预备官员，至少是读书人，是文明的传承者，他们的言行是社会风尚的风向标，文学承载着移风易俗的责任，因此社会价值体系对文学家的人格有较高的要求。如汉代的扬雄写过赞美王莽的文章，因而被宋人看不起；严嵩的诗写得好，但是后世读的人少，诗集也少有刊刻——怎能让祸国殃民的罪人立言不朽呢？古人虽也说过“孔雀虽有毒，不能掩文章”的话，但仍坚持“德艺双馨”的文艺评论原则。

根据这段文字，下列哪项符合传统上中国古代对文学作品的看法？（　　）

A. 文如其人　　B. 文以载道

C. 知人论世　　D. 诗以言志

【答案】A

【解析】态度观点题。文段先援引西方现代文论观点，接着用转折关联词“然而”表明中国古代观点与之不同。然后用因果关联词“因此”引出作者观点——“社会价值体系对文学家的人格有较高的要求”，再然后举杨雄和严嵩的事例证明观点。最后重申观点——古人坚持“德艺双馨”的文艺评论原则。由此可知，文段说的是“文章”和“人格”之间的关系。“文如其人”指文章的风格同作者的性格特点相似；现也指文章必然反映作者的思想、立场和世界观，符合材料文章和人格对等关系的阐述。因此，A项为正确答案。

“文以载道”意思是用写文章来阐述道理。“知人论世”原指了解一个人并研究他所处的时代背景；现也指鉴别人物的好坏，议论世事的得失。“诗以言志”是用诗来表达自己的志向和决心。

3. 没有作者的观点

有些文段仅仅是客观地援引他人的观点，或者是对事件、现象进行客观的陈述，解释其原因、原理或现状，没有作者的观点。这类文段以说明文和新闻简讯为主，因此考生在阅读文段时注意辨别文段的文体风格，结合语境理解文段的段落大意，概括全文，准确地判断答案，不要被文段中的其他观点所误导。

【例题精讲】（2012·国家）目前，IBM公司研发的电脑沃森战胜了美国电视智力节目《危险边缘》的两名人类常胜将军，一时间，很多网友担心，电脑越来越像人，将会超越人类智慧。从深蓝到沃森，人工智能又向前跨越了一大步。电脑会代替人脑吗？近几年，每次有电脑战胜人脑的事发生，都会有“终结者”之类的担忧。甚至有人认为，电脑的计算速度正变得越来越快，不久的将来电脑将能够模拟人脑、产生意识，并最终替代人类。

作者对于“电脑代替人脑”这种观点的态度是（　　）。

A. 作者认为人工智能技术有可能实现电脑模拟人脑

B. 看不出作者是否认同“电脑替代人脑”这种观点

C. 认同这种观点，因为人工智能技术不断超越人类智慧

D. 不认同这种观点，因为人类是人工智能技术的主宰者

【答案】B

【解析】态度观点题。文段首先用“目前”一词引出问题的产生背景，接着用设问提出问题——“电脑会代替人脑吗”，后面援引了其他人的观点。整个文段中作者并没有对此发表任何评价，故正确答案是B。

4. 观点杂糅

有些文段内容涉及了几个问题或现象，而作者对其中的某一个问题或现象有评价，对其他问题或现象未作任何评价，只是一种客观的陈述。这种情况我们称之为杂糅观点，主要有以下两种句式：

(1) 笔者认为……A……，至于……B……就见仁见智了。

这种句式前面用引导词“笔者认为”提出自己对A的观点或态度，后面用“至于……见仁见智”引导的句子对B不发表评价。

(2) 无论……A……，B都……。

这种句式用“无论”引导一个周遍条件的句子，表示前面任何一种条件都会得到同样的结果，该句式前半句没有态度观点，后半句有态度观点。

【例题精讲】(2006·国家)今年，11名高考“状元”因面试成绩不理想被香港大学拒之门外。这与内地高校追逐高分考生、为招收到“状元”而津津乐道、各地大捧高考“状元”等现象形成了鲜明的对比。此举引来轩然大波，媒体纷纷将矛头指向“应试教育”。笔者认为，香港大学招生和“素质教育”并没有太大的直接关系，他们只是按照自己的要求录取学生，这种标准只是香港的标准，至于是否优异或是否适合内地情形，那就见仁见智了。

作者支持的观点是(　　)。

A. 香港大学的录取标准并不是挑选学生的最佳标准

B. 香港大学有自主招生的权利，媒体不应过多批评

C. 香港大学选择学生的标准并不与内地现有情形相符

D. 香港大学不录取“状元”的原因是他们不符合该校的录取标准

【答案】D

【解析】态度观点题。文段用引导词“笔者认为”引出作者的观点——“香港大学招生和‘素质教育’并没有太大的直接关系，他们只是按照自己的要求录取学生，这种标准只是香港的标准”。换句话说，就是许多高考“状元”被香港大学拒之门外是因为他们不符合香港标准。所以，正确答案为D。

后面的句子“至于是否优异或是否适合内地情形，那就见仁见智了”，作者对这个问题没有回答。因此，A、C都无法得出；B项作者对媒体也只是客观的描述，没有评价对错，所以也不正确。

五、细节辨析题

（一）题型判定

细节辨析题主要考查考生在短时间内迅速筛选重要细节、理解文段细节和推断信息的能力。常见的提问方式有："下列表述符合/不符合文意的一项是""下列说法正确/不正确的一项是""下列理解正确/有误的一项是""下列选项能推出/不能推出的是"等。

（二）解题技巧

1. 明确做题顺序。解答细节辨析题，考生首先审设问，然后看选项，最后阅读文段。

2. 全面理解文意找对应。细节辨析题与主旨概括题不同，主旨概括题一般把握文段的重点即可；细节辨析题需对文段进行整体把握，全面理解文意。阅读文段时仔细观察选项是否与文段一一对应。

正确选项具有两个特征：一、正确选项往往是原文语句的同义替换；二、正确选项是原文内容的准确理解和概括。

3. 排除干扰定答案。细节辨析题干扰选项主要有：无中生有、概念混搭、概括不当、偷换概念、曲解文意。考生仔细分析选项错误类型，排除干扰，确定正确答案。

【例题精讲】（2019·山东）汉代的辞赋创作是以抒情赋发轫，代表作品是贾谊的《吊屈原赋》和《鹏鸟赋》，东汉后期的辞赋，抒情赋成为主流。就此而论，汉代的辞赋是以抒情赋起始，又以抒情赋终结，它的轨迹是画了一个圆圈。不过，贾谊的抒情赋均为骚体，明显是继承楚辞而来。东汉后期的抒情赋则是既有骚体，又有散体，还有四言诗体，在作品样式上呈现的是多元化的格局。

对这段文字理解正确的是（　　）。

A. 两汉辞赋的整体发展轨迹是一个圆，主要继承了楚辞的风格

B. 骚体、散文体和四言诗体作品共同构成了汉代的文坛

C. 东汉后期的辞赋以抒情赋为主流，各类文体并存，呈现多样化格局

D. 贾谊是汉代抒情赋的代表性人物，其作品具有浪漫主义色彩

【答案】C

【解析】由提问方式可知，该题是细节辨析题，先看选项，然后与原文一一对照。由"汉代的辞赋是以抒情赋起始，又以抒情赋终结，它的轨迹是画了一个圆圈。不过，贾谊的抒情赋均为骚体，明显是继承楚辞而来。东汉后期的抒情赋则是既有骚体，又有散体，还有四言诗体……"可知"两汉辞赋的整体发展轨迹是一个圆"但东汉后期不再继承楚辞的风格，A项错误。由"东汉后期的抒情赋则是既有骚体，又有散体，还有四言诗体"，可知B选项"汉代的文坛"偷换概念，应该是"东汉后期"的文坛，B项错误。C项对应"东汉后期的辞赋，抒情赋成为主流"以及"东汉后期的抒情赋则是既有骚体，又有散体，还有四言诗体，在作品样式上呈现的是多元化的格局"，符合原文，C项为正确答案。由"汉代的辞赋创作是以抒情赋发轫，代表作品是贾谊的《吊屈原赋》和《鹏鸟赋》"可知D项前半句正确，但后半句"其作品具有浪漫主义色彩"无中生有，不正确。

【例题精讲】(2018·国家)自海洋石油钻井平台、潜艇等超大型货物相继出现以来，半潜船才渐渐找寻到自己的用武之地。半潜船装运货物既可利用独特的沉浮方式，又能借助码头设施采用滚装、滑装、吊装等多种方式，具有很强的灵活性和方便性。此外，半潜船大多具有自航能力，航速可达到15节以上，能大大缩短重要设备的运输周期。同时，由于自身携带设备少，燃料消耗少，半潜船续航能力可达到数万公里。更为重要的是，半潜船是通过半潜方式在水中航行，吃水较深，甲板常常与水面一致，因而抗击大风大浪的稳定性极高。

根据这段文字，以下说法正确的是(　　)。

A. 半潜船仅能采用沉浮方式装载货物

B. 半潜船的主要不足是速度相对缓慢

C. 半潜船较稳是由于航行时吃水较深

D. 在超大型货物出现后半潜船才出现

【答案】 C

【解析】 由提问方式可知，该题是细节辨析题，先看选项，然后与原文一一对照。由“半潜船装运货物既可利用独特的沉浮方式，又能借助码头设施采用滚装、滑装、吊装等多种方式……”可知A项错误；由“半潜船大多具有自航能力……能大大缩短重要设备的运输周期”可知B项错误；由“半潜船……吃水较深……因而抗击大风大浪的稳定性极高。”可知C项正确；由“海洋石油钻井平台、潜艇等超大型货物相继出现以来，半潜船才渐渐找寻到自己的用武之地”可知D项错误。

【例题精讲】(2018·山东)无论原著多么丰富精彩，文学经典改编成电视剧都是一次再创作。电视剧要尽可能地呈现原著复杂而沉重的主题，也要通过改编使片段式的故事汇成线条式的人物命运。古老土地的历史变迁、民族生存的生命反思、儒家文化的辉煌与没落、人性欲望的压抑与张扬……文学经典的母题，必须经由改编之手重新诠释。而且，无论怎么改，情节的推进，人物的塑造，剧情的发展，其本身都要符合人物内在的行为逻辑。

关于文学经典改编成电视剧的原则，文中没有涉及(　　)。

A. 要突出文学经典的主题

B. 要有比较明确的主线

C. 应具有合理的内在逻辑

D. 要使用必要的夸张手法

【答案】 D

【解析】 由提问方式可知，该题是细节辨析题，先看选项，然后与原文一一对照。由“电视剧要尽可能地呈现原著复杂而沉重的主题”可知A项正确；由“也要通过改编使片段式的故事汇成线条式的人物命运”可知B项正确；由“无论怎么改，情节的推进，人物的塑造，剧情的发展，其本身都要符合人物内在的行为逻辑”可知C项正确；D项无中生有，文段并未提及改变手法是否要夸张，因此D项当选。

【例题精讲】(2015·国家)上世纪七十年代，湖南长沙马王堆汉墓出土了十二万字以上的帛书，其中有一部失传已久的《相马经》，是我国动物学、畜牧学的重要文献。春秋战国时期，由于已从车战演变到骑兵作战，马的身价愈来愈高。传说中的相马专家是伯乐，事实上，这类专家数量众多，《吕氏春秋》就提到十个相马家，《史记》也提到“以相马立命天下”的人士，这些都可以证明古人对相马的重视。

下列说法与原文相符的是(　　)。

A. 相马技术的发展使得车战逐渐被淘汰

B. 《相马经》是伯乐所撰写的相马学专著

C. 相马术的出现推动了古代动物学的发展

D. 相马师这一职业早在汉代以前就已经出现

【答案】D

【解析】A项偷换逻辑关系，错误。选项将文段中相马技术与车战逐渐被淘汰之间的因果关系颠倒。B项无中生有，错误。文段未提及《相马经》的作者。C项无中生有，错误。文段并未提及《相马经》对古代动物学的发展的推动。D项，《吕氏春秋》是在秦国丞相吕不韦的主持下，集合门客们编撰的一部黄老道家名著，成书于秦始皇统一中国前夕。而由文段“《吕氏春秋》就提到十个相马家”可知，相马师这一职业在汉代以前早已出现，D项正确。

六、标题填入题

(一) 题型分析

标题填入题，顾名思义就是给指定文段填入一个合适标题，这种题型考查考生对整个文段的综合理解、归纳和逻辑推理的能力。常见的提问方式有：“最适合做本段文字标题的是”“该段文字作为一则报纸上的新闻，最适合做该段文字题目的是”等。

(二) 解题技巧

1. 归纳概括文段的主旨。做标题填入题，首先要综合考察整个文段，通过关联词语法、行文脉络法明确文段的论述重点，归纳概括文段的主旨。

2. 明确文段的文体风格。恰当的标题不仅要全面地反映文段的主要内容，还要与文段的文体风格相吻合。因此，考生需要明确该文段的文体风格。

常考到的标题填入题有新闻报道类、议论文、说明文、散文、记叙文五种文体风格。不同的文体风格有不同的侧重点。

(1) 新闻报道类。所谓新闻报道，就是对新近发生的事实的报道。新闻报道的特点是用事实说话，尽量真实地提供信息，它包含四要素：准确性、真实性、简明性、及时性。新闻报道类的文体风格简洁、明快且客观、真实。通常此类文段有较为固定的结构：标题——(副标题)——导语——正文。

拟定新闻报道类的标题，关键在于快速寻找、总结归纳“导语”，即文段的主题句。导语就是新闻的开头部分，它以简要的文句突出最重要、最新鲜或最引人注意的事实和思想，提示新闻要旨，吸引读者阅读。阅读导语时，考生应注意将导语里的长难句进行精简压缩，提炼主谓宾，带入到选项当中，进行同义替换。

(2) 议论文。议论文是对某个问题或某件事进行分析、评论，表明自己的观点、立场、态度、看法和主张的一种文体。议论文的文体风格是论点明确、逻辑严密、论证有力。议论文有三要素，即论点、论据和论证。由于论据和论证围绕论点展开，因此，拟定议论文的标题，重点在于寻找论点。找寻到论点加以概括即可成为标题。

(3) 说明文。说明文是一种以说明为主要表达方式的文章体裁。它通过对实体事物科学地解说，对客观事物做出说明或对抽象事理进行阐释，使人们对事物的形态、构造、性质、种类、成因、功能、关系或对事理的概念、特点、来源、演变、异同等能有科学的认识，从而获得有关的知识。说明文包含三要素：内容严密、说明生动、语言准确。说明文文体风格平实、客观，常呈现朴实凝练的语言来说明事物的原理或构造。说明文的标题选择有两个基本要求：一、说明对象一致。说明文阐述的对象和标题的对象一致，围绕说明的对象进行表述的选项通常就是这个文段的标题。二、说明文的标题是对于文章或者文段的全面、客观的概括。

(4) 散文。散文是作者运用生动形象的语言描摹社会生活中的人、事、景，深入挖掘其中的内涵哲理，表达对自然、社会、人生感悟的一种文体。散文主要分为三种类型：抒情散文、记叙散文、哲理散文。散文重在抒情，其特点是形散而神不散，表达方式灵活多样。拟定散文的标题，要理清文段的脉络，体会作者的感情，寻找文段中能揭示全篇旨趣和有画龙点睛妙用的"文眼"。

(5) 记叙文。记叙文是以记人、叙事、写景或状物为主要内容，以叙述、描写为主要表达方式的一种文体。记叙文包含六要素：时间、地点、人物以及事件的起因、经过和结局。记叙文根据写作对象的不同可分为：以写人为主的记叙文，以叙事为主的记叙文，以写景为主的记叙文，以状物为主的记叙文。记叙文通过生动形象的事件来反映生活、来表达作者的思想感情，文章的中心思想蕴含在具体材料中，通过对人、事、物的生动描写来表现。拟定记叙文的标题，重点是确定文段的中心思想，体会作者的思想感情。

【例题精讲】(2010·福建春季)据悉，寿山石雕作品"春声赋"将在上海世博会福建馆展出。"春声赋"为传统的花鸟题材，一凤一凰于五十六只形态各异的小鸟或栖或飞，环绕在一棵不老松身边，形成众鸟朝凤的欢乐图景，寓意中国五十六个民族团结和睦与新中国繁荣富强。它是用整块名贵高山鸡母窝石历时五年雕刻而成，是福建省寿山石雕最重要的优秀作品之一，价值约一亿三千万人民币。这是寿山石首次参展世博会，将向全球展示寿山石文化的深刻内涵和艺术成就，对提高寿山石在全球范围内的知名度和影响力有着积极的意义。

最适合这则新闻报道的标题是(　　)。

A. 寿山石借力世博会再上新台阶

B. 寿山石雕"春声赋"将参展世博会

C. 寿山石雕"春声赋"价值过亿

D. 世博会首现寿山石雕"春声赋"

【答案】B

【解析】文段首先提到寿山石雕"春山赋"将在世博会展出，而后介绍了这一石雕的内容，最后提到参展此次上海世博会，对于寿山石雕的意义。文段属于新闻报道类，其重点是前半部分，即寿山石雕"春山赋"将在世博会展出，与B选项构成同义替换。因此，正确答案为B。D选项偷换时态，错误。

【例题精讲】(2017·山东)研究者对大熊猫肠道内的微生物进行分析后发现,虽然原本食肉的熊猫为了适应食物稀缺的环境而在距今240万到200万年间转为以竹子为食,并为此进化出了强壮的颌骨,但它们却没有进化出更长的消化道或分泌特定消化酶的能力,从而无法有效地分解竹纤维素。

最适合做这段文字标题的是(　　)。

A. 口是腹非　　B. 竹子与熊猫

C. 尚未完成的进化　　D. 适应环境还是改变自己

【答案】A

【解析】文段首先指出大熊猫"为适应食物稀缺的环境……以竹子为食,并为此进化出了强壮的颌骨",然后通过转折关联词"但"引出强调重点:熊猫腹部"没有进化出更长的消化道或分泌特定消化酶的能力,从而无法有效地分解竹纤维素"。文段内容可概括为熊猫"口"进化完成,而"腹"还没进化好,A项"口是腹非"概括全面,短小精悍、生动形象、吸引读者,A项为正确答案。B项"竹子与熊猫"不准确,不贴切,排除;C项仅对应熊猫腹部的状况,相比A项表述片面,且不够生动形象,排除;D项文段未体现选择关系,排除。

【例题精讲】(2017·山东)农村衰败,故乡消失,这是近些年媒体人提出的议题。学者的观察,时评人的关注,使得正在发生巨变的农村,被搬入舆论平台的焦点地带,农村话题时常与娱乐话题一起,成为社交媒体上的热搜词。但在这个长达十年的农村话题讨论期内,作家是缺席的。虽然有一种观点认为,作家面向社会发言最好的方式是作品,但也有不少人认为,作家不能仅仅通过写作虚构作品承担社会责任,巴尔扎克、雨果、托尔斯泰等国外作家,往往会通过行动以及公开演讲等方式,对公共事务和社会问题发表意见。

最适合做本段文字标题的是(　　)。

A. 农村题材在今天缘何不再吃香　　B. 现代舆论话题中作家的边缘化

C. 作家在农村衰败议题中的失语　　D. 中外作家应对社会事务的不同

【答案】C

【解析】文段的行文脉络为"分—总—分"式。文段先提出农村衰败成为舆论热点。接着用转折复句引出论点,作家缺席农村衰败话题。然后援引他人观点,指出不少人认为作家应对公共事务和社会问题发表意见。文段为议论文,添加标题应以论点为主。C选项与文段重点构成同义替换。文段原标题为"农村衰败与作家之痛"。文段的主题是农村衰败与作家,通过主题词直接排除A、B、D。

【例题精讲】(2013·国家)我磕磕绊绊地走在村庄里,似乎仅仅听到了自己的脚步声和喘息。两堵泥墙的夹缝偶尔闪出一条窄窄的小巷,光滑的石板路笔直地伸入纵深之后一折绕走了,巷子尽头的泥墙有一扇小小的石窗,窗内乌黑一片。沿途遇见了若干倒塌的院落,阳光之下芳草萋萋,几堵孤立的残墙缄默不语,两扇开始朽烂的门板黯然歪倒在地。随行的朋友从路上捡起一根竹条,说下一个路口的几条狗十分凶悍。话音未落,一群大大小小的黄狗雄赳赳地冲出来,拥挤在路口伸长脖子狂吠,仿佛他们才是这些房子的真正主人。

这段文字最合适的标题是(　　)。

A. 孤独的村庄　　B. 原始的村庄　　C. 宁静的村庄　　D. 落寞的村庄

【答案】D

【解析】文段为散文,通过文段当中的词语"倒塌、残墙、萋萋、黯然、孤立的残墙"等透露出村庄的衰败与落寞,因此正确答案为D。阅读文段可知,这个村庄现在已经衰败,可知这并非是一个"原始的村庄"。"一群大大小小的黄狗雄赳赳地冲出来",说明这个村庄并不"宁静",由此可排除B、C项。文段具体的描述没有体现孤独,只是说村子现在没有人住,很荒凉。但是有"光滑"的石板路,以前比较繁华,起落的对比叫落寞,排除A。

七、推断下文类

(一)题型综述

推断下文题重在考查考生的推断能力。常见的提问方式有:"根据上文,作者接下来最有可能介绍的是""下文可能阐述的内容是""这段文字接下来最应该讲述的内容是""最符合题干下文内容的是"等。

(二)解题技巧

1. 根据话题一致原则和文段结构推断下文内容。解答推断下文类试题,应重点阅读文段的后半部分,尤其是尾句。正确答案应与文段后半部分的话题保持一致。另一方面,考生还要结合文段结构进行判断。如果前文提出了一个观点,下文应该是论证这个观点;如果前文提出一个现象,下文应该是分析这个现象;如果前文提出一个问题,下文应该是解决问题。

2. 排除干扰选项。推断下文类主要排除三类干扰选项:一、跟题干无关或无法推断的内容;二、已经描述过的内容;三、可能会在前文出现的内容。

【例题精讲】(2019·山东)基础研究是整个科学体系的源头,是科技强国建设的根基。2018年,我国全社会研究与试验发展(R&D)经费约1.94万亿元,研发人员总量预计418万人,这些资源如果得到合理配置,可以实现更大作为。据《2017年全国科技经费投入统计公报》,2017年,我国基础研究经费975.5亿元,占R&D经费比重的5.5%。虽然规模、强度近几年在增长,但由于投入强度长期过低,加剧了基础研究资源配置的功利性,技术源头缺失问题日益凸显。未来要实质性地强化基础研究多元投入体系,提高资源配置及使用效率。

这段文字接下来最有可能讲述的是(　　)

A. 我国基础研究存在的问题　　B. 我国基础研究取得的进展

C. 如何解决技术源头缺失问题　　D. 如何加强基础研究多元投入

【答案】D

【解析】由提问方式可知,该题是推断下文题。首先分析文段,重点关注文段尾句。文段先指出基础研究的重要性;接着以假设复句强调基础研究资源如果得到合理配置,将实现更大作为;然后指出基础研究存在的问题;最后提出解决措施,即"未来要实质性地强化基础研究多元投入体系,提高资源配置及使用效率"。文段论述的重点和尾句的核心话题是“基础研究多元投入体系”，因此，下文应围绕这一话题展开论述，对应D项，故D项为正确答案。A项、B项内容文段已经论述过，排除。C项内容是针对“技术源头缺失问题日益凸显”提出的解决措施，与文段核心话题不一致，排除。

【例题精讲】（2018·国家）食品行业是关系人民群众切身需求与经济社会和谐稳定的民生行业。但目前来看，我国食品供给体系总体呈现出中低端产品过剩、中高端和个性化产品供给严重不足的问题，消费者对国外产品的依赖程度越来越高。特别在当前速度换挡、结构调整、动力转换的经济新常态下，深入推进食品行业供给侧改革，是实现食品行业健康、长远发展的必然选择。食品标准既是国家食品安全治理体系中的重要组成部分，又是引导食品生产质量的主要风向标，因此，深化食品行业供给侧结构性改革的关键在于构建一套先进的食品行业标准。

这段文字接下来最可能讲的是（　　）。

A. 目前国内食品行业存在的主要问题

B. 国外构建食品行业标准的经验教训

C. 构建食品行业标准要重点关注的问题

D. 深化食品行业供给侧改革的具体措施

【答案】C

【解析】由提问方式可知，该题是推断下文题。文段首先提出我国食品供给体系存在的问题，然后指出深入推进食品行业供给改革的必要性，最后强调“深化食品行业供给侧结构性改革的关键在于构建一套先进的食品行业标准”。依据话题一致和内容一致原则，文段接下来应围绕“构建食品行业标准”展开论述，故C项符合，当选。A、D两项与“食品行业标准”无关，应排除。B项不如C直接，故不是最佳选项，排除。

【例题精讲】（2017·山东）中国的古代城市都有城墙吗？在人们以往的印象中，古代的城市似乎必然有城墙，尤其是都城，高耸的城墙彰示着皇权的至高无上，城墙的失守往往意味着帝国的末日。明清北京城、元大都、北宋汴梁城、隋唐长安城与东都洛阳城……这些城内的里坊格局，外围的高大城郭，构成了帝国都城最鲜明的物化表征。

这段文字接下来最有可能讲的是（　　）。

A. 帝国都城的发展演变　　B. 古代都城城墙的作用

C. 皇权与城市格局的关系　　D. 没有城墙的中国古代城市

【答案】D

【解析】根据话题一致原则，文段的主要话题是“城墙”，同时作者的感情倾向是“中国古代的城市不一定都有城墙”，所以接下来文段最有可能讲的是不存在城墙的城市。因此答案为D。文段围绕“城墙”展开论述，A、C两项没有提及城墙，不符合话题一致原则，排除。B项“古代都城城墙的作用”属于上文已经描述的内容，后文不会再次论述，排除。

八、词语理解题

（一）题型综述

词语理解题要求考生正确理解阅读材料中指定词语的准确含义，考查考生把握词语或语句在具体语境中特定含义的能力。通常的提问方式有以下几种:"对文中画线部分语句理解正确的一项是""×××可以理解为""对×××,理解正确/不正确的一项是""×××指的是"等等。

(二) 解题技巧

1. 实词理解题

首先定位原文,找到词语在原文中出现的位置,然后结合特定语境进行分析,判定词语的含义,最后带入文段进行验证,使需要解释的词语符合文段想要表达的意思。考生要特别注意两种关系:一、解释关系。显性解释标志有"指的是""相当于""换言之""……就是……"等词语,表示解释说明。隐形解释标志有":""——""( )"等,表示解释说明。二、并列关系。表示相关的情况并存,可以理解为A=B;表示相反相对的情况,可以理解为A=-B。

【例题精讲】(2017·国家)当炫耀式旅游成了目的,扎堆往知名景点挤,也就在意料之中。其实旅游作为一种现代的生活方式,可以有多样化的功能。如果是为了教育,可以带孩子去看名山大川、古城遗迹,帮助他们了解国家的历史和文化传统;如果是为了休闲放松,可以去海边、深山,或者就近选择市郊的农家小院,能短暂逃避尘世喧嚣就好。理性面对旅游目的,寻找合适的度假所在,才是健康的旅游观念,才能更好地享受旅游的快乐。旅游观念转型升级,旅游市场分化,人满为患的现象才可能消失,旅行中的快乐亦会更加醇厚。

根据这段文字,旅游观念的"转型升级"指的是( )。

A. 实现多样化的功能　　B. 理性面对旅游目的

C. 赋予旅游实际意义　　D. 享受旅行中的快乐

【答案】B

【解析】由提问方式是可知,该题是题词语理解题。首先阅读文段,找到"转型升级"出现的位置。然后回到语境,分析其特定含义。文段首先指出以炫耀为目的导致旅客扎堆往知名景点挤。接着指出旅游可以有多样化的功能,并以"教育""休闲放松"为例解释说明,然后强调"以理性面对旅游目的"才能达到好的结果。最后提出"旅游观念转型升级,旅游市场分化"的解决方案。因此,旅游观念的"转型升级"指的是由"炫耀"的想法转为"理性"看待,对应B项,B项为正确答案。A选项是观念转型升级后产生的良好结果,不是观念的变化,排除;C过于宽泛,无法体现文段中观念的升级,排除;D项是观念改变后出现的结果之一,不属于观念的转变,排除。

【例题精讲】(2010·国家)有人说,凡是知识都是科学的,凡是科学都是无颜色的,并且在追求知识时,我们要知道没有颜色的态度,假使这种说法不随意扩大,我也认同。但我们要知道,只要是一个活生生的人,便必然有颜色。对无颜色的知识的追求,必定潜伏着一种有颜色的力量,在后面或底层加以推动。这一推动力量,不仅决定一个人追求知识的方向与成果,也决定一个人对知识是否真诚。

这段文字中"有颜色的力量"指的是( )。

A. 研究态度　　B. 价值取向

C. 道德水准　　D. 兴趣爱好

【答案】 B

【解析】 原文出自徐复观文集《中国知识分子的责任》。此题为实词理解题。定位原文，找到“有颜色的力量”的位置。阅读文段可知，有颜色和无颜色相对，保持“没有颜色的态度”是客观的态度，与之对应的“有颜色”即表示主观。再由文段有颜色的力量“不仅决定一个人追求知识的方向与成果，也决定一个人对知识是否真诚”可知，“有颜色的力量”指的是最根源的主观力量，即“价值取向”。价值取向指的是一定主体基于自己的价值观在面对或处理各种矛盾、冲突、关系时所持的基本价值立场、价值态度以及所表现出来的基本价值倾向。故正确答案为B。C选项干扰性最强。道德是指衡量行为正当与否的观念标准。一个社会一般有社会公认的道德规范，而道德水准是指道德水平的高低。“有颜色的力量”强调主观倾向，排除C。

“颜色”一词在日常生活中，常表示某种借代义，暗含某种倾向。如有色眼镜，表示的是看待人或事物所抱有的成见。又如，举白旗，表示的是选择投降。再如，颜色革命，指的是20世纪80年代末期一系列发生在独联体国家和中亚地区的以颜色命名、以和平和非暴力方式进行的政权变更运动。所以，在看到“颜色”这个词语或表示色彩的词语时，考生需联想到它的借代义，结合相关颜色词语的背景知识来理解文段含义。价值取向具有实践品格，它的突出作用是决定、支配主体的价值选择，因而对主体自身、主体间关系、其他主体均有重大的影响。此题侧重于意识形态，所以还是“价值取向”为最佳。

2. 代词理解题

代词，即代替名词、动词、形容词、数量词、副词的词。常见的代词有：人称代词（我、我们；你、你们；他、他们；她、她们；它、它们）、指示代词（这样、这、这些、那、那样、那些）、疑问代词（谁、怎么）。

（1）指代就近原则

指代就近原则指的是代词所指代的内容一般应该是在句法结构上和它靠近的词语。如：“王刚写文章抨击小李，说他是个欺世盗名的小人。”这一句子中的“他”应该指代“小李”，因为“他”是指代人，句子中提到了两个人，一个是“王刚”，一个是“小李”，而“小李”离代词的句法位置比“王刚”要近得多，因此“他”优选指代“小李”。

（2）主语话题一致原则

指的是句子中的代词一般来说和句子或者话题的所指相同，这一原则尤其在句群和篇章中更为适用。如：“小王是我的朋友，他是一名教师，他教语文，他工作很认真。”这里的几处“他”都指“小王”。

【例题精讲】（2009·山西）人们穿行于城市中，不仅是空间的行走，也是时间的穿越。时序的完整就是一座城市的文脉和谱牒，“它”是一座城市的血脉和气质所系。资金和技术可以使城市迅速变得高大，却无法使城市变得悠久。一件用许多金银珠宝堆砌而成的现代工艺品，其价值也许根本无法与一件朴素甚至有些残损的宋代瓷瓶相比，它们之间价值的体现仅仅在于时间。

这段话中的“它”是指（　　）。

A. 空间　　　　B. 时间

C. 城市的文脉和谱牒　　　　D. 时序的完整

【答案】D

【解析】本题属于代词理解题。文段中“时序的完整就是一座城市的文脉和谱牒，‘它’是一座城市的血脉和气质所系”出现两个“是”，说明这里的两个分句构成一个并列关系，因此第二个分句的主语“它”的含义对等于第一个分句的主语“时序的完整”。根据主语话题原则可知此题中“它”指代的应该是主语，即“时序的完整”。所以，本题的答案为D选项。

【例题精讲】（2017·山东）目前新媒体的出版呈现出碎片化、标题化、娱乐化的趋势，内容杂乱，不成体系。这既和新媒体的内容展现方式以及人们的浅阅读习惯有关，同时也是因为新媒体的海量内容要在很短时间内处理，编辑力量跟不上，顾不上精耕细作。一旦新媒体结束跑马圈地阶段，腾出手来开始培养自己的编辑队伍，或高薪聘用传统出版业的编辑，那么，这种状况就会得到改观。

文中画横线部分“这种状况”指的是（　　）。

A. 新媒体在内容生产方面的问题　　B. 人们的浅阅读习惯

C. 新媒体编辑力量不足　　D. 海量信息无法得到及时有效处理

【答案】A

【解析】文段首句提出问题，即新媒体出版存在的内容杂乱、不成体系的问题，接下来分析问题的产生原因，尾句针对问题给出对策，故“这种状况”指的是新媒体在内容方面存在的问题，对应A项。B、C、D三项都是问题产生的原因，而非问题本身，且表述不够全面，排除。

第三节 篇章阅读

一、题型分析

文章阅读主要考查考生对中长篇文章的整体把握能力、综合分析能力。其出题形式为:给出一篇相对完整的文章,文章字数为400～600字,针对一篇文章一般有1～5个问题。考生需要整体把握文章内容,借助自身的言语知识从四个备选项中选出最符合题意的一项。

文章阅读的考查形式虽然是中长篇文章,但有大量试题是针对字、词、语句来设置问题。因此,文章阅读实际上综合了片段阅读、语句表达、逻辑填空等多种题型,是全面考查考生言语理解与表达能力的综合题型。

二、解题思路

1. 浏览问题,通读全文

快速浏览问题,带着问题快速通读全文,重视标题、开头段(观点)、结尾段(结论)以及各段首句。阅读文章时明确以下几个问题:文章可分为几个层次?文章主要谈论了什么?总的观点倾向是什么?文章属于哪一类?(记叙文、议论文、说明文、散文)通过通读文章,整体把握文章,避免以偏概全、断章取义。

2. 分析问题,审清题意

认真分析问题,准确理解,找准问题的"题眼",结合问题和选项涉及的内容,在文章中找到对应的句子和文段。

3. 对比分析,确定答案

答题时,考生要反复、认真对比分析,排除干扰选项,确定正确答案。要特别注意表示范围大小、数量多少、时间状态、程度高低、逻辑顺序、必然性与可能性的词语,如"所有、凡是、绝大部分、曾经、更加、并且、可能、必然"等等。

三、解题技巧

(一) 词语理解题

词语理解题有两种题型:词语含义的理解和逻辑填空。

对词语含义的理解离不开具体的语境,考生要坚持字不离词、词不离句的原则。首先,理解词语本义。所谓词语本义,即词语在词典中的本来意思。理解其本义,才有可能进一步理解其临时含义。其次,圈定特殊语境。圈定特殊语境,即圈定该词语所在的句子、段落。如此,方可能便捷地理解词语的临时含义产生的环境。最后,联系语境分析。联系特殊语境中所写的内容,如背景、目的等,进而分析其"潜台词",恰当解释词语的含义。

对于逻辑填空题，考生要从语义、语法、语境、语感等多个方面综合判断，选出最符合题意的一项。

（二）关键语句理解题

1. 题型分析

关键语句是指在文中起着关键作用的重要句子。关键语句包括：(1) 揭示文章中心、主旨、观点、情感的句子（主旨句、深化句、情感句）。此外，从出现的频率说，反复出现的句子也是关键语句。(2) 使用了特殊的修辞格、内涵较为丰富的句子等（警示句、矛盾句、引用句、比喻句）。(3) 揭示文章脉络层次的句子，即文中段首的总起句、段末的总结句以及过渡句等。(4) 结构比较复杂、意思隐晦难懂的句子。

2. 做题方法

理解句子的含义要坚持句不离段，段不离文。具体来说，考生要从这几个方面入手：

(1) 分析句子的结构

如果是单句，先找准主、谓、宾；如果是复句，找准其层次和语义重心。这样可以把握句子的基本意思。

【例题精讲】正像达尔文发现有机界的发展规律一样，马克思发现了人类历史的发展规律，即历来为纷繁芜杂的意识形态所掩盖着的一个简单事实：人们首先必须吃、喝、住、穿，然后才能从事政治、科学、艺术、宗教等等；所以，直接的物质的生活资料的生产，从而一个民族或一个时代的一定的经济发展阶段，便构成基础，人们的国家制度、法的观点、艺术以至宗教观念，就是从这个基础上发展起来的，因而，也必须由这个基础来解释，而不是像过去那样做得相反。（恩格斯《在马克思墓前的讲话》）

【解析】我们分析文段会发现，整段是一个单句。但句子很长，结构复杂。句子的主干是“马克思发现了规律”，接下来对“规律”解释说明。文段可概括为：马克思发现了物质是基础的，物质决定意识的规律。

(2) 分析重要的词语

从句子中的重要词语或修饰成分入手。在抓住主干的同时，特别留心那些修饰、限制成分。句子的修饰、限制成分在一定程度上起着揭示句子内涵的作用，从中能挖掘出句子的深层含义。

【例题精讲】“我敢大胆地说：他可能有过许多敌人，但未必有一个私敌。”

（恩格斯《在马克思墓前的讲话》）

这一句是全文结尾处高度评价马克思伟大人格的一句，它表达的是什么意思呢？

【解析】重要词语是“私敌”，应从“私敌”和“敌人”这两个词入手。“私敌”是因个人的利害冲突而形成的敌人；未必有一个私敌，那么句中的“敌人”就是公敌。依据上文，所谓公敌是全世界无产阶级和劳动人民的共同敌人。该句表明马克思一生光明磊落，把全部精力都献给了无产阶级的解放事业。

(3) 分析句子的位置

句子在文中的位置，对理解句子的含义至关重要。具体地说，首括句常常总起全文或概括段意，理解它就必须找准它领起的那些内容；尾括句往往起总结作用，理解它就必须从它的上文去找；过渡句具有承上启下的作用，往往总结上段、概括揭示下段内容，理解它就必须从它的上下文中去找。不管哪一种，关键是要找准它的"管辖范围"。

【例题精讲】 很久没有回家乡了。那个炊烟袅袅的小村子，是一剂良药，须得按时服用。想必是，在田野里耍大的孩子，即使在城里待得再久，那份散漫的野性也难以去除吧。这些年，想念村庄，已然成了一项必修的功课，或者是一种间歇性病灶，而且，其频率随年岁的增长而增长。

这种想念，实在不是什么轻松的事。想念一个人，是可以有所凭借的，所谓睹物思人，至少给思念留了个出口；而且，还有现代通信工具帮忙。可是，在喧嚣的城市里想念村庄，就如笼中之鸟想念山林一般，找不到一草一木一石的依据，所有的想象，都会被金属丝无情地阻隔，只剩下烦躁的心绪。（《城市是乡村的纪念碑》节选）

文章开头说"那个炊烟袅袅的小村子，是一剂良药，须得按时服用"，这句话的意思是什么？根据文意简要概括，并分析其作用。

【解析】 结合整段的意思可知，将家乡比喻成"良药"。作者待在城市心情烦躁，良药治的是这种烦躁的情绪。因此，"那个炊烟袅袅的小村子，是一剂良药，须得按时服用"的意思是对家乡的思念之情能够平复城内的喧嚣给人心里带来的烦躁。

（4）分析表达意图和感情

文学作品往往表达作者的创作意图和思想情感，考生需结合文段及创作背景深入领会作者的深意。

【例题精讲】 能够破碎的人，必定真正活过。林黛玉的破碎，在于她有刻骨铭心的爱情；三毛的破碎，源于她历经沧桑后一刹那的明彻与超脱；凡·高的破碎，是太阳用黄金的刀子让他在光明中不断剧痛；贝多芬的破碎，则是灵性至极的黑白键撞击生命的悲壮乐章。如果说那些平凡者的破碎泄漏的是人性最纯最美的光点，那么这些优秀的灵魂的破碎则如银色的梨花开满了我们头顶的天空。我们从中汲取了多少人生的梦想和真谛啊！（乔叶的《破碎的美丽》）

文段中"那么这些优秀的灵魂的破碎则如银色的梨花开满了我们头顶的天空"的含义是什么？

【答案】 那些美好、优秀的人物猝然离世时，他们美好的追求、坚韧的品质、不屈的精神，闪耀在我们的面前，如此美丽。

【解析】 我们要分别弄清"灵魂的破碎""银色的梨花""开满我们头顶的天空"的含义。根据上文"灵魂的破碎"之林黛玉、三毛、凡·高、贝多芬这些优秀人物离世或突遇人生的重大变故，"银色的梨花"是比喻说法，本体指精神品质；"头顶的天空"形象地说明了这些伟人让我们仰望、追求。

（三）概括主旨题

主旨文章的灵魂，起着统率和支配全文的作用。文章没有明确的主旨，就成了无帅之兵。抓住了主旨就抓住了中心内容，考生可通过标题和话题提示法、首段尾段归纳法、段意串联法、重复即中心法、层次顺序分析法和关键词归纳法等方法概括文章主旨。

【例题精讲】 简要概括下文的中心内容：

宋代涌现了更多的竹画家。苏东坡就是一位画竹的艺术大师。他画竹气魄极大，"从地起一直至顶"，线条和笔力都很强劲。元代文人画兴起后，画竹更为盛行。四大家之一倪云林的画，大都是修竹数竿，意境萧疏，具有独特的风格。明代竹画家蜂起。王绂画竹名驰天下，邵二泉题他的《墨竹》诗说："萧萧数竹不胜看，到此方知画竹难。谁信中书曾放笔，片时行尽楚江干。"道出了他画竹的高超技艺。徐渭创画雪竹的方法，所画极为精绝。有人评论说："徐文长先生画雪竹，纯以明代瘦笔破笔燥笔断笔为之，决不类竹；然后以淡墨水勾染而出，枝间叶上，罔非积雪，竹之全体，在隐约间矣。"

【解析】 首先，找话题。文章的话题是竹画家。其次找顺序。文段按照宋代、元代、明代的时间顺序叙述。然后，找关键词——"风格""技艺"。最后，用一句话概括中心，即：宋元明时期竹画家蜂起，风格独特，技艺高超。

（四）其他题型

文章阅读还涉及其他题型，比如文意推断题、态度观点题、细节辨析题和标题填入题，这些题型和片段阅读的相关题型解题方法一样。考生要认真分析题型，审清题意，然后阅读相关文段，运用解题技巧，对比分析选项，确定正确答案。

【例题精讲】（2016・江苏）阅读下面文章，回答问题。本题共有 5 道题，每道题提供四个选项，要求你从中选出最恰当的一项，你的选择必须与要求相符合。

为什么要保护自然？近年来，关于这个问题的争论实质上已经变成两种观点之间的辩论。一些人认为保护自然是为了自然本身，即自然的内在价值；另一些人则认为保护自然是为了人类自己的利益，即自然的使用价值。

自然使用价值的支持者们认为，为了本身的利益而保护自然并不能有效阻止物种灭绝的趋势，自然环境的保护应当通过和产业界合作产生最大化的影响，通过让人们更直接地关注和生活紧密相关的问题（如食品和饮用水安全），进一步扩大人们对环境保护的支持；而内在价值的倡导者们则坚持认为，关于保护自然的伦理道德论据已然充分，和产业界合作会将环境保护工作出卖给环境问题的始作俑者，况且社会已经非常关注环境保护了。

然而不幸的是，这一开始时尚且理性温和的辩论，逐渐沦为一场在大学、研究机构、环境保护组织、学术会议以至媒体中广泛进行的尖酸刻薄的个人论战。这种情况可能在扼杀有益的言论，影响环境保护的经费筹措并使实践层面的环保工作停滞不前。

另一个问题的存在有一点________，那就是争论由少数人主导，且几乎都是男性。这说明了一个更大的问题：性别和文化的偏见，也在不断阻碍实际的环境保护工作开展。

环境保护时常会遇到现实世界中各种观点和价值观的挑战。为了处理和吸纳这些观点和价值观，在描绘这一领域的未来时，需要科学家和实践工作者更加包容的态度以及处理环境问题时更加包容的方式。

在对环境保护科学家的科研训练中，应当更加精确地描绘这一领域悠久的、全球的、共同参与的历史进程，介绍数个世纪以来人类珍爱自然、保护自然的各种方法，还需要在会议和媒体上举办更多的论坛，让人们听到不同性别、不同文化背景的环境领域科学家和实践工作者的声音。同时，要动员环保科学家及实践工作者积极参与媒体的相关活动，使得媒体报道能够反映全面真实的观点，而非少数人的一家之言，环境保护组织和科学家们应当欢迎所有的环境保护执行机构，无论是公司、政府机关，还是宗教组织、有志之士，无论有功利目的的，还是纯公益的，和衷共济地将环境保护工作推向前进。不要让环境保护停留在学理辩论的层面，而是对工作的有效性进行严格的评价，从而建立起能容纳不同性别、不同文化、不同年龄、不同价值观的环境保护规范。

1. 填入文章中画横线处最恰当的一项是(　　)。

A. 迫在眉睫　　B. 雪上加霜　　C. 不寒而栗　　D. 不吐不快

【答案】 B

【解析】 “那就是……”是对横线词语的解释，由“少数人主导”“几乎”“更大的问题”等提示词可知，此处应填入表示不好的程度加重的成语，“雪上加霜”常用来比喻接连遭受灾难，损害愈加严重，符合句意，当选。

2. 下列选项中，不属于两派争论的问题是(　　)。

A. 是否可以为筹措经费而与产业界合作

B. 是否应当进一步强化环保的社会关注

C. 是否需要进一步加大吸引民众的力度

D. 是否为改变性别失衡而鼓励女性参与

【答案】 D

【解析】 两派争论的问题主要集中在第二段，由两派观点可知，A、B、C三项均为争论所涉及的问题。D项与两派争论的问题无关，当选。

3. 文中所说“将环境保护工作出卖给环境问题的始作俑者”，“始作俑者”指的是(　　)。

A. 制造了环境问题的企业　　B. 各类自然环境的破坏者

C. 自然使用价值的支持者　　D. 自然内在价值的倡导者

【答案】 A

【解析】 “始作俑者”比喻首先做某件坏事的人，表达破坏的方面，排除C、D两项。由第二段最后一句中的“和产业界合作会将环境保护工作出卖给环境问题的始作俑者”可知，“始作俑者”指“产业界”，即“制造了环境问题的企业”，A项当选。B项范围过于广泛，排除。

4. 文中作者担心的最主要问题是(　　)。

A. 倡导者们在保护环境的目的问题上存在分歧

B. 观点不同者之间的争论逐渐演变为相互攻击

C. 不正确的沟通方式影响实际的环境保护工作

D. 恶性争论可能会导致有创建性的观点被遮蔽

【答案】 C

【解析】 由第三段中“理性温和的辩论，逐渐沦为……个人论战。这种情况……使实践层面的环保工作停滞不前”，以及承上启下的第五段“环境保护……需要科学家和实践工作者更加包容的态度以及处理环境问题时更加包容的方式”可知，C项“不正确的沟通方式会影响实际的环境保护工作”是作者担心的最主要问题。

5. 下列选项中，属于作者为改变自然保护现状提出的对策是(　　)。

A. 对公众进行科普宣传，让其了解环境保护的历史和各种工作方法

B. 通过会议和媒体举办论坛，倾听来自不同性别、不同文化的公众声音

C. 环境保护组织和科学家们应接纳所有环境保护执行机构共同参与

D. 鼓励专业人士进一步展开论争，以提升环境保护认识的理论高度

【答案】C

【解析】由最后一段“应当更加精确地描绘这一领域悠久的、全球的、共同参与的历史进程”以及“环境保护组织和科学家们应当欢迎所有的环境保护执行机构”可知，作者提出的对策是C项。B项倾听的不是公众声音，应是环境领域科学家和工作者的声音。

四、真题演练(2019·国考副省级)

根据所给材料，回答1～5题。

① 1492年，哥伦布发现了新大陆，后人将此定位为“世界的开端”和“全球化进程的开始”。然而，让人意想不到的是，当哥伦布开启这次创造历史的伟大航行时，竟然是揣着香料梦想上路的。香料是推动欧洲国家探索世界的催化剂，对香料的渴望和欲求激发了葡萄牙、西班牙等国家的全球探索，成为改变世界的原动力。

② 香料为何具有如此大的魅力？过去的解释大致是：欧洲中世纪末期，食物容易腐败，使用香料不仅可以掩盖异味，还可以起到防腐保鲜的作用。然而，这种解释仍然无法让我们理解当时香料在欧洲人心目中的分量。一种物品引发的极度欲望，单看使用价值是无法理解和解释的。如果香料仅仅是一种调味品，永远不可能成为“世界的开端”。

③ 事实上，哥伦布时代的欧洲人对香料的渴求，更多是基于某种神秘的想象。在哥伦布发现新大陆之前，欧洲人一直在使用东方的香料。香料来自神秘的东方，为这种想象提供了空间。而且欧洲中世纪有一种说法流传甚广：天堂中飘着香料的味道，基督教众神和死去的帝王们，身上也都带有香料之气。

④ 因此，人们认为，香料必然产自天堂。所以，当哥伦布向西航行的时候，他认为自己是在向着天堂航行，如果能够找到香料，就证明他抵达了天堂。直到去世，哥伦布始终固执地认为，他离天堂只有一步之遥。

⑤ 香料也是欧洲贵族彰显身份的标志。在欧洲基督时代之前的希腊时期，就有一条从印度通向欧洲大陆的香料之路，不过当时输入欧洲的香料数量较少，自然成为奢侈品。直到罗马帝国时期，随着香料大量涌入，香料价格开始下降。但是尽管如此，对罗马人而言，香料仍是品位、地位和财富的象征，是罗马帝国贵族显示排场的法宝，以至于罗马帝国后期的哲人批评香料使人变得虚弱，消磨阳刚之气，导致罗马帝国出现奢靡之风。

⑥ 那时候欧洲人甚至用香料来治病。在欧洲黑死病爆发时期，人们佩戴装有香料的香盒，认为可以抵制瘟疫。当时主导欧洲的医学学说还是希波克拉底的“体液学说”，认为人体由血液、黏液、黄胆汁和黑胆汁四种体液组成，维持四体液平衡是健康的基础，四

体液脱离自然的正常状态，是发生疾病的原因。依据“体液学说”，人的衰老是“内部热力”不断减少的过程，而使用具有温热作用的香料足以延缓衰老过程。

⑦ 香料后来失宠了，原因显得很吊诡。欧洲人最初对香料的狂热欲求，开启了纷纷涌向东方寻找香料的历史，也陆续见证了欧洲几大帝国的兴衰。几百年的反复争夺，使得香料产地扩散，产量剧增，再也无法成为某个帝国的摇钱树了。

⑧ 香料失宠的另一个原因，则在于新航路开辟后，可以调和味道的蔬菜出现，取代了香料的功能。十六、十七世纪时，人们产生了新的嗜好，先是烟草风靡全球，随后则是咖啡和茶，这些商品比香料更加有利可图。

⑨ 随着香料在基督教中象征意义的消失和欧洲消费主义的发展，贵族们彰显地位的消费品转向了首饰、音乐、服装、住房、艺术和交通工具。新的时代到来，人们烹饪偏好的改变，更使香料的烹饪功能丧失殆尽。欧洲中世纪的烹饪，寻求的是食物味道的转化，后来寻求的则是食物的原汁原味。随着民族意识的崛起，食物被贴上了民族的标签，香料被欧洲看作异域的标志，只有耽于感官享受的民族才会热衷于此。与之相反，欧洲理性主义时代最为贬斥的就是一味追求感官享受，而不诉诸理性。

1. 同样是基于这种神秘的想象，欧洲人认为香料具有圣洁之气。在基督徒丧葬火化时，香味必须越浓越好。把香料涂抹在遗体上或者同遗体一起焚烧，有着赎罪的意涵。

这段文字最适合放到文中哪一位置？（　　）

A. ①和②之间　　　　B. ②和③之间

C. ④和⑤之间　　　　D. ⑤和⑥之间

2. 根据所给材料，以下哪一项不是哥伦布时代欧洲人渴求香料的原因（　　）。

A. 对天堂的想象　　　　B. 对理性的诉求

C. 对显赫身份的向往　　　　D. 对延缓衰老的渴望

3. 根据所给材料，以下哪一项是香料失宠的原因之一（　　）。

A. 迷恋香料使得整个社会奢靡之风盛行

B. 新的医疗技术颠覆了香料治病的传统

C. 新的烹饪偏好延长了食物的储存时间

D. 香料在基督教中的象征意义逐渐消失

4. 根据所给材料，十六、十七世纪的欧洲生活中最不可能出现的场景是（　　）。

A. 厨师用美洲的红辣椒代替胡椒调味

B. 商人通过茶叶贸易获得了大量利润

C. 新的音乐形式成为贵族热衷的话题

D. 城郊的异域风情餐厅开始受人追捧

5. 最适合做所给材料标题的是（　　）。

A. 香料传奇：欲望创造的历史

B. 航海轶事：香料与神秘东方

C. 天堂想象：“香气氤氲”的基督教

D. 世界开端：大航海时代的财富追逐

根据所给材料，回答6～10题。

① 注意力不集中是常有之事。如何提高注意力，尽可能长时间保持专注呢？

② 耶鲁大学心理学系布朗教授研究发现，人类的注意力非常有限，因而大脑通常过滤掉我们看到的模糊而无关紧要的东西，留下清晰鲜艳的目标。在很多情况下，人们需要具备长时间注意细节的能力。

③ 布朗教授一直致力于通过为人们提供快速精准的反馈意见来提高他们的专注力，他的团队以往经常采用功能性核磁共振成像技术，通过检验血液流进脑细胞的磁场变化实现脑功能成像，给出精确的结构与功能的关系。神经元在大脑中的活跃与繁衍都依赖氧气，而氧气要借由神经细胞附近的微血管，通过红细胞中的血红素运送。因此，当脑神经活化时，附近的血流会增加，补充消耗掉的氧气。由于带氧血红素与去氧血红素之间的磁导率不同，含氧血与缺氧血的变化使磁场产生扰动，从而能被检测出来。通过重复进行某种思考、动作或经历，可以用统计方法判断哪些脑区在这个过程中有信号的变化，从而找出是哪些脑区在执行这些思考、动作或经历。

④ 需要指出的是，功能性核磁共振成像也有________：因为数据分析可能长达数月之久，所以为病人提供反馈的时间较为漫长。对于专注行为这样短时间内极易变化的活动，作用可以说是________的。而布朗教授这次利用的实时脑成像技术可以在1～2秒内对扫描大脑所获取的数据进行分析，几乎同步反映人脑的活跃状况，这样人们就可以利用反馈信息及时调整行为，达到时刻警惕的状态。

⑤ 为了测试注意力，布朗教授团队设计了一个巧妙的实验：他们为参与者提供了一组由人脸和场景图合成的画面，人脸和场景分别做了50%程度的透明化处理。参与者需要在2分钟内持续观察不同人脸与场景的合成图，并辨认出其中的场景是室内还是室外——室内场景需要参与者作出回应，室外场景则不需要任何回应。这项任务要求参与者把注意力集中在场景画面上。然而，实验中根本就没有室外场景的画面，参与者被不断地给出只有室内场景的画面，久而久之，注意力就会发生变化。

⑥ 那么，研究者是如何知晓参与者注意力的变化呢？通过对参与者的大脑进行实时脑成像扫描，以毫米为单位绘制出一系列的大脑图像，根据统计数据的模型，显示出参与者关注场景和人脸时大脑活动的区别。最关键的是，根据分析结果及时向参与者提供反馈，让他们知道自己的注意力是否集中在正确的目标上。

⑦ 在实验中，参与者如何得到注意力变化的反馈呢？布朗教授团队采用的是“惩罚—奖赏”反馈机制。最开始，图像中场景和人脸各自占比50%，当观察到参与者的注意力不够集中在场景上时，研究者就启用“惩罚”机制，降低场景的占比，使之更难以辨认，迫使参与者集中注意力去辨认场景；相反，如果大脑的注意力集中在场景上，研究者就启用“奖赏”机制，让场景越来越清晰，用这种方式对他们进行反馈。

⑧ 在整个过程中，参与者注意力的变化呈现波动趋势。一开始他们可能会被人脸分散注意力，表现并不是很好，于是受到惩罚，场景的图片渐渐模糊，迫使他们越来越集中精力，场景随之慢慢变得清晰；意识到自己被“奖励”后，他们的注意力又会渐渐被人脸吸引。依此反复，他们的大脑在控制他们所能看到的画面。

⑨ 在反馈测试过程中，很多人被观察到注意力越来越集中，维持长时间注意力的能

力也变得更强。有观点认为他们在测试中当然会表现更好，因为他们知道自己在参加测试。但事实上，在日常生活中这些人的注意力也得到了显著的提高。

6. 根据所给材料，功能性核磁共振成像技术能够（　　）。

A. 实时成像　　B. 检测大脑氧气含量

C. 判断脑区的活跃状况　　D. 监测带氧血红素的磁导率

7. 依次填入第④段中最合适的词语是（　　）。

A. 不足　鞭长莫及　　B. 局限　微乎其微

C. 困难　杯水车薪　　D. 条件　差强人意

8. 在实验中，参与者不可能（　　）。

A. 在实验后半段得到的奖励更多　　B. 脑区的磁场变化产生较大波动

C. 看到人脸占比达到 60%的图像　　D. 在图像中观察到河岸边的马群

9. 布朗教授的实验最能够支持下列哪个说法？（　　）

A. 反馈机制可以帮助人们集中注意力

B. 场景比人脸通常更容易吸引注意力

C. 注意力在测试中比在生活中更易集中

D. 注意力能使大脑过滤无关紧要的信息

10. 作者接下来最可能（　　）。

A. 阐述人类注意力与神经系统之间的关系

B. 介绍“惩罚—奖赏”机制在其他领域的应用

C. 探讨实时脑成像技术与反馈机制的应用前景

D. 列举生活中注意力不集中现象造成的隐患

第四节　语句表达

一、命题趋势

语句表达是言语理解与表达的重要题型，不仅需要考生掌握扎实的言语基础知识，同时对考生思维的条理性和逻辑性要求也较高，在近些年的国家及各省公务员考试中均有涉及。其包含的题型比较多元，除了国家公务员考试中常见的语句排序与语句填充题型外，病句辨析、歧义句辨析、长句理解等题型也均有不同程度的考查。

二、解题技巧

（一）语句排序

语句排序题的出题形式是给出几个句子，要求考生对其进行排序。这种题型是通过语段结构关系的客观规定性来考查考生语言理解能力、语言组合能力和语言表达能力，同时也考查考生的思维判断能力。

1．抓首尾句

从首尾句入手是解答语句排序题的通常思路。文段的首尾句具有以下两大特征：

（1）文段首句常是引论型的内容，当句子内容是介绍背景时，可考虑此句为首句。代词一般不出现在首句，关联词语的后一分句也不适合做首句。

（2）尾句常是结论性的语句。当句子内容为得出结论时，可考虑此句为尾句。

2．抓表达顺序

文段在表情达意时，都要遵从一定的表达顺序：

（1）时间顺序。当几个句子中都出现时间词时，句子之间的排列应遵循时间的先后顺序。

（2）空间顺序。以空间为序，通常遵循从上到下、从左到右、从外到内、从远到近的先后顺序。

（3）逻辑顺序。即按照事物、事理的内在逻辑关系，或由个别到一般，或由具体到抽象，或由主要到次要，或由现象到本质，或由原因到结果，或由概括到具体，或由特点到用途，或由整体到局部一一介绍说明。

3．抓关联词

关联词语提示了复句之间的逻辑关系，根据关联词语也可确定句子之间的顺序。

（1）关联词语通常配对使用，且有固定的搭配习惯，据此可确定含有成对使用的关联词语的两个句子的前后顺序。

（2）单独使用的关联词语，可通过句子意思寻找与其逻辑关系相符的前后句子顺序。

4. 抓指代词

指代词是表示指示概念的代词，常用来代替前面已提到过的名词。根据指代词也可确定句子之间的顺序。

(1) 句子中的指代词一般跟在其指代的对象之后，故根据句子中的指代词可以确定其前句的内容。

(2) 指代词有近指、远指之分。“这”表近指，常指代目前的或较近的或刚刚提到的人、物、事或想法；“那”表远指，常指代较远的人、物、事或想法。

【例题精讲】(2012・国家)①认为玛雅文明和中国古代文明是同一祖先的后代在不同时代、不同地点发展的结果

②主要根据是《梁书》中关于五世纪时中国僧人慧深漂洋过海到达“扶桑国”的故事，认为“扶桑”即墨西哥

③日前，著名人类学家张光直教授提出了一个“玛雅—中国文化连续体”的假设

④遗憾的是，这些说法至今还没有得到考古学的明确证实

⑤后来又有“殷人东渡说”，是说商朝时的中国人横渡太平洋将文明带到了美洲

⑥长期以来，不少人认为玛雅文明的源头是古代的中国文明，最早提出这种观点的是“扶桑国”说

将以上6个句子重新排列，语序正确的是(　　)。

A. ③⑥①②⑤④　　　　B. ③①④⑥②⑤

C. ⑥③②⑤①④　　　　D. ⑥②⑤③①④

【答案】D

【解析】首先从③⑥中选择出首句，⑥带有时间上的明显特征——“最早”，因此⑥适合作首句，排除A、B两项。⑥和③没有任何关联，②是对⑥的解释，因此，答案为D。句子按照时间顺序，先提出“扶桑国”说，后来又有“殷人东渡说”，再到日前张光直提出的假设。④句对以上进行总结说明。

【例题精讲】(2017・山东)①旧大陆的大西洋沿岸，漂浮的低气压风暴穿越墨西哥洋流的温暖水域，在西欧形成了比较湿润和温暖的气候

②接着，这又为原始人类和其他大型食肉动物提供了丰富的食物来源

③因此，植物生长茂盛，维持了北极圈以南地区大量食草动物的生存，比如猛犸象、驯鹿、野牛等

④大约3万年前，欧洲、亚洲北部和美洲的冰川开始融化

⑤触发人类历史的生态变化都与北半球大陆冰川最后一次消退有关

⑥在光秃秃的地表上，冻原和稀疏的森林首次生长出来

将以上6个句子重新排列，语序正确的是(　　)。

A. ①②⑤④⑥③　　　　B. ④⑥①②③⑤

C. ⑤④⑥①③②　　　　D. ⑥①③⑤④②

【答案】C

【解析】语句排序题应从选项入手。观察首句可知，⑤句提到了触发生态变化，④句

和⑥句为具体强调如何变化，如“冰川开始融化”“冻原和稀疏的森林首次生长出来”，都是对⑤句变化的具体解释说明，所以④句和⑥句必须在⑤句之后，排除B、D两项。

对比A、C两项，⑤④⑥顺序一致，但是③句中的“植物生长茂盛……”不能够由⑥句中“在光秃秃的地表上，冻原和稀疏的森林首次生长出来”得出来，不存在因果关系，排除A项。因此C项正确。

【例题精讲】（2019·山东）①要坚定文化自信，把握时代脉搏，聆听时代声音

②坚持与时代同步伐，以人民为中心

③新时代呼唤着杰出的文学家、艺术家、理论家

④以精品奉献人民，用明德引领风尚

⑤文艺创作、学术创新拥有无比广阔的空间

将以上5个句子重新排列，语序正确的是（　　）。

A. ③⑤①②④　　B. ⑤①④②③

C. ①③⑤④②　　D. ①②③⑤④

【答案】A

【解析】观察选项，对比首句。①提出对策③为现状问题表述，现状问题表述在对策之前，可排除C、D两项。分析文段，对比B、C两项。③⑤指出现状，①②④提出对策。A项为正确答案。另外②④都出现了“以……”的句式，这两个分句应前后连接。②在④前面，也可排除B、C、D三项。

【例题精讲】（2018·山东）①没有细菌和感染的知识，就不会有无菌操作的概念

②知识，是人类认识自然的总结

③比如说，没有人体解剖和血型的知识，就无法成功输血

④这种总结的过程是连续的，由浅入深，由简单到复杂

⑤如果没有人体解剖、输血和无菌操作技术，就无法进行手术

⑥杰出的人物，只是把这种认识的过程大大向前推进，但他们也并不能跳过连续的认识发展过程而前进

将以上6个句子重新排列，语序正确的是（　　）。

A. ⑤①④③②⑥　　B. ⑥④③①②⑤

C. ①⑤②④③⑥　　D. ②④⑥③①⑤

【答案】D

【解析】观察选项，对比尾句。⑤①③都出现了“没有……就……”的句式，这三个分句应前后连接，具体排列顺序为③①⑤，排除A、B、C三项，锁定D项。验证D项，②句引出“知识”这一话题，并说明是人类的总结，④句通过指代词承接②句的“总结”，⑥句对②④句进行总结，而后通过③①⑤举例论证，逻辑通顺，所以正确答案为D。

另外观察选项，对比首句，②句以下定义的方式引出“知识”这一概念；而①句则具体论述了“细菌和感染”方面的知识，根据逻辑关系可知，应先引出“知识”的概念，再具体论述某方面具体的内容，故②句应在①句前，排除A、B、C三项，锁定D项。

（二）语句填充

1. 题型综述

语句填充题的出题形式是给出一个不完整的文段，要求考生选出合适的句子填入空缺处。这种题型能较好地测试考生的阅读理解能力和思维的条理性、语言表达连贯性。常见的提问形式有："填入画横线部分最恰当的一项是"。

2. 解题技巧

（1）前后话题一致

前后话题一致是指组成段落的句子之间，或是组成复句的分句之间，有紧密的联系，围绕着一个中心话题，集中地表现一个事实、场景或思想观点。

（2）前后内容照应

前后内容照应是指语段中的内容要前后吻合，彼此呼应，在表意上形成一个严密的整体。

（3）前后句式一致

前后句式一致是指组成文段的语言结构形式，前后具有一致性。句式的整齐一致，既可以增强语势，又可以加强语句的通畅性，给人以思路清晰的感觉。

（4）前后意境协调

前后意境协调是指整个文段在情感、态度、色彩、气氛、视角等方面的一致性。

【例题精讲】（2018・山东）英国人在印度发展种茶业，从一开始就明确了以需求为导向——________。19 世纪上半叶，迷上喝茶的英国人为了摆脱中国对茶叶生产的控制，将茶树种子连同加工技艺一起，偷偷从中国带到了印度。从印度的阿萨姆和大吉岭地区开始，英国彻底改变了红茶的命运。到了 1860 年，投资者就明确意识到，在印度种茶是个能够赚钱的行当。伦敦和加尔各答等地的先行者开始购买茶园股份，在英属印度政府优惠政策的鼓励下，公司和有能力的欧洲人纷纷租地种茶。

填入画横线部分最恰当的一项是（　　）。

A. 为了让茶叶变得廉价易得

B. 殖民者为了获取更多的利润

C. 满足英国国内对茶叶的极大需求

D. 解决英国本土茶叶供应不足的问题

【答案】A

【解析】横线位于文段开头，起到提示、引出、总领、概括下文的作用。文段首句指出英国人在印度发展种茶业的方式——"以需求为导向"，然后对此进行具体的解释说明。解释说明部分首先论述英国人为了让茶叶更加容易获得，将种子和工艺带到印度。接着指出投资者为了赚钱，在印度发展茶园。因此文段从两个方面论述英国人在印度发展茶叶的目的——使产业容易获得以及更加便宜，对应 A 项，故 A 项为正确答案。B 项，未包含文段核心话题"茶叶"，且"获取更多利润"并不是最初的需求导向，而是随着种植规模的扩大，投资者才发现有利可图，应为根本目的，排除。C、D 项，"英国国内对茶叶的极大需求"和"供应不足的问题"无中生有，文段未涉及英国国内的需求情况，故排除。

【例题精讲】(2017·山东)必读的书目都是被规定的经典,学生没有相对自由的选择权,而学生的喜好倾向、阅读能力各有不同,对于经典书目的阅读水准也千差万别。以作业形式出现的阅读要求,过多地讲究对段意的概括、人物的分析、读后的感想。这些阅读技法实则困囿了学生的视野,不仅徒增负担的同时,也降低了他们的兴趣。殊不知,"________",通过阅读要教会学生的不单是阅读的技法,更重要的是帮助他们培养一种洞察、鉴赏和运用的能力。

填入画横线部分最恰当的一项是(　　)。

A. 授人以鱼,不如授人以渔

B. 欲速则不达,见小利则大事不成

C. 形而上者谓之道,形而下者谓之器

D. 知之者不如好之者,好之者不如乐之者

【答案】C

【解析】横线在文段的中间,起承上启下的作用。"殊不知"否定前文"老师一味传授阅读技巧却忽视学生真正需求"的观点,提出阅读"不单是掌握阅读技法,更要培养学生的洞察、鉴赏和运用能力"。

A项"授人以鱼,不如授人以渔"强调传授给人既有知识不如传授给人学习知识的方法。根据文意,前后文都提到了老师传授学生阅读的方法、技巧,只是除了技巧以外,老师更应通过阅读培养学生的实践能力,排除A项。

B项"欲速则不达,见小利则大事不成"强调想求速成反而达不到目的,贪图小利就办不成大事。文段没有关于"求速和贪图小利"的表述,排除B项。

C项"形而上者谓之道,形而下者谓之器",前半句意指精神层面的思维活动,后半句意指具体的方法、器物。"形而上"对应文段中更加重要的"学生洞察、鉴赏和运用的能力","形而下"对应相对简单的"阅读技法",当选。

D项"知之者不如好之者,好之者不如乐之者"强调学习的兴趣。文段虽然提到了学习兴趣的重要性,但重点强调阅读更应培养学生的实践能力。

【例题精讲】(2018·国家)进行骨髓移植的前提条件是有配型成功的捐赠者。双胞胎配型成功概率最高,兄弟姐妹也有可能。但在中国,20世纪70年代到现在,大多数都是独生子女,有兄弟姐妹且能配型成功的概率也非常低。另外,父母和子女之间骨髓配型成功的概率非常低,几乎为零。因此,绝大多数患者都必须依赖不认识的志愿者配型。非亲缘关系骨髓配型成功的概率只有几十万至几百万分之一,________。

填入画横线部分最恰当的一句是(　　)。

A. 即使这样,骨髓移植仍是大多数血液疾病患者的唯一希望

B. 如果冒着风险使用不完美的配型,成功率自然会大为降低

C. 骨髓库里志愿者样本的多少,直接决定着病人找到合适配型的概率

D. 志愿者捐献固然很重要,国家相关政策的落实和执行也是当务之急

【答案】C

【解析】横线位于文段末尾,具有总结前文的作用。前文首先指出进行骨髓移植的前

提条件是有配型成功的捐赠者，接着用转折关联词引出兄弟之间、父母与子女之间的配型成功率都非常低，最后用“因此”做结，得到结论：必须依赖不认识的志愿者。因此，文段旨在强调志愿者的样本数量直接决定骨髓配型的成功概率，C项衔接最恰当。A项没有衔接“志愿者”的主体进行论述，排除，B项“冒着风险使用不完美的配型”和D项“国家相关政策”文段均没有体现，所以正确答案为C。

第五节　逻辑填空

一、题型分析

逻辑填空是言语理解与表达的重要题型，最初名为选词填空。2011 年国考大纲首次将“选词填空”改为“逻辑填空”，但基本的考查要求没有变化。逻辑填空题考查考生“准确、得体地遣词用字”的能力，要求考生利用近义词的细微差别以及不同的语言色彩做出正确的判断。考查形式为单项选择题，国考的题量是 20 道，山东省的题量是 10 道。

二、基本题型

1. 实词辨析。在逻辑填空部分，对实词的考查侧重于动词和形容词的辨析，这两类词涉及的意义比较广泛，近义词也较多，有时只有细微的差别，这就需要考生结合具体的语境及语感进行分析和判断，选出最适合的一项。

2. 虚词辨析。虚词的数量很多，主要涉及关联词、介词、连词、助词。公务员考试中主要考查关联词语的搭配。

3. 成语辨析。成语辨析主要考查两大类型：一类是意思相近、容易混淆的成语；另一类是容易误用的成语。因此，考生可以从两个方面予以把握，一是正确理解常用成语的含义，不要只看表面意思；二是在恰当的语境中正确使用成语。

4. 复合题型。复合题型通常是指实词辨析、虚词辨析和成语辨析相混合的题型。

这四种题型中，实词辨析、成语辨析考查分量最重，考查力度最大。因此，考生要重点关注这两种题型。

三、解题原则

1. 词不离句。要确定词语的意思，必须把它放在具体的语境中考查。在一定的语境里，每一对近义词肯定有一个最恰当的选择。

2. 存同析异。抓住相异语素，分析其意义差异，选其符合语境义的词语。语素全都不同的应从用法方面考虑。

四、解题技巧

解答逻辑填空题，平时的积累固然重要，但是掌握做题的技巧也是必不可少的。逻辑填空重点考查在一定的语言环境中近义词的辨析，所以可以从四个方面攻克这类题：一是辨析词义，二是分析用法，三是辨析色彩，四是结合语境。

（一）辨析词义

有些词语看起来意思比较接近，但这些近义词所表达的内容常有细微的差别，因此一定要理解词语的确切含义,比较其异同,这是解答此类试题的关键。

1. 辨析词义的轻重

一组词的意义基本相同,但是有的适用于重要的、较大的事物,有的适用于一般的、较小的事物,有的表示的程度深、性质重,有的表示的程度浅、性质轻。如"几乎"和"简直","几乎"指相差得非常微小,非常接近;"简直"指差别的细微,强调相差极其微小或几乎相同。"简直"的语义重于"几乎"。

2. 辨析词义的侧重点

一组近义词,尽管意思比较接近,但语义的侧重点却不一定相同。比如"名声大噪""如日中天""享誉中外""声名鹊起"这一组近义词。"如日中天"指像太阳升到了正午的时候,比喻事物正发展到十分兴盛的阶段。"如日中天"侧重的是名声正盛的状态。"声名鹊起",鹊起指如鹊飞起,声望和名誉像喜鹊一样飞起。形容名声突然大振,知名度迅速提高。"声名鹊起"侧重的是闻名的速度非常快。"享誉中外"指在国内外都有很高的赞誉。"享誉中外"侧重的是名声传得广。"名声大噪",噪指传扬,名声广泛地传播开去。"名声大噪"侧重的是名声大。

有些近义词里含有相同的成分,即主字相同,但衬字不同。我们只需找出衬字的基本含义,即可明确侧重点。如"本能"和"本性"。本能:能,即能力。"本能"侧重指与生俱来的能力。本性:性,即性格。"本性"侧重指原本的性质或性格。再如"学历"和"学力"。学历:历,即经历。"学历"侧重指曾经在哪些学校毕业或肄业等的学习经历。学力:力,即能力。"学力"侧重指学习所达到的能力。

3. 辨析词义范围

有些词尽管意义相近,但是所指范围有一定的差异。例如"边疆"和"边境"。"边疆"指靠近国界的领土;"边境"指靠近国界的地方。相比较而言,"边疆"范围大于"边境"。

【例题精讲】(2015・国家)我国高校每年有数万项科研成果通过验收,其中有30%以上的成果被鉴定为"国际首创""国际领先"或者"填补了国内空白"。________的是,这些成果中只有极少一部分转化为实际生产力,大部分成果只能"沉睡"在实验室和书斋中,高校科技研究成果推广________。

依次填入画横线部分最恰当的一项是(　　)。

A. 可悲　难以为继　　B. 遗憾　步履维艰

C. 可惜　寸步难行　　D. 无奈　一筹莫展

【答案】B

【解析】第一空,我国科研成果多,但大部分未能转化为实际生产力,作者对此是惋惜的。A项"可悲"语义过重,排除。第二空,由"极少一部分"和"大部分"的数量对比可知,高校科技研究成果推广有难度。C项"寸步难行"语义过重,排除。D项"一筹莫展"和"推广"搭配不当,排除。故选B项。

【成语积累】难以为继:难于继续下去。步履维艰:步履,行动;维,文言助词,无实义;艰,困难。指行走十分困难,行动很不方便。寸步难行:连一步都难以进行。形容走路困难。也比喻处境艰难。一筹莫展:筹,筹划、计谋;展,施展。一点计策也施展不出,一点办法也想不出。

【例题精讲】(2015·国家)在嘈杂环境下,大脑会自动________不熟悉的人的声音,只________身边熟人所发出的声音。在这种情况下,那些不熟悉的话语声只好面对________的命运。

依次填入画横线部分最恰当的一项是(　　)。

A. 筛选　保留　置若罔闻　　　　B. 过滤　接收　充耳不闻

C. 淘汰　选择　灰飞烟灭　　　　D. 排除　存储　烟消云散

【答案】B

【解析】第一空,"筛选"指用淘汰的方法挑选,侧重于挑出有用的。"过滤"指过滤掉杂质,侧重于挑出无用的。"不熟悉的人的声音"属于无用信息,因此"过滤"更恰当。"淘汰"指在选择中去除(不好的、弱的、不合适的),但"淘汰"与声音搭配不当。再看第三空,"那些不熟悉的话语声"是客观存在的,并没有"灰飞烟灭"或"烟消云散",排除C、D项。故选B项。

【成语积累】置若罔闻:置,放或摆;若,好像。放在一边,好像没有听见似的。指不予理睬。充耳不闻:充,塞住。塞住耳朵不听。形容有意不听别人的意见。灰飞烟灭:像灰、烟一样很快消失。形容在极短时间内消失干净。烟消云散:像烟云消散一样。比喻事物消失得干干净净。

(二)分析用法

1. 词语的搭配对象

有些词语会有特定的搭配对象,这些搭配往往是固定的、约定俗成的。比如,筚路蓝缕形容创业的艰苦;汗牛充栋形容藏书非常多。词语搭配要符合两个原则:一是合乎事理;二是合乎习惯。

2. 词语的词性和语法功能

词性指以词的特点作为划分词类的根据。现代汉语的词可以分为两类12种词性。一类是实词:名词、动词、形容词、代词、数词、量词。一类是虚词:副词、介词、连词、助词、叹词、拟声词。

公务员考试主要区分动词、名词和形容词。名词是表示人、事物、时间、处所等名称的词。动词是表示动作、行为、心理活动或存在、变化、消失等的词。形容词是表示事物的形状、性质和状态等的词。

	前面加"不"和"很"	后面能不能加宾语	前面能不能加数量词组	能否用肯定否定形式提问
动词	可加"不",不能加"很"(表心理活动的动词可加"很")	√	×	√
名词	×	×	×	×
形容词	√	×	√	√

词语的语法功能指的是词语在句子当中所充当的成分。名词多充当主语、宾语、定

语;动词多充当谓语;形容词多充当定语、状语;副词多充当状语、补语。例如:“当务之急”是名词性质的词语,多充当主语和宾语;而“首当其冲”是动词属性的词语,多充当谓语。

做题的时候结合词语的词性及其语法功能,找出能够将材料补充完整的词语。比如,题目设空处明显缺谓语,那么肯定首选能充当谓语的动词,如果两选项同是动词,则要考虑能否带宾语的问题。

【例题精讲】(2019·山东)纪录片是众多国家进行对外文化传播的重要工具。________时代之歌、________时代之需、________时代之变、________时代之风,纪录片创作者应当充分挖掘和盘活“讲好中国故事”这个富矿,向世界展现真实、立体、全面的中国,提高国家文化软实力和中国文化影响力。

依次填入画横线部分最恰当的一项是(　　)。

A. 把握　关注　聚焦　引领　　　　B. 筑牢　聚焦　关注　传承

C. 筑牢　洞悉　凝神　传承　　　　D. 把握　留意　警醒　引领

【答案】A

【解析】第一空,搭配“时代之歌”,应用“把握”,不能用“筑牢”。排除B、C两项。第二空,搭配“时代之需”,“关注”比“留意”恰当。第三空,搭配“时代之变”,应用“聚焦”,“警醒”指警觉醒悟,常搭配消极不好的现象。第四空,搭配“时代之风”,根据后文“向世界展现真实、立体、全面的中国,提高国家文化软实力和中国文化影响力”可知,所填词语表示影响带动时代风气,用“引领”比较恰当,且表意准确。所以,本题正确答案为A。

【例题精讲】(2016·山东)阅读是人类自有文字以来的一种美好体验。可是,人类与书本深度接触且甘之如饴的情景似已________。随着WiFi信号以一种________的势态席卷生活的每一个角落,随着电脑的便携化和手机的智能化,阅读变得无比便捷、丰富和多元,电子化阅读似乎已将从前那种________的阅读方式挤兑得“无地自容”。

依次填入画横线处最恰当的一项是(　　)。

A. 一去不返　无所不在　目不窥园　　　　B. 渐行渐远　铺天盖地　手不释卷

C. 烟消云散　无孔不入　皓首穷经　　　　D. 恍如隔世　潜移默化　苦心孤诣

【答案】B

【解析】第一空,与“情景”搭配,“烟消云散”比喻事物消失得干干净净,与“情景”不能搭配,排除C项。第二空,D项“潜移默化”指人的思想或性格不知不觉受到感染、影响而发生了变化,是一个长期的过程,与文中“……的态势席卷”不符,排除D项。第三空,填入的成语形容从前的阅读方式,即书本阅读,对应“手不释卷”。因此B项当选。

【成语积累】无孔不入:孔,小洞。比喻有空子就钻。皓首穷经:皓,白;首,头发;穷经,专心研究经书和古籍。一直到年老头白之时还在深入钻研经书和古籍。苦心孤诣:苦心钻研,到了别人所达不到的地步。也指为寻求解决问题的办法而煞费苦心。目不窥园:窥,从小孔或缝隙里偷偷地看。形容眼睛从不暗中看一看家里的园圃。即专心致志,埋头苦读。

【例题精讲】(2009·国家)五十年代的第一个国庆节,人们在红旗的海洋里,在笑脸迎人的"喜"字的河流里________,共同迎接这个欢乐的节日。只见那市政修明的街道上,摩肩接踵;那霓虹电管的光芒像燃烧着的火焰,照着来来往往的车水马龙,更觉得________。

填入画横线部分最恰当的一项是(　　)。

A. 熙来攘往　纷至沓来　　B. 欣欣向荣　纷至沓来

C. 熙来攘往　络绎不绝　　D. 欣欣向荣　络绎不绝

【答案】C

【解析】第一空,"在红旗的海洋里,在笑脸迎人的'喜'字的河流里"作状语,后应填谓语动词,排除B、D。也可通过搭配排除。熙来攘往:形容人来人往,非常热闹。欣欣向荣:形容草木茂盛,比喻事业蓬勃发展。句中形容人群,所以用"熙来攘往"合适。第二空,纷至沓来:纷纷到来,连续不断地到来。络绎不绝:形容车船人马等前后相接,往来不断。由"来来往往的车水马龙"可知用"络绎不绝"更恰当。故正确答案为C。

(三)辨析色彩

1. 感情色彩

感情色彩指词义中所反映的主体对客观对象的情感倾向、态度、评价等内容。从感情色彩角度分析,词语可分为褒义词、贬义词、中性词。含有赞赏、嘉许、褒扬、奖掖、喜爱、尊敬、美好、吉祥等感情色彩的词,就是褒义词。褒义词多为形容词或副词。含有不赞成或坏的意思的词,就是贬义词。不带有褒贬的感情色彩,既可以用在好的方面,也可以用在坏的方面,这种词我们称之为中性词。

比如"循规蹈矩""按部就班"和"循序渐进"这一组近义词。"循规蹈矩"原指遵守规矩,不敢违反。现也指拘守旧准则,不敢稍做变动。"循规蹈矩"是贬义词。"按部就班"原意是写文章时篇章结构安排得体,用字造句合乎规范。后来引申为照章办事,依次进行,不越轨,不逾格。也指按老规矩办事,缺乏创新精神。"按部就班"是中性词。"循序渐进"就是按一定的顺序、步骤逐渐进步,通常指学习、工作等按照一定的步骤逐渐深入或提高。"循序渐进"是褒义词。

除了感情色彩之外,考生还要把握文段的感情倾向。感情倾向包括两种:积极倾向和消极倾向。如果文段中体现出了作者明显的感情色彩和感情倾向,考生就要抓住这一特征突破逻辑填空题。

2. 语体色彩

语体色彩指词义中所反映的词语的语体倾向、特征、烙印。它是由词语经常出现的语体久而久之赋予的。语体色彩是指某个领域里使用的语言的特点。

语体色彩包括口语语体和书面语体两大类。口语语体比较通俗、自然。书面语体相对文雅、庄重。书面语体可以进一步再分为文艺语体、科技语体、政论语体、公文语体。如:"哥们""溜达"具有口语语体色彩;"造诣""苍穹"具有书面语体色彩;"旖旎""摇曳"带有文艺语体色彩;"法人""井喷"带有科技语体色彩;"体制""改革"具有政论语体色彩;"此致""为荷"等含有公文语体色彩。书面语体和口语语体都有其特定的运用语言的特征体系、方式或约定的语境,一经形成就具有约束效应,我们必须遵守它,才能恰当的选择词语，才能很好地完成交流沟通，才能快速地突破逻辑填空题。

3. 形象色彩

汉语中好多词语除了用以解释普遍存在的概念意义外，同时还具有形象感，往往以生动、具体的形象诉诸人们的视觉、听觉、嗅觉、味觉等，以引起人们对现实中某种形象的联想，这就是词语的形象色彩。比如："唾弃"有以吐唾沫表示鄙视的形象色彩；"口若悬河"有滔滔不绝，像瀑布不停地奔流倾泻的形象色彩；"如坐针毡"有心神不定，坐立不安，像坐在插着针的毡子上的形象色彩。

【例题精讲】（2016·国家）图书出版人首先应是一个文化人，然后才是一个生意人。只有在这两者之间求得一种______的平衡，才能在这个日益萎缩的图书市场中生存下去。用这个标准来衡量，有些出版人就不太合格：要么过于看重文化的附加值，对市场化的道路______；要么把图书看作一单单生意，只顾着炮制各种________的畅销书。

依次填入划横线部分最恰当的一项是（　　）。

A. 微妙　不屑一顾　粗制滥造　　　　B. 精妙　置若罔闻　差强人意

C. 精确　嗤之以鼻　眼花缭乱　　　　D. 巧妙　退避三舍　名不副实

【答案】 A

【解析】 先分析第三空，由"炮制"一词可知所填词语应含有贬义。A 项"粗制滥造"是指制作粗劣，不讲究质量，也指工作不负责任，草率行事。其具体含义及包含的贬义色彩与"炮制畅销书"的语境吻合，基本可以锁定 A 项。B 项"差强人意"是中性词，偏褒义，意思是大体上还使人满意。C 项"眼花缭乱"是中性词，指看着复杂纷繁的东西而感到迷乱，也比喻事物复杂、无法辨清。D 项"名不副实"意思是名声或名义和实际不相符。指空有虚名。B、C、D 三项与语境不符，排除。

验证前两个空。第二空，由"过于看重文化的附加值"可知，应填入对"市场化的道路"表示轻视的成语。"不屑一顾"搭配恰当，表意准确。第一空，"微妙的平衡"搭配合理。所以，A 项是正确答案。

【例题精讲】（2013·国家）在伦敦的日子里，我每天乘着红色的双层巴士在大街上________，每天都有新发现。一次，在皮卡迪利广场，我又看到读小说的乞丐。在慵懒的夕阳下，那乞丐穿戴齐整，________地坐在马路旁，面前放着一个供路人扔硬币的碗。他把书放在碗旁的地面上，低着头，用手指指着页面，一行一行地读着。他读得那样认真，身边的车水马龙，周遭的一切________，似乎都不复存在。

依次填入画横线部分最恰当的一项是（　　）。

A. 徘徊　旁若无人　喧哗　　　　B. 踯躅　置若罔闻　喧腾

C. 穿行　泰然自若　喧闹　　　　D. 穿梭　神情自若　喧嚣

【答案】 D

【解析】 第一空，"踯躅""徘徊"都指犹豫不决，来回走动，均带有负面消极的感情色彩，与文段所要表达的感情色彩不符，并且这两个词大多用于形容人，这里形容的是双层巴士，所以可以排除 A、B 两项。"穿行"指通过，通行。"穿梭"指像织布的梭子来往频繁，多指穿过繁忙拥挤的地方。根据"乘着红色的双层巴士在大街上"，"穿梭"更恰当，可选出D。

第二空，根据文段中“在慵懒的夕阳下，那乞丐穿戴齐整”“一行一行地读着”可知，乞丐是在惬意舒适的氛围和环境下享受着阅读的过程。“神情自若”指神情脸色毫无异样。形容镇静，不慌张。符合语境。“旁若无人”指身旁好像没有人。形容态度傲慢，不把别人放在眼里。感情色彩与文意不符。“置若罔闻”指放在一边不管，好像没有听见一样。形容听见了而不加理睬。感情色彩也与文意不符。“泰然自若”是指在紧急情况下沉着镇定。文段中并未体现紧急状态，故排除，由此也可选出D。

第三空，“喧哗”，形容声音大而杂乱。“喧闹”，声音大而热闹，多用于市场、会场、戏院等公众场合或节日，如十分喧闹、锣鼓喧闹。“喧嚣”，叫嚣，可指人的嚣张，如反人民的宣传，一时喧嚣起来；又可指一般的声音杂乱，如喧嚣的车马声等。空缺处强调车水马龙的杂乱，用“喧嚣”最合适。“喧腾”指喧闹沸腾，形容声音杂乱。

【例题精讲】（2012·辽宁）“徒法不足以自行”。在目前公车管理还不甚规范的大环境下，单一的公车尾号限行政策值得________，真要实行的话，要________其负面作用。至少，要________拿出措施防止公车因此而增加。

依次填入画横线部分最恰当的一项是（　　）。

A. 商讨　警惕　居安思危　　　　B. 商量　防备　有备无患

C. 商议　提防　临阵磨枪　　　　D. 商榷　谨防　未雨绸缪

【答案】D

【解析】第一空，“商讨”包括交换意见、讨论、研究等。兼指重大的或一般的事情，适用场合较多。“商量”着重指交换意见。多指一般事物。可以重叠说“商量商量”，用于口语中。“商量”与“公车尾号限行政策”搭配不合适。排除B项。“商榷”着重指磋商，互相研究，多指学术问题或其他需要慎重研究的问题。具有尊敬、客气的色彩，常用于书面语，一般不带宾语。“值得商榷”是惯用搭配。“商议”指为了对某些问题取得一致意见，而进行讨论。

第二空，与“负面作用”搭配，用“谨防”最恰当。“提防”和“防备”多形容人，“警惕”重在高度警醒、警觉，没有防备的意思。

第三空，“居安思危”指处在安乐的环境中，要想到可能有的危险。指要提高警惕，防止祸患。“有备无患”指事先有准备，就可以避免祸患。这两个成语均语义过重，故排除A、B选项。“临阵磨枪”指到了快要上阵打仗的时候才磨刀擦枪，比喻事到临头才匆忙准备，与文意相反，排除C选项。填入的成语应与后文“拿出措施防止公车因此而增加”相对应，“未雨绸缪”指天还没有下雨，先把门窗绑牢，比喻事先做好准备工作。置于此处符合语义和语境。因此，本题答案为D选项。

【例题精讲】（2013·陕西）在乡村，老牛与牧童彼此守望。庄稼人面朝黄土，把自己生命的期望播种进________的泥土里，把一切梦想向季节里扔去，和庄稼、土地一起________，一起金黄。在鲜润的土地上，将十指插入泥土，攥一把，闻一闻泥土的清香，然后把泥土捏出心中渴望的形状，那是老农一生重复了多少次的庄重礼仪和神奇享受。________的身影和溅落的汗珠也被编为一个章节，使故事闪现着更加真实的光芒。乡村和农民真正的笑声，________在季节深处的笑容和粗犷的酒歌里。

依次填入画横线部分最恰当的一项是(　　)。

A. 黝黑　葱郁　消瘦　镶嵌　　　B. 广袤　成长　清瘦　洒落

C. 湿润　葱郁　健硕　飘落　　　D. 厚重　成长　矫健　凝结

【答案】A

【解析】本题可由第二空入手。第二空所填词语应与“一起金黄”构成相对呼应，所以应选择一个表示颜色的词语，“葱郁”合适，排除B、D。接下来可根据第一空和第三空进行进一步排除。后面有“鲜润”，第一空为了避免重复，不会填“湿润”，由此可排除C。再看第三空，“健硕”与老农的身影搭配不当，也可排除C项。答案为A。

（四）结合语境

从近年公务员考试真题可知，利用语境暗示是速解逻辑填空题的关键。逻辑填空题侧重考查考生结合上下文语境推断作者遣词用字的能力，而不是简单考查词语的搭配组合。从搭配的角度讲，选项之间的区分度不大，正确答案要通过上下文语境这一作者给定的“暗示”来选择。

1. 分析语境，寻找对应逻辑关系

(1) 解释关系

对应解释是指文段上下文语境中对于空格处词语作出的暗示性的解释说明，分为上文语境解释和下文语境解释两种。对应解释一般有以下几种标志：①含有指代义的词语，如“这、那、此、这些、这样”等；②表同义互换的词语，如“换言之、也就是说、或者说、即”等；③表概括、归纳、总结说明的词语，如“表现在、反映到、可见、因此、因而、所以”等；④表举例论证的词语，如“也是如此、即是例证、譬如”等；⑤表解释说明的符号，如“冒号、破折号”。

【例题精讲】(2018・国家)一些人对传统文化的理解存在误区，认为凡是老祖宗传下来的文化遗产，就不能有丝毫的改变，必须在当代________地得到传承。这种认识或许有助于________传统文化的经典性，但这也决定了传统文化只能被小众欣赏。这名为保护传统，实则________了传统与现实，终将使得传统文化被历史尘埃所湮没。

依次填入画横线部分最恰当的一项是(　　)。

A. 一板一眼　凸显　混淆　　　B. 原汁原味　维护　模糊

C. 原封不动　保持　割裂　　　D. 一字不差　发扬　阻断

【答案】C

【解析】第一空所填词语与“不能有丝毫的改变”构成对应解释关系。一板一眼中的“板”“眼”则都指中国戏曲中的节拍，每一小节中以檀板敲击的强拍为“板”，以签敲鼓按拍的次强拍和弱拍为“眼”。“一板一眼”比喻言语、行动有条理，符合规矩，有时也比喻做事死板，不懂得灵活掌握。根据语意，排除A项。“一字不差”的适用对象是文章，排除D项。第三空，传承传统文化的误区是不允许有丝毫的改变，这体现的是封闭，不与时俱进，实际上是“割裂”了传统与现实，故C项是正确答案。

【例题精讲】(2015·国家)定义的使命是抽象、概括出某类事物的本质特征。当定义概括不了时,本应修正定义,而有人却常常“开除”那些概括不了的同类事物,以维护定义的纯洁性,这无疑是________。

填入画横线部分最恰当的一项是( )。

A. 指鹿为马　　B. 削足适履

C. 自欺欺人　　D. 掩耳盗铃

【答案】B

【解析】空缺处所填词语应是对前文“有人却常常‘开除’那些概括不了的同类事物,以维护定义的纯洁性”的概括。削足适履:意为因鞋小脚大,就把脚削去一块来凑合鞋的大小。比喻不合理的迁就凑合或不顾具体条件,生搬硬套。用在此处符合句意。故选B项。指鹿为马:指着鹿,说是马。比喻故意颠倒黑白,混淆是非。自欺欺人:明明知道真相,却骗自己也骗别人。一般指不肯面对事实。掩耳盗铃:掩,遮蔽,遮盖;盗,偷。偷铃铛怕别人听见而捂住自己的耳朵。比喻自己欺骗自己,明明掩盖不住的事情偏要想法子掩盖。

【例题精讲】(2017·山东)在娱乐方式多元化的今天,“________”是不少人(特别是中青年群体)对待戏曲的态度。这里面固然存在________的偏见、难以静下心来欣赏戏曲之美等因素,却也有另一个无法回避的原因:一些戏曲虽然与观众之间没有屏幕之隔,却用艺术化的表演,讲述着与观众距离较远的生活。

依次填入画横线部分最恰当的一项是( )。

A. 望洋兴叹　我行我素　　B. 望而生畏　一叶障目

C. 敬而远之　先入为主　　D. 知难而退　故步自封

【答案】C

【解析】第一空,文段后文是对空格词语的解释说明,属于下文语境解释。根据“偏见、难以静下心来欣赏戏曲之美”和“讲述着与观众距离较远的生活”,可知人们对于戏曲有距离感。C项“敬而远之”指表示尊敬却有所顾虑不愿接近,符合文意。A项“望洋兴叹”,望洋,仰视的样子。仰望海神而兴叹。原指在伟大事物面前感叹自己的渺小。现多比喻做事时因力不胜任或没有条件而感到无可奈何。侧重于“无奈”,排除。B项“望而生畏”指看见了就害怕,文段没有表达“害怕戏曲”的意思,排除。D项“知难而退”现指知道事情困难就后退,文段没有表达“畏难”的情绪,排除。

第二空代入验证,“先入为主”指先听进去的话或先获得的印象往往在头脑中占有主导地位,以后再遇到不同的意见时,就不容易接受,和“偏见”搭配恰当,符合文意,当选。我行我素:素,平素,向来。不管人家怎样说,仍旧按照自己平素的一套去做。“我行我素”与“偏见”不搭配。一叶障目:一片叶子挡在眼前会让人看不到外面的广阔世界。比喻被局部或暂时的现象所迷惑。故步自封:比喻守着老一套,不求进步。

(2) 并列关系

并列关系指的是语段中的某些词句与空缺处所填词语语义相近,意思一致,结构相当。考生可根据并列关系迅速破解逻辑填空。

【例题精讲】(2019·山东)一个政党执政,最怕的是在重大问题上态度不坚定,结果社会上对有关问题沸沸扬扬、________,别有用心的人趁机________、蛊惑搅和,最终没有不出事的,所以,道路问题不能含糊,必须向全社会释放正确而又明确的信号。

依次填入画横线部分最恰当的一项是(　　)。

A. 众说纷纭　雪上加霜　　B. 无所适从　落井下石

C. 首鼠两端　推波助澜　　D. 莫衷一是　煽风点火

【答案】D

【解析】分析第一空。由"结果社会上对有关问题沸沸扬扬、________"可知,横线处成语应与沸沸扬扬构成并列关系,二者意思相近。"沸沸扬扬"意为像沸腾的水一样喧闹,形容人声喧扰,议论纷纷。A项"众说纷纭"指人多嘴杂,各有各的说法,议论纷纷,D项"莫衷一是"指意见分歧,没有一致的看法,二者均符合语境。B项"无所适从"指不知听从哪一个好或不知怎么办才好,C项"首鼠两端"指犹豫不决、动摇不定,二者均不符合语境,排除B项和C项。

分析第二空。根据"别有用心的人趁机________、蛊惑搅和"可知,横线处所填词语应与"蛊惑搅和"意思相近。"蛊惑搅和"意为利用机会迷惑人,D项"煽风点火"比喻煽动别人闹事,符合语境。A项"雪上加霜"比喻接连遭受灾难,损害愈加严重,不符合语境,排除A项。"落井下石"比喻趁人有危难时加以陷害。"推波助澜"比喻从旁鼓动、助长事物(多指坏的事物)的声势和发展,扩大影响,属贬义词。所以正确答案为D项。

【例题精讲】(2012·国家)说话不仅是一种生理功能,更是一种能力。会说话的人,纵然________,滔滔不绝,听者也不以为苦;纵然________,一字千金,也能绕梁三日。成功人士大多是成功的说话者,毫不夸张地说,其成功至少有一半是用舌头________的。

填入画横线部分最恰当的一项是(　　)。

A. 能言善辩　讷口少言　实现　　B. 绘声绘色　不露声色　完成

C. 口若悬河　片言只语　创造　　D. 侃侃而谈　缄口不言　获取

【答案】C

【解析】第一空所填词语与"滔滔不绝"构成并列关系,因而答案应与"滔滔不绝"意思相近。滔滔不绝:滔滔,形容流水不断。像流水那样毫不间断。指话很多,说起来没个完。口若悬河:指讲话像瀑布倾泻,滔滔不绝。故符合文意。"能言善辩"形容能说会道,有辩才,侧重的是辩论的能力;"绘声绘色"形容叙述、描写生动逼真,侧重的是言语的生动逼真;"侃侃而谈"形容理直气壮地谈论或演讲,侧重于谈话的神态。

第二空所填词语应与"一字千金"意思相近。一字千金:形容诗文、书法价值很高或文辞精妙。片言只语:零零碎碎的话语。形容语言文字数量极少。符合语境。故选C项。讷口少言:讷口,不善于说话。不善言谈,说话不多。不露声色:声,说话的声音;色,脸上的表情。心里的打算不在说话和脸色上显露出来。缄口不言:缄,封闭。封住嘴巴,不开口说话。

(3) 反对关系

反对关系是指上下文形成相反或相对的关系。反对关系的提示词主要有以下五类:

转折词(虽然……但是、反而、然而、事实上、其实)、否定词(不、并非、是……不是、不是……而是)、选择词(是……还是、与其……不如,有……没有)、变化词(从……到、过去……现在、昔日……如今)、相对词(一些……另一些、少数……大多数)

【例题精讲】(2019·山东)贾岛"推敲"是中国古代一个名声颇显的故事,语出后蜀何光远的《鉴戒录·贾忤旨》,反映了创作诗歌过程中对字句的反复________。在平时,无论阅读或写作,我们________有一字不肯放松的谨严。文学借文字表现思想情感;文字上面有含糊,就显得思想还没有________,情感还没有________。

依次填入画横线部分最恰当的一项是(　　)。

A. 斟酌　必须　透彻　凝练　　B. 琢磨　必需　精确　凝练

C. 琢磨　必须　精确　丰富　　D. 斟酌　必需　透彻　丰富

【答案】A

【解析】从第四空入手,根据"有……没有……"可知,所填词语应与"含糊"构成反对关系。"凝练"表示紧凑精炼,与前文对应恰当,排除C、D两个选项。第三空,思想"透彻"搭配恰当。代入其他两空验证,"必须"是助动词,表示一定要,强调事理和情理上的必然性,后面常常搭配动词。"必需"作动词时表示必须要有的意思,后面常搭配名词,横线处应填"必须"。反复斟酌搭配恰当,符合文意,所以,正确答案为A。

【例题精讲】(2016·山东)印象主义画家莫奈致力于观察沐浴在光线中的自然景色,把握色彩的冷暖变化和相互作用,用看似________实则准确的迅捷的手法,把________的光色效果记录在画布上,留下各种瞬间的永恒图像。

依次填入画横线处最恰当的一项是(　　)。

A. 粗糙　转瞬即逝　　B. 模糊　千变万化

C. 荒诞　五彩斑斓　　D. 随意　变幻莫测

【答案】D

【解析】第一空,由"看似……实则……"可知,所填词语应与"准确"构成反对关系,A项"粗糙"的反义词为"细腻",B项"模糊"反义词为"清晰",C项"荒诞"反义词为"合理",都不符合要求,均排除。"准确"意为行动的结果完全符合实际或预期,可以与"随意"形成反义关系。

验证第二空,"变幻莫测"比喻事物变化迅速,无法预料,与"迅捷的手法""瞬间的永恒图像"形成对应,符合语境,所以D项为正确答案。

【例题精讲】(2018·山东)当下的功夫片质量普遍粗糙,丢失了功夫片________的优良传统。此外,一些功夫片过于强调动作,未找到更新的故事表达方法,使得作品越来越套路化,造成了生产和消费之间的________,这些都是导致部分中国功夫片遭遇市场困境的原因。

依次填入画横线处最恰当的一项是(　　)。

A. 精雕细琢　错位　　B. 脚踏实地　脱节

C. 革故鼎新　鸿沟　　D. 一丝不苟　差异

【答案】A

【解析】第一空，由"当下的功夫片质量普遍粗糙，丢失了功夫片________的优良传统"可知，所填词语应与"粗糙"构成反对关系。"粗糙"指不精细、不光滑、不细致。A项"精雕细琢"比喻做事情精益求精，认真细致，符合文意，当选，所以，A项为正确答案。B项"脚踏实地"比喻做事踏实，C项"革故鼎新"意思是革除旧的，建立新的，D项"一丝不苟"形容做事认真，一点也不马虎。均与"精细"无关，排除。

第二空，代入"错位"验证，"错位"指离开原来的或应有的位置，填入文段表达生产和消费离开了应有的位置导致了市场困境，符合文意。所以，正确答案为A。

(4) 递进关系

文段出现"不但……而且……、不光……还……、不仅……而且……、不仅……还……、……甚至……、……更……、……尤其……、尚且……何况……、别说……"等关联词时，可判断为递进关系。递进关系前后内容大体一致，语义层层递进，词义程度上前轻后重，同时前后感情倾向大体一致。

【例题精讲】(2019·山东)我们党领导人民干革命、搞建设、抓改革，从来都是为了解决中国的现实问题。如果对矛盾________，甚至回避、掩饰矛盾，在矛盾面前畏缩不前，坐看矛盾恶性转化，那就会________，最后势必造成无法弥补的损失。

依次填入画横线部分最恰当的一项是(　　)。

A. 置若罔闻　亡羊补牢　　B. 视而不见　尾大不掉

C. 闭目塞听　覆水难收　　D. 熟视无睹　积重难返

【答案】D

【解析】分析第一空，由"如果对矛盾________，甚至回避、掩饰矛盾"，可知，所填词语与"回避、掩饰矛盾"构成递进关系。A项"置若罔闻"意思是放在一边，好像没有听见。形容对事态不重视、不关心。C项"闭目塞听"意思是闭上眼睛不看，塞上耳朵不听，形容对外界事物不闻不问、不了解。文段强调的是看到矛盾之后的做法，A项、C项与文意不符，无法与"回避、掩饰矛盾"构成递进关系，排除。

分析第二空，由"最后势必造成无法弥补的损失"，可知所填词语应体现出后果严重、损失巨大的意思。B项"尾大不掉"意思是指尾巴太大，掉转不灵，现比喻机构庞大，指挥不灵，不符合文意，故排除。D项"积重难返"指长期形成的不良的风俗、习惯不易改变。也指长期积累的问题不易解决，符合文意，所以是正确答案。

【例题精讲】(2013·国家)做学问首先是有一说一，实事求是，尊重原始实验数据的真实性。在诚实做研究的前提下，对具体实验结果的分析、理解有________甚至错误是很常见的，这是科学发展的正常过程。可以说，许多学术论文的分析、结论和讨论者存在不同程度的________，越是________的科学研究，越容易出现错误理解和错误结论。

依次填入画横线部分最恰当的一项是(　　)。

A. 异议　弱点　复杂　　B. 偏差　瑕疵　前沿

C. 意见　局限　真实　　D. 争议　错误　严谨

【答案】B

【解析】第一空后有一个表递进的关联词"甚至"，递进关系连接的两个词语意思相近，语义前轻后重，“甚至”后一词为“错误”，那么空格处的词语既要有“错误”的意思，又要比“错误”语义轻，选项中只有B项符合，然后带入验证后两空即可。而A、C、D项都无“错误”的意思，因此答案选B。

2. 分析语境，寻找色彩生成点

解答逻辑填空题时，考虑各个词语的色彩对考生解题来说很有帮助，但有时候需要把词语的色彩和语境结合起来，分析整个语境的色彩，针对整个文段选择适合大语境色彩的词语。

【例题精讲】（2009·浙江）在中国古代，凭吊古迹是文人一生中的一件大事，在历史和地理的交错中，________般的生命感悟甚至会使一个人脱胎换骨。那应是黄昏时分吧，离开广武山之后，阮籍的木车在________间越走越慢，这次他不哭了，但仍有一种沉郁的气流涌向喉头，涌向口腔，他长长一吐，音调浑厚而悠扬。

填入画横线部分最恰当的一项是（　　）。

A. 闪电　夕阳衰草　　　　B. 雷击　夕阳衰草

C. 闪电　长亭古道　　　　D. 雷击　长亭古道

【答案】B

【解析】整个文段的语境略显悲凉，所以色彩生成点沉郁低沉，“夕阳衰草”与这一氛围相符，排除C、D。第一个空白处提及“生命感悟甚至会使一个人脱胎换骨”，形容对人的影响透彻、彻底，“闪电”只是表示速度快，所以排除A项，答案为B。

第六节　真题演练(2019·国考地市级)

本部分包括表达与理解两方面的内容。请根据题目要求,在四个选项中选出一个最恰当的答案。

1.《“健康中国2030”规划纲要》中提出,要努力实现从以治病为中心向以健康为中心转变,从以“治已病”为中心向以“治未病”为中心转变,从疾病管理向健康管理转变。在这种背景下,中医药________。

填入画横线部分最恰当的一项是(　　)。

A. 举足轻重　　　B. 不可或缺

C. 大有可为　　　D. 大有裨益

2. 科学精神的核心是求真务实,我们的一切实践都需符合规律、切合实际。规律指引下的世界变动不居,我们不能________,应敢于质疑、善于包容、勇于创新。

填入画横线部分最恰当的一项是(　　)。

A. 因循守旧　　　B. 沾沾自喜

C. 妄自菲薄　　　D. 刚愎自用

3. 阿道司·赫胥黎在《美丽新世界》中描绘了2532年一个依赖生殖技术的人类社会。在那里,人文跟不上科技的发展,人类的“拜物教”越来越兴盛:认为医学可以解决一切病痛,科技可以弥补人文的鸿沟。事实上,这无异于________。

填入画横线部分最恰当的一项是(　　)。

A. 饮鸩止渴　　　B. 缘木求鱼

C. 镜花水月　　　D. 抱薪救火

4. 新一代信息技术与制造业的深度融合,带来了制造模式、生产组织方式和产业形态的深刻变革,智能制造也________。智能制造就是把新一代信息技术________于设计、生产、管理、服务等制造活动的各个环节。

依次填入画横线部分最恰当的一项是(　　)。

A. 水到渠成　融汇　　　B. 水涨船高　应用

C. 一日千里　渗透　　　D. 应运而生　贯穿

5. 近年来因程序违法败诉的行政诉讼案件不少。尽管有前车之鉴,但是依然不乏职能部门________。说到底,还是“重结果、轻程序”,不把程序当回事,行政行为自然经不起推敲。程序是保证我们有效实现结果的合理设计,程序正当得不到________,必然给我们的事业造成损害。

依次填入画横线部分最恰当的一项是(　　)。

A. 明知故犯　履行　　　B. 老调重弹　落实

C. 重蹈覆辙　尊重　　　D. 以身试法　认同

6. 中国的传统文化中,“老”是一个褒义的字眼。一个年轻人处事得当,会被说老练、老成。但是进入互联网特别是移动互联网时代,这沿袭了数千年的观念,短短数十年________。年龄大、资历老逐渐不再是一种优势,有时反而成了学习新事物的一种________。

依次填入画横线部分最恰当的一项是( )。

A. 土崩瓦解　羁绊　　B. 灰飞烟灭　累赘

C. 化为乌有　阻力　　D. 分崩离析　弊端

7. 基层离百姓最近,可以快速反馈百姓的感受和意见,随时进行政策调整,故能“因病施治”;基层直接面对错综复杂的情况,最了解体制机制改革中的症结和痛点所在,故能“________”;基层最看重的是实效,________不得人心、难以持久,故内生的改革措施往往能“药到病除”。

依次填入画横线部分最恰当的一项是( )。

A. 不药而愈　夸夸其谈　　B. 对症下药　花拳绣腿

C. 一针见血　朝令夕改　　D. 标本兼治　华而不实

8. 中世纪时,人们的消息来源于口口相传,任何目击重要事件发生的人所提供的一手消息都被________;书面的解释记录并不足以服人,因为无法对写下这些内容的人反复询问。这就解释了,为什么尽管15世纪时活字印刷在古登堡被发明,但报纸行业的发展还是如此________。

依次填入画横线部分最恰当的一项是( )。

A. 奉为圭臬　艰难　　B. 照单全收　落后

C. 视若珍宝　缓慢　　D. 大肆渲染　迟滞

9. 近年来,商业赞助越来越多地________体育运动。在体育市场化、职业化________的当下,如何在追求个人商业价值与体育管理机构利益间取得平衡,是运动员和体育管理机构不能回避的问题。

依次填入画横线部分最恰当的一项是( )。

A. 觊觎　如日中天　　B. 追逐　高歌猛进

C. 热衷　欣欣向荣　　D. 垂青　方兴未艾

10. 历史是昨天的新闻,新闻是明天的历史。历史与新闻有如隔世兄弟,________。历史作为事实的记载,往往和文学相互补充,而文学的天赋是想象、虚构和夸张。因此,沾上了文学的历史与新闻就像到了岔路口,不光是________,可能还会走向对立。

依次填入画横线部分最恰当的一项是( )。

A. 情同手足　前途未卜　　B. 一脉相通　分道扬镳

C. 唇齿相依　互不相容　　D. 休戚与共　各行其是

11. 脱贫攻坚必须________,一步一个脚印,确保各项扶贫政策措施落到实处,积小胜为大胜,最终取得全面胜利。同时也应加强贫困村基层组织建设,充分调动贫困群众的积极性,提高其参与度、获得感,激励其________,激发其脱贫的内生动力与活力。

依次填入画横线部分最恰当的一项是( )。

A. 未雨绸缪　一马当先　　B. 一鼓作气　奋发图强

C. 循序渐进　再接再厉　　　　　　　　　D. 稳扎稳打　自力更生

12. 在人工智能研究热潮中，国内外已形成________的局面，但总体上人工智能还处于发展的初级阶段。人们对于智能的本质和机理的认识还不够深刻、全面，尚未形成完善的理论体系。如果没有人工智能基础研究的支撑，应用层面上的技术创新和产业创新都将是________。

依次填入画横线部分最恰当的一项是(　　)。

A. 千帆竞发　无源之水　　　　　　　　　B. 百家争鸣　昙花一现

C. 龙争虎斗　空中楼阁　　　　　　　　　D. 星火燎原　纸上谈兵

13. 智慧是哲人对世道人生、天地宇宙的独见独闻或先知先觉，它注定不是________的市井常识，也不是循规蹈矩的老生常谈。“周虽旧邦，其命维新”，哲学的进步实则是哲人学术与智慧的不断________。

依次填入画横线部分最恰当的一项是(　　)。

A. 司空见惯　兼收并蓄　　　　　　　　　B. 人云亦云　推陈出新

C. 妇孺皆知　精益求精　　　　　　　　　D. 拾人牙慧　融会贯通

14. 在不同的经济增长阶段，经济活动所积累的风险水平和表现程度有所不同，因此金融机构在资源配置上必然会有不同的表现。一般而言，金融机构习惯享受顺周期的经济上升发展，愿意做________的事；普遍忽视顺周期的末端风险管理，而一遇经济逆转，常会“雨中收伞”“________”，一些机构甚至不会再投放资源。

依次填入画横线部分最恰当的一项是(　　)。

A. 顺水推舟　明哲保身　　　　　　　　　B. 济困扶危　竭泽而渔

C. 因势利导　急流勇退　　　　　　　　　D. 锦上添花　釜底抽薪

15. 动漫起初是儿童的天堂。博得孩子们喜爱，通常是一部动漫作品获得成功最重要的________。然而，随着大众文化的兴起，成人开始进入西方动漫艺术消费的视野，赢得广大成人观众的青睐，越来越为各大动漫公司所________。事实上，也正由于成人动漫观众的不断增长，十多年来，西方动漫艺术最终摆脱了过去的________地位，在当代影视艺术中占据重要一席。

依次填入画横线部分最恰当的一项是(　　)。

A. 标志　重视　边缘　　　　　　　　　　B. 指标　称赞　尴尬

C. 象征　追捧　附属　　　　　　　　　　D. 标准　欢迎　弱势

16. 新中国的区域与城市规划始于 20 世纪 50 年代，目前在空间规划上已初步形成了八个主要________，按照从小到大的顺序，依次是乡村规划、小城镇规划、城市规划、大都市规划、大都市区规划、大都市圈规划、城市群规划和湾区规划。但由于缺乏系统的________和深入的研究，很多概念的内涵和边界不够清楚，这给实际的规划和建设带来诸多的不便和________。

依次填入画横线部分最恰当的一项是(　　)。

A. 层次　调查　阻碍　　　　　　　　　　B. 部分　考察　负担

C. 层级　梳理　混乱　　　　　　　　　　D. 维度　分析　困难

17. 东北人喜欢的酸菜，四川人喜欢的泡菜，广东人喜欢的梅菜，都是依靠时间

“________”的美食。但在腌制食品中________存在的亚硝酸盐，是健康的一大威胁。更何况很多中国家庭还特别喜欢自制腌制品，一旦操作不当就会引发中毒。腌制品和腐败食物、美味和损伤，有时候只是________。

依次填入画横线部分最恰当的一项是（　　）。

A. 精雕细琢　广泛　一墙之隔　　B. 点石成金　少量　一念之差

C. 脱胎换骨　普遍　一步之遥　　D. 改头换面　长期　一时之选

18. 随着汽车电动化的不断发展，国内造车新势力________，传统车企亦纷纷转战新能源，新能源汽车领域热点不断。但转型时期谈全面推行纯电动汽车略显________，具有综合性强、用户接受度高等优势的混合动力汽车作为过渡性产品________了当前的市场，车主纷纷投向混合动力汽车的怀抱。

依次填入画横线部分最恰当的一项是（　　）。

A. 跃跃欲试　激进　拓展　　B. 异军突起　超前　适应

C. 独占鳌头　夸张　迎合　　D. 风起云涌　乐观　占领

19. 一种新的意识、新的心智特征、新的生活形态一开始都是以一种不可辨认的方式________，渐渐地显露出来，越来越清楚，直到成为我们存在的一部分，进而影响甚至________我们的生活。今天，我们已经不知不觉地进入了一种现实世界与网络世界________在一起的“后人类时代”，离开手机和电脑的生活已经变得非常艰难。

依次填入画横线部分最恰当的一项是（　　）。

A. 酝酿　改变　融合　　B. 产生　扰乱　重叠

C. 出现　掌控　穿插　　D. 萌生　支配　交织

20. 当中原的青铜文化如火如荼之时，面对铜料欠缺的窘境，务实的越人________，开创了瓷器生产的新纪元。秦汉时期是中国历史上大动荡大变革的时代，各行各业的面貌都________，古老越地的陶瓷业也是如此。进入东汉，过去的原始瓷________退出历史的舞台，一种面貌全新的青瓷在上虞曹娥江中游地区的窑场随之诞生。

依次填入画横线部分最恰当的一项是（　　）。

A. 另辟蹊径　焕然一新　悄然　　B. 独具慧眼　蒸蒸日上　突然

C. 天马行空　日新月异　黯然　　D. 因地制宜　朝气蓬勃　淡然

21. 染色食品曝光后，许多人表示无法理解：食品色素仅仅是改变颜色，只有“悦目”的作用，为什么一定要染色呢？事实并非如此。食物的颜色会改变人们对食物的味觉体验，进而影响对食物的选择。现代食品技术中有一个领域，就是专门研究食物的各种性质如何影响人们对食物的感受的。成分和加工过程完全相同的食物，仅仅是所采用的颜色不同，就会导致人们对它们的评价显著不同，还会影响人们对食物的选择。

最适合做这段文字标题的是（　　）。

A. 你不知道的食品添加剂　　B. 食品色素背后的心理学

C. 哪些因素影响食物味道　　D. 现代食品制作中的染色技术

22. 20世纪中期以前的生态学认为，自然界中存在某种“顶级生态系统”。由于进化和生物适应性等原因，在特定环境中，某些物种总能取得优势地位，进而建立起由其主导的生态体系，达到生态平衡。如特定树种的组合总是主导着某一类型的森林，即便雷电引发大规模山火，摧毁这片森林，随着时间推移，该森林总能恢复到山火前的那种状态。但在过去数十年间，对自然过程混沌性日渐深入的理解，已取代了这种静态、机械的生态系统观。

这段文字接下来最可能讲的是（　　）。

A. 人类对自然生态系统的干预　　B. “顶级生态系统”的运作原理

C. 关于自然和生态系统的混沌理论　　D. 研究环境演变历史的重要意义

23. 我国要在21世纪中叶建成世界科技强国，科学文化建设将在这个历史进程中扮演非常重要的角色。在这个方面，我们有必要增强文化自信。文化自信不仅表现在对既往文化贡献与价值的认同上，更表现在融汇各种优质的文化资源、创造新文化的信心和决心上。尽管全面挖掘和传承我国传统文化中的科学因素、充分认识我国历史上对科学发展做出的贡献十分必要，但更需要思考如何在未来的科学发展和科学文化建设上，做出对世界有重要贡献的新成就，这应该是增强文化自信更重要的一个方面。

这段文字主要说的是（　　）。

A. 文化自信表现在文化资源的整合和创新上

B. 科学文化发展是建设科技强国的核心

C. 判断中国科学发展对世界所做贡献的标准

D. 科学文化建设中增强文化自信的途径

24. 潜水员在执行水下任务的过程中，普遍采用信号绳作为主要通信工具，即通过对信号绳的拉、抖组成系列信号来实现对陆上的简易通信。这种通信方式便捷、直接，但是其弊端也是显而易见的：信号绳仅能实现有限信息量的表达，且信号传输过程极易受复杂海水环境影响而中断或失效，带来安全隐患。2015年，就曾有潜水员的信号绳被缠住而险些发生事故。可以说，潜水员在执行水下任务时，是真正的命悬一“线”。针对信号绳的诸多弊病，结合智能穿戴设备在民用领域的快速发展，面向军事潜水领域的智能穿戴产品逐渐成为科技工作者的研发热点之一。

这段文字接下来最可能讲的是（　　）。

A. 军事潜水领域智能穿戴设备的关键技术

B. 信号绳在军事领域传递信息中的缺陷

C. 日常生活中智能穿戴设备的发展现状

D. 人工智能技术引入穿戴设备的前景预期

25. 太赫兹波具备微波和红外辐射所没有的独特属性。太赫兹波具有频率高、波长短且在浓烟、沙尘等环境中传输损耗少等“独门绝技”，可一眼“看透”墙体进而对房屋内部进行扫描，是复杂战场环境下成像寻敌的理想技术。虽然太赫兹波在大气中传输时易受各类气候条件影响，传输距离有限，但在某些特殊情况下，这一“短板”恰恰成为太赫兹通信的又一技术“专长”。比如在遇到大气衰减时，太赫兹波的信号根本无法传播到敌人的无线电监听机构中，因此可实现隐蔽的近距离通信。

这段文字没有提到太赫兹波的（　　）。

A. 物理特性　　B. 特殊优势

C. 应用场景　　D. 发现过程

26. 国际金融危机以来，各国对充分就业目标都更为关注。一般来讲，外国输入的产品会和本国生产的产品形成竞争，一旦本国产品被进口商品替代，从事该项产品生产的本国工人就会失业，这是引起贸易摩擦的根本原因。通过大力发展对外直接投资，能够起到替代对外贸易的作用。鼓励中国企业把生产活动转移到劳动力成本更低的贸易伙伴国家，一方面可以替代对目标国的出口，增加目标国的就业；另一方面，对外投资企业在当地生产、当地出售，依然可以获得出口的利润，还减少了来自本国的顺差，同样可以避免贸易摩擦。

这段文字意在说明(　　)。

A. 中国企业的对外直接投资将会逐渐增多

B. 对外直接投资有利于缓解国际贸易摩擦

C. 金融危机有可能影响充分就业目标的实现

D. 就业保护是引起国际贸易摩擦的根本原因

27. 人口向城市迁移并不一定会推动经济增长和生产率的提高。如果人口流入城市，却没有优质的就业作为依托，就会导致城市的贫民窟化。只有经济结构根据经济发展阶段进行转换，经济才会增长，并创造良好的就业机会，收入才会随之增加，人口才会向城市迁移。所以，________________。

填入画线部分最恰当的一句是(　　)。

A. 人口向城市迁移是经济发展的必然趋势

B. 人口迁移率是衡量经济发展水平的重要指标

C. 只有调整经济结构，才能增加城市中的就业机会

D. 城镇化其实是经济发展的结果，而非前提

28. 过去 100 多年来，围绕达尔文进化论是否正确的争论从未停歇。不断涌现的科学事实在弥补达尔文当年未曾发现的“缺失环节”的同时，也在检验着达尔文进化论的预测能力。例如，2004 年在加拿大发现的“提克塔利克鱼”化石揭示了从鱼类(鳍)到陆生动物(腿)之间的过渡状态，被公认是“种系渐变论”的一个极好例证。当然，达尔文进化论并非完美无缺，它确实存在“可证伪”之处。以自然选择理论为例，它在孟德尔遗传学建立之初就受到了强烈挑战，但各种不能用自然选择理论简单解释的新证据最终还是拓展了人们对进化动力和机制的认识，而不是摒弃该理论。

这段文字以自然选择理论受到孟德尔遗传学挑战为例，目的是(　　)。

A. 说明达尔文进化论具有可证伪性　　B. 证明达尔文进化论具有预测能力

C. 提出“种系渐变论”的事实例证　　D. 加深人们对生物进化机制的认识

29. ①当时的塞纳省省长奥斯曼规划了一座地下之城，将巴黎发展成一座立体化的城市。

②从中世纪延续而来的平面化城市已经难以满足经济社会飞速发展的新需要。

③后来，这个以下水道系统为基础的地下巴黎，随着公共产品种类的增加而不断添入新功能。

④现在，地上的巴黎光彩照人，地下的巴黎默默付出，二者共同承载着这座千年古都的迷人风情。

⑤城市形态由地上向地下延展，拓展了城市的空间。

⑥作为法国的政治、经济和文化中心，19 世纪的巴黎面临着一场迫切的现代化转型。

将以上 6 个句子重新排列，语序正确的是（　　）。

A. ②⑥④③⑤①　　B. ④⑥③⑤①②

C. ⑥②①⑤③④　　D. ①⑥④⑤②③

30. ①即使是只涉及语言、数学和创造的简单任务也跨越了半球，由整个大脑共同完成。

②大脑的左右半球只有一个主要区别：右半球控制身体左侧，左半球控制身体右侧。

③大脑分为左右两个半球，由称为胼胝体的结构连接。

④这导致很多人推测两个半球之间存在很大差异，但是其中很多猜测并不正确。

⑤如果大脑受到损伤，健康的部分有时可接管受损部分的功能，甚至是大脑另外半球区域的功能。

⑥现代脑成像技术明确证实，一个健康的大脑总是通过胼胝体连接左右半球、共同工作的。

将以上 6 个句子重新排列，语序正确的是（　　）。

A. ③②④⑥①⑤　　B. ⑥③④②⑤①

C. ⑥⑤③②①④　　D. ③④⑥①②⑤

31. ①由于各个作者对所描绘植物和绘画手法有不同的认识，所以诸多本草著作中就出现了风格各异的插图，但准确性欠佳。

②植物科学画在中国有过辉煌时期，中国最早对植物的了解来自农业生产和本草医药的需要。

③本草学家把社会实践中积累的植物学知识用文字记录下来，并配以形象图画，使人们更容易识别和利用植物，其中最著名的是李时珍的《本草纲目》。

④为了能在最鲜活的状态下记录物种的模样，探险队伍中增加了专业画师，这就有了植物科学画的雏形。

⑤那个时期的绘画工具是毛笔，技法是中国画中的白描。

⑥现代意义的植物科学画源自西方，地理大发现时期，欧洲贵族、商人和科学家组成的舰队探索世界，同时收集动植物标本。

将以上 6 个句子重新排列，语序正确的是（　　）。

A. ⑥④②①⑤③　　B. ②③⑤①⑥④

C. ②⑤①③④⑥　　D. ⑥②③①④⑤

32. 中星 16 号是我国首颗成功发射的高通量通信卫星。在这颗通信卫星上，首次使用了 Ka 频段宽带通信技术。卫星容量其实就像公路一样，原来通信卫星的 C 频段以及 Ku 频段最多只能容纳两辆车同时前进，所能运载的货物（也就是信息数据）是有限的。但是 Ka 频段的卫星容量则要大很多，它可以同时行驶 10 辆或者更多的汽车。这项技术的突破，________，特别是在地面通信网络无法覆盖的地区，以及飞机、高铁、轮船等交通工具上，都可以实现宽带通信。

填入画横线部分最恰当的一句是(　　)。

A. 意味着未来通过通信卫星可以随时随地实现宽带上网

B. 预示着我国自主研发技术已打破国外垄断通信的局面

C. 在真正意义上实现了自主通信卫星宽带的广泛应用

D. 填补了我国通信卫星在多频段通信技术领域的空白

33. 据报道,地球冰川正处于快速融化阶段。但是一些科学家认为,在远古时期,地球曾陷入一种叫作“雪球地球”的深度冰冻状态,当时冰盖几乎完全覆盖了整个地球。然而,地球出现深度冰冻的次数、延伸范围以及地球变成雪球的速度,一直是未解之谜。目前,科学家对埃塞俄比亚最新发现的岩石序列进行分析,结果显示“雪球地球”仅在几千年内就可形成。这项发现支持雪球冰川理论模型,该模型表明,一旦冰层延伸至地球纬度30度位置,就会出现全球范围的快速冰川作用。

从这段文字中我们可以获知以下哪一信息(　　)。

A. 快速冰川作用出现的原因　　B. “雪球地球”的形成速度

C. 地球出现深度冰冻的次数　　D. “雪球地球”出现的具体年代

34. 全球过度使用或滥用抗生素,导致耐药微生物正在成为传统抗生素产业的死敌。寻求这一困境的破解之道,是全球抗生素科学家的研发重点,也将决定未来医药产业发展的重点和方向。信息菌素作为一种新型抗生素,具有全新的杀菌机制,通过在细菌的细胞膜上形成一个致死性离子通道,让细菌内容物泄漏、能量耗竭,从而杀死细菌。凡是具有脂质双分子生物膜的微生物都逃避不了这种杀伤。信息菌素具有安全、杀菌效果强、不易产生耐药性等优点,杀菌效率是目前常规抗生素的数百倍甚至数万倍。

根据这段文字,下列说法正确的是(　　)。

A. 信息菌素与常规抗生素的杀菌机制类似

B. 传统抗生素难以穿透脂质双分子生物膜

C. 信息菌素对特定微生物有致命的杀伤力

D. 过度使用信息菌素会产生耐药性的问题

35. 基础数学是一门对天赋要求极高的学科,它的高度抽象性让不具备这种天赋的人望而生畏。在某种意义上可以说,是数学选择了它的追随者,而非相反。加之数学是一门完全依赖人自身最纯粹的大脑机能进行探索的学科,这使得一流的数学研究介乎学问和艺术创造之间,总是在“灵感乍现”的时刻产生突破。因此,数学家实际上是一个极其冒险的职业,其成就几乎完全仰仗天赋和灵感的偶然眷顾。另一方面,对具有数学才能的人来说,现代社会充满了机会的诱惑,金融、计算机、互联网,都是比数学研究更赚钱的行业。

这段文字意在(　　)。

A. 解释数学家可遇不可求的现象　　B. 说明天赋对于数学研究的意义

C. 探讨基础数学研究的本质规律　　D. 强调基础数学发展面临的困境

36. 关于第一批人类如何来到美洲大陆,通常的说法是靠步行。在冰河时期,人们横穿了1 500公里,从当时连接西伯利亚和加拿大北部的大片陆块迁徙过去。随着冰河期结束,这片称为“白令陆桥”的陆块成为白令海峡。然而,“陆桥说”已逐渐不再流行,一些迹象显示，人类可能是顺着太平洋沿岸搭船前往美洲的。考古发现美洲有14 000年历史的人类聚落，足以作为早期人们由出海口逆流而上、踏入内陆的佐证，例如位于俄勒冈州太平洋沿岸的佩斯利洞穴。现在，有更确切的证据表明，人类并未经由“白令陆桥”抵达美洲。

最适合做这段文字标题的是（　　）。

A. “白令陆桥”真的存在吗　　B. 人类航海史超出你想象

C. 人类究竟是怎样来到美洲大陆的　　D. 考古发现再现远古人类迁徙路线

37. “脱贫”不仅是政策语汇，也是文化社会学的范畴。近年来，农村调研、乡村报道不断反映出一个规律——物质的贫困与文化的落后是一体两面，精神的安放与脱贫的实现需要同步达成。因此在评价扶贫工作成绩时，除了要用人均纯收入、可支配收入等数字标准，要看住房安全、基本医疗这些生存保障，还应该多拿“人文的尺子”量一量，其结果才更为精准。很多经验表明，某一地区的发展机会未必取决于该地方的自然禀赋，但一定与其人群的价值取向和生存理念息息相关。唯有开启民智，培养起“精气神”，才能让脱贫成果更持久稳固。

这段文字意在强调（　　）。

A. 当下贫困地区的地方文化建设任务艰巨

B. 乡村文化建设应该以可持续发展为原则

C. 扶贫的最终目标是实现生活方式的变革

D. 精神脱贫应该成为评价脱贫工作的指标

38. 环境保护主义是一种信念，是一种重建人与自然关系的强烈愿望。要实现这一愿望，就必须树立一种自然共同体的意识，即将人类在共同体中的征服者角色，变为这一共同体中的普通一员。它暗含着对每个成员的尊敬，也包括对这个共同体本身的尊敬。只有树立了这样的一种道德意识，人们才有可能在运用其在这一共同体中的权利时，感到所负有的对这个共同体的义务。这不仅依赖对自然本质的科学理解，也依赖在了解基础上建立起的对自然的感情。

这段文字最后一句话中的“这”指的是（　　）。

A. 热爱自然的感情　　B. 自然共同体意识的树立

C. 重建人与自然关系的愿望　　D. 对自然共同体的义务

39. 强调谋略和构想，是军事战略指导的题中之义，但这种构想必须从客观实际出发，与力量手段相匹配。在中国革命战争初期，“城市中心论”和“农村包围城市”两条路线的命运之所以截然不同，就是因为前者机械照搬俄国十月革命的经验，后者是在科学分析中国国情以及敌我力量的构成、对比和布局等基础上，提出的一种符合中国革命客观实际的战略构想。因此，确定战略目标或制定战略方针，都要依据国家安全总体战略，结合政治、经济、外交、文化，特别是现有军事力量的实际状况来确定。

这段文字意在说明（　　）。

A. 军事战略构想不能机械照搬固有模式

B. 科学分析国情是战略制定的必要前提

C. 军事战略构想应与客观实际紧密结合

D. 战略选择应该取决于特定的时代要求

40. 作为经历600年风雨、年客流量1 600万的世界五大博物馆之一，故宫也曾在公众面前遭遇尴尬，如今却能华丽转身，在互联网上主打造物之美，兼顾攻略之实。故宫似乎找到了传统文化的“正确打开方式”，实现了传统文化的形态丰富和再造——故宫已经不再只是那个北京城中轴线上72万平方米的皇家院子，它在云端，在数字博物馆里，在创意用品中，更为重要的是，它已经走进了寻常百姓家。从皇家私藏到国家所有，再到多层次、多渠道的社会共享，在故宫文物面前，人与物的关系发生了分明的进化，早已不再是“天下至宝，尽归帝王家”，而是更接近共有共享的理念。

根据这段文字，传统文化的“正确打开方式”指的是（　　）。

A. 密切与公众的联系　　B. 拓宽传统文化宣传渠道

C. 对传统进行新解读　　D. 利用网络实现文物共享

第三章　判断推理

第一节　题型概述

判断推理主要测查考生对各种事物关系的分析推理能力，包括对逻辑判断和逻辑推理两种能力的考查。涉及对图形、词语概念、事物关系和文字材料的理解、比较、组合、演绎和归纳、综合判断等。要求根据已有的判断或事实，通过分析和综合引出新的判断或事实。每一个推理都必须包括前提和结论两部分。解答此部分试题不仅需要扎实的基础知识和较强的分析推理能力，也需要极大的耐心。

一、基本题型

判断推理的主要题型有图形推理、定义判断、类比推理、逻辑判断四种。

图形推理：每道题给出一套或两套图形，要求通过观察分析找出图形排列的规律，选出符合规律的一项。

定义判断：每道题先给出一个概念的定义，然后分别列出四种情况，要求严格依据定义选出一个最符合或最不符合该定义的答案。

类比推理：给出一组相关的词，要求通过观察分析，在备选答案中找出一组与之在逻辑关系上最为贴近或相似的词。

逻辑判断：每道题给出一段陈述，这段陈述被假设是正确的，不容置疑的，要求根据这段陈述，运用一定的逻辑推论，选择一个最恰当的答案。

二、命题趋势

判断推理题量 40 道，约占行测总题量的 30%。考点稳定，题量时有调整，其中图形推理、类比推理阅读量较小，相对难度较低。逻辑判断的备考难度较大，是行测拉开分差的关键题型。

图形推理 10 道题。题型灵活多变，考查力度持续加大，在稳定考查传统题型（位置、数量、样式）的基础上，不排除新题型出现的可能性。

类比推理 10 道题。侧重对词项间基本关系的考查，两词型、三词型和填空型均有涉及。考查形式多样，可能出现新的考法，2017 年国考就出现了一个材料下若干个小题的新题型。

定义判断 10 道题。以单定义判断为基本考查形式，涉及知识面较广。但部分题目会出现多个定义，增加区分度和难度。

逻辑判断 10 道题。考查内容全面，必然性推理考查直言命题、复言命题和智力推理；可能性推理则涉及削弱型、加强型、前提型、假设型、解释型、结论型等多种题型，重点考查削弱型、加强型、结论型三种题型。

第二节　图形推理

一、题型分析

图形推理是行政职业能力测验的基本题型，几乎所有的国家公务员考试及各省市公务员考试都要涉及对图形推理的考查。图形推理主要考查应试者的观察、抽象、推理能力，每道题给出一套或两套图形，要求应试者通过观察分析找出图形排列的规律，选出符合规律的一项。第一套图形既有某种共同特征，也存在某种差异。正确的答案不仅使第一套图形和结论图形表现出一致的规律或最大的相似性，而且应使第二套图形也表现出自己的特征。

二、推理路线

图形推理常见的判断方式为：一段式、两段式、分类推理和九宫格。不同的题型推理路线不同。

（一）一段式、两段式、分类推理的路线

1. 顺推型。按照图形的既定顺序，依次观察图形，找出图形排列的规律。其推理路线为：1→2→3→4→5→6。

2. 周期型。图形呈现周期性的规律变化，其推理路线为：1→3→5；2→4→6。

3. 对称型。图形呈现对称性的规律变化，其推理路线为：1→2→3；4→5→6。

4. 整体型。将图形的所有元素看作一个整体进行观察，通常考查图形求同。

5. 相邻型。其推理路线为：1→2，3→4，5→6。

6. 单一型。每个图形自己就是一个规律，体现了图形推理的创新。

7. 换算型。题干中的图形一般都包含两个不同的元素，单独看它的数量没有规律，需要将两个元素结合在一起看，并且两者之间存在一个换算的关系。

【例题精讲】（2019・山东）

【答案】 C

【解析】 相邻型。观察图形，发现图形组成元素基本相同，优先考虑位置规律。相邻两个图形之间呈现规律变化。后一个图形较前一个图形或增加一根线，或减少一根线，所以，正确答案为C。

【例题精讲】(2010·国家)

【答案】A

【解析】顺推型:1→2→3→4→5→6。已知图形三角形的个数分别为3、4、5、6、7,所以“?”处应有8个三角形,符合条件的只有A项。

【例题精讲】

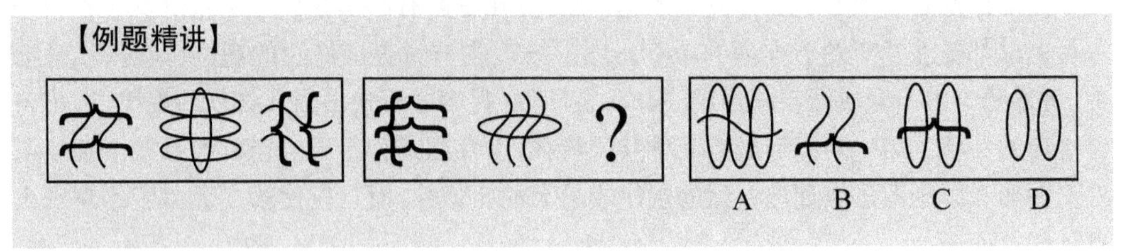

【答案】A

【解析】整体型:第一组整体看一共有三种元素:大括号、曲线、椭圆,数量都是4。所以第二组也呈现一样的规律,答案是A。

【例题精讲】(2017·国家)

【答案】A

【解析】周期型:第一、第三、第五个图形中曲线图形在上,直线图形在下,第二、第四个图形中直线图形在上,曲线图形在下,排除B、C两项。再进一步仔细观察,发现题干中每幅图形均由三个封闭空间组成,排除D项。所以,正确答案是A。

【例题精讲】(2009·国家)

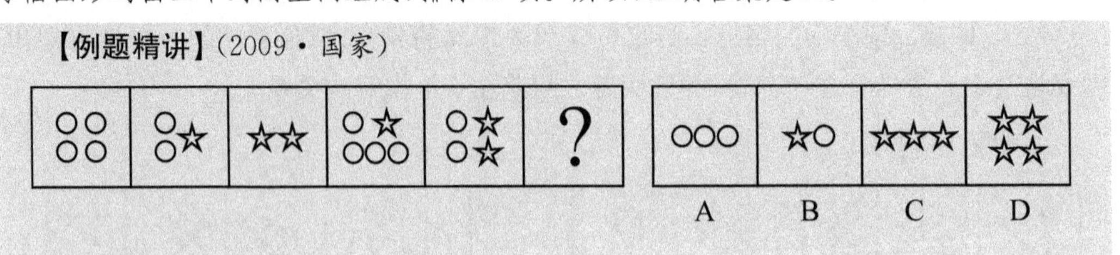

【答案】C

【解析】换算型:本题考查的是五角星和圆圈的换算关系,1个五角星等于3个圆圈,这样换算下来,题干中圆圈的数量依次为4、5、6、7、8、(9),C项换算后正好是9个圆圈。

(二)九宫格

九宫格图形数量相对较多,共有8个已知图形和1个未知图形,因此推理路线变化形式较为多样也更加灵活。其推理路线主要有:一、横向看。将九宫格图形分成三行观察，每行的图形作为一个整体进行观察。二、纵向看。将九宫格图形分成三列观察，每列的图形作为一个整体进行观察。三、整体看。将九宫格图形的所有元素看作一个整体进行观察，通常考查图形求同。四、另类看。S型、O型、米字型以及对角线观察。

【例题精讲】（2019·山东）

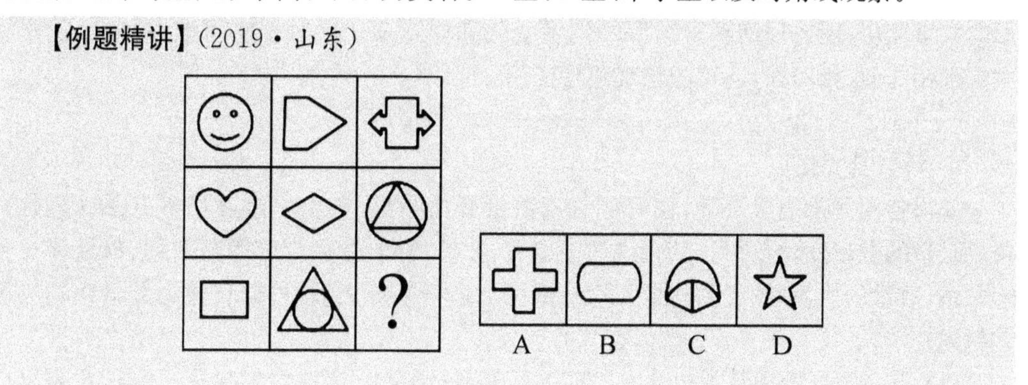

【答案】D

【解析】横向看。观察图形，发新出现箭头、菱形、等腰三角形、长方形等特征图形，优先考虑对称性。第一行图形的对称轴的数量依次为1、1、2，第二行图形对称轴的数量依次为1、2、3，第三行图形对称轴的数量依次为2、3、5，所以，正确答案为D。

【例题精讲】（2017·国家）

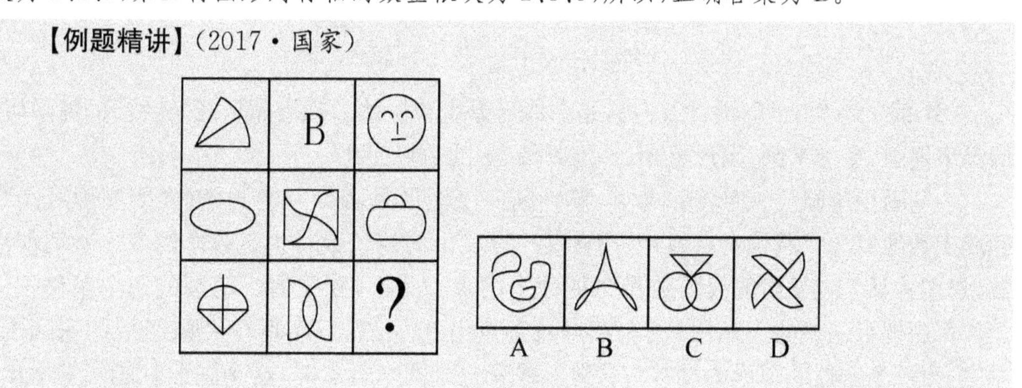

【答案】B

【解析】纵向看。纵向观察图形，发现第一列曲线数都为1，第二列曲线数都为2，第三列曲线数都是3，所以，正确答案为B。

三、解题思路

解答图形推理题首先要立足于剖析第一套图形。有些简单的题，从第一套图形中即可直接找到规律。对于一些复杂的图形，则需结合第二套图形和选项具体分析。要观察的要素也许不是很多，但运用起来尤其是复合运用的时候，其规律就可以千变万化。应试者应当重点观察图形的相同点，再运用到第二套图形当中去，对比图形规律和选项，得出正确答案。但是，在选择时一定要仔细，不要发生视觉错误。最好是用所选答案与归纳的规律相互印证。如果符合规律，则所选答案正确；如果不符合规律，则需再仔细琢磨。

四、解题技巧

图形推理可分为两类:规律推理和空间推理。对于规律推理,考生既要仔细观察图形的数量变化,还要仔细观察图形的位置变化和样式变化。对于空间推理,考生既要注意观察相邻面、相对面,还要注意观察特征面。

(一) 规律推理

1. 看数量变化

如果各图元素组成凌乱,且局部元素数量变化明显,考生应重点观察点、线(笔画)、角、面、素的数量变化规律。变化规律主要有:数量相同、数量构成等差数列、数量存在和差关系、数量的换算(图形的构成元素在数量上进行换算之后,可以转化为数量相同或等差数列)。

(1) 点。图形推理常常包含有"点"的要素,蕴涵着"点"的数量变化。"点"主要以交点和切点两种形式考查。交点是线与线、线与面相交的点。两条光滑曲线(或一条直线与一条光滑曲线)交于一点,使得它们在该点处的切线方向相同,则称该点为切点。

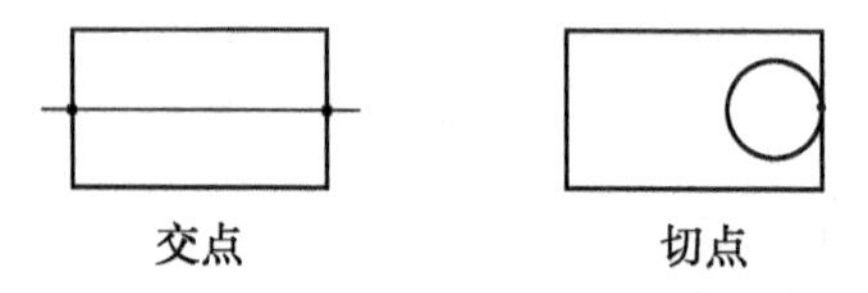

(2) 线。考生先区分线的种类,是曲线还是直线。然后观察图形线条、线头、笔画(包括汉字笔画、字母笔画、图形笔画、一笔画等)等的数量变化。

一笔画是笔画的一个特殊考点,要判断一个图形是否为一笔画,首先要明确奇点数和偶点数的概念。所谓奇点数,是指从某一点发出的线条数目为奇数个的点。所谓偶点数,是指从某一点发出的线条数目为偶数个的点。其次,要掌握一笔画的两个条件:一、全部都由偶点组成的连通图(没有奇点或奇点为0)。二、只由两个奇点组成的联通图。总之,当一个连通的图形中没有包含奇点或者包含两个奇点时,这个图形就能一笔画出。其他情况的图都不能一笔画出。多笔画图形的笔画数等于奇点数除以二。

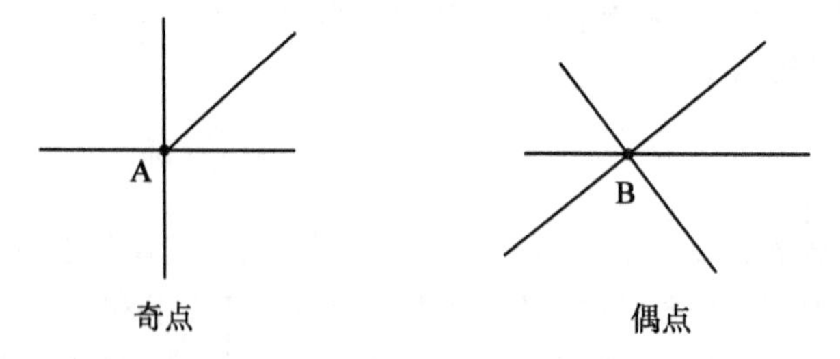

A点发散出五条线,为奇点;B点发散出六条线,为偶点。

(3) 角。棱角分明,或者有扇形出现的时候,考虑观察角的数量变化。角按角度可分为直角、锐角、钝角;按图形中角的位置可分为内角和外角。

(4) 面。面的内涵不断发展,主要包括封闭区域和图形面积(阴影面)在数量上的变化。封闭区域是指图形中由封闭线条围成的一个个空白,封闭区域内部任何一点与区域外任何一点的连线都和区域的边界相交。

(5) 素。素的数量主要包括元素种类和元素个数在数量上的变化。如果图形有多个元素，要分种类数；如果图形位置变化明显，要分位置数。

【例题精讲】

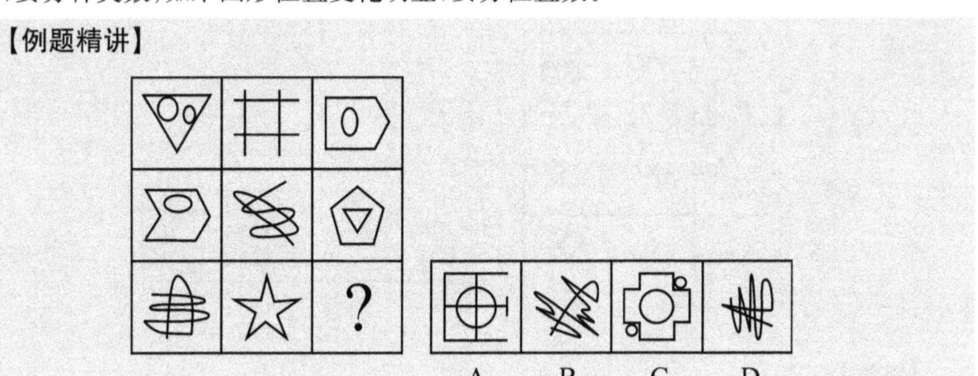

【答案】 A

【解析】 本题考查点的数量变化。横向看，已知图形的交点数依次为3、4、5、6、7、8、9、10，构成等差数列，故"?"应选择交点为11的图形。因此，正确答案为A选项。

【例题精讲】（2017·山东）把下面的六个图形分为两类，使每一类图形都有各自的共同特征或规律，分类正确的一项是：（　　）

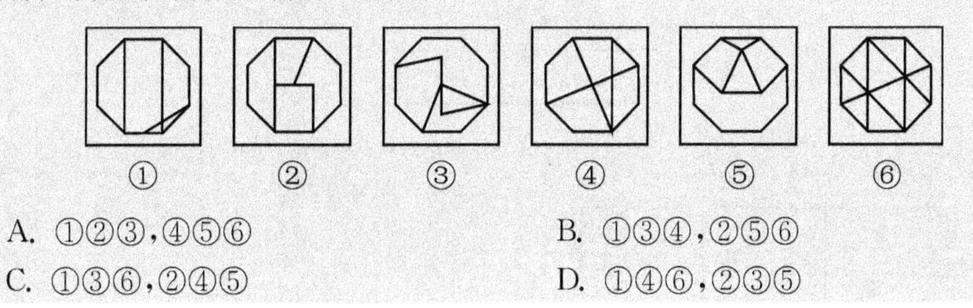

A. ①②③，④⑤⑥　　B. ①③④，②⑤⑥

C. ①③⑥，②④⑤　　D. ①④⑥，②③⑤

【答案】 C

【解析】 图形组成不同，优先考虑数量规律。观察图形，⑥的面和线明显多于其他图形，面和线没有规律，可以考虑数交点。①④⑥为10个交点，②③⑤为11个交点。因此C项正确。

【例题精讲】（2013·国家）

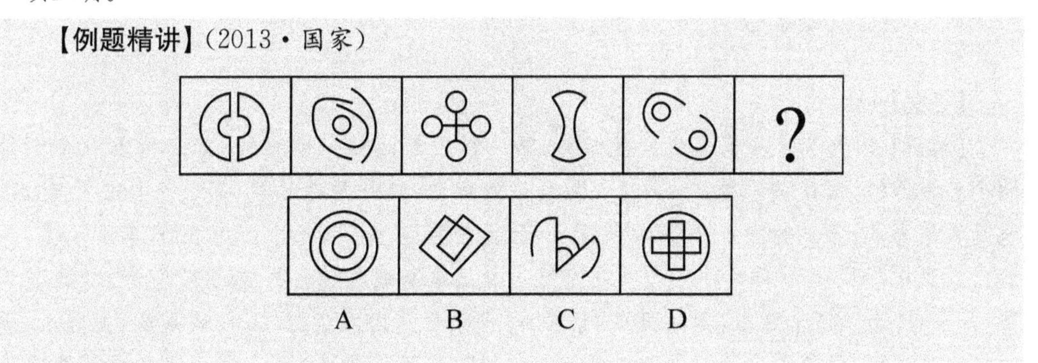

【答案】 C

【解析】 本题考查曲线的数量变化。已知图形曲线的数量都是4，所以"?"图形曲线的数量也应该是4，只有C项符合。选项A有3条曲线，选项B没有曲线，选项D有1条曲线，故排除。

【例题精讲】(2009·联考)

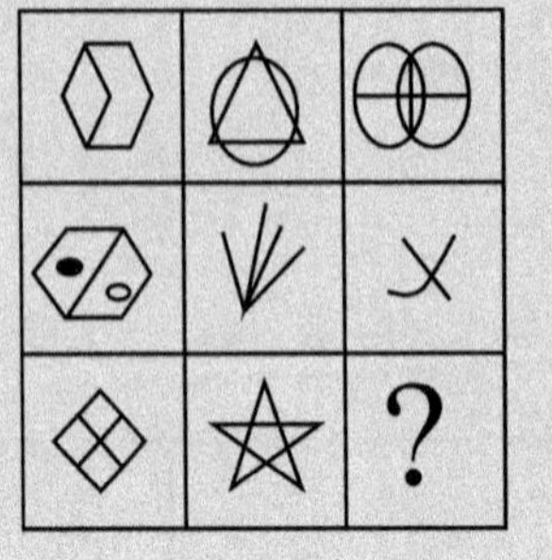

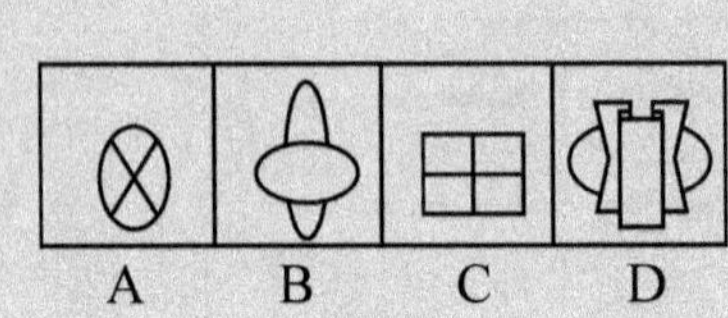

【答案】B

【解析】本题考查直线的数量变化。纵向看，左边第一列图形，从上到下分别含有直线段8、7、6根；第二列图形，从下到上分别含有直线段5、4、3根；第三列图形，从上到下含有直线段2、1、?。九宫格的直线数量按照S型顺序排列，构成公差为1的等差数列。“?”处应为0根直线，正确答案为B。

8	3	2
7	4	1
6	5	?

【例题精讲】(2012·国家)

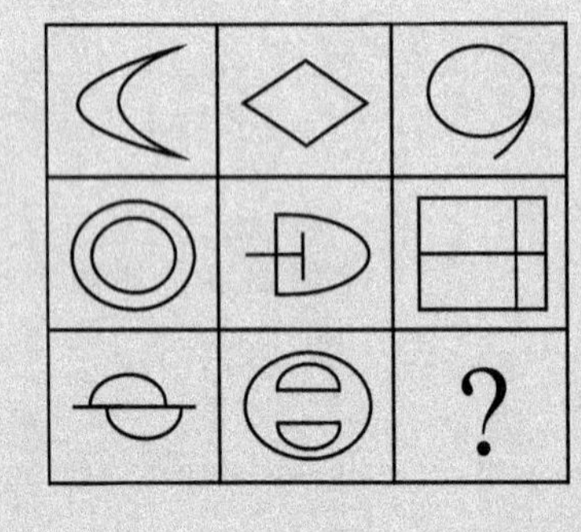

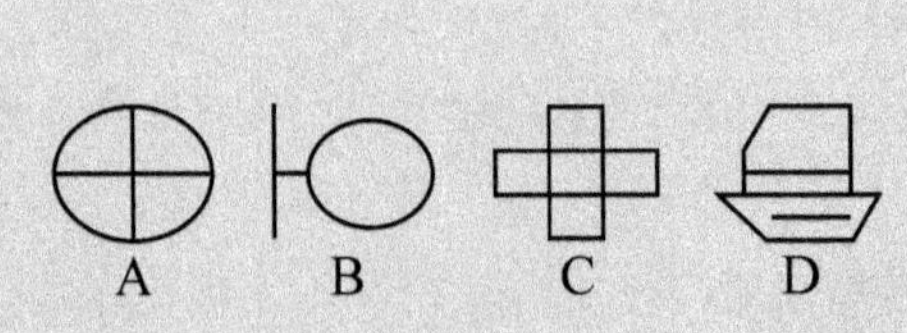

【答案】D

【解析】本题考查一笔画成。横向看，第一行图都能够一笔画成；第二行第一个图是两个连通区域，因此两笔画成，第二个图有四个奇点，因此两笔画成，第三个图四个奇点，也是两笔画成；第三行第一个图六个奇点，因此三笔画成，第二个图有三个连通区域，因此三笔画成。这就要求我们在选项中找到一个三笔画成的图。A选项四个奇点，两笔画成，排除；B选项四个奇点，两笔画成，排除；C选项都是由偶点组成，一笔画成，排除；D选项两个连通区域，其中一个区域四个奇点，一个区域两个奇点，因此是三笔画成。正确答案为D选项。

【例题精讲】(2010年·江苏A类)

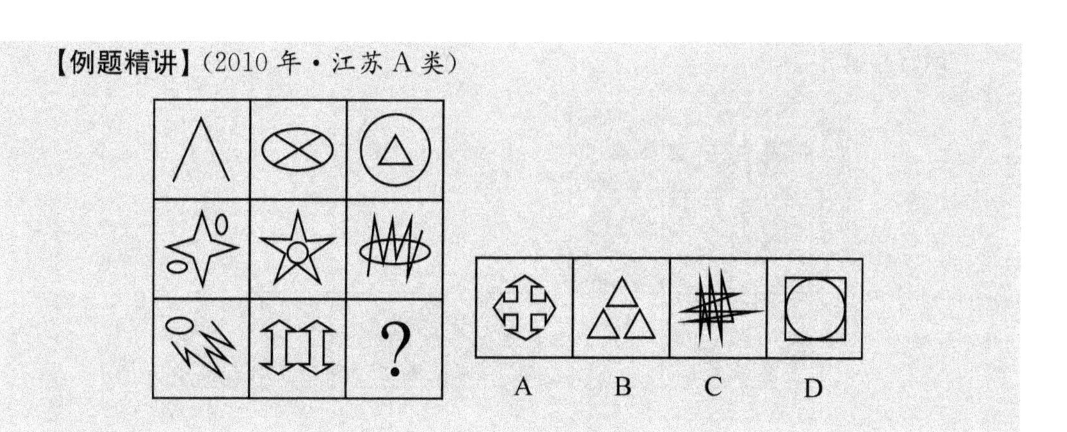

【答案】B

【解析】本题考查角的数量变化。横向看,九宫格图形中,锐角的个数依次为1、2、3、4、5、6、7、8,所以“?”处应为含有9个锐角的图形。因此,正确答案为B选项。

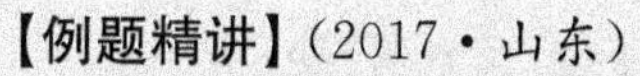

【例题精讲】(2017·山东)

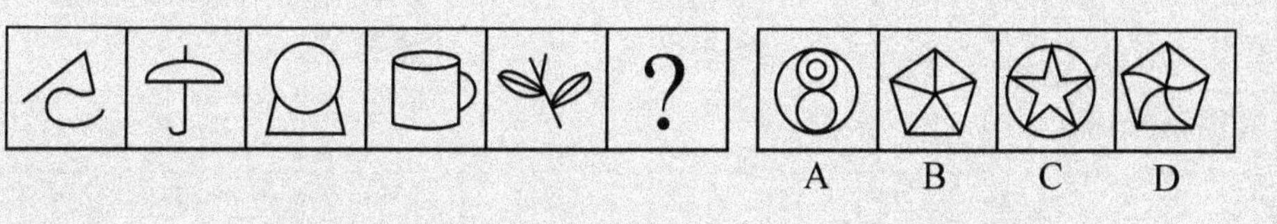

【答案】D

【解析】观察图形,元素组成不同,考虑数量。已知图形的面数量为0、1、2、3、4,“?”处应为5个面,排除C项。题干图形都是有曲有直,A项只有曲线,B项只有直线,排除。D项是5个面,且有曲有直,故正确。

【例题精讲】(2016·山东)

【答案】C

【解析】图形组成凌乱,且没有明显的属性规律,考虑数量的变化。题干各图内部都被线条分割开,考虑数面,面的数量分别为3、2、4、4、?、3。“?”处如果填入2个面的图形可成规律,但无答案。多边形还常考虑数线,线的数量分别为6、5、6、6、?、10,无明显熟悉规律。但线数与面数两者之间相差数为3、3、2、2、?、7,每两个为一组,差相同的7,因此C项当选。

【例题精讲】(2017·山东)

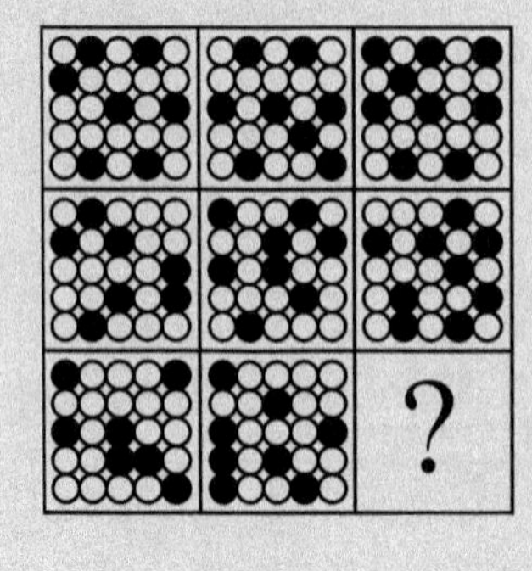

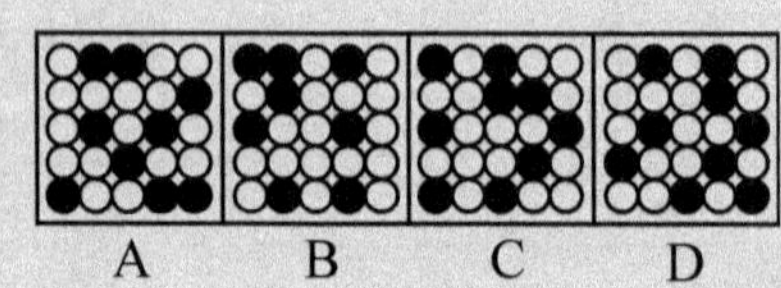

【答案】C

【解析】观察图形,元素组成凌乱,考虑数量规律。横向看,题干第一行、第二行的黑点数量都为7、8、9,"?"处应为9个小黑点。B项有8个小黑点,排除。第一行图形的小黑点间隔排列,第二行的小黑点有两个相邻排列,第三行的小黑点有三个相邻排列,因此"?"处应该有三个小黑点相邻排列,对应C项。故正确答案为C。

【例题精讲】(2011·山东)

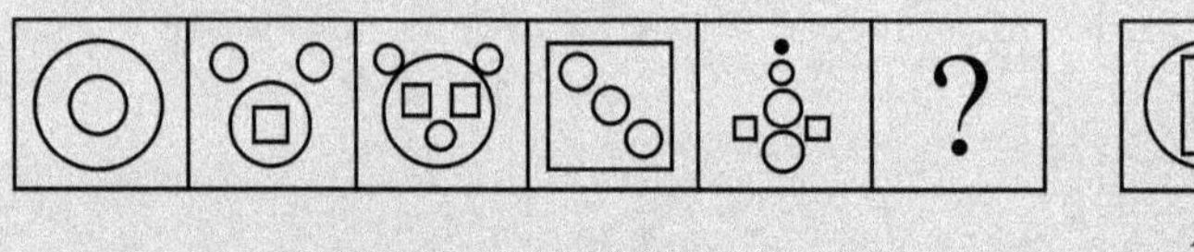

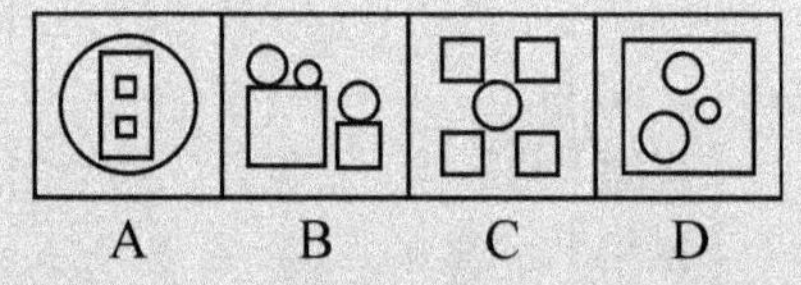

【答案】D

【解析】已知图形有两类元素,圆形和方形。每幅图形中圆形和方形的数量之差都是2,选项只有D项圆形和方形数量之差为2,所以正确答案为D项。

【例题精讲】

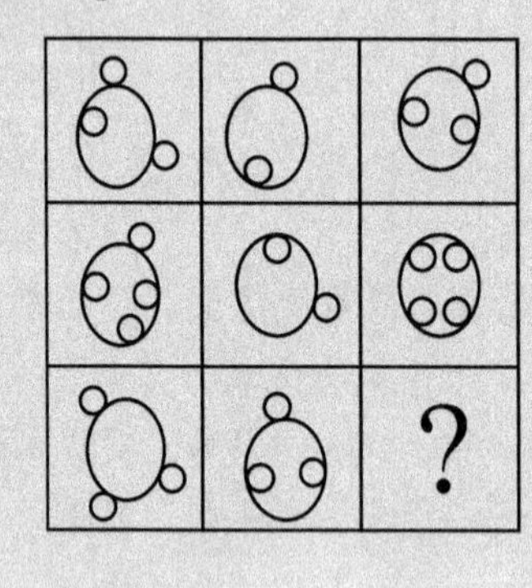

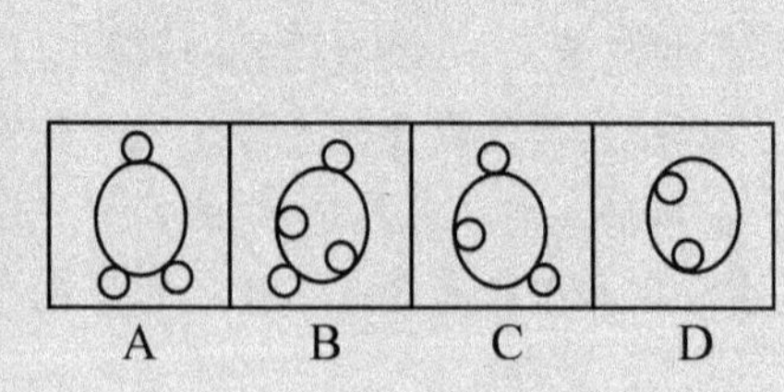

【答案】B

【解析】九宫格图形都有大圆,大圆内外小圆图形数量不同,因此分位置观察小圆数量的变化。横向看,第一行大圆内部小圆数量为1、1、2(1+1=2),第二行大圆内部小圆数量为3、1、4(3+1=4),第三行大圆内部小圆数量应为0、2、2(0+2=2),排除A、C。第一行大圆外部小圆数量为2、1、1(2−1=1),第二行大圆外部小圆数量为1、1、0(1−1=

0)，第三行大圆外部小圆数量应为3、1、2(3−1=2)，正确答案为D项。

2. 看位置变化

如果各图元素组成基本相同，但位置上变化明显，考生应优先考虑图形的动态位置和静态位置。

(1) 动态位置

①平移。在平面内，将一个图形沿某个方向移动一定的距离，这样的图形运动称为平移。平移具有三个特征：一、平移前后的图形全等(对应线段、角相等)。二、新图形与原图形的对应点所连的线段平行且相等(或在同一直线上)。平移主要考查两个方面：平移方向和平移距离。常考的平移方向主要分成左右、上下、对角线以及顺逆时针等，而常考的平移距离为等差、常数和周期。

②旋转。在平面内，将一个图形绕一个定点沿某个方向转动一个角度成为与原来相等的图形，这样的图形运动叫作图形的旋转，这个定点叫作旋转中心，图形转动的角叫作旋转角。旋转特征：旋转前后的图形全等(对应线段、角相等)。图形旋转时，图形中的每一点旋转的角都相等，都等于图形的旋转角。旋转主要考查两个方面：一、旋转方向，一般是按逆时针或顺时针方向旋转。二、旋转角度，一般情况下是按45°或90°、120°、135°、180°的角度旋转。

③翻转。翻转是指图形围绕某个对称轴，如横对称轴或纵对称轴，做180°的翻转变化。翻转主要有左右翻转和上下翻转两种。左右翻转后得到的图形是竖轴对称图形。上下翻转后得到的图形是横轴对称图形。旋转和翻转具有本质的区别。旋转时原图形和新图形时针方向相同，翻转时原图形和新图形时针方向不同。可以借助画时针来判断图形是旋转还是翻转。

(2) 静态位置

当题干图形由几个小图形组成时，优先考虑静态位置。图形的静态位置包括结构位置(上下结构、左右结构、内外结构)、排列位置(相交、相离、相邻、相切)、平行与垂直(平面图形、立体图形的平行与垂直)、小图形的特殊位置。

【例题精讲】(2015·国家)

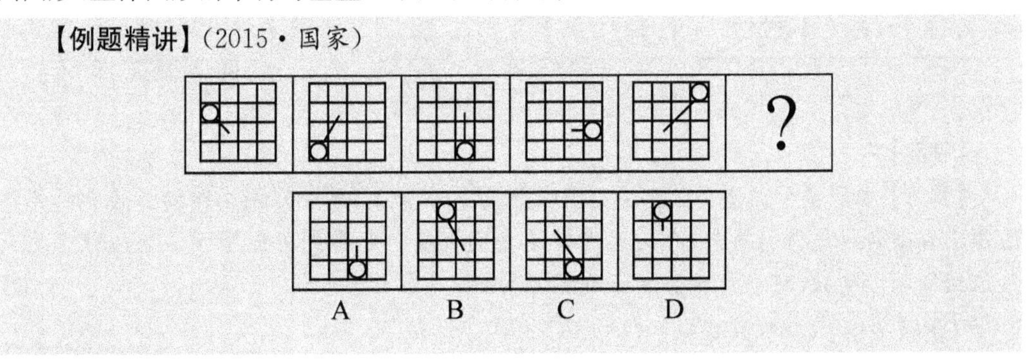

【答案】D

【解析】图形相同，位置不同，优先考虑位置变化。已知图形圆圈每次逆时针移动两格，排除A、D。线条的端点在中间的四个方格中每次顺时针移动一格。只有D项满足此规律，当选。

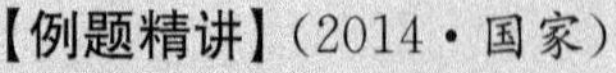

【例题精讲】（2014·国家）

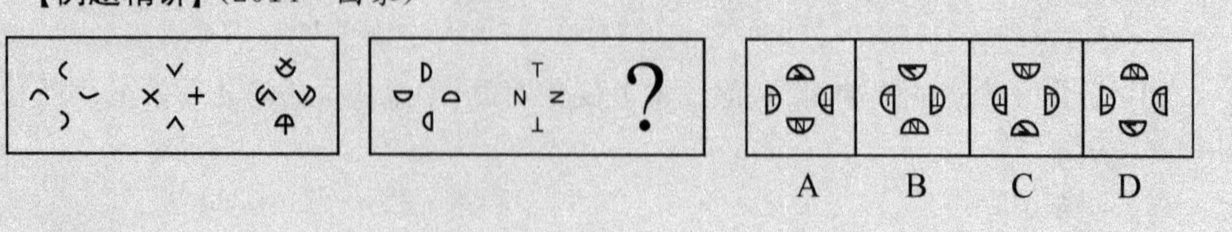

【答案】D

【解析】第一组图中，第一个图形中的元素均逆时针移动一个位置，第二个图形中的元素均顺时针移动一个位置，将得到的两个新图形进行叠加，就得到第三个图形。第二组图形也应遵循这一规律，只有D项符合。

【例题精讲】

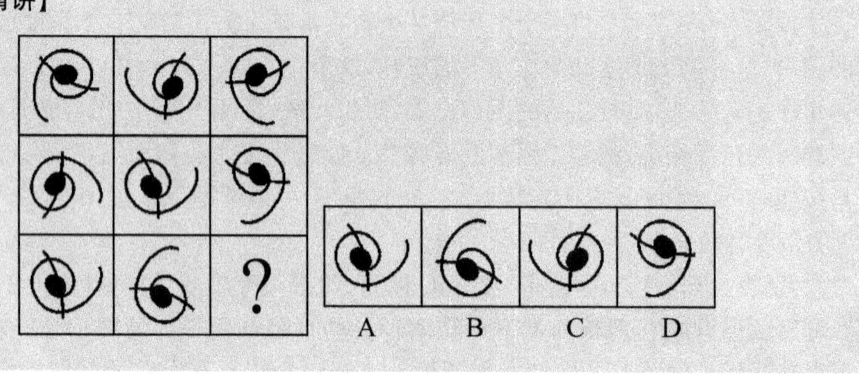

【答案】A

【解析】图形相同，位置变化明显，优先考虑位置变化。选定起点和终点画时针，第一行三个图形的时针方向是“顺、逆、顺”，第二行的时针方向是“逆、顺、逆”，那么第三行的时针方向是“顺、逆、顺”。因此，答案应是一个逆时针旋转的图形，选择A选项。

【例题精讲】（2011·山东）

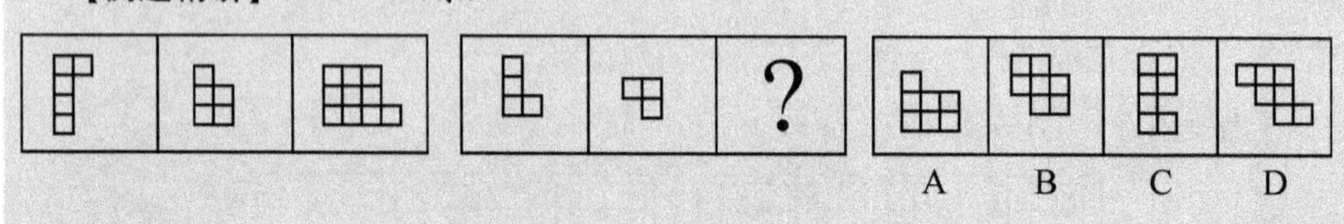

【答案】A

【解析】本题属于位置类。第一组三幅图形的规律是：第一幅图逆时针旋转90°，第二幅图向右翻转再逆时针旋转90°之后两幅图之间拼在一起得到第三幅图。把规律套用到第二组图形上面，A符合规律。故正确答案为A。

【例题精讲】（2014·国家）

【答案】C

【解析】本题考查位置中的静态位置。已知图形都是由两部分构成，两个图形依次是相离、相交、相离、相交、相离，那么“?”的图形应该是两个图形相交的形式，C项符合规律。

【例题精讲】(2019·山东)把下面的六个图形分为两类，使每一类图形都有各自的共同特征或规律，分类正确的一项是：

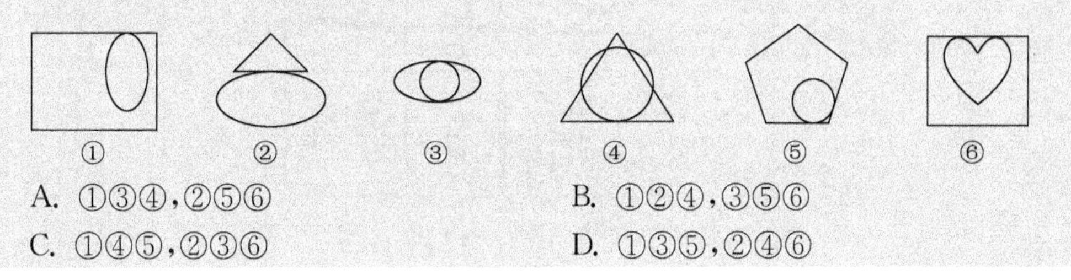

A. ①③④，②⑤⑥　　B. ①②④，③⑤⑥

C. ①④⑤，②③⑥　　D. ①③⑤，②④⑥

【答案】B

【解析】本题考察图形的位置关系。每幅图都由两个图形组成，优先考虑图形间的静态位置。①②④两个图形相切，且只有一个切点。③⑤⑥两个图形相切，有两个切点。所以，正确答案为B。

3. 看样式变化

如果各图元素组成比较相似，考生应优先考虑图形和图形之间的样式特点及规律。样式规律有三种：属性、遍历、运算。在解决样式类图形推理题时，一定要注意解题顺序——先进行样式遍历，再进行加减同异。

(1) 属性

属性规律是指图形样式上本身就具有的某种特点，包括曲直性、对称性、封闭性。曲直性是指图形是由曲线构成还是由直线构成，或者是否含有曲线部分或直线部分。对称性包括轴对称和点对称两种，可以是图形自身对称，也可以是组图之间呈现对称。封闭性是指所组成的图形是否形成封闭的区域，即是否是开放图形。

(2) 遍历

遍历是指每行图形中各种元素出现次数相同，通常为双行图和九宫格图形。例如，某种元素在第一行和第二行都出现了一次，那么在第三行也要出现一次。解题技巧是缺啥补啥。

(3) 运算

运算是指对图形进行叠加、相减、求同、求异等运算。通过对历年考题的研究发现，相减相对于其他三个考查得比较少，叠加、求同、求异考查得相对比较多。

【例题精讲】(2018·国家)

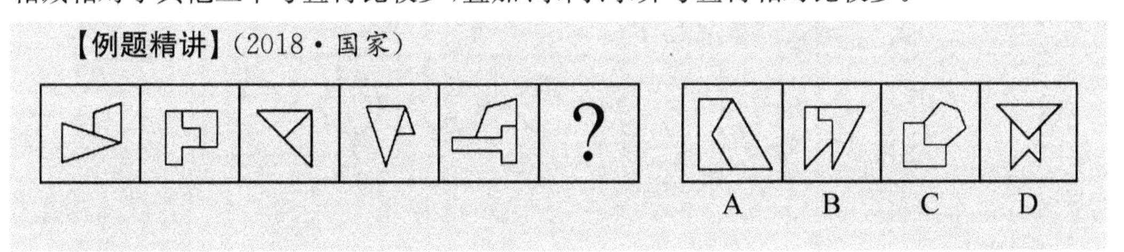

【答案】D

【解析】本题考查图形属性——对称性。第一套图形两个小图形间对称轴的夹角分别为 0°、45°、90°，第二套图形两个小图形间对称轴的夹角分别为 0°、45°、90°，所以，正确答案为 D。

【例题精讲】（2017·山东）

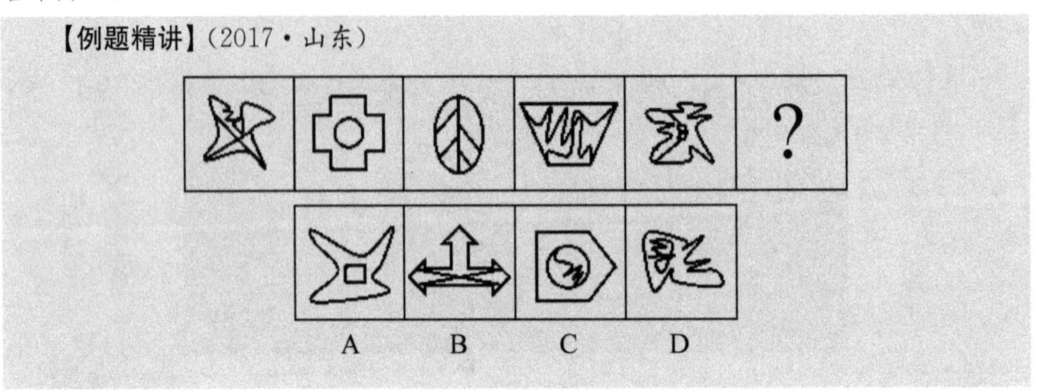

【答案】C

【解析】观察图形，元素组成不同，考虑属性规律。已知图形 1、3、5 外曲内直，图形 2、4 外直内曲，“?”处应为外直内曲的图形，对应 C 选项。所以正确答案为 C。

【例题精讲】（2011·山东）

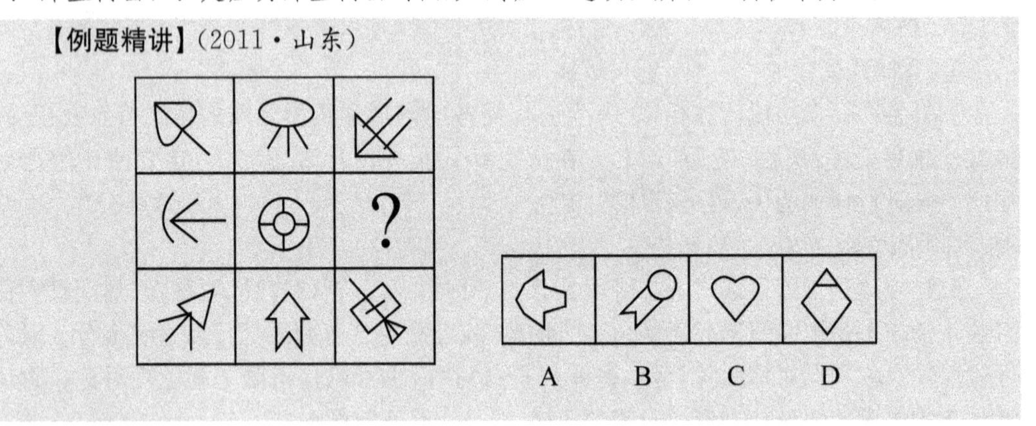

【答案】A

【解析】本题属于属性类。已知的九宫格里每幅图都是轴对称图形，而且它们的对称轴可以组合成一个“米”字形状。“?”处应为横轴对称的图形，所以正确答案为 A。

【例题精讲】

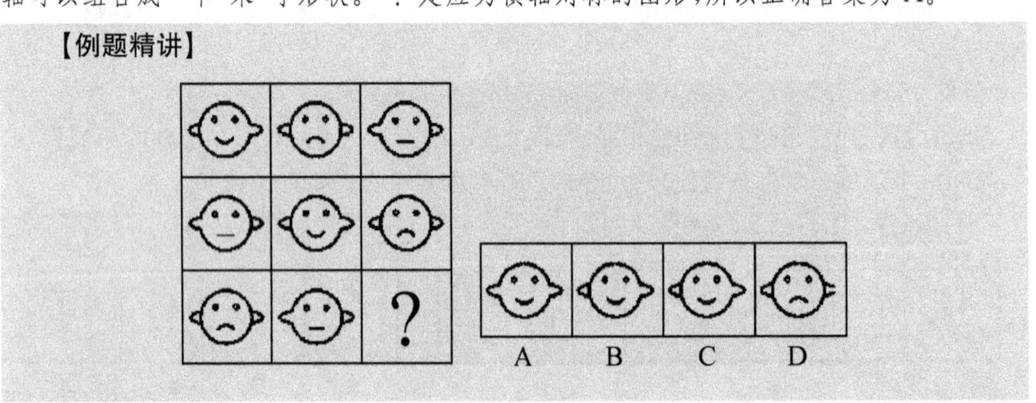

【答案】C

【解析】本题考查遍历问题。嘴巴有“横线”“上翘”“下翘”三种形状，耳朵有“左空”

“右空”“两不空”三种形状；眼睛有“左白”“右白”和“两白”三种形状。故“?”处的眼睛应为“两白”，耳朵应为“右空”，嘴巴为“上翘”。因此，本题答案为C选项。

【例题精讲】（2008·国家）

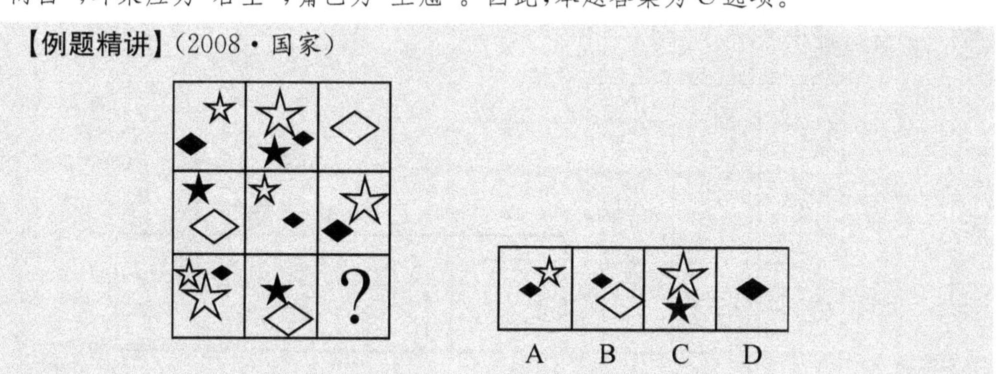

【答案】D

【解析】本题考查遍历问题。第一行图形共有两个白五角星、一个黑五角星、两个黑色菱形、一个白色菱形。第二行符合该规律，第三行缺一个黑色菱形，因此，正确答案为D。

【例题精讲】（2011·424联考）

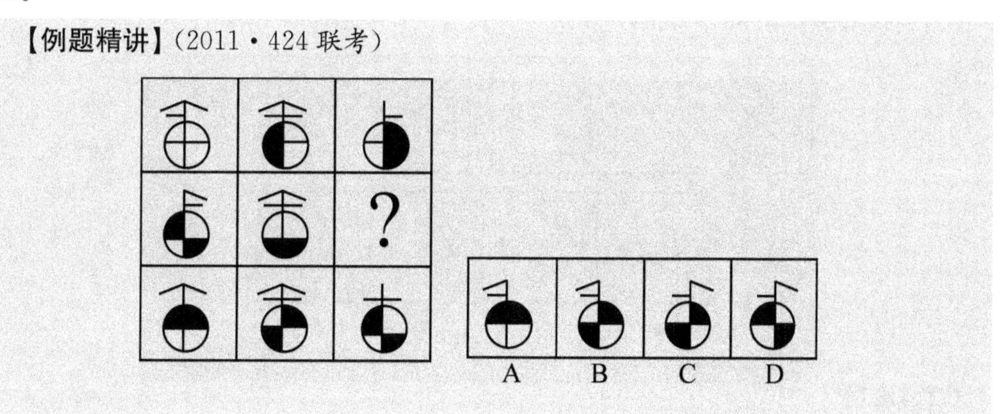

【答案】A

【解析】本题考查图形的运算，运算方式为叠加和求异。叠加规律是：白+黑=白，黑+白=黑，白+白=黑，黑+黑=白。圆球上部线的规律是去同存异。所以正确答案为A。

【例题精讲】（2015·国家）

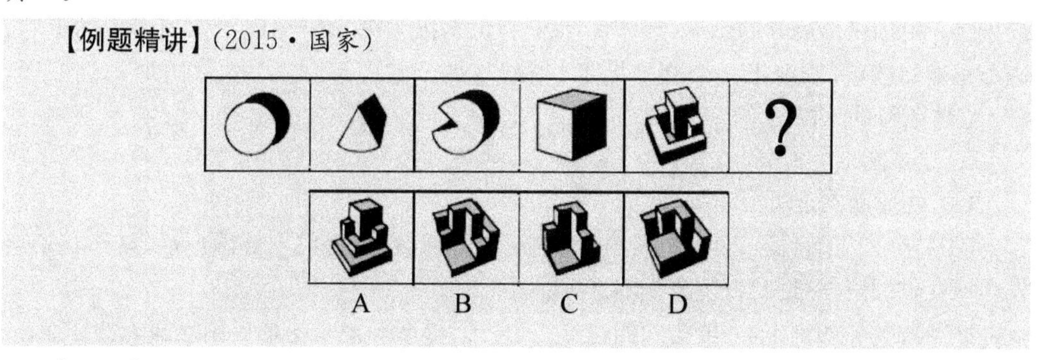

【答案】B

【解析】本题考查图形的运算，运算方式为相减。前三个立体图形中，第一个立体图形减去第二个立体图形得到第三个立体图形。后三个立体图形也应满足此规律，所以正确答案为 B。

【例题精讲】(2010・国家)

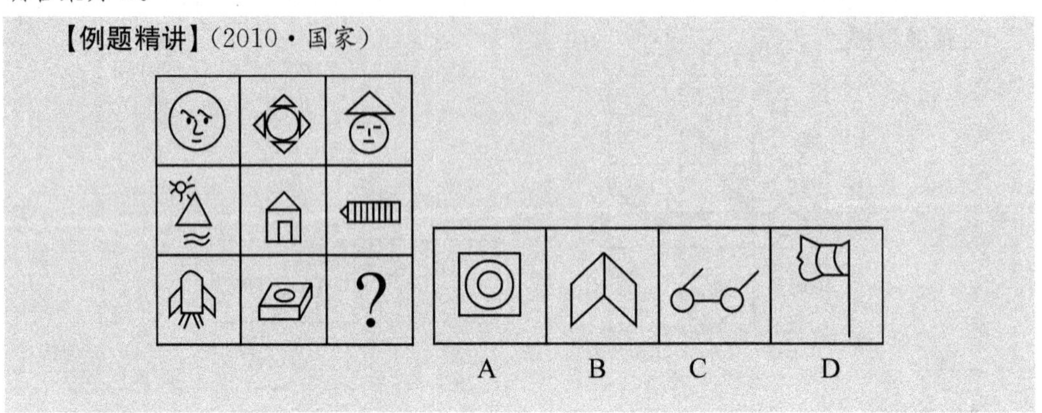

【答案】B

【解析】本题考查图形的运算，运算方式为求同。九宫格里第一行图中都含有圆形，第二行图中都含有三角形，第三行图中都含有平行四边形。所以，正确答案为 B。

【例题精讲】(2015・山东)

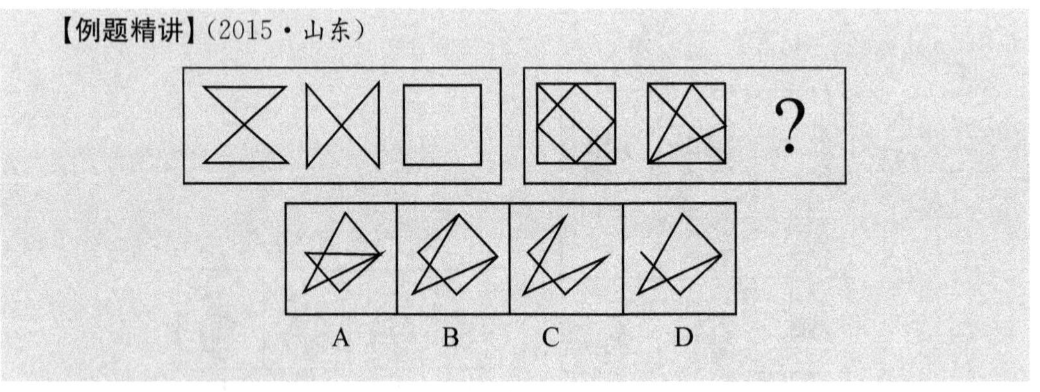

【答案】C

【解析】本题考查图形的运算，运算方式为求异。第一组里前两个图形求异得到第三个图形，第二套同样由前两个图形求异，因此选 C。

(二) 空间推理

空间推理主要考查考生的空间想象能力，该题出题形式有三种：一、立体图形的拆分或重组。给出一个展开的图形，要求考生正确识别出该图形折叠成立体图形后的形状，选出正确的选项；或给出一个立体图形，判断其展开的图形。二、立体图形的剖面图。三、立体图形的三视图。

1. 立体图形的拆分与重组

(1) 特征面判定法

①“特征面”的特征：六面体中某个面的形状特殊，在折叠成立体图形后，其形状不会发生改变，据此排除形状发生改变的选项。

②“特征面”的判定：一般排除四边形、三角形、梯形等规则图形后的面即为特征面。

(2) 相对面判定法

①“相对面”的特征：在一个正六面体中，相对面是成对出现的。在现实情况中，正六

面体有且只能看到一个相对面，由此排除二者同时出现或者一个面都没有出现的选项。

②“相对面”的判定：在正六面体的展开图中，在同一行或同一列相间排列的两个面以及“Z”字型的两端都是相对面。

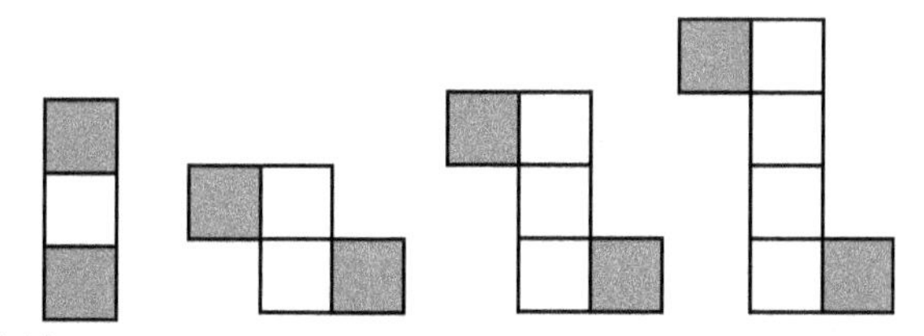

（3）相邻面判定法

①“相邻面”的特征

所谓的相邻面是指多面立体图形中有公共边的两个面。相邻面具有两个特征：一、展开后各图形的相对位置保持不变。二、各图形相对特征保持不变。

②“相邻面”的判定

a. 时针法：选定一个起点和终点，选定一条路线，画时针。选项时针方向与原图不变者可能为答案，时针方向改变者则排除。时针法只适用于解决面中小图形不涉及方向的折纸盒问题。并非任意三个面都可以画时针，时针法应用的前提有两点：一、画时针的三个面必须不存在平行面。二、画时针的时候必须保证这三个面至少两对面两两有交点。

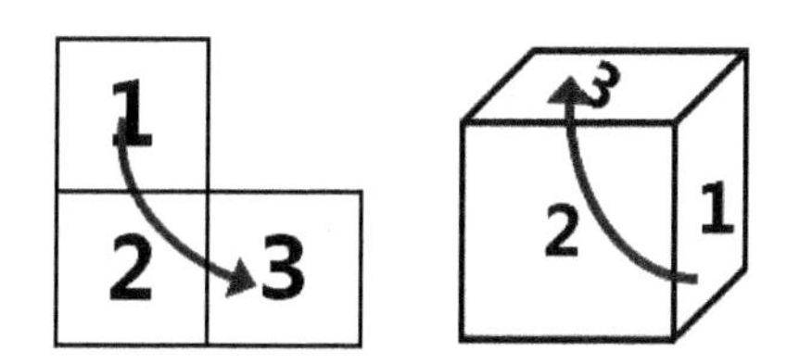

左图以 1 为起点，3 为终点，经过 2 面画一个时针，时针方向是逆时针；右边的立体图形中同样以 1 为起点，3 为终点，经过 2 面画一个时针，所得的时针方向是顺时针，与原图时针方向不一致，因此左图无法折叠成右图。

b. 箭头法：通过找定一个面，画一个箭头，方向指向另一个面，确定箭头的上下左右分别是什么面，这样无论这个多面体怎么转换角度，这个画箭头的面的上下左右四个相邻面也是确定不变的。在使用箭头法时，一是要选择有特征的面，二是选项中出现了两次或者两次以上同一个有特征的面时，优先考虑使用箭头法。

c. 公共边法。利用相邻面的公共边可以轻松判断相邻面折叠之后的方向，进而选出正确答案。找点看线：找到平面图、立体图中相邻三面共用点，比较此“点”引发线的特征，不符合原图的排除。

【例题精讲】

A　　B　　C　　D

【答案】A

【解析】已知图形的特征面是带有尖尖角的两个面，这两个面相对，折成的立体图后，肯定会出现一个折角，因此答案为A。

【例题精讲】(2013·国家)左边给定的是纸盒的外表面，下面哪一项能由它折叠而成？

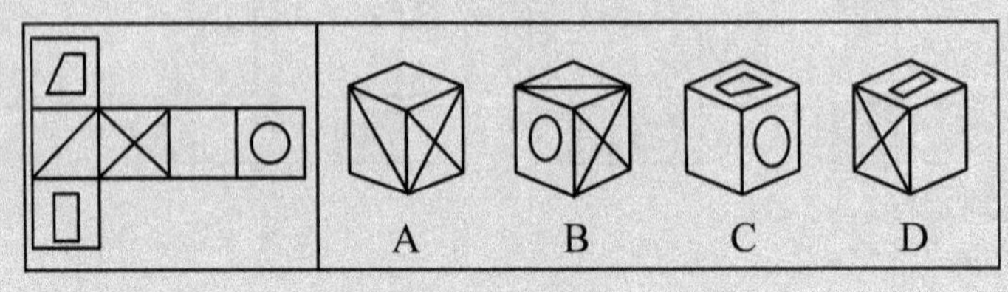

【答案】C

【解析】A项斜线与空白两个面应为对立面，不能同时出现。B项圆、交叉两个面也是对立面，可以排除。D项中的顶角应为梯形面，排除。答案选C。

【例题精讲】

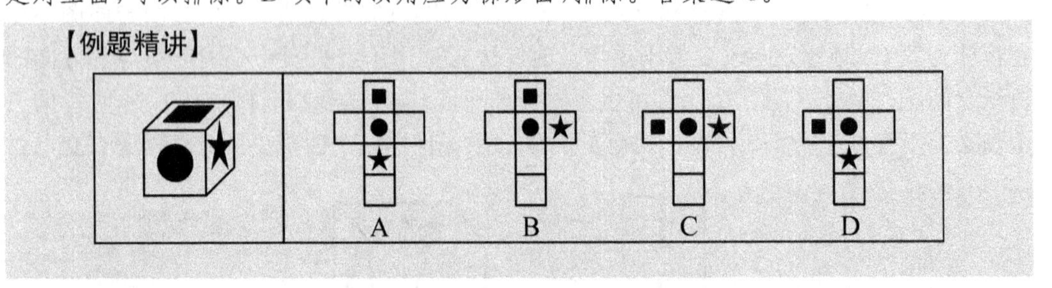

【答案】B

【解析】圆、正方形和五角星这三个面是相邻面，那么根据相邻面必定不相对，我们可以迅速排除A和C。运用相邻面的时针法来解题，如下图：

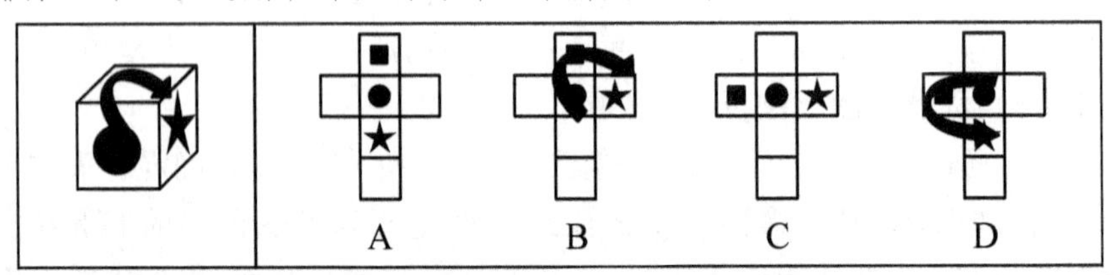

左边的立体图中以圆为起点，经过正方形，五角星为终点画时针，时针方向为顺时针。在B、D选项中也画出时针，B选项与已知图形时针方向一致，为正确答案。D选项与时针方向相反，排除。

【例题精讲】(2017·国家)

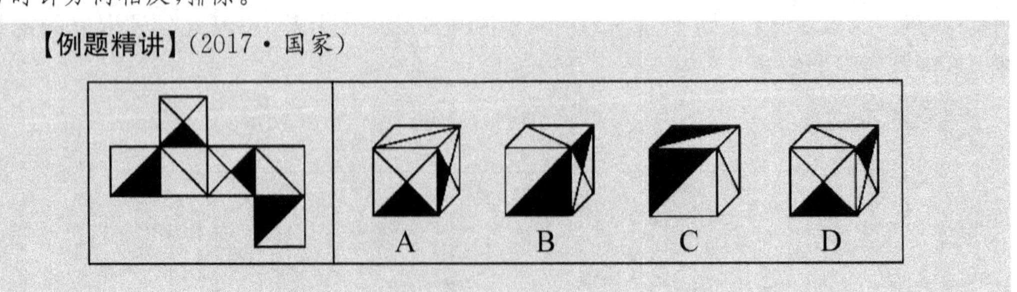

【答案】D

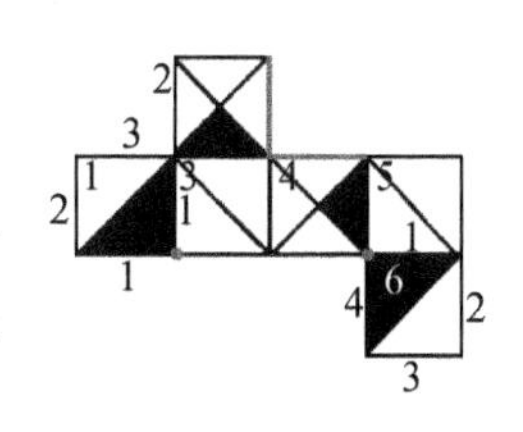

【解析】本题属于空间推理类，逐一分析选项，将六个面按顺序标上序号。利用相邻面关系排除。

A项，两个三角形的阴影不会相接，排除。B项，三个面的相对位置错误，排除。C项，两个带有黑色三角的面相对位置错误，排除。D项含有1/4黑三角形的两个面相连，且1/4黑三角形相对，所以，正确答案为D。

(4) 凹凸对应、深浅对应判定法。结合题干中的完整图，残缺图中有凸出来的一部分，选项中就应该存在凹进去的一部分，且样式相同；相反残缺图中有凹进去的一部分，选项中就应该有凸出来的一部分，且样式相同。

【例题精讲】(2014・国家)

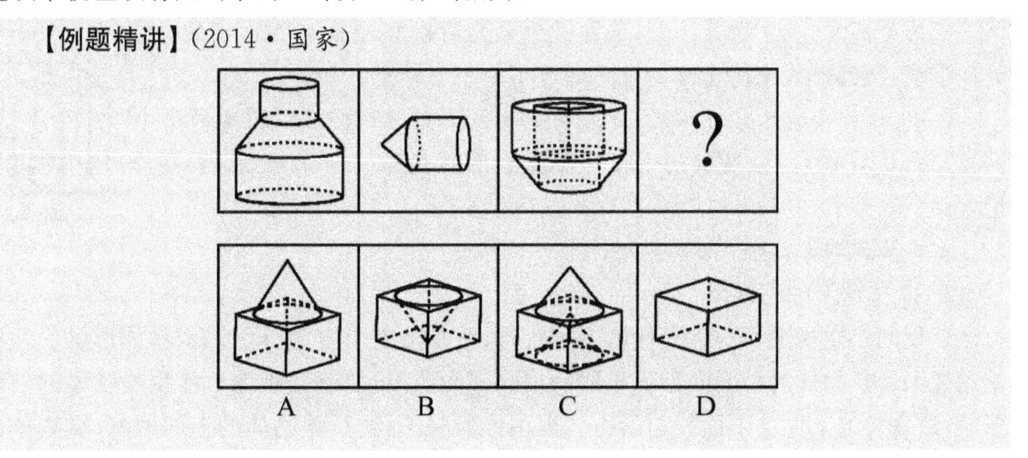

【答案】B

【解析】第二个图形有圆锥的尖头，根据凹凸对应原则，“?”处应该有凹进去的圆锥形状，排除A、D两项；B项和C项的区别是，C项有一个凸出的圆锥，但是在第二个图和第三个图中并没有相应的凹槽，因此可以排除。正确答案为B。

2. 剖面图

所谓剖面图，是题干中给出一个立体图形，问哪一项能够(或不能)成为其截面。

解题技巧：剖面有弧，立体图形中存在圆柱或圆锥，并且是从圆柱或圆锥的腰上下刀切。剖面有棱，立体图形中本身有正方体、长方体等有棱的图形或立体图形中存在圆柱、圆锥，从顶面到地面竖直切。剖面存在三角形，从棱上的某一点开始斜着切。

【例题精讲】(2013・国家)下列的立体图形是立方体中挖出一个圆锥台孔后形成的，如果从任一面剖开，以下哪一个不可能是该立体图形的截面(　　)。

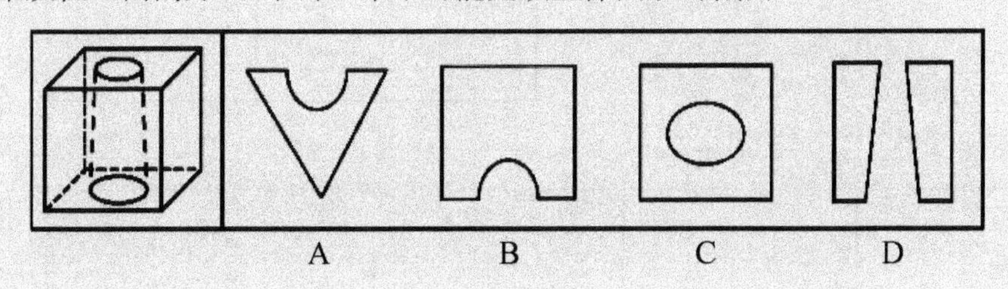

【答案】C

【解析】题干的外框是立方体，中间挖空的是圆锥台（上面的圆小，下面的圆大）。

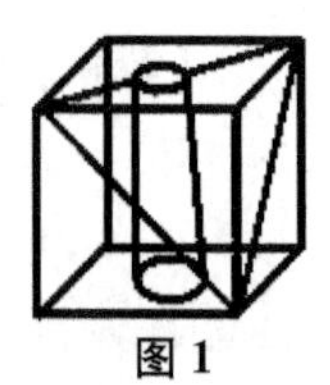
图 1

A 项：外框类似于等边三角形，因此一定是从棱下刀斜着切的，可以切出来，如图 1 所示。

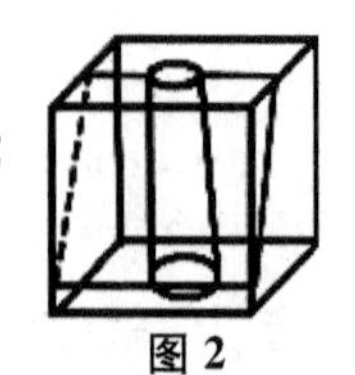
图 2

B 项：外框类似于正方形，因此一定是从面下刀，到面结束，因为题干中间挖空的是圆锥台（上面是小圆，下面是大圆），所以可以切出来，如图 2 所示。

C 项：外框类似于正方形，因此一定是从面下刀，到面结束，因为题干中间挖空的是圆锥台（上面是小圆，下面是大圆），所以 C 项是切不出来的，因为如果横着切的话，中间应该是个正圆而不是一个椭圆。

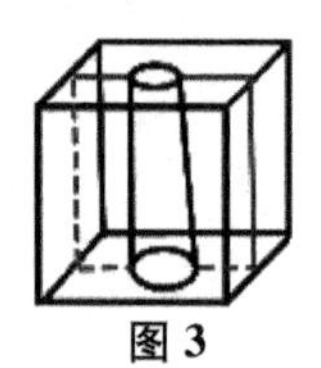
图 3

D 项：外框类似于正方形，因此一定是从面下刀，到面结束，因为题干中间挖空的是圆锥台（上面是小圆，下面是大圆），所以可以切出来，如图 3 所示。

本题为选非题，故正确答案为 C。

3. 立体图形的三视图

三视图是主视图、俯视图、侧视图的统称，它是从三个方向分别表示物体形状的一种常用视图。从物体的前面向后面投射所得的视图称主视图（正视图），能反映物体的前面形状；从物体的上面向下面投射所得的视图称俯视图，能反映物体的上面形状；从物体的左面向右面投射所得的视图称左视图（侧视图），能反映物体的左面形状。

立体图形的三视图需要遵循的投影规则为：主视图和俯视图长对正，主视图和左视图高平齐，俯视图和左视图宽相等。即主视图和俯视图的长要相等，主视图和左视图的高要相等，左视图和俯视图的宽要相等。

三个视图都是平面图形，不会出现立体图形，选项如果是立体图形，可直接排除。

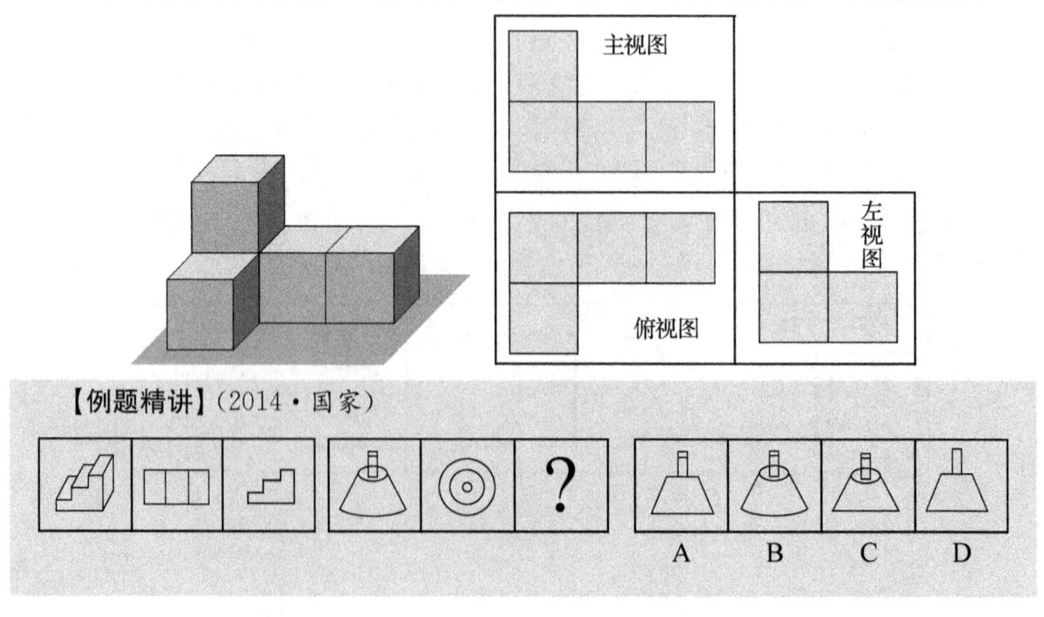

【答案】D

【解析】本题考查三视图。第一套图形中，第二个图形和第三个图形分别是第一个立体图形的俯视图与正视图。第二套图形也遵循这一规律，问号处所填图形应是第一个立体图形的正视图，只有D项符合，所以，正确答案为D。

第三节　定义判断

一、题型分析

定义判断考查的是应试者在短时间内对概念定义内涵的理解以及运用其标准进行判断的能力。每道题先给出定义，然后列出四种情况，要求应试者严格依据定义，从中选出一个最符合或最不符合该定义的答案。

定义判断题具有以下三个特点：

1. 定义本身不容置疑。题干给出的这个定义被假设是正确的，不容置疑的。应试者要准确理解定义的内涵和外延，不要犯“定义过宽”或“定义过窄”的错误。

2. 定义内容广泛。定义判断的内容主要包括政治学、法律学、经济学、社会学、心理学、教育学等，也可能涉及文学、逻辑学、自然科学等领域(如理、化、生、医等)，但总体上以人文社科类居多。

3. 提问形式有肯定型和否定型两种。前者是选出一个最符合该定义的选项，后者是选出一个最不符合该定义的选项。

总之，定义判断不是判断定义的正误，而是根据定义的内涵和外延进行全面的理解、分析、判断，选出最符合或最不符合定义的选项。

二、命题趋势

由历年国考、省考的真题来看，定义判断题目有以下变化趋势：一是题干的阅读量加大；二是定义描述的理解性加强。从以上变化可以看出，阅读量的增加及定义内涵的加深主要是从语言阅读方面给考生增加了一定的难度。所以，考生要想在考场上迅速、准确地找出正确答案，就需要在文字的阅读理解方面提高效率。

三、解题技巧

做好这种题型的关键在于紧扣题目中给出的定义，特别是定义中那些含有重要内涵的关键词语。考生在看到一个定义时首先就应该标出这些关键词，然后再阅读下面给出的事例选项，一一对应看该事例是否符合定义。

(一) 关键词解题法

应试者应重点分析所给定义的要点，可通过题干的关键词快速定位要点信息，如主体、客体、目的、原因、条件、手段、结果等，有时还需要对要点进行适当的归纳，最后将选项与题干定义进行比较，选出正确答案。利用关键词解题法，要注意三点：一是找全定义的属性；二是找准定义的属性；三是找准最有用的定义属性。

1. 主体

主体，就是行为或事件的发动者、当事方。主体一般位于定义项的前面，主要有政府、企业、个人等三类主体。应试者可以根据定义的主体进行选项的排除。应试者除了要重点关注主体本身外，还要特别注意主体的修饰词，如主体的数量、主体的性质等。

【例题精讲】(2010·425联考)外包是一种战略管理模式，是指企业为维持核心竞争能力，将非核心业务委托给外部的专业公司，以降低营运成本、提高顾客满意度。离岸外包是外包的一种形式，是指企业将某项业务委托给海外的某个服务提供商或者公司在海外的子公司。

根据上述定义，下列不属于外包的是(　　)。

A. 某家企业的一个项目需要5名高级电子工程师，它请国内一家人力资源公司帮助招聘

B. 美国某家公司的一个项目有大量文字资料需要转为电子文本，它请一家中国的公司来完成

C. 某公司承建中东某个国家的钢厂，工程的运输部分由这个公司的海外子公司——海运公司承担

D. 某家建筑工程公司承建某学校的一座教学楼，该校委托另外一家公司进行教学楼的室内装修工作

【答案】D

【解析】第一步，抓住定义中的关键词。“外包”的关键词是“公司”(主体)、“将非核心业务”“委托给外部专业公司”(对象)，“离岸外包”强调将业务委托给“海外某个服务提供商或者公司在海外的子公司”。第二步，逐一分析选项。A项“招聘”并非该企业的核心业务，因此“企业请人力资源公司帮助招聘”符合“将非核心业务委托给外部专业公司”，A符合“外包”的定义；B中美国企业将“文字资料电子化”这一“非核心业务”委托给中国公司完成，符合“离岸外包”的定义；C中公司将“运输部分”这一“非核心业务”交给“海外子公司”完成，符合“离岸外包”的定义；D项委托人是“学校”，而“学校”不能成为外包的主体，不符合定义。故答案为D。

2. 客体

客体，是指行为或事件的承受者、被指向者，也就是我们通常所说的对象。

【例题精讲】(2009·广西)同理心是指在人际交往过程中，能够体会他人的情绪和想法，理解他人的立场和感受，并站在别人的角度思考和处理问题的能力。

根据以上定义，下列不属于同理心的是(　　)。

A. 己所不欲，勿施于人　　B. 设身处地，感同身受

C. 推己及人，将心比心　　D. 物我两忘，心无旁骛

【答案】D

【解析】第一步，提取定义的关键词，“同理心”的关键词是“体会他人的情绪和想法，理解他人的立场和感受”“站在别人的角度”。定义的客体是“他人”。第二步，逐一分析选项。A项“己所不欲，勿施于人”指自己不愿意要的，不要强加于别人；B项“设身处地，感同身受”

指设想自己处在别人的境地，就像自己亲身领受到一样；C项“推己及人，将心比心”指从自己的利与害想到对别人的利与害，多替别人着想，A、B、C三项均符合关键词。D项“物我两忘，心无旁骛”指创作时艺术家这个主体与创作对象这个客体浑然为一而兼忘的境界，不存在“体会他人的情绪和想法，理解他人的立场和感受”的意思，故正确答案为D。

3. 目的

有些定义中会明确指出其目的，即主观要素，也就是行为者主观上具有什么样的动机、意图，追求一种什么样的目的。常见提示词有：“达到……目的”“为了……”“确保……”等。

【例题精讲】(2017·山东)“饥饿营销”是指商品提供者有意调低产量，以期达到调控供求关系、制造供不应求的“假象”、维持商品较高售价和利润率的目的。饥饿营销比较适合一些单价较高、不容易形成单个商品重复购买的行业。

根据上述定义，下列属于饥饿营销的是(　　)。

A. 某厂商设计了新款笔记本电脑，与该品牌以往的一贯风格相差甚远，该厂商不确定是否能被市场接受，限量生产了3万台，上市后市场反应异常火爆，供不应求

B. 某汽车品牌推出新款，很多人排队等候，甚至愿意加价购买，厂家宣称该款汽车产量有限，一直限量限售，以扩大“热销”影响

C. 某品牌一款经典白球鞋，一直销量稳定，近期受时尚界刮起的“怀旧风”影响，白球鞋销量大增，供不应求

D. 近期高档白酒滞销，某知名品牌白酒生产商为保证效益，主动限产，调高售价，销售额未出现明显下滑

【答案】B

【解析】第一步，提取定义关键词。“饥饿营销”的关键词是“商品提供者”(主体)，“有意调低产量”(方式)、“制造供不应求的‘假象’”“维持商品较高售价和利润率”(目的)。

第二步，逐一分析选项。A项：限量生产3万台电脑是因为不确定是否能被市场接受，而不是有意调低产量，不符合“有意调低产量”，排除；B项：很多人排队等候甚至加价，厂家却限量销售，以扩大“热销”，符合定义“商品提供者有意调低产量”“制造供不应求的‘假象’”“维持商品较高售价和利润率的目的”等关键词，当选；C项：刮起“怀旧风”，所以经典白球鞋供不应求，没有体现出关键词“商品提供者有意调低产量”，不符合定义，排除；D项：白酒生产商限产是因为高档白酒滞销，为保效益，所以限产，不符合关键词“商品提供者有意调低产量”“制造供不应求的‘假象’”，不符合定义，排除。故正确答案为B。

4. 原因

有些定义规定了某些行为的原因，这类信息一般也是定义的要点。常见提示词有：“由于……”“出于……”等。

【例题精讲】(2011·国家)政策性收益是指由于某些政策、法规的变动而导致的个体收益，这种收益不会导致整个社会财富的增长，只会导致整个社会财富的重新分配。根据上述定义，下列涉及政策性收益的是(　　)。

A. 由于市相关部门联合整治经营环境，小张经营的书店效益明显好转，每月营业额增加 5 000 元

B. 歹徒意欲行凶，小王挺身而出制服了歹徒，因此获得市政府见义勇为奖 5 万元

C. 由于国家加大西部开发力度，某县获得了 5 000 万元专项水利建设基金

D. 由于利率调整，小李的存款利息比此前每月增加 100 元

【答案】D

【解析】第一步，抓住定义的关键词。政策性收益的关键词是“由于政策、法规的变动”(原因)、“个体收益”(结果)。第二步，逐一分析选项。A 项、B 项都不是由于政策、法规的变动引起的，不符合原因要件，排除；C 项某县获得的专项水利建设基金不符合结果要件；D 项“利率调整”属于“政策、法规的变动”，小李的存款利息增加属于“个体收益”。所以，正确答案为 D。

5. 条件

有些定义中还包含了一些前提条件或者对主客体的限定。常见提示词有：“以……为前提”“以……为基础”“在……条件下”“……时”等。定义中出现的条件常以定语或状语的形式出现，要特别注意时间、场合等特殊条件。

【例题精讲】(2019 · 山东)两种事物在性质、大小、外观等方面存在相反的特点，人们在认知到一种事物时会从反面想到另一种事物，这种联想称为对比联想。

根据上述定义，下列诗句中使用了对比联想的是(　　)。

A. 刘禹锡《乌衣巷》：“旧时王谢堂前燕，飞入寻常百姓家。”

B. 苏轼《念奴娇 · 赤壁怀古》：“大江东去，浪淘尽，千古风流人物。故垒西边，人道是，三国周郎赤壁。”

C. 李煜《虞美人 · 春花秋月何时了》：“雕栏玉砌应犹在，只是朱颜改。问君能有几多愁？恰似一江春水向东流。”

D.《诗经 · 关雎》：“关关雎鸠，在河之洲，窈窕淑女，君子好逑。”

【答案】D

【解析】首先，提取定义关键词。“两种事物”“在性质、大小、外观等方面存在相反的特点”(条件)、“从反面(条件)想到另一种事物”。其次，逐一分析选项。A 项，意思是当年栖息在豪门檐下的燕子，如今已飞进寻常百姓家里。寻常百姓家和王谢宅院的外观是相反的，符合“在性质、大小、外观等方面存在相反的特点”，看到燕子栖息地点是寻常百姓家，从而联想到乌衣巷昔日的繁荣，符合“从反面想到另一种事物”，符合定义，当选；

B 项意思是大江浩浩荡荡向东流去，滔滔巨浪淘尽千古英雄人物，那旧营垒的西边，人们说那就是三国周瑜鏖战的赤壁。作者看到滚滚的长江联想到了才华出众的人物会随着时间的流逝而消失，没有体现“从反面想到另一种事物”，不符合定义，排除；

C 项意思是精雕细刻的栏杆、玉石砌成的台阶应该还在，只是所怀念的人已衰老。要问我心中有多少哀愁，就像这不尽的春江之水滚滚东流。雕栏玉砌的美景和宫女的容颜，不符合“在性质、大小、外观等方面存在相反的特点”，用满江的春水来比喻满腹的愁绪，不符合“在性质、大小、外观等方面存在相反的特点”，不符合定义，排除；

D项意思是关关鸣叫的水鸟栖居在河中沙洲，贤良美好的女子是君子好的配偶。该诗词采用了起兴的手法，以雎鸟相向合鸣、相依相恋，兴起淑女陪君子的联想。不符合"从反面想到另一种事物"，不符合定义，排除。

6. 方式、方法或手段

有些定义还包含了方式、方法或手段的关键信息。常见提示词有："通过……方式""通过……手段"等。

【例题精讲】（2015·山东）非语言沟通是相对于语言沟通而言的，是指通过身体动作、体态、语气语调、空间距离等方式交流信息，进行的沟通过程。在沟通中，信息的内容部分往往通过语言来表达，而非语言则作为提供解释内容的框架，来表达信息的相关部分。

根据上述定义，下列不属于非语言沟通的是（　　）。

A. 交警向驶入路口的车辆打出通行的手势

B. 接受采访时，小丽有意降低语速，显得很自信

C. 废墟下传来了求救者断断续续的敲击声

D. 谈判陷入僵局，双方代表都身体后靠，拉开距离

【答案】C

【解析】第一步，提取定义的关键词。"非语言沟通"的关键词是"通过身体动作、体态、语气语调、空间距离等方式""沟通"。第二步，逐一分析选项。A选项中的"手势"，B选项中的"降低语速"，D选项中的"身体后靠，拉开距离"都符合要件，也都是"沟通"的过程。C选项中的"敲击声"没有体现"交流信息、沟通"，所以答案选C。

7. 结果

有些定义还会明确指出要达到什么样的结果，常见提示词有："造成……""导致……"等。

【例题精讲】（2017·山东）危险犯，指行为人实施的危害行为造成法律规定的危险状态作为既遂标志的犯罪。这类犯罪不是以造成物质性的和有形的犯罪结果为标准，而以法定的客观危险状态的具备为标志。

根据上述定义，以下属于危险犯的是（　　）。

A. 猥亵儿童　　B. 商业诈骗　　C. 诬告陷害　　D. 醉酒驾驶

【答案】D

【解析】第一步，提取定义关键词。"危险犯"的关键词是"行为人（主体）实施的危害行为""造成法律规定的危险状态作为既遂标志"（结果）、"不以造成物质性的和有形的犯罪结果为标准"。

第二步，逐一分析选项。A项：猥亵儿童是指以刺激或满足欲求为目的，对儿童实施淫秽行为，它是以"有形的犯罪结果"为标准的，不符合定义，排除；B项：商业诈骗是指一些以欺诈、瞒骗或违反信用为手法的非法行为，而此等行为则不以威胁或实际行使武力或暴力以达至目的，是以"造成物质性的犯罪结果"为标准，不符合定义，排除；C项：诬告陷害是指捏造事实，作虚假告发，意图陷害他人，使他人受刑事追究的行为，使他人受刑

事追究是一种“有形的犯罪结果”，不符合定义，排除；D项：醉酒驾驶是指车辆驾驶人员血液中的酒精含量大于或者等于80 mg/100 mL的驾驶行为，只要是驾驶了车辆无须产生物质性和有形的犯罪结果就可以作为既遂标志，符合定义，当选。所以，正确答案为D。

（二）“属”加“种差”解题法

通过揭示概念最邻近的“属”概念和“种差”来明确概念内涵，就是“属”加“种差”解题法：被定义项＝种差＋临近的属概念。第一，被定义项的邻近属概念，即比被定义概念范围更大、外延更广的概念，以确定被定义概念所反映的对象属于哪一类事物。第二，被定义项的种差，即指被定义项的这个种概念与同属于其他同级种概念在内涵上的差别，这种差别也就是被定义概念所反映的对象同其他对象的本质区别。第三，把被定义项同属加种差构成的定义项用定义联项联结起来，构成完整的定义。比如：商品（被定义项）＝用来交换（种差）＋劳动产品（临近的属概念）。

“属”加“种差”解题法可从以下两个方面入手：一、从定义项的“属”入手，如果备选选项不属于“属”的范畴，即可直接排除。二、从定义项的“种差”入手，如果备选选项不属于“种差”所描述的本定义的特征，也可直接排除。

【例题精讲】（2015・江苏）密码焦虑症：指现代人在日常生活中被银行卡、手机、登录网址、进入小区等密码包围、困扰而引起的心理焦虑症状。

下列属于密码焦虑症的是（　　）。

A. 张先生酷爱上网，平日购物、看电影、看书及与朋友通信、聊天都通过网络来实现，好在他将所有的登录密码都设成了自己的生日，因而也就没有感到特别的不方便

B. 王厂长为保障工厂安全，给厂门加装了密码锁，要求员工输密码进厂，但又担心员工将密码泄露给外人，为此他经常提醒保安，要认识本厂所有员工，不要让外人进来

C. 金女士从来不用网银，总担心网银虽有密码保障，但还是不安全，说不定哪天被网络黑客盗取了密码，自己的银行存款就可能不翼而飞，惹来一身的麻烦

D. 从乡下来到儿子家养老的李大爷，几年来最闹心的事就是不敢外出，因为小区大门、所住的大楼单元门及自家大门都有不同的密码，生怕自己记不清，一出门就回不了家

【答案】D

【解析】第一步，提取种差。“密码焦虑症”的种差是“现代人”“日常生活”“被各种密码包围、困扰”。第二步，提取临近属概念。“密码焦虑症”的临近属概念是“心理焦虑症状”。第三步，逐一分析选项。A项：张先生虽被密码包围，但没有心理焦虑症状，排除。B项：王厂长要求员工输密码进厂，并没有体现他自身日常生活被密码包围而产生的心理焦虑。C项：金女士不用网银没有体现出“被密码包围”的“心理焦虑症状”，排除。D项：李大爷被密码包围，感觉很闹心，符合定义的种差和临近属概念，是正确答案。

（三）定义成分解题法

应试者还可依据定义的成分进行解题。首先，明确定义的内涵，抓住定义的本质属

性。其次,明确定义的外延,抓住定义本身包括的事物范围。最后,利用定义的内涵和外延逐一分析选项,确定正确答案。

【例题精讲】(2015·国家)时间知觉是对客观现象延续性和顺序性的感知。时间知觉的信息,既来自外部,也来自内部。外部信息包括计时工具,也包括宇宙环境的周期性变化。内部信息是机体内部的一些有节奏的生理过程和心理活动。

根据上述定义,下列没有包含时间知觉信息的是(　　)。

A. 东边日出西边雨,道是无晴却有晴　　B. 三更灯火五更鸡,正是男儿读书时

C. 人有悲欢离合,月有阴晴圆缺　　D. 月出惊山鸟,时鸣春涧中

【答案】A

【解析】第一步,明确定义的内涵。"时间知觉"的内涵是"对客观现象延续性和顺序性的感知"。第二步,明确概念的外延。"时间知觉"的外延包括外部信息(如计时工具、宇宙环境的周期性变化)和内部信息(机体内部的一些有节奏的生理过程和心理活动)。第三步,逐一分析选项。A项:"东边日出西边雨,道是无晴却有晴"出自刘禹锡的《竹枝词》,是以多变的天气形成谐音双关,"东边日出"是"有晴","西边雨"是"无晴"。"晴"和"情"谐音,是"有情""无情"的隐语。不能体现时间信息,当选。B项:"三更灯火五更鸡,正是男儿读书时"出自颜真卿的《劝学诗》,意思是每天三更半夜到鸡啼叫的时候,是男孩子们读书的最好时间,"三更""五更"是外部信息的计时。C项:"人有悲欢离合,月有阴晴圆缺"出自苏轼的《水调歌头》,意思是人世间总有悲、欢、离、合,像天上的月亮有阴、晴、圆、缺一样。"阴晴圆缺"属于外部信息的宇宙的周期性变化。D项:"月出惊山鸟,时鸣春涧中"出自王维的《鸟鸣涧》,意思是月亮升起,惊醒睡在树上的山鸟,鸟鸣声在山涧中回荡。"月出"可以看作是外部信息的宇宙的周期性变化。B、C、D三项都包含了时间知觉信息。

第四节　类比推理

一、题型分析

类比推理的基本出题形式是给出一组相关的词，要求应试者通过观察分析，在备选答案中找出一组与之在逻辑关系上最为贴近、相似或匹配的词。类比推理每年都有考查，并且近几年来考试题量一直很稳定，均为 10 道。类比推理的题型主要有三种：两词型、三词型和填空型。

（一）两词型

所谓两词型是指题干中只出现两组词，备选项也分别涉及两个词项，其基本形式为：A：B。应试者需认真分析两个词项之间的关系，从四个选项中选出与题干词项逻辑关系最为紧密的一组。

【例题精讲】（2015·国家）八卦：乾坤

A. 九族：师生　　B. 七情：情志　　C. 五音：宫商　　D. 四书：五经

【答案】C

【解析】八卦包含“乾坤坎艮震巽离兑”，五音包含“宫商角徵羽”。

（二）三词型

三词型是指题干和备选项中均有三个词项，其基本形式为：A：B：C。应试者需认真分析三个词项之间的关系，从四个选项中选出与题干词项逻辑关系最为紧密的一组。

【例题精讲】（2017·山东）风：风车：旋转

A. 水：金鱼：游动　　B. 雷：闪电：暴雨

C. 电：电车：行驶　　D. 火：木柴：燃烧

【答案】C

【解析】风车的主要动力来源是风，风可以让风车旋转。C 项电车的主要动力来源是电，电可以让电车行驶。因此，答案为 C。

（三）填空型

四个词项分别组成两组，每组缺少一个词项，应试者综合分析题干和备选项，进行匹配，从四个选项中选出与题干词项逻辑关系最为紧密的一组。其基本形式为：（　　）对于 A 相当于（　　）对于 B。A、B 为没有任何关系的两个词项。

【例题精讲】（2013·国家）（　　）对于感时花溅泪相当于高兴对于（　　）

A. 伤心　含情杏花喜　　B. 哀伤　一日看尽长安花

C. 多情　化作春泥更护花　　D. 憔悴　人比黄花瘦

【答案】A

【解析】 A项:“感时花溅泪”出自杜甫的《春望》,表示伤心;“含情杏花喜”出自温庭筠的《汉皇迎春词》中“碧草含情杏花喜”一句,表示高兴。二者不仅对仗,而且都是通过物来衬托人的情感。B项:“一日看尽长安花”出自孟郊的《登科后》,表现了登科后的兴奋和愉快之情,虽符合“高兴”的意思,但其与“感时花溅泪”不能构成对仗。相较之下,A项更为恰当。C项:“化作春泥更护花”出自龚自珍的《己亥杂诗》,借花落归根,化为春泥,保护新花,抒发关心国家命运、报效国家的壮志豪情。D项:“人比黄花瘦”出自李清照的《醉花阴·薄雾浓云愁永昼》,用黄花比喻人的憔悴,以瘦暗示相思之深,含蓄深沉,言有尽而意无穷。

二、推理原则

(一) 纵横对比原则

应试者解答类比推理题时,应先横向比较题干中词与词的逻辑关系,再纵向比较题干词项与选项词项的逻辑关系。

【例题精讲】(2008·国家)京剧∶芭蕾

A. 指南针∶火药　B. 唐装∶油画　C. 佛教∶基督教　D. 武术∶拳击

【答案】 D

【解析】 横向比较,发现京剧是中国艺术,芭蕾是外国艺术。纵向比较,发现京剧和武术都是国粹,芭蕾和拳击是“舶来品”。

(二) 就近选择原则

所谓就近选择,就是选择一个与题干逻辑关系最为紧密的选项为答案。

【例题精讲】(2012·四川)(　　)对于轿车相当于牡丹对于(　　)

A. 吉普　雪花　B. 卡车　菊花　C. 动车　梅花　D. 轮船　花

【答案】 B

【解析】 本题考查的是反对关系。比较四个选项,B、C两个选项都符合反对关系。再进一步分析,从中选择逻辑关系最为紧密的选项。卡车和轿车都在公路上行驶,因此答案为B。

三、解题技巧

应试者解答类比推理类考题时,容易出现两种错误倾向:一是麻痹大意,认为此类考题非常容易,草草一看就匆忙作答;二是纠缠不清,在一个考题上纠缠多时,反复考虑,浪费宝贵时间。应试者要避免这两种错误倾向,注意应试技巧。

(一) 辨语义

1. 近义

题干词汇意义相同或相近,构成近义关系。注意词义之间的细微差别。

【例题精讲】(2019·山东)高兴对于(　　)相当于(　　)对于巧夺天工

A. 得意;匠心独运　B. 谈笑风生;鬼斧神工

C. 悲哀;照猫画虎　D. 心花怒放;精巧

【答案】D

【解析】分别将选项代入题干，确定逻辑关系。A项，"得意"是感到满足时的高兴心情，与"高兴"存在近义关系。"匠心独运"是指独具创新地运用精巧的心思，形容文学艺术等方面构思巧。"巧夺天工"指精巧的人工胜过天然，形容技艺极其精巧。"匠心独运"与"巧夺天工"之间也无明显逻辑关系，排除；

B项"谈笑风生"形容交谈得很"高兴"，与"高兴"为对应关系，"鬼斧神工"形容建筑、雕塑等艺术技巧高超，像是鬼神制作出来的。"鬼斧神工"和"巧夺天工"之间为近义词，前后逻辑关系不一致，排除；

C项，"高兴"与"悲哀"为反义词，"照猫画虎"比喻照着样子模仿，只是依样画葫芦，实际上并不理解。"照猫画虎"和"巧夺天工"之间无明显逻辑关系，前后逻辑关系不一致，排除；

D项，"心花怒放"与"高兴"为近义词，"精巧"与"巧夺天工"也为近义词，前后逻辑关系一致，所以，正确答案为D。

【例题精讲】(2013·国家)认真：一丝不苟

A. 清楚：一清二楚　　B. 正确：分毫不差

C. 温暖：风和日丽　　D. 干净：一尘不染

【答案】D

【解析】先横向比较，"一丝不苟"，丝，计量单位；苟，苟且，马虎。指做事认真细致，一点儿不马虎。"认真"与"一丝不苟"为近义词，并且"一丝不苟"是更高程度的"认真"。"一丝不苟"形容很"认真"。排除B、C。B项："正确"指符合事实、道理或标准。"分毫不差"，分毫，形容很少的数量，十丝为一毫，十毫为一厘，十厘为一分；差，差错。"分毫不差"指没有一点儿差错。"分毫不差"形容很"准确"。"正确"形容观点、态度。C项："温暖"，描述温度。"风和日丽"，和风习习，阳光灿烂。形容天气而非温度。二者不是近义词。再纵向比较，"一尘不染"与"一丝不苟"对应更工整，意境更合适，排除A项。因此，答案为D。

【例题精讲】(2012·河北)寥寥无几：屈指可数

A. 巧舌如簧：左右逢源　　B. 九牛一毛：微不足道

C. 五花八门：斑驳陆离　　D. 车水马龙：门可罗雀

【答案】B

【解析】"寥寥无几"，非常稀少，没有几个。"屈指可数"，扳着手指就可以数清楚，形容数量稀少。"寥寥无几"与"屈指可数"词义相近。A项："巧舌如簧"，舌头灵巧，像簧片一样能发出动听的乐音。形容花言巧语，能说会道。语含贬义。"左右逢源"，到处遇到充足的水源。比喻做事得心应手，非常顺利。"巧舌如簧"与"左右逢源"不是近义词。B项："九牛一毛"，九条牛身上的一根毛。比喻极其微小，微不足道。"微不足道"，指意义、价值等小得不值得一提。"九牛一毛"和"微不足道"词义相近，因此是正确答案。C项："五花八门"，比喻行业繁多。"斑驳陆离"，形容色彩杂乱、繁多。二者不是近义词。D项："车水马龙"，形容车马来往很多。"门可罗雀"，形容门庭冷落，没有访客。二者是一对反义词，所以本题选 B 选项。

2. 反义

题干词汇意思相反，构成反义关系。注意绝对反义词和相对反义词的区别。绝对反义词两个项之间是非此即彼的关系，不存在中间项，如男女，相对反义词指两个词之间没有矛盾对立关系，还存在其他中间项，如大小、冷热。

【例题精讲】(2015·国家)深入：浅尝辄止

A. 疏远：形影不离　　B. 细致：事无巨细

C. 安定：水深火热　　D. 独立：自食其力

【答案】 A

【解析】“浅尝辄止”，略微尝试一下就停下来。指不深入钻研。“深入”与“浅尝辄止”为反义关系。A 项：“形影不离”，像形体和它的影子那样分不开。形容彼此关系亲密，经常在一起。“疏远”与“形影不离”为反义关系。因此，A 项为答案。B 项：“事无巨细”是指事情不分大小。形容什么事都管。“细致”与“事无巨细”不是反义关系。C 项：“水深火热”，老百姓所受的灾难，像水那样越来越深，像火那样越来越热。比喻人民生活极端痛苦。“安定”与“水深火热”不是反义关系。D 项：“自食其力”，依靠自己的能力而生活。“独立”与“自食其力”是近义关系。

【例题精讲】(2011·国家)亦步亦趋：主见

A. 兴高采烈：恐惧　　B. 优柔寡断：果断

C. 鼠目寸光：眼力　　D. 孤陋寡闻：胆识

【答案】 B

【解析】“亦步亦趋”比喻自己没有主见，或为了讨好，每件事情都效仿或依从别人，与“主见”为反义关系。A 项：“兴高采烈”表示高兴，其反义关系词应为“情绪低落”或“伤心难过”。B 项：“优柔寡断”指做事犹豫，缺乏决断，与“果断”构成反义关系。因此，答案为 B。C 项：“鼠目寸光”比喻眼光短，见识浅，与“眼力”不是反义关系。D 项：“孤陋寡闻”形容知识浅陋，见闻不广，与“胆识”不是反义关系。

3. 褒贬义

题干词汇存在褒义、贬义、中性或积极、消极感情色彩的区别。

【例题精讲】神采奕奕：豁达大度

A. 兢兢业业：眉飞色舞　　B. 炯炯有神：赤胆忠心

C. 漫不经心：恬不知耻　　D. 心猿意马：忐忑不安

【答案】 B

【解析】“神采奕奕”是外在神情，而“豁达大度”则是内在的品质，都是褒义词。A 项：“兢兢业业”是内在的品质，“眉飞色舞”是外在神情，因此 A 项错误。B 项：“炯炯有神”是外在神情，“赤胆忠心”是内在的品质，都是褒义词。因此，本题答案为 B 项。C 项：“漫不经心”和“恬不知耻”均为内在的品质，且“恬不知耻”为贬义词，因此 C 项错误。D 项：“心猿意马”与“忐忑不安”均为外在神情。

4. 双关义

题干词汇具有双重意义，即语含双关。所谓双关，是指在一定的语言环境中，利用词的多义和同音的条件，有意使语句具有双重意义，言在此而意在彼。

【例题精讲】（2014・国家）厨师：炒鱿鱼

A. 法官：和稀泥　　B. 司机：开天窗

C. 脚夫：撂挑子　　D. 高手：摆擂台

【答案】C

【解析】厨师是一种职业，炒鱿鱼一词是一语双关，既指烧制的一道菜，又指被开除。C项，脚夫是一种职业，撂挑子一词是一语双关，既指不肯挑担子运货，又指丢下该负责的工作不管，与题干逻辑关系最为接近。

5. 象征义

题干词汇含有象征意义。汉语有一些词语，会因文化传统和文化心理引发的联想而产生了象征意义。如：佛手象征福寿，菊花象征高洁，菱角象征伶俐，东篱象征高洁的品格，莼鲈象征思乡之情，吴钩象征杀敌报国的豪迈志向，鱼雁象征远方来信，萤雪象征刻苦读书的经历。

【例题精讲】（2011・国家）（　　）对于吉祥相当于狼烟对于（　　）

A. 和平　战争　　B. 麒麟　信号

C. 盛世　烽火　　D. 凤凰　入侵

【答案】D

【解析】本题考查象征关系，凤凰是吉祥的象征，狼烟是入侵的信号。

（二）找逻辑

词语之间的逻辑关系主要包括全同关系、全异关系、包含关系、交叉关系、条件关系、描述关系六大关系。

1. 全同关系

全同关系又叫重叠关系、同一关系，是指两个（两类）概念在外延上完全相同，但在内涵上并不完全相同的关系。例如："北京"和"中华人民共和国首都"就是全同关系。"北京"与"中华人民共和国首都"外延完全重合，反映的是同一个思维对象，但内涵并不完全相同。"北京"是从地理位置、自然条件、历史因素反映其本质属性的，而"中华人民共和国首都"是从中国政治经济文化中心、中央政府所在地等方面反映其本质属性的。

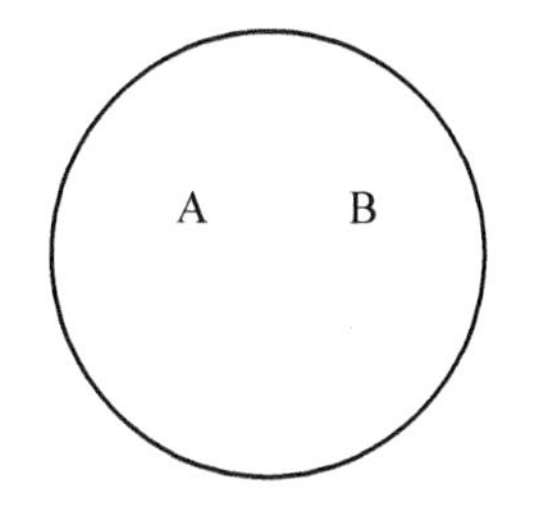

A 北京

B 中华人民共和国首都

全同关系有"古今""中外""自他""雅俗""全简"之间的区别。

（1）同一事物的古代名称和现代名称（简称"古今"）

例如：芙蕖：荷花；伽蓝：寺庙；蹴鞠：足球

(2) 中文名和音译名(简称“中外”)

例如：伊妹儿：电子邮件；罗曼蒂克：浪漫；博客：网络日志

(3) 同一事物的谦称和敬称(简称“自他”)

例如：鄙人：自己

(4) 同一事物的俗称和美称(简称“雅俗”)

例如：结账：买单

(5) 同一事物的全称和简称(简称“全简”)

比如：上海：沪，江西：赣

【例题精讲】(2013·浙江杭州)麦克风：话筒

A. 巧克力：糖果　　B. 炒鱿鱼：解雇

C. 引擎：发动机　　D. 买单：结账

【答案】C

【解析】首先，题干当中两词语为全同关系，“麦克风”就是“话筒”，“话筒”就是“麦克风”。但是两个词语之间也有一些区别：“麦克风”是由英语单词“microphone”音译得到，“话筒”是中文名。A项：“巧克力”是英语译文，但是“巧克力”和“糖果”并不是全同关系，糖果不只有巧克力，所以A选项排除。B项：题干当中两词语也是全同关系，但是“炒鱿鱼”是粤语词汇，用于一般场合，而“解雇”多用于比较正式的场合。C项：题干两词是全同关系，而且“引擎”来源于“engine”。因此，C项为答案。D项：“买单”和“结账”满足全同关系，但“买单”一词改自粤语“埋单”，无相应英语来源。故本题的正确答案为C。

2. 全异关系

全异关系又称不相容关系，指外延没有任何重合的概念之间的关系。全异关系分为三种情况：矛盾关系、反对关系和一般全异关系。类比推理重点考查矛盾关系和反对关系。

(1) 矛盾关系

矛盾关系是指在同一属概念下两个外延完全不同并且其外延之和等于其上位属概念之外延的概念间的关系。如：“核国家”和“无核国家”，两者的外延互相排斥，并且它们的外延之和恰恰等于其属概念(上位概念)的外延“国家”，因此这两个概念之间是矛盾关系。

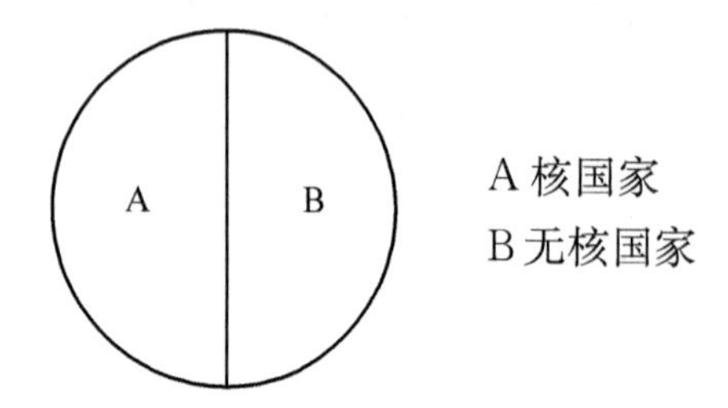

A 核国家

B 无核国家

(2) 反对关系

反对关系又叫对立关系，是指在同一属概念下两个外延完全不同并且其外延之和不等于其上位属概念之外延的概念间的关系。如：“导体”和“绝缘体”，两者的外延互相排斥，并且它们的外延之和小于其属概念，在两者之间还存在有“半导体”的概念，因此它们之间是反对关系。

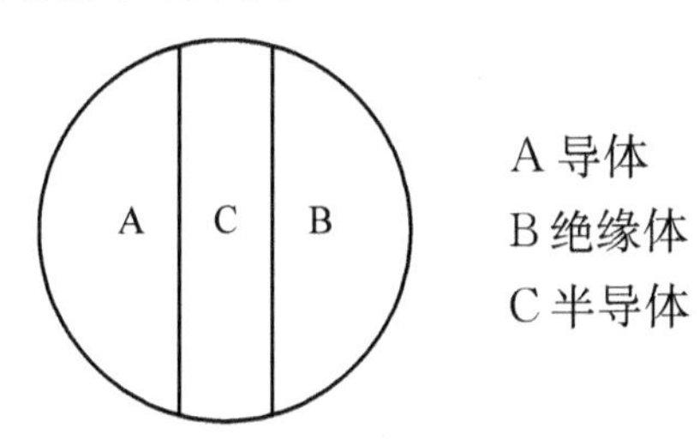

(3) 一般全异关系

全异关系中除矛盾关系和反立关系以外的情况就是一般全异关系，其特点是外延没有任何重合的两个概念没有共同的属概念。如“桌子”和“发展中国家”，“苹果”和“火车”，“罪犯”和“恒星”。

【例题精讲】（2009·国家）签约：解约

A. 上班：下班　　B. 借款：贷款　　C. 结婚：离婚　　D. 订货：收货

【答案】C

【解析】本题考查并列关系中的矛盾关系。题干中的签约与解约是矛盾关系，且在同一事件中，签约必然发生在解约之前。A项：上班和下班不是矛盾关系，而是反对关系，因为除了上班、下班还有其他状态，比如休假，排除；B项：借款与贷款都是筹集款项的方式，属于反对关系，排除；C项：结婚与离婚是一对矛盾关系，且结婚必须发生在离婚之前，与题干的逻辑关系相符；D项：订货与收货为反对关系，还可以有运货、验货、退货等环节。因此，本题答案为C选项。

【例题精讲】（2011·国家）（　　）对于绿茶相当于音乐对于（　　）

A. 龙井　浪漫　　B. 早春　娱乐　　C. 咖啡　绘画　　D. 健康　情操

【答案】C

【解析】本题考查并列关系中的反对关系。A项：龙井与绿茶是并列关系中的反对关系，而音乐与浪漫不是并列关系，排除；B项：早春与绿茶是时间与饮品的对应关系，而音乐与娱乐不符合此关系，排除；C项：咖啡与绿茶均为提神饮品，属于并列关系中的反对关系，音乐和绘画都是文艺项目，也为并列关系中的反对关系，与题干前后逻辑关系相一致，为正确选项；D项：虽然绿茶可以使人健康，音乐可以陶冶情操，是对应关系，但是后一组词语的前后顺序与前一组词不符，排除。因此，本题答案为C选项。

3. 包容关系

包含关系包括组成关系和种属关系。组成关系是整体与部分的关系，如“电脑：鼠标”。可造句子，鼠标是电脑的一部分。种属关系是具体与抽象的关系。种属关系也叫真包含关系，如“绿色：颜色”。可造句子，绿色是一种颜色。

【例题精讲】（2013·413联考）地理：自然地理：经济地理

A. 城市：居民区：商业区　　B. 卫星：遥感：雷达

C. 糖果：水果糖：芝麻糖　　D. 单位：千米：公里

【答案】C

【解析】自然地理和经济地理都是地理的一种，即为种属关系。A项：居民区和商业区为城市的组成部分，它们构成组成关系；B项：遥感、雷达与卫星并非种属关系；C项：水果糖和芝麻糖都是糖果的一种，构成种属关系，因此为正确答案；D项：千米和公里为同一关系，与题干逻辑结构不符。因此选择C选项。

【例题精讲】(2016·山东)航空母舰对于(　　)相当于雷达对于(　　)

A. 驱逐舰　天线　　B. 海洋　天空

C. 舰载机　显示屏　　D. 舰艇　电子设备

【答案】D

【解析】航空母舰是一种舰艇，雷达是一种电子设备，都是种属关系，前后逻辑关系一致，因此D项为正确答案。

4. 交叉关系

交叉关系是指外延有且只有一部分重合的这样两个概念之间的关系。例如A与B，"有的A是B，有的B是A"。如：影星∶山东人，大学生∶愤青。

【例题精讲】(2016·山东)哺乳动物∶陆生动物

A. 航天器∶交通工具　　B. 有花植物∶无花植物

C. 星际物质∶天狼星　　D. 北极熊∶极地企鹅

【答案】A

【解析】有的陆生动物是哺乳动物，有的哺乳动物是陆生动物，二者是交叉关系。A项：有的航天器是交通工具，如火箭。有的航天器不是交通工具，如卫星等。有的交通工具是航天器。属于交叉关系，符合题干逻辑关系，当选。B项：有花植物和无花植物是矛盾关系，排除。C项：天狼星是星体，星际物质是存在于星系和恒星之间的物质和辐射场的总称，二者没有必然联系，排除。D项：北极熊和极地企鹅是两种不同的动物，并列关系，排除。

5. 因果关系

A是B发生的原因，B是A引发的结果。如：地震∶伤亡、洪水∶饥荒。

【例题精讲】(2015·山东)潮汐∶月球引力∶太阳引力

A. 地震∶海啸∶火山喷发　　B. 车祸∶违章驾驶∶醉驾

C. 污染∶人为活动∶尾气排放　　D. 泥石流∶暴雨∶乱砍滥伐

【答案】D

【解析】此题考查因果关系。在月球引力和太阳引力的共同作用下产生潮汐。在暴雨和乱砍滥伐的共同作用下产生泥石流。因此选D。

6. 顺承关系

A在B之前发生，B在A之后发生。如：起跑∶冲线、起床∶刷牙。

【例题精讲】(2017·山东)作茧自缚∶化蛹成蝶

A. 灯蛾扑火∶化羽归尘　　B. 雨润花开∶春华秋实

C. 鱼翔浅底∶鹰击长空　　D. 凤凰浴火∶涅槃重生

【答案】D

【解析】作茧自缚是指蚕吐丝作茧，把自己裹在里面，然后从虫到蛾。化蛹成蝶是指蝴蝶的孵化过程，即由蚕蛹吐丝结茧，然后从茧变成蝴蝶的过程。作茧自缚和化蛹成蝶存在先后顺序，先作茧自缚，再化蛹成蝶。

A 项：灯蛾扑火是指蛾扑向火源，比喻自己找死；化羽归尘是指化成羽毛归入尘土。前后两词没有明显的联系，与题干逻辑关系不一致，排除。B 项：雨润花开是指雨水充足花朵开放；春华秋实是指春天花开秋天结果，比喻事物的因果关系，后引申比喻文采与德行，亦指时间的流逝，岁月的变迁。两词之间都提到花开，但是没有先后顺序，与题干逻辑关系不一致，排除。C 项：鱼翔浅底和鹰击长空都是指有雄心壮志的人需要在广阔的领域才能展示出才能。两词是近义词，与题干逻辑关系不一致，排除。D 项：凤凰浴火是指凤凰经历烈火的煎熬和痛苦的考验；涅槃重生是指置之死地而重生。两词存在先后顺序，先凤凰浴火，再涅槃重生，与题干逻辑关系一致，当选。

7. 目的关系

A 是 B 的目的，B 是 A 的手段。如：宣传：广告、减肥：节食。

【例题精讲】(2010·9 月联考)促销：利润：商场

A. 游戏：娱乐：游乐场　　B. 美化：绿化：城市

C. 检修：安全：铁路部门　　D. 诚信：美德：人类

【答案】C

【解析】商场进行促销，目的是获得利润；铁路部门检修，目的是保障安全。

8. 条件关系

只有 A 存在或发生，B 才存在或发生，则 A 是 B 的必要条件。如：登记：结婚，选举：执政。如果 A 能推出 B，那么 A 就是 B 的充分条件。

【例题精讲】(2016·山东)天下雨：地上湿

A. 满 18 岁：有选举权　　B. 开花：结果

C. 地上不湿：天没下雨　　D. 摩擦：生热

【答案】C

【解析】天下雨，能推出地就会湿，天下雨是地上湿的充分条件。A 项：满 18 岁不一定有选举权，不是充分条件，排除。B 项，开花不一定会结果，不是充分条件，排除。C 项，地没湿是天没下雨的充分条件，当选。D 项，动摩擦产生热，但是静摩擦不产生热，摩擦不一定生热，排除。

【例题精讲】(2014·山东)烽火台：烟火：军情

A. 货船：海洋：货物　　B. 电视：信息：网络

C. 钟表：电量：时间　　D. 飞机：导航仪：方向

【答案】D

【解析】烽火台有了烟火才能传递军情，烟火是烽火台传递军情的必要条件；飞机有了导航仪才能确定方向，导航仪是飞机确定方向的必要条件，所以选 D。

9. 描述关系

描述关系指一个词项是对另一个词项的属性、特征、功能、背景、时间、人物等相关信息的描述。常见的描述关系有事物描述、职业描述、作品描述、事件描述。

(1) 事物描述

①事物与其性质、象征意义、功能等属性。事物的属性有必然属性和或然属性两种。必然属性如:盐∶咸,雪∶白;或然属性如:花∶香,墨∶臭。

②事物与其活动空间、制作场所、所在地、原材料、作用对象等其他相关内容。如:飞机∶天空、大厦∶城市、桌子∶木材。

【例题精讲】(2016·山东)春雨∶杏花∶江南

A. 夏荷∶烈日∶江北　　B. 秋风∶蜡梅∶华北

C. 秋霜∶枯草∶塞外　　D. 冬雪∶牡丹∶边疆

【答案】C

【解析】春雨和杏花都是春天的景色。春雨是一种天气状况,杏花是植物,对应的地点是江南。A项:夏荷和烈日是夏天的景色,对应地点是江北,但夏荷是植物,烈日才是天气,顺序与题干不一致;B项:秋风是秋天的气候,但蜡梅冬天才有,与题干逻辑关系不一致;C项:秋霜和枯草都是秋天的景象,秋霜是天气状况,枯草是植物,对应的地点是塞外,符合题干逻辑关系,当选;D项:冬雪是冬天的景象,但牡丹是春天开花,与题干逻辑关系不一致。

【例题精讲】(2012·国家)萎靡不振对于(　　)相当于(　　)对于食物

A. 动力　饥肠辘辘　　B. 活力　丰衣足食

C. 精力　饥寒交迫　　D. 毅力　饥不择食

【答案】A

【解析】"萎靡不振"形容情绪低沉,精神颓废。在选项中没有表示这个意思的词汇,都是反义词汇,由此可以判定该题是"反描述"关系。跟食物是"反描述"关系的是"饥肠辘辘"。因此正确答案是A选项。很多同学误选C选项,C选项中"饥寒交迫"强调了两个层面的含义:一是饥饿、二是寒冷。按照"反描述"关系来讲,食物只能解决饥饿而不能解决寒冷,因此C选项不对。该题词与词的逻辑关系也可理解为:萎靡不振需要动力,饥肠辘辘需要食物。

(2) 职业描述

①职业与其工作地点、对象和内容。如:编辑∶杂志,农民∶土地。

②职业与其特征、用具等其他相关内容。如:士兵∶军装,警察∶警服。

(3) 作品描述

①作品与作者、人物、体裁、年代等。如:《京华烟云》∶林语堂,《堂吉诃德》∶文艺复兴。

②作品中内容与描述对象、人物、作者等。如:鲁迅∶藤野先生、白发三千丈∶李白。

【例题精讲】(2017·国家)故人西辞黄鹤楼对于(　　)相当于(　　)对于怀古

A. 出游　越王勾践破吴归　　B. 场所　千古兴亡多少事

C. 送别　折戟沉沙铁未销　　D. 离别　西出阳关无故人

【答案】C

【解析】A 项,“故人西辞黄鹤楼”出自李白的《送孟浩然之广陵》,表达的意思是送别而不是出游,“越王勾践破吴归”出自唐代李白的《越中览古》,表达怀古之情,前后关系不一致,排除。B 项,“故人西辞黄鹤楼”并非表达场所,“千古兴亡多少事”出自宋代辛弃疾《南乡子·登京口北固亭有怀》,表达怀古之情,前后关系不一致,排除。C 项,“故人西辞黄鹤楼”表达的是送别的意思,“折戟沉沙铁未销”出自唐代杜牧的《赤壁》,表达怀古之情,前后关系一致,所以,正确答案为 C。D 项,“西出阳关无故人”表达离别之情,而不是怀古之意,排除。

(4) 事件描述

历史事件、典故、节日与发生时间、人物等相关内容。如:辛亥革命∶1911,端午∶屈原,背水一战∶韩信。

(三) 析语法

语法是语言中词、短语、句子等语言单位的结构规律,包括词的构造、变化规则和组词成句的规则。

1. 辨词性

应试者可从词性入手,判断题干中的词项是名词、动词还是形容词,然后与选项比较,排除干扰选项。

【例题精讲】(2009·国家)费解∶理解

A. 难看∶漂亮　　B. 组合∶合并　　C. 坚固∶塌陷　　D. 疏忽∶忽略

【答案】C

【解析】费解是形容词,理解是动词,通过对比词性可以排除 A、B。费解与理解是一对反义词,因此,答案为 C。

2. 辨构造

辨别字、词及短语的构成方式。如:日∶月(都是象形字),上∶下(都是指事字),林∶从(都是会意字),河∶杜(都是左形右声的形声字),关关∶坎坎(都是叠音词),逍遥∶窈窕(都是不可拆分的联绵词)。

【例题精讲】比∶北

A. 牧∶取　　B. 本∶末　　C. 牛∶羊　　D. 二∶三

【答案】A

【解析】比和北都是会意字。A 项:牧和取都是会意字;B 项:本和末都是指事字;C 项:牛和羊都是象形字;D 项:二和三都是指事字。故答案选 A。

3. 辨语法关系

语法关系主要有主谓结构、动宾结构、偏正结构、并列结构、补充结构五种。语法关系既指题干所给的两个词构成的语法结构,也指词语本身的语法结构。

(1) 主谓结构

题干中词语本身或词与词之间构成主谓关系。其基本格式为:主语(对象)+谓语(陈述)。主语常见的是名词、代词,谓语一般是动词、名词或形容词。如:黔驴技穷∶蜀犬吠日，轮船∶起航；宝石∶发光。

【例题精讲】(2015・山东)潮∶涨∶落

A. 花∶蕊∶瓣　　B. 草∶荣∶枯

C. 心∶悲∶喜　　D. 水∶沸∶冰

【答案】B

【解析】潮涨、潮落都是主谓结构且存在反义关系，涨、落都是动词。A项花蕊、花瓣不是主谓结构且不存在反义关系，排除。B项草荣、草枯都是主谓关系且两个词也是反义关系，荣、枯都是动词。所以，正确答案是B。C项悲、喜为形容词词性，与题干涨、落动词词性不对应，排除。D项沸冰为形容词词性，与题干涨、落动词词性不对应，排除。

(2) 动宾结构

题干中词语本身或词与词之间构成动宾关系，其基本格式为：动词(支配、关涉)＋宾语(内容、对象)。如：讨论∶问题、风卷∶残云。

【例题精讲】(2010・江苏)结构∶剖析

A. 分享∶快乐　B. 资源∶利用　C. 景色∶秀美　D. 交通∶航运

【答案】B

【解析】剖析结构，利用资源，都是动宾结构短语。故答案选B。

(3) 偏正结构

题干中词语本身或词与词之间构成偏正关系。其基本格式为：修饰语＋中心语。常见的形式：一是形容词或名词修饰名词，中间可以用“的”连接；二是副词修饰动词，中间可以用“地”连接。如：清秀∶面容、热烈∶欢迎。

【例题精讲】(2010・吉林)窗户∶玻璃

A. 衣服∶纽扣　B. 盆架∶脸盆　C. 戒指∶宝石　D. 照片∶相册

【答案】C

【解析】玻璃可以作为窗户的定语，构成偏正短语“有玻璃的窗户”。宝石可以作为戒指的定语，构成偏正短语“有宝石的戒指”。故答案选C。

(4) 并列结构

题干中的词语本身或两个词构成并列关系。如：七上∶八下、天南∶地北。

【例题精讲】(2009・山东)丰功∶伟绩

A. 维和∶行动　B. 风餐∶露宿　C. 文化∶传播　D. 风卷∶残云

【答案】B

【解析】丰功伟绩是并列结构的成语，且丰功和伟绩都属于偏正关系；风餐露宿也是并列结构的成语，且风餐和露宿也都是偏正关系。A项维和行动是偏正关系；C项文化传播是主谓结构；D项风卷残云属于动宾结构的成语。故答案选B。

(5) 补充结构

题干中的词语本身或两个词构成补充、说明关系。其基本格式为：中心语＋补语。前一个语素表动作、行为，后一个语素对它加以补充、说明。如：拆穿∶打倒、迫不及待、安于现状、颠扑不破、呆若木鸡。

第五节 逻辑判断

一、题型分析

逻辑判断考查考生的逻辑推理能力。在这种题型里，每道题中给出一段陈述，这段陈述被假设是正确的，不容置疑的。题后的四个备选答案是与这段陈述有关的四个推论，其中有一个是不需要任何附加条件或说明就可以从陈述中直接推出的，要求考生选出这个正确答案。应当注意的是，选项中有道理的可能不止一个，但有道理并不等于与这段陈述直接相关。在前提和结论之间必须有必然性的联系，否则，答案就可能出错。

二、基本题型

逻辑判断有两大题型：必然性推理和可能性推理。

必然性推理是从真前提能够必然地推出真结论的推理。按照逻辑学的分类，判断包括模态判断和非模态判断两大类，非模态判断推理包括简单判断和复合判断。其中，简单判断又分为直言判断(性质判断)和关系判断。复合判断分为假言判断、联言判断、选言判断和负判断。就最近几年国考和省考的考试情况来看，必然性推理主要考查直言判断的变形推理、对当关系推理、假言判断中的充分必要条件推理、联言判断、选言判断。

可能性推理即结论不能由前提直接推导出来的推理，包括加强支持型、削弱质疑型、前提假设型、解释说明型、推断结论型五种题型。与必然性推理相比，可能性推理题量更多、分量更重，一般有 7 道题左右。

三、必然性推理核心考点

(一) 直言判断及其推理

直言判断，又称性质判断，是断定事物是否具有某种性质的简单判断。例如：所有葡萄树都是阔叶植物；有的金属是液体；李白是一个浪漫主义诗人。

1. 直言判断的结构

直言判断在结构上由主项、谓项、量项和联项四部分构成。

例如：所有　　金属　　都是　　有光泽的。

主项：直言判断中表示事物对象的部分，类似于通常讲的主语，如上例中的“金属”。逻辑学中用“S”来代表主项。

量项：断定对象数量的部分，对主项起修饰、限定作用，如上例中“所有”即规定了主项“金属”的范围。按照限定范围的不同，量项分为以下三类：一、全称量词。对外延的内容全都作出了判断的词,如“所有”“每一个”“凡”等。二、特称量词。只对外延的部分内容作出判断的词,如“有的”“有些”“一些”等。三、单称量词。对外延某个特定对象作出判断的词,如“自然数 2 是个质数”,2 是自然数中特定的个数,属于单称量词。单称量词经常与主项合二为一,这种情况下,主项的外延只有一种。

联项:是对主项是否具有某种性质作出判断的部分,有肯定或否定两种形式,即“是”或“不是”。在有些直言判断中,联项“是”可以省略。

谓项:直言判断中表示主项性质的概念,如上例中的“有光泽的”。逻辑学中用“P”来代表谓项。

2. 直言判断的分类

按判断的量划分,直言判断可分为单称判断、全称判断、特称判断。按判断的质划分,直言判断可分为肯定判断、否定判断。按判断的质与量划分,直言判断可分为全称肯定判断、全称否定判断、特称肯定判断、特称否定判断、单称肯定判断、单称否定判断。

①全称肯定判断。该判断反映了主项的所有外延都具有某种性质,逻辑形式为:所有 S 是 P,即 SAP 判断。简记为“S→P”。例如:所有山东人都是中国人。

②全称否定判断。该判断反映了主项的所有外延都不具有某种性质,逻辑形式为:所有 S 不是 P,即 SEP 判断。简记为“S→－P”。例如:所有山东人都不是美国人。

③特称肯定判断。该判断反映了主项的一部分外延都具有某种性质,逻辑形式为:有的 S 是 P,即 SIP 判断。简记为“有的 S→P”。例如:有的金属是液体。

④特称否定判断。该判断反映了主项的一部分外延都不具有某种性质,逻辑形式为:有的 S 不是 P,即 SOP 判断,简记为“有的 S→－P”。例如:有的天鹅不是白的。

⑤单称肯定判断。该判断断定某一特定的个别对象具有某种性质,逻辑形式为:某个 S 是 P,即 SA’P 判断。简记为“某个 S→P”。例如:这个三角形是等腰三角形。鲁迅是《阿 Q 正传》的作者。

⑥单称否定判断。该判断断定某一特定的个别对象不具有某种性质,逻辑形式为:某个 S 不是 P,即 SE’P 判断。简记为“某个 S→－P”。例如:这个三角形不是等腰三角形。

由于单称判断是对作为主项的概念的全部外延作了断定,所以,传统逻辑通常将单称判断当作一种全称判断来对待。

3. 直言判断的对当关系

对当关系就是具有相同素材的直言判断间的真假关系。具有相同主项和谓项的直言判断称作同素材的判断。例如:一切宣传都是有倾向性的。一切宣传都不是有倾向性的。有些宣传是有倾向性的。有些宣传不是有倾向性的。这四个判断就是具有相同素材的直言判断,它们的主谓项相同,即主项都是“宣传”,谓项都是“有倾向性的”。只是质和量有所不同,即联项和量项有所不同。这四种判断中,存在着一种特定的关系,通常称为对当关系。对当关系主要包括矛盾关系、反对关系和从属关系(包容关系)。

(1) 矛盾关系及其推理

矛盾关系是指两个判断既不能同真,也不能同假的关系。不能同真,就是当其中一个判断为真时,另一个判断必然为假;不能同假,就是说当其中一个判断为假时,另一个判断必真。如:“所有在座的同学都是党员”和“有些在座的同学不是党员”。

<table>
<tr><th colspan="2">矛盾关系及其推理</th></tr>
<tr><td>“所有的S都是P”和“有的S不是P”(全称肯定判断和特称否定判断)</td><td rowspan="3">具有矛盾关系的两个判断不能同假(必有一真)也不能同真(必有一假)
解题思路:如果题干说只有一真,那么矛盾关系之外的判断都是假的;如果题干说只有一假,那么矛盾关系之外的判断都是真的</td></tr>
<tr><td>“所有的S都不是P”和“有的S是P”(全称否定判断和特称肯定判断)</td></tr>
<tr><td>“某个S是P”和“某个S不是P”(单称肯定判断和单称否定判断)</td></tr>
</table>

【例题精讲】美丽的鲍西娅到了谈婚论嫁的年龄,她的父亲放出话说,要举行一次猜匣征婚。征婚的日子到了,鲍西娅的父亲出了一个题目:鲍西娅的身边有金、银、铅三只匣子,只有一只匣子里放着她的肖像,这三只匣子上面各刻着一句话:

金匣子上刻了“肖像不在银匣中”。

银匣子上刻了“肖像在此匣中”。

铅匣子上刻了“肖像不在此匣中”。

鲍西娅的父亲又说,这三句话之中,只有一句是真话,由此得出(　　)。

A. 肖像在金匣子里　　B. 肖像在银匣子里

C. 肖像在铅匣子里　　D. 肖像不在这三个匣子里

【答案】C

【解析】本题可利用矛盾关系解题。三个论断中,金匣子上的话与银匣子上的话构成了矛盾关系。题干说只有一句真话,那么矛盾关系之外的判断都是假的,因此,铅匣子上的话是假的,那肖像就在此匣中,所以本题正确答案为C项。

【例题精讲】(2014·山东)在索莱岛上,有四个草屋,每个草屋的门上挂着一块牌子。第一块牌子上写着:“有些草屋中没有食物。”第二块牌子上写着:“该草屋中没有猎枪。”第三块牌子上写着:“所有的草屋中都有食物。”第四块牌子上写着:“该草屋中有草药。”索莱岛上的游客发现,四块牌子中只有一块牌子上写着真话。

由此可以推出(　　)。

A. 四个草屋中都有草药　　B. 四个草屋中都有食物

C. 第三个草屋中有猎枪　　D. 第四个草屋中没有草药

【答案】D

【解析】第一块牌子“有的草屋中没有食物”和第三块牌子“所有的草屋中都有食物”相互矛盾,矛盾关系必有一真,必有一假。题干说四块牌子中只有一句话为真,所以第二块牌子和第四块牌子上写的都是假话,由此可以知道:第二个草屋有猎枪,第四个草屋没有草药。所以答案选D。

【例题精讲】(2018·国家)某省游泳队进行了为期一个月的高原集训,集训最后一日所有队员进行了一次队内测试,几位教练预测了一下队员的成绩:

张教练说:这次集训时间短,没人会达标。

孙教练说:有队员会达标。

王教练说:省运会冠军或国家队队员可达标。

测试结束后,只有一位教练的预测是正确的。

由此可以推出(　　)。

A. 没有人达标　　B. 全队都达标了

C. 省运会冠军达标　　D. 国家队队员未达标

【答案】D

【解析】本题可利用矛盾关系解题。张教练说的"没人会达标"与孙教练说的"有队员会达标"构成矛盾关系,矛盾关系必有一真,必有一假。题干说"只有一位教练的预测是正确的",因此王教练说的话必然为假,即"省运会冠军或国家队队员可达标"为假,由一(A 或 B)=一A 且一B,则可以推出省运会冠军和国家队队员都没有达标。所以,本题正确答案为 D。

(2) 反对关系及其推理

具有反对关系的两个判断不能同真(必有一假),但是可以同假。不能同真,就是当一个判断为真时,另一个判断必定为假;可以同假,就是说当其中一个判断为假时,另一个判断的真假情况不能确定,可真可假。如:"所有在座的同学都是党员"和"所有在座的同学都不是党员"。

反对关系及其推理		
反对关系	"所有 S 是 P"和"所有 S 不是 P"(全称肯定和全称否定判断)	具有反对关系的两个判断不能同真(必有一假),但是可以同假
	"所有 S 不是 P"和"某个 S 是 P"(全称否定和单称肯定判断)	
	"所有 S 是 P"和"某个 S 不是 P"(全称肯定和单称否定判断)	

(3) 下反对关系

具有下反对关系的两个判断不能同假(必有一真),可以同真。不能同假,就是当一个判断为假时,另一个判断必然为真;可以同真,就是说当其中一个判断为真时,另一个判断的真假情况不能确定,即可真可假。如:"有些在座的同学是党员"和"所有在座的同学不是党员"。

下反对关系及其推理		
下反对关系	"有的 S 是 P"和"有的 S 不是 P"(特称肯定和特称否定判断)	具有下反对关系的两个判断必有一真,可以同真
	"有的 S 是 P"和"某个 S 不是 P"(特称肯定和单称否定判断)	
	"有的 S 不是 P"和"某个 S 是 P"(特称否定和单称肯定判断)	

【例题精讲】(2004・国家)某律师事务所共有 12 名工作人员。

(1) 有人会使用计算机;

(2) 有人不会使用计算机;

(3) 所长不会使用计算机。

这三个判断中只有一个是真的，以下哪项正确地表示了律师事务所会使用计算机的人数？

A. 12 人都会使用　　B. 12 人没人会使用

C. 仅有一人会使用　　D. 不能确定

【答案】 A

【解析】(1)、(2)为下反对关系，两个“有的”，必有一真。题干说“只有一真”，所以(3)假。可推出“所长会使用计算机”。由“所长会使用计算机”可推出(1)“有人会使用计算机”为真，(2)“有人不会使用计算机”为假，因此，12 个人都会使用计算机。所以，正确答案为 A。

(4) 从属关系及其推理

从属关系及其推理	
“所有的 S 都是 P”→“某个 S 是 P”→“有的 S 是 P”	具有从属关系的判断前真后真，前假后假
“所有的 S 都不是 P”→“某个 S 不是 P”→“有的 S 不是 P”	

【例题精讲】(2009·山东)在一次对全市中学假期加课情况的检查后，甲、乙、丙三人有如下结论：

甲：有学校存在加课问题。

乙：有学校不存在加课问题。

丙：一中和二中没有暑期加课情况。

如果上述三个结论只有一个正确，则以下哪项一定为真？(　　)

A. 一中和二中都存在暑期加课情况

B. 一中和二中都不存在暑期加课情况

C. 一中存在加课情况，但二中不存在

D. 一中不存在加课情况，但二中存在

【答案】 A

【解析】利用从属关系解题。乙“有学校不存在加课问题，包容丙”一中和二中没有暑期加课情况”。根据题干“只有一个真判断”和“前真后真、前假后假”可知，丙“一中和二中没有暑期加课情况”为假，一中和二中至少有一个存在加课问题，由此推出甲为真，乙为假，所以正确答案为 A。

利用反对关系解题。甲、乙为下反对关系，可同真但不能同假，由题意三者中只有一个正确，可知丙必为假，即一中和二中至少有一个存在加课问题，由此推出甲为真，乙为假，所以 A 项正确。

4. 直言判断的变形推理

直言判断的标准形式是由“(量项)主项＋联项＋谓项”构成的，直言判断的变形推理就是通过改变前提中直言判断的形式，即通过改变前提中直言判断的联项或主项与谓项的位置，从而推出结论的推理。它包括换质推理、换位推理以及完全换质位推理。

（1）换质推理

又称“换一个说法”，即肯定的判断用否定的方式来表达，或者否定的判断用肯定的方式来表达。即通过改变前提中直言判断的联项，从而推出结论的推理方法。

换质推理的规则：改变前提判断的质，将肯定改为否定，否定改为肯定；将前提判断的谓项改为其否定概念，作为结论的谓项；结论保留前提判断的主谓项不变并位置不变。例如：从“他们都不是学生”可推出一个等值判断“他们都是非学生”。

原判断	换质判断	有效性
所有S是P	所有S不是非P	有效
所有S不是P	所有S是非P	有效
有些S是P	有些S不是非P	有效
有些S不是P	有些S是非P	有效

例如：“所有商品都是劳动产品”可以换质为“所有商品都不是非劳动产品”。

“所有人都不是长生不老的”可以换质为“所有人都是会死的”。

“有些科研项目是达到国际先进水平的”可以换质为“有些科研项目不是没有达到国际先进水平的”。

“有些法官不是公正的”可以换质为“有些法官是不公正的”。

（2）换位推理

通常又称“倒过来说”，就是通过改变前提中直言判断的主项和谓项的位置，从而推出结论的推理方法。换位推理的规则为：第一，肯定判断换位后仍是肯定判断，否定判断换位后仍是否定判断，即只更换主、谓项的位置，质不变。第二，原判断中不周延的项，在换位判断中也不能周延。例如：从“计算机软件工程师都是大学毕业生”可推出一等值判断“有些大学毕业生是计算机软件工程师”。

原判断	换位判断	有效性
所有S是P	有些P是S	有效
所有S不是P	所有P不是S	有效
有些S是P	有些P是S	有效
有些S不是P	有些P不是S	无效

例如：“所有江苏人都是中国人”可以换位为“有的中国人是江苏人”。

“所有山东人都不是美国人”可以换位为“所有美国人都不是山东人”。

“有些花是紫色的”可以换位为“有些紫色的是花”。

但“有些花不是紫色的”不能换位为“有些紫色的不是花”。

（3）完全换质位推理

通过换质推理得到的结论还可以进行换位，通过换位推理得到的结论还可以进行换质，关键是要看具体推理过程的需要。

例如：既然证人都必须是精神上没有缺陷的人，所以，精神上有缺陷的人都不能作证人。

上述推理就是先通过换质，得到“证人都不是精神上有缺陷的人”，再进行换位得到的。

【例题精讲】（2011・山东）出于安全考虑，使用年限超过10年的电梯必须更换钢索，在必须更换钢索的电梯中有一些是S品牌的，所有S品牌电梯都不存在安全隐患。

由此可以推出（　　）。

A. 有些存在安全隐患的电梯必须更换钢索

B. 有些S品牌的电梯必须更换钢索

C. 有些S品牌的电梯不需要更换钢索

D. 所有必须更换钢索的电梯使用年限都超过了10年

【答案】B

【解析】“在必须更换钢索的电梯中有一些是S品牌的”可以替换为“有些S品牌的电梯必须更换钢索”，正确答案为B。

【例题精讲】（2002・国家）凡有关国家机密的案件都不是公开审理的案件。据此，我们可以推出（　　）。

A. 不公开审理的案件都是有关国家机密的案件

B. 公开审理的案件都不是有关国家机密的案件

C. 有关国家机密的某些案件可以公开审理

D. 不涉及国家机密的有些案件可以不公开审理

【答案】B

【解析】“所有S都不是P”可以换位为“所有P都不是S”。题干中“凡有关国家机密的案件都不是公开审理的案件”可以换位为“公开审理的案件都不是有关国家机密的案件”。因此，正确答案是B。

【例题精讲】（2007・浙江）某镇有八个村，其中赵村所有的人都是在白天祭祀祖先，李庄所有的人都是在晚上才祭祀祖先。现在我们知道李明是晚上祭祀祖先的人。由此，可以推断（　　）。

A. 李明一定是赵村的人　　B. 李明一定不是赵村的人

C. 李明一定是李庄的人　　D. 李明一定不是李庄的人

【答案】B

【解析】题干中“赵村所有的人都是在白天祭祀祖先”通过换质得到“赵村所有的人都不是在晚上祭祀祖先”，再通过换位得到“所有在晚上祭祀祖先的人都不是赵村的人”。结合“李明是晚上祭祀祖先的人”，可推出李明一定不是赵村的人。故答案选B。

5. 直言判断的递推规则

如果A→B、B→C，那么A→C。注意：两个B必须一模一样，第二个B之前的量项前必须是全称量词。

【例题精讲】(2006·江苏)吴教授跟学生讲系统论,他说:“许多系统是可观测的,但是‘黑箱’却不可观测。”有四个学生据此作出四个判断,哪个是正确的呢?(   )

A. “黑箱”不是系统　　B. “黑箱”是系统

C. 有的系统不是“黑箱”　　D. 有的系统是“黑箱”

【答案】C

【解析】“许多系统是可观测的”翻译为“有的系统→可观测”;“黑箱却不可观测”可以换位为“可观测的不是黑箱”,翻译为“可观测→一黑箱”,因此,可以推出“有的系统→一黑箱”,正确答案为C。

【例题精讲】(2015·山东)所有来自中国的留学生,都住在校园内;所有住在校园内的学生,都必须参加运动会;有些中国留学生加入了学生会;有些心理学专业的学生也加入了学生会;所有心理学专业的学生都没有参加运动会。

由此不能推出以下哪项结论?(   )

A. 所有中国留学生都参加了运动会

B. 没有一个心理学专业的学生住在校园内

C. 有些中国留学生是学心理学专业的

D. 有些学生会成员没有参加运动会

【答案】C

【解析】题干逻辑关系可翻译为:1. “中国留学生→住校→参加运动会”;2. “有的中国留学生→加入学生会”;3. “有的心理学专业学生→加入学生会”;4. “心理学专业学生→没有参加运动会”。1与4组合可以写成“中国留学生→没有心理学专业学生”,A、B、D均能推出,只有C选项不能推出。

(二)三段论推理

1. 三段论的概念和结构

概念。三段论推理,就是通过一个共同的概念将两个直言判断联结起来,由此推出一个新的直言判断作结论的推理方法。

结构。三段论由三个直言判断构成,两个是前提,一个是结论。一个三段论推理包括“小项”“大项”和“中项”三个不同的项,并且每一个项都出现两次。例如:

所有的有理数都是实数——所有的M是P(大前提);

所有的整数都是有理数——所有的S是M(小前提);

所以,所有的整数是实数——所有的S是P(结论)。

三段论的公式:M　A　P

S　A　M

S　A　P

小项是结论的主项,大项是结论的谓项,中项指在前提中出现两次,而在结论中不出现的概念。

例如:人都是要死的,苏格拉底是人,所以苏格拉底是要死的。(亚里士多德)

2. 三段论的推理规则

三段论的推理是一种直言判断的推理，要进行正确的推理就必须要遵守一定的规则。这些规则是判定三段论推理是否正确的标准。其一般规则如下：

规则 1：在一个三段论中，有且只能有三个不同的词项。

三段论有且只能有大项、小项和中项三个词项，每个词项分别出现两次。违反这条规则常会犯“四概念”或“四词项”的错误。出现这种错误多数是由于同一个词语在大、小前提中表达了两个不同的概念，看起来像是三个项，而事实上是四个不同的项。

例如：鲁迅的著作不是一天能读完的，《狂人日记》是鲁迅的著作，所以，《狂人日记》不是一天能读完的。

这个推理前提中作为中项的“鲁迅的著作”一词，先后表达了两个不同的概念，在大前提中“鲁迅的著作”一词指的是鲁迅的所有作品，表达的是集合概念，而在小前提中“鲁迅的著作”一词指的是鲁迅的单本小说，表达的是非集合概念。由于两个前提中所使用的“鲁迅的著作”一词是两个不同的概念，所以在这个推理中，中项没有起到媒介作用，犯了“四概念”的错误，因而无法推导出必然的结论。

规则 2：中项至少周延一次。

如果中项两次不周延，即中项在前提中一次也没有被断定过它的全部外延，那就意味着大项与小项都只分别与中项的一部分外延发生联系，这样一来，就不能确保中项在大项和小项之间起到媒介作用，从而无法得出关于小项和大项之间联系的必然结论。违反这条规则就会犯“中项两次不周延”的错误。

例如：英雄难过美人关，我难过美人关，所以，我是英雄。

在这个三段论中，中项“难过美人关”在两个前提中都是肯定判断的谓项，都是不周延的，即在这两个前提中，都只分别断定了“英雄”和“我”是“难过美人关”中的一部分对象，因而无法确定“英雄”和“我”之间的联系，所得出的结论就不一定是正确的，犯了“中项两次不周延”的错误。正确的说法应为：英雄难过美人关，我是英雄，所以我难过美人关。

规则 3：前提中不周延的词项，在结论中不得周延。

如果大项或小项在前提中不周延，即只断定了其中一部分外延与中项之间的联系，那么，在结论中也只能断定它们的这部分外延，而不能断定其全部外延，所以在结论中也不得周延。违反这条规则所犯的错误是“小项不当周延”或“大项不当周延”。

例如：共产党员都应该为抗洪救灾捐款，我不是共产党员，所以，我不应该为抗洪救灾捐款。

在这个三段论推理中，“应该为抗洪救灾捐款”在前提中是肯定判断的谓项，是不周延的，而在结论中是否定判断的谓项，是周延的，由部分外延的情况显然不能得出全部外延的情况，所以该推理是错误的，犯了“大项不当周延”的错误。

规则 4：从两个否定的前提推不出结论。

如果三段论的两个前提都是否定的，那么就表明大小项在前提中都分别与中项互相排斥，在这种情况下，中项就无法起到联结大小项的作用，当然也就无法得出确定的结论。

例如:所有的侵略战争都不是正义战争;抗日战争不是侵略战争,所以,抗日战争是正义战争。

在这个三段论推理中,两个前提都是否定的,因此“正义战争”与“侵略战争”“抗日战争”与“侵略战争”之间的关系都是互相排斥的,则无法确定“正义战争”与“抗日战争”之间的关系,推出的结论是错误的。

规则5:两个前提中有一个是否定的,那么结论是否定的;如果结论是否定的,那么必有一个前提是否定的。

如果有一个前提是否定的,那么小项和大项之一必然同中项排斥,结论中大项和小项必然相排斥,结论必然是否定的。反之,结论是否定的,则说明大项与小项之间互相排斥,则前提中不可能大、小项都与中项结合,必有一个是与中项相排斥的,即必有一个前提是否定的。

例如:犯罪未遂不是犯罪中止,被告的行为是犯罪未遂,所以,被告的行为不是犯罪中止。

在这个三段论推理中,大前提是否定的,即“犯罪未遂”与“犯罪中止”的关系是相排斥的,而小前提是肯定的,即“被告的行为”与“犯罪未遂”是相结合的,所以“被告的行为”与“犯罪未遂”一定是相排斥的,即结论也一定是否定的。反之,我们看到结论是否定的,也可以知道前提中有一个是否定的。

规则6:两个特称的前提推不出结论。

如果两个特称判断作为前提,则两个前提的主项肯定不周延。所以,两个特称的前提推不出结论。

例如:有些人是坏人,有些人是泰国人。所以,有些泰国人是坏人。

这个三段论推理犯了“中项两次不周延”的错误,为无效推理。

例如:有些人不是坏人,有些泰国人是坏人。所以,有些人是泰国人。

这个三段论推理有一个前提是否定的,结论也应是否定的,为无效推理。

规则7:如果前提中有一个是特称的,那么结论也一定是特称的。

例如:凡是懒人都不爱洗澡,有些人是懒人,有些人不爱洗澡。

前提中“凡是”是全称判断,“有些人”是特称判断,所以结论也是特称判断,该推理正确。

【例题精讲】(2009·重庆)一项新的研究表明,存在于舌头上的能检测甜味的蛋白质,也存在于肠道。研究人员据此推测,肠道同样能尝出糖果的味道。这项研究的负责人说:“其实,肠道与舌头品尝甜味的方式是一样的。”

下列哪项最能支持上述推测?(　　)

A. 只要有了这种检测甜味蛋白质的物质,就能尝到甜味。

B. 除了甜味,肠道还能尝到酸味。

C. 除了肠道,还有其他器官能够尝到甜味。

D. 味觉可以通过其他感觉表达出来。

【答案】A

【解析】这道题可以化为一道三段论的题目。前提是:舌头和肠道有检测甜味的蛋白质。结论是:肠道与舌头品尝甜味的方式是一样的。A 项作为前提构成一个三段论,故选 A。

（三）联言判断及其推理

1. 定义

断定几种事物情况同时存在的判断叫作联言判断。

2. 结构

联言判断由两个以上的联言肢和连接词构成。联言肢是组成联言判断的肢判断;连接词是把各个联言肢联结起来,并表示它们之间是并存关系的概念,如“和”“与”“并且”“同时”“不但……而且……”“甚至”“虽然……但是……”“然而”“却”等。

3. 逻辑形式

联言判断的逻辑形式是:p 并且 q(p、q 是联言肢,“并且”是连接词)。

4. 联言判断的推理规则

一个联言判断要为真,必须是其陈述的情况全部为真,只要有一个是假的,那么这个联言判断就为假,即“全真才真,一假即假”。

例如:文艺创作既要讲思想性又要讲艺术性。这个联言判断的两个联言肢“文艺创作要讲思想性”“文艺创作又要讲艺术性”都是真时,这个联言判断才是真的,两个联言肢有一个是假,或者两个都为假时,这个联言判断为假。

联言判断的推理规则有两条:联言判断为真可以推出各个肢判断分别为真;各个肢判断都为真,整个联言判断也就为真。

（四）选言判断及其推理

选言判断是判断的一种,是断定在几种可能情况下,至少有一种情况存在的判断。

1. 分类

(1) 相容选言判断

多种情况可以同时存在。表示至少可选一种,还可以同时选择两种、三种……全部。常见的连接词有:“……或者……、……或……、可能……也可能……、也许……也许……”。可表示为:p 或者 q(p∨q,p、q 是选言肢,“或者”是连接词)。

(2) 不相容选言判断

表示只能选择一种情况,也就是说只要 A 成立,那么 B、C、D、E……其他选择都不可能成立了。常见的连接词有:“或……或……,二者不可兼得”“要么……要么……”等等。可表示为:要么 p,要么 q(p∨ · q,p、q 是选言肢,“要么……要么……”是连接词)。

2. 选言判断的推理规则

	相容选言判断	不相容选言判断
推理规则	肯定一部分选言肢,不能否定或肯定另一部分选言肢;否定一部分选言肢,能肯定另一部分选言肢	肯定一个选言肢,就能否定其他选言肢;否定一个选言肢以外的所有选言肢,就能肯定没有被否定的选言肢
推理有效式	p 或者 q,－p,所以 q	要么 p,要么 q,－p,所以 q; 要么 p,要么 q,p,所以－q

续表

	相容选言判断	不相容选言判断
示例	我吃葡萄或者香蕉 一吃葡萄→吃香蕉 吃葡萄≠不吃香蕉	我要么吃葡萄要么吃香蕉 一吃葡萄→吃香蕉 吃葡萄→不吃香蕉

【例题精讲】(2010·江苏)今年中国南方地区出现“民工荒”,究其原因,或者是由于民工在家乡已找到工作;或者是由于南方地区民工工资太低,不再具有吸引力;或者是由于新农村建设进展加快,农民在农村既能增收,又能过上稳定的家庭生活。今年中国新农村建设确实进展加快,农民在农村既能增收又能过上稳定的家庭生活。

据此,可以推出今年南方地区出现“民工荒”的原因(　　)。

A. 是由于民工在家乡已找到工作

B. 可能是由于民工在家乡已找到工作

C. 不是由于民工在家乡已找到工作

D. 是由于南方地区民工工资太低,不再具有吸引力

【答案】B

【解析】题干第一句是一个相容选言判断,第二句肯定了最后一个选言肢。根据其推理规则,肯定相容选言判断的一个选言肢,无法确定其余选言肢的真假情况,只有B项的表述是可能性的,故答案选B。

【例题精讲】(2008·河北)一桩投毒谋杀案,作案者要么是甲,要么是乙,二者必有其一;所用毒药或者是毒鼠强,或者是乐果,二者至少其一。

如果上述断定为真,则以下哪项推断一定成立?(　　)

Ⅰ. 该投毒案不是甲投毒鼠强所为。因此,一定是乙投乐果所为

Ⅱ. 在该案侦破中,发现甲投了毒鼠强。因此,案中的毒药不可能是乐果

Ⅲ. 该投毒案的作案者不是甲,并且所投的毒药不是毒鼠强。因此,一定是乙投乐果所为

A. 只有Ⅰ　　B. 只有Ⅱ　　C. 只有Ⅲ　　D. 只有Ⅰ和Ⅲ

【答案】C

【解析】题干中“作案者要么是甲,要么是乙,二者必有其一”是不相容选言判断,其两个肢判断分别为“作案者是甲”和“作案者是乙”;“所用毒药或者是毒鼠强,或者是乐果,二者至少其一”是相容选言判断,两个肢判断分别为“所用毒药是毒鼠强”和“所用毒药是乐果”。

Ⅰ不一定成立,因为该投毒案不是甲投毒鼠强所为,则可能是甲投乐果、甲投毒鼠强和乐果所为,还可能是乙投毒鼠强、乙投毒鼠强和乐果所为,不一定就是乙投乐果所为。Ⅱ不一定成立,因为题干中的后一个判断是相容的,即所投的毒药可能既有毒鼠强又有乐果。Ⅲ一定真,因为作案者不是甲便是乙,所投的毒不是毒鼠强,则一定是乐果。所以,一定是乙投了乐果。故答案选C。

（五）假言判断及其推理

假言判断是由表示条件关系的连接词连接而成的，这类连接词表示由假设的某种条件可以得出某种结果。其中表示条件的肢判断称为前件，表示结果的肢判断称为后件。

根据条件和结论的关系可以将假言判断分为三种：充分条件假言判断、必要条件假言判断和充分必要条件假言判断。

1. 充分条件假言判断及其推理

（1）定义

当条件 p 存在时，结论 q 一定成立，而无须考虑其他条件，则 p 是 q 的充分条件，即“有它就行”。例：如果下雨，那么地湿。

（2）逻辑形式

充分条件的典型格式为只要 p，就 q，可简记为 $p \rightarrow q$（p 是前件，q 是后件）。常见的连接词有“如果……那么……、一……就……、若……则……、为了……一定……、假如……便……、若是……就……、倘若……便、哪怕……也……，就算……也……、……必须……”等。

在日常语言里，表达充分条件假言判断的连接词有时可以省略。

例如：留得青山在，不怕没柴烧。

朋友来了有好酒。

（3）充分条件的假言推理

充分条件的假言推理就是前提中有一个充分条件的假言判断，并且根据充分条件假言判断前后件之间的关系进行的推理。充分条件的假言推理有两条推理规则：肯定前件就能肯定后件，否定后件就能否定前件；否定前件不能否定后件，肯定后件不能肯定前件。可简记为：肯前就肯后，否后就否前。

例如：如果天下雨，那么地湿。天下雨，所以，地湿了。（肯定前件就能肯定后件）

如果天下雨，那么地湿。地没湿，所以，天没下雨。（否定后件就能否定前件）

肯定前件就能肯定后件，否定后件就能否定前件都是假言推理的有效式，其他都是错误推理。

（4）充分条件假言连锁推理

如果 p，那么 q

如果 q，那么 r

如果 p，那么 r

例如：如果你犯了法，你就会受到法律制裁。

如果你受到法律制裁，别人就会看不起你。

如果你犯了法，别人就会看不起你。

【例题精讲】（2017·山东）学校工会举办“教工好声音”歌唱比赛，赛后参赛者们预测比赛结果。张老师说：“如果我能获奖，那么李老师也能获奖。”李老师说：“如果我能获奖，那么刘老师也能获奖。”刘老师说：“如果田老师没获奖，那么我也不能获奖。”比赛结果公布后发现，上述三位老师说的都对，并且上述四位老师中有三位获奖。

由此可以推出没有获奖的是(　　)。

A. 张老师　　B. 李老师　　C. 刘老师　　D. 田老师

【答案】A

【解析】第一步:翻译题干。①张获奖→李获奖;②李获奖→刘获奖;③—田获奖→—刘获奖;④三人获奖。由①②③可知:张获奖→李获奖→刘获奖→田获奖;由④知只有三位老师获奖,因此张老师一定没获奖,因为如果张老师获奖可以推出所有四位老师都获奖,与题干冲突。故正确答案为A。

2. 必要条件假言判断及其推理

(1) 定义

当条件p不存在时,结论q一定不成立,则p是q的必要条件,即“没它不行”。例:只有阳光充足,菜才能长得好。

(2) 逻辑形式

必要条件的典型格式为只有p,才q,可简记为p←q(p是前件,q是后件,“只有……才……”是连接词)。常见的连接词还有“……才……、不……不……、没有……就没有……、除非……否则不……”等。

(3) 充分条件和必要条件之间的关系

充分条件和必要条件之间存在密切的关系:如果p是q的充分条件,那么q是p的必要条件。如果p是q的必要条件,那么q是p的充分条件。

例如:“若要改变落后,就得认识落后”,可转换成“只有认识落后,才能改变落后”。

(4) 必要条件的假言推理

必要条件的假言推理就是前提中有一个必要条件的假言判断,并且根据必要条件假言判断前后件之间的关系进行的推理。必要条件的假言推理有两条推理规则:否定前件就能否定后件,肯定后件就能肯定前件;肯定前件不能肯定后件,否定后件不能否定前件。

例如:只有阳光充足,菜才能长得好。阳光不充足,所以菜长得不好。(否定前件就能否定后件)

只有阳光充足,菜才能长得好。菜长得好,所以阳光充足。(肯定后件就能肯定前件)

否定前件就能否定后件,肯定后件就能肯定前件都是假言推理的有效式,其他都是错误推理。

(5) 必要条件的假言连锁推理

只有p,才q

只有q,才r

只有p,才r

例如:只有有了第二味觉,哺乳动物才能边吃边呼吸。

只有边吃边呼吸,哺乳动物才能进行高效率的新陈代谢。

哺乳动物只有有了第二味觉,才能进行高效率的新陈代谢。

【例题精讲】(2011·山东)食品安全的实现,必须有政府的有效管理。只有政府部门之间的相互协调配合,才能确保政府进行有效的管理。但是,如果没有健全的监督制约机制,是不可能实现政府各部门之间协调配合的。

由此可以推出( )。

A. 没有健全的监督制约机制,不可能实现食品安全

B. 要想健全监督的机制,必须有政府的有效管理

C. 有了政府各部门之间的相互协调配合,就能实现食品安全

D. 一个不能进行有效管理的政府,即是没有建立起健全的监督制约机制的政府

【答案】B

【解析】本题属于连锁推理类题型。题干关系为:食品安全的实现→政府的有效管理→政府各部门之间的相互协调配合→健全的监督制约机制。等于:没有健全的监督制约机制→没有政府各部门之间的相互协调配合→没有政府的有效管理→没有食品安全的实现。所以选择B选项。

3. 充分必要条件假言判断及其推理

(1) 定义

充分必要条件假言判断,就是说前提是结论的全部条件,结论也是前提的全部结论。也就是说前后可以互推。

(2) 逻辑形式

充要条件可表示为:p当且仅当q或p←→q(p是前件,q是后件,“当且仅当”是连接词)。常见的连接词有“只要……而且……、只有……才……、若……则……,且若不……则不……、当且仅当……则……”等。

(3) 充要条件的假言推理

例如:“当且仅当三角形的三条边都相等,这个三角形才是等边三角形”,三角形“三条边相等”是等边三角形,是等边三角形肯定也可以推出三条边相等;三条边不相等肯定不是等边三角形;不是等边三角形,三条边也不相等。

推理规则:肯前就肯后,肯后就肯前;

否前就否后,否后就否前。

【例题精讲】(2010·山东)某公司所有的销售人员都是男性,所有的文秘都是女性,所有的已婚者都是文秘,公司的总经理尚未结婚。

据此,我们可以知道( )。

A. 总经理是男性

B. 已婚者中有男性

C. 女员工中可能有未婚者

D. 销售人员中有的已经结婚

【答案】C

【解析】翻译题干:销售人员→男性;已婚→文秘→女性,总经理→未婚;由充分条件判断特点否定后件可以否定前件知男性都未婚,排除B、D;由充分条件判断否定前件不能否定后件,所以总经理未婚不能推出总经理是男性,选项A错。答案选择C选项。

(六) 负判断

1. 负判断及其逻辑值

(1) 含义:负判断是由否定一个判断而构成的判断,又称判断的否定,是一种特殊的复合判断。

例如:并非所有的人都能辩证地思维。

并不是一切水生动物都是鱼。

并非只有大学毕业,才能从事这项工作。

负判断不同于其他各种复合判断,其他的复合判断至少由两个肢判断构成,而负判断只有一个肢判断,称为“否定肢”。

负判断也不同于直言判断的否定判断。否定判断所否定的是主项具有谓项所表示的性质,而负判断所否定的则是一个完整的判断。

负判断由肢判断和逻辑联结项两部分组成。其联结项用符号“$\neg$”(读作“并非”)表示。

公式:$\neg p$(读作“非 p”,称为“否定式”)

一个负判断的真假取决于其肢判断的真假。如果其肢判断真,则该负判断为假;如果其肢判断假,则该负判断为真。换言之,负判断与其肢判断是“既不可同真、也不可同假”的矛盾关系。

据此,否定词“$\neg$”可定义为:

$\neg p$ 真,当且仅当 p 假。

负判断真值表

p	$\neg p$
真	假
假	真

(2) 负判断的等值推理

否定一个判断,也就是肯定了一个与被否定判断相矛盾的判断。所以,一个负判断与其肢判断的矛盾判断在逻辑上是等值的。我们总是可以从一个负判断推得一个与它等值的新判断,这就是负判断的等值推理。

简单判断的负判断及其等值判断:否定一个简单判断就构成该简单判断的负判断。其等值判断见下表。

原判断	等值判断
并非“所有 S 是 P”	有的 S 不是 P
并非“所有 S 不是 P”	有的 S 是 P
并非“有的 S 是 P”	所有 S 不是 P
并非“有的 S 不是 P”	所有 S 是 P
并非“某个 S 是 P”	某个 S 不是 P
并非“某个 S 不是 P”	某个 S 是 P

【例题精讲】(2009·福建)通过调查得知,并非所有的食品店都有卫生许可证。如果上述调查的结论是真实的,则可以推出的是(　　)。

A. 所有的食品店都没有卫生许可证　　B. 少数食品店没有卫生许可证

C. 多数食品店有卫生许可证　　D. 有的食品店确实没有卫生许可证

【答案】D

【解析】“并非所有的食品店都有卫生许可证”的等值判断为“有的食品店没有卫生许可证”。所以D项为正确答案。

复合判断的负判断及其等值判断见下表。

原判断	等值判断
并非“非 p”	p
并非“p 并且 q”	非 p 或非 q
并非“或者 p 或者 q”	非 p 并且非 q
并非“要么 p,要么 q”	p 并且 q 或非 p 并且非 q
并非“如果 p,那么 q”	p 并且非 q
并非“只有 p,才 q”	非 p 并且 q
并非“p 当且仅当 p,才 q”	p 并且非 q 或非 p 并且 q

【例题精讲】(2009·江苏)如果今年的旱情仍在持续且人们抗旱不力,那么今年的农作物就会减产,并且农民的收入会降低。但是,多项证据表明,今年农民的收入不仅不会降低,反而会有所提高。

据此,可以推出(　　)。

A. 今年的旱情仍在持续,且人们抗旱不力

B. 今年的旱情仍在持续,或人们抗旱不力

C. 今年的旱情没有持续,或人们抗旱有力

D. 今年的旱情没有持续,且人们抗旱不力

【答案】C

【解析】旱情持续且抗旱不力→减产且收入降低;一收入降低→一(旱情持续且抗旱不力);一(旱情持续且抗旱不力)等价于一旱情持续或一抗旱不力(双重否定为肯定)。所以,正确答案为C。

【例题精讲】(2009·北京)兰兰说:“如果我能得100分,则晶晶也能得100分。”

晶晶说:“我看兰兰能得100分,我不能得100分。”

玲玲说:“如果我能得100分,则晶晶得不了100分。”

事实上,考试成绩出来后,证明她们三个中只有一个人说的是真话。

下述说法中哪项是正确的?(　　)

A. 玲玲说的是真话,晶晶没得100分　　B. 兰兰说的是真话,晶晶得了100分

C. 晶晶说的是真话,晶晶没得100分　　D. 玲玲说的是真话,兰兰得了100分

【答案】B

【解析】 真假推理(充分条件推理负判断)。"如果 p,那么 q"的负判断是"p 且一q",两者互为矛盾关系,因此兰兰与晶晶的话成矛盾关系,必有一真一假。据题干"她们三个中只有一个人说的是真话"可推知,玲玲的话为假,则其真话为:玲玲得 100 分,且晶晶得 100 分。由此可知,晶晶的话为假,兰兰的话为真。故选 B。

【例题精讲】(2016·云南昭通)经济学理论认为,丰富的自然资源可能是经济发展的诅咒而不是祝福,大多数自然资源丰富的国家比那些资源稀缺的国家经济增长得更慢,历史表明,避免"资源诅咒"是十分困难的,而且并非如很多人所认为的,只有尼日利亚等欠发达国家才会受这一诅咒的困扰。

由此可以推出( )。

A. 发达国家比欠发达国家更能避免"资源诅咒"的困扰

B. 欠发达国家比发达国家更能避免"资源诅咒"的困扰

C. 资源稀缺的欠发达国家,也会受到"资源诅咒"的困扰

D. 不是欠发达国家的国家,也会受到"资源诅咒"的困扰

【答案】 D

【解析】 必要条件推理负判断。题干的最后一句话是一个必要条件推理,前面的"并非"一词表明题干最后一句是不成立的。必要条件推理为假,即前件为假,后件为真,即:不是欠发达国家也会受"资源诅咒"的困扰。故选 D。

【例题精讲】(2016·山东)某研究所人员结构状况如下:所有女性都拥有博士学位,有的男博士有高级职称,但所里也存在既没有博士学位也没有高级职称的人员。

由此可以推出( )。

A. 有的男性没有高级职称

B. 有的女性有高级职称

C. 所有男性都拥有高级职称

D. 有的女性没有高级职称

【答案】 A

【解析】 题目包含三个命题,可翻译为:①女性→博士学位;②有的男博士→高级职称;③有的人员→¬(博士学位且高级职称)。

A 项,对①进行逆否,¬博士学位→¬女性,即¬博士学位→男性。结合③,可知¬(博士学位且高级职称)→男性,可以推出:有的没有高级职称的人是男性,等同于有的男性没有高级职称,可以推出,当选。B、D 两项,女性与高级职称间的关系题干没有交代,因此均排除。C 项,"有的男性"无法推出"所有男性"的结论,排除。女性和既没有博士学位也没有高级职称的人员为全异关系,可知既没有博士学位也没有高级职称的人员为男性,可知 A 项正确。

四、可能性推理

逻辑判断不仅考查必然性推理,更重要的是考查可能性推理。从题量来看,可能性推理一般为 7 道题左右,占到逻辑判断题型的 70%左右,因此,考生要全面、深入了解这一题型,掌握论证的结构(论据→论点)、确定论点的方法(找提示词、找连接词、归纳概括),明确常犯的逻辑错误[偷换概念、违法推理规则、无关推论、以偏概全、以人为据(诉

诸权威、诉诸无知、诉诸众人)、数据不可比],熟练运用解题技巧,只有这样,才能攻克这一题型。

(一) 前提假设型

相信大家一定都看过魔术,魔术师把手帕放进帽子里,然后却从帽子里飞出了一只鸽子,当然我们知道魔术师能够做到的原因是他使用了一些小把戏,隐藏了一些关键的步骤。同样,在一个论证中,我们也必须要发现论证中隐藏的“小把戏”,也就是在逻辑上把论据和论点连接起来的未阐明的观念,即隐含假设。很多逻辑题目的答案都指向隐含假设。

1. 题型分析

(1) 出题形式

前提假设型试题是在题干中给出结论和部分前提,然后提问假设是什么,或者需要补充什么样的前提,才能使题干中的推理成为逻辑上完整、有效的推理;或者要应试者提出正面的事实或有利于假设的说明来加强论点,否则削弱论点。

(2) 提问方式

此类试题的提问方式一般是:“上述推论基于以下哪项假设”“以下各项都可能是上述论证所假设的,除了……”“上述陈述隐含着下列哪项前提或假设”“上述论断是建立在以下哪项假设的基础上的”“上述议论中假设了下列哪项前提”“再加上什么条件能够得出上述结论”“得到这一结论的前提条件是”等。

2. 解题技巧

(1) 搭桥联系法。前提假设型试题是由于题干推理中的前提推出结论不足够充分,要求在选项中确定合适的前提,去补充原前提或论据,从而能合乎逻辑地推出结论或有利于提高推理的证据支持度和结论的可靠性。因此,做这类题的基本思路是紧扣结论,简化推理过程,发现论据与论点之间存在的明显跳跃,然后搭桥建立联系。已知前提 A→B;已知结论 A→C;补充前提 B→C。

例如:因为小张是党员,所以小张必须按时缴纳党费。(补充前提:党员必须按时缴纳党费。)

只有鸟类才能飞翔,麻雀可以飞翔。(补充前提:麻雀属于鸟类。)

【例题精讲】(2019·山东)工业废气排放是温室气体增加的重要原因,但还有大量温室气体来自水下。湖泊、池塘和河流等水体的底部沉积物会产生甲烷,甲烷主要以气泡的形式冒出水面,进入大气。研究发现,富含营养的水体沉积物会释放更多甲烷。因此有专家建议,为降低水体温室气体排放,应限制化肥的滥用。

要使上述论证成立,必须补充以下哪一前提?( )

A. 水体沉积物排出的甲烷量比工业废气还多

B. 甲烷是温室气体的最主要成分

C. 化肥极易通过水体给环境造成污染

D. 滥用化肥很容易给水体沉积物带来过多营养

【答案】D

【解析】首先,寻找论点和论据。论点:限制化肥的滥用以降低水体温室气体排放。

论据：富含营养的水体沉积物会释放更多甲烷。其次，分析对比选项。A项，无关选项。水体排放的甲烷量与工业废气的数量比较，与论点无关，论题不一致，排除。B项，该项说明水体排放的甲烷可以严重影响温室效应，属于加强题干论据，不能作为前提使用。C项，无关选项。该项指出化肥可能造成环境污染，与论点温室气体排放无关，论题不一致。D项，搭桥建立联系。选项说明滥用化肥可以造成富含营养的水体沉积物，建立了论据和论点之间的联系，可以作为前提。所以，正确答案为D。

【例题精讲】(2011·国家)在接受测谎器测验时，只要服用少量某种常用镇静剂，就可使人在说谎时不被察觉。因为由测谎器测出的心理压力反应可以通过药物抑制，而不会产生显著的副作用，由此推之，这种药物对降低日常生活中的心理压力也会很有效。

此段话的假设前提是(　　)。

A. 镇静剂对于治疗心理压力有效

B. 对于心理压力反应的抑制增加了主观的心理压力

C. 由测谎器测出的心理压力与日常生活的心理压力相似

D. 在测谎器测验中说谎的人经常显示出心理压力的迹象

【答案】C

【解析】题干论点是：药物对日常生活的心理压力有效。题干论据是：药物对测谎器测出的心理压力有效。要想使结论成立，必须在原有论据和结论之间搭桥建立联系，因此需补充前提：由测谎器测出的心理压力与日常生活的心理压力相似。所以，正确答案为C。

(2) 排除他因法

论证形式：前提 A→B

所需前提：说明没有其他因素影响论点B的成立(即A是推出论点B的唯一要素)。

【例题精讲】(2003·国家)某国连续四年的统计表明，在夏令时改变的时间里比其他时间的车祸高4%。这些统计结果说明时间的改变严重影响了某国司机的注意力。得到这一结论的前提条件是(　　)。

A. 该国的司机和其他国家的司机有相同的驾驶习惯

B. 被观察到的事故率的增加几乎都是归因于小事故数量的增加

C. 关于交通事故发生率的研究，至少需要五年的观察

D. 没有其他的诸如学校假期和节假日导致车祸增加的因素

【答案】D

【解析】论点是时间的改变影响了司机的注意力，导致车祸增加。论据是在夏令时改变的时间里比其他时间的车祸高4%。D项排除了其他因素的影响，确定了只有时间改变这一个因素。所以D选项是正确答案。

(3) 否定代入法

前提(假设)型要选择的是题目结论成立的必要条件。如果这个条件不成立，则题面结论不成立。因此，我们可以采用“否定代入法”。考生可将无法判定的选项和可能正确

的选项进行否定,然后代入题干。如果被否定的选项削弱了题干的原有结论或使原有结论不成立,则该选项就是正确答案。如果没有严重削弱原有结论或是原有结论仍然成立,则为错误答案。

【例题精讲】(2012・917)美国于1976年发生了注射疫苗导致更严重疫情的事件。在甲流盛行的时期,不少人认为注射疫苗是一种危险行为,可是专家认为注射疫苗是一种有效保护自己不受甲流传染的手段。

专家观点的假设前提是(　　)。

A. 与注射疫苗导致疫情发生的可能性相比,甲流对人的威胁更大

B. 1976年美国发生注射疫苗导致的严重疫情是由于注射过量所致

C. 甲流疫苗研发过程严谨,质量可靠,安全性受到权威专家认可

D. 与以往季节性流感疫苗相比,甲流疫苗的质量标准并未降低

【答案】A

【解析】选项C属于诉诸权威,安全性受到权威专家认可不代表一定就是安全的,专家可能会出错,所以排除。选项D,话题不一致,题干讨论的是疫苗的安全性问题,而这里说的是质量,无关选项,排除。剩下A、B两个选项我们该选哪个呢?我们首先来对A选项进行否定。甲流比疫情威胁更大。否定之后变成甲流不比疫情威胁大。意思也就是说,注射疫苗所导致的疫情威胁也很大。这样一来,疫苗就变得不安全了。代入题干中推理,我们发现,既然疫苗都已经不再安全,我们就不可能再通过注射疫苗来保护自己。所以说严重地削弱了题目的结论。我们通过否定代入,很快就能锁定A选项为正确答案。

(二)加强支持型

1. 题型分析

(1) 出题形式。该类题目的特点是题干给出一个观点或结论,但由于前提条件不够充分或由于论据不全而不足以推出该结论。因此,要求应试者从备选项中寻找最能(或最不能)加强或支持题干论证或观点的选项。

(2) 提问方式。加强支持型的提问方式有如下几种:"最有力支持以上论述的是?""以下结论如果正确,能最好支持上述观点的是?""如果以下哪项正确,上文所提出的论点将得到加强?""以下哪项最能加强上述反驳?"等等。看到这类问法的论证推理,我们就应该知道这是支持(加强)型的。

2. 解题技巧

要加强或支持某项论证,可以通过加强论点、论据或论证关系来达到目的。另外,考生在做题时,可根据话题一致原则排除干扰选项。

(1) 加强论点

直接指出论点是正确的或者进一步解释论点。已知前提A→B,直接肯定B或进一步解释B。

【例题精讲】(2019·山东)有研究人员声称找到了一种全新的控制糖尿病人血糖浓度的方法,这种新疗法的关键就是咖啡因。他们对患有糖尿病的小鼠进行了试验,当小鼠摄入咖啡因的时候,对于血糖浓度的控制能力比没有摄入咖啡因的小鼠好。研究人员据此认为,以往通过注射胰岛素控制糖尿病人血糖浓度的方法在未来也可以被摄入咖啡因替代。

以下哪项如果为真,最能支持上述结论?(　　)

A. 上述研究成果被发表在全球顶尖的医学期刊上

B. 每天注射胰岛素对于糖尿病患者来说比较麻烦

C. 研究证明咖啡因可以降低直肠癌和黑色素瘤的发病风险

D. 小鼠和人类体内的肾细胞吸收咖啡因会促进胰岛素的产生

【答案】D

【解析】首先,找出论点和论据。论点:未来可以摄入咖啡因替代注射胰岛素控制糖尿病人血糖浓度。论据:摄入咖啡因的小白鼠对血糖浓度的控制能力比没有摄入咖啡因的小鼠好。其次,逐一分析选项。A项,无关选项。成果被发表在医学期刊上与论点无关,话题不一致,无法加强,排除;B项,无关选项。注射胰岛素对于患者来说很麻烦,与论点无关,话题不一致,无法加强,排除;C项,无关选项。咖啡因降低直肠癌和黑色素瘤的发病风险,与论点无关,话题不一致,无法加强,排除;D项,说明吸收咖啡因促进胰岛素的产生,从而明确说明可以用咖啡因来代替胰岛素,可以加强,所以,正确答案为D。

【例题精讲】(2017·山东)在亚洲某国山区,二月份和三月份出生的新生儿体质普遍不如其他月份的新生儿好。当地医务所的工作人员经过调查后认为,导致这一现象的主要原因是冬季的食物比较匮乏,孕妇不能很好地补充营养从而导致了新生儿体质虚弱。

以下哪项如果为真,最能支持上述调查结论?(　　)

A. 该山区中少数能为孕妇提供足够营养的富有家庭在冬天依然生下体质虚弱的婴儿

B. 决定新生儿体质的时期是生产前半年的营养情况,而非当月的营养情况

C. 该山区的孕妇普遍患有一种冬季发作的疾病,这会使得她们体质下降进而影响婴儿的健康

D. 该山区为数不多的几种冬季食物中普遍缺乏某种微量元素,这恰是新生儿所急需的

【答案】D

【解析】首先分析题干,找到论点论据。论点:冬季食物比较匮乏,孕妇不能很好地补充营养,从而导致了新生儿体质虚弱。论据:亚洲某国山区,二月份和三月份出生的新生儿体质普遍不如其他月份的新生儿好。D项指出冬季仅有的食物缺乏某种微量元素,该微量元素是婴儿急需的,故导致婴儿体质虚弱,解释论点,所以正确答案为D。

A项:少数富有家庭冬天生下了体质虚弱的婴儿,所以说明新生儿体质虚弱并不是因为孕妇营养不足引起的,举例削弱,排除。

B项：半年前包括秋季与冬季，孕妇冬季营养不足，秋季营养是否充足，不明确，排除。

C项：冬季发作的疾病导致婴儿体质下降，并非孕妇营养不足所致，他因削弱，排除。

(2) 加强论证

①对比加强

指出题干原因条件不存在时，结果也不存在。已知前提 A→B，对比加强：有A就有B，无A则无B。

当题干对两组数据进行比较时，首先要弄清评价的标准是什么，是总量还是比率？从而发现题干数据是否有遗漏，然后到选项中寻找相应的数据。

【例题精讲】(2005·国家)具有大型天窗的百货商场的经验表明，商场内射入的阳光可增加销售额。该百货商场的大天窗可使商场的一半地方都有阳光射入，这样可以降低人工照明需要，商场的另一半地方只有人工照明。从该商场两年前开张开始，天窗一边的各部门的销售量要远高于其他各部门的销售量。

如果正确，最能支持上面论述的一项是(　　)。

A. 除了天窗，商场两部分的建筑之间还有一些明显的差别

B. 在某些阴天里，商场中天窗下面的部分需要更多的人工灯光照明

C. 在商场夜间开放的时间里，位于商场中天窗下面部分的各部门的销售额不比其他部门高

D. 位于商场天窗下面部分的各部门，在该商场和其他一些连锁店中也是销售额最高的部门

【答案】C

【解析】题干论点为：阳光可增加销售额。C项对比加强：没有阳光，销售额不高。从反面加强了题干论证，所以，正确答案为C。A项说明销量好可能与其他因素有关，削弱了论证，排除；B项与论证无关，排除；C项指出夜间天窗一边的销量与其他部门相同；D项指出销量好跟地点无关，即与阳光无关，削弱了题干论证。

【例题精讲】(2011·广东)应该清醒地认识到，目前房地产市场最大的矛盾不是供需之间的矛盾，而是百姓囊中羞涩与房价不断上涨之间的矛盾。而这一问题产生的根源就在于房子被当作奇货可居、有利可图的商品，被房产商和手有余钱的业主一而再再而三地热炒。于是我们看到一些房产商宁愿把房子成片闲置也不愿平价或降价出售；某些富有的业主又有两三套，甚至十数套房产，而大量炒房团也应运而生。

以下最能加强上述结论的是(　　)。

A. 经济学家近来十分关注炒房对房价上涨的影响作用

B. 在一些内陆地区，未发生炒房现象，房价比较平稳

C. 在一些经济发达的地区，炒房现象虽不突出，但房价仍然居高不下

D. 一些地区拟对拥有多套房者开征土地使用费，可以有效地抑制虚假的住房需求

【答案】B

【解析】论据：炒房时房价上涨。论点：炒房是房价上涨的原因。A项经济学家的关注不能说明两者之间一定存在联系，不能加强结论；B项从反面说明，没有炒房现象，房价不会

上涨，与题干结合构成了求异法的前提，加强了题干结论；C项则直接削弱了题干结论；D项认为房价上涨是由于虚假的住房需求的存在，削弱了题干结论。因此答案为B。

②排除他因

排除其他因素的影响，指出没有别的因素影响推论：A→B，除了A没有其他原因。

【例题精讲】（2011·内蒙古）一项研究调查表明，在普通人群中，与每晚睡眠时间保持在7至9小时的人相比，每晚睡眠时间少于4小时的人患肥胖症的危险高于73%，而平均每天只睡5小时的人，这种危险则高出50%。研究人员因此得出结论：缺乏睡眠容易使人变得肥胖。

以下如果为真，最能支持上述结论的是（　　）。

A. 缺乏睡眠与糖尿病发病率上升存在关联，而大部分糖尿病患者都比较肥胖

B. 缺乏睡眠容易导致慢性疲劳综合征，从而使人不愿意参加体育锻炼

C. 睡眠不足者与每晚睡眠时间在7至9小时的人拥有同样的饮食和运动习惯

D. 睡眠不足会导致人体内消脂蛋白浓度下降，而消脂蛋白具有抑制食欲的功能

【答案】C

【解析】本题中的结论是“缺乏睡眠容易使人变得肥胖”，论据是调查结果。C选项提及睡眠不足者和睡眠充足这之间拥有相同的饮食和运动习惯，也就是说在这些外在条件又一致的情况之下，缺乏睡眠者患肥胖的概率明显高于睡眠充足者，排除饮食和运动习惯差异，即除了睡眠之外再没有别的原因可以影响人患肥胖症了，符合加强论证中的别无他因法，所以C项为正确答案。

A选项谈论的是缺乏睡眠者与糖尿病发病率之间的关系，偷换了概念，话题不一致，故排除；B选项谈论的缺乏睡眠与慢性疲劳综合征之间的关系，话题不一致，且人不愿意参加体育锻炼也不一定会变肥胖，排除；D选项睡眠不足会导致人体内消脂蛋白浓度下降，尽管这种蛋白有抑制食欲的功能，但是抑制食欲并不能绝对否定患肥胖症的可能性，故不能选。

③搭桥建立联系

题干论据与论点之间存在明显的跳跃，通过“搭桥”的方法在两者之间建立联系。

【例题精讲】（2013·国家）5 000多年前某地是大汶口文化，但在距今约4 400年的时候，为龙山文化所替代。是什么原因导致这两种文化的更迭？考古人员发现，在距今约4 400年前的时候，发生了一次严重的“冷事件”，环境由原来的温暖湿润转变为寒冷干燥，植被大量减少，藻类、水生植物基本绝迹了，大汶口文化向南迁移，而龙山文化由北迁到此地。他们据此认为，距今4 400年左右的极端气候变化，可能是导致这次文化变迁的主要原因。

以下哪项如果为真，最能支持上述论证？（　　）

A. 大汶口文化有不断向南方迁移的传统

B. 龙山文化刚迁来时，人口较多，但之后逐渐减少，在距今约4 000年的时候消失了

C. 大汶口文化的族群以藻类和水生植物作为食物的主要来源

D. 不同生存方式的族群对气候和环境都有相对稳定的需求

【答案】D

【解析】题干的结论是：极端气候变化可能是导致文化变迁的主要原因。论据是：大汶口文化和龙山文化变迁是极端气候变化之后发生的。要支持这一论证，就要在族群和气候环境之间搭桥建立联系，指出不同族群与气候环境之间的密切关系。D项，族群对气候和环境有稳定需求，说明他们会因为气候变化而迁移，支持了论证，所以，正确答案为D。A项说明大汶口文化的迁移是源于传统，而非“冷事件”的发生，削弱了结论。B项对论证没有影响，属于无关选项，排除。C项说明了大汶口文化迁移的原因，也有一定的支持作用，但对龙山文化的迁移没有解释，支持力度不如D项。

【例题精讲】(2009·国家)有的人即便长时间处于高强度的压力下，也不会感到疲劳，而有的人哪怕干一点活也会觉得累。这除了体质或者习惯不同之外，还可能与基因不同有关。英国格拉斯哥大学的研究小组通过对50名慢性疲劳综合征患者基因组的观察，发现这些患者的某些基因与同年龄、同性别健康人的基因是有差别的。

以下哪项如果为真，最能支持该研究成果应用于慢性疲劳综合征的诊断和治疗？(　　)

A. 基因鉴别已在一些疾病的诊断中得到应用

B. 科学家们鉴别出了导致慢性疲劳综合征的基因

C. 目前尚无诊断和治疗慢性疲劳综合征的方法

D. 在慢性疲劳综合征患者身上有一种独特的基因

【答案】B

【解析】首先分析题干，题干的结论是“科学家的这项研究成果可以应用于慢性疲劳综合征的诊断和治疗”，题干的前提是“慢性疲劳综合征的患者的某些基因与同年龄、同性别的健康人的基因存在差别”。要支持该结论，需要在前提和结论间建立联系，即需要说明科学家已经找到导致慢性疲劳综合征的基因，B项最能支持结论，所以正确答案为B。A项提到其他疾病与题干无关；C项与基因无关，显然也不能支持；D项只有证实这种独特的基因是导致慢性疲劳综合征的基因，才能加强结论。

(3) 加强论据

加强论据是通过加强题干中的前提来加强论点，主要有两种途径：论证样本选择具有科学性和直接加强论据。

①样本选择具有科学性

如果题干中论据的形式是问卷、调查、实验和研究等，往往可以通过“样本选择具有科学性”来加强它。通过说明“样本选择具有科学性”来加强论据包括两点：样本数量非常充足；样本选择十分正确，具有代表性。

【例题精讲】(2005·国家)交管局要求司机在通过某特定路段时，在白天也要像晚上一样使用大灯，结果发现这条路上的年事故发生率比从前降低了15%。他们得出结论说，在全市范围内都推行该项规定会同样地降低事故发生率。

最能支持上述论断的一项是(　　)。

A. 该测试路段在选取时包括了在该市驾车时可能遇见的多种路况

B. 由于可以选择其他路线，因此所测试路段的交通量在测试期间减少了

C. 在某些条件下，包括有雾和暴雨的条件下，大多数司机已经在白天使用了大灯

D. 司机们对在该测试路段使用大灯的要求的了解来自在每个行驶方向上的三个显著的标牌

【答案】A

【解析】首先分析题干，题干通过对特定路段的测试得出结论：在全市范围内都推行该项规定会同样地降低事故发生率。要加强这一结论，可以通过说明特定测试路段的路况具有代表性，能使该举措在其他路段上同样适行。A项恰好说明了这一点。B、C两项都削弱了结论；D项是无关项。因此，正确答案为A。

②直接加强论据

可以直接指出支持论点的论据是正确的或者补充新论据进一步解释说明，从而通过加强论据来加强题干。

【例题精讲】(2017·江苏)人类医学的发展与进步，既得益于科学家们的辛苦钻研，也离不开实验动物做出的默默牺牲。在药物开发进入临床前，需要做大量动物实验，探究药物的药效、毒性、安全剂量等。然而，人与鼠、猪、狗、兔子等动物毕竟存在不少差别，即使正确认识了动物的生理构造及药物反应规律，也不能将认识结果轻易、盲目地移用到人的身上。

以下哪项如果为真，最能支持上述观点？(　　)

A. 古希腊医学家盖伦根据自己对动物解剖的结果认为，无论是在人的静脉或是动脉中，血液都是做单程运动的，并非循环运动。这当然不符合现代科学观念

B. 宋代《本草衍义》记载，有人以自然铜饲折翅的胡雁，后胡雁伤愈飞去，今人以之治跌打扑损。食用自然铜治疗骨折，这在现代人看来是不可想象的

C. 1882年，德国罗伯特·科赫利用豚鼠做实验得出结论：结核菌是结核病的病原菌，不论来自猴、牛或人均有相同症状，他因此发现而获得了诺贝尔奖

D. 1957年，一种叫作沙利度胺的妊娠反应药物经过对大鼠试验后被投放市场，一段时间后发现，沙利度胺会造成人类胎儿畸形，但它不会对大鼠胎儿致畸

【答案】D

【解析】首先分析题干，题干论点：即使正确认识了动物的生理构造及药物反应规律，也不能将认识结果轻易、盲目地移用到人的身上。题干论据：人与鼠、猪、狗、兔子等动物毕竟存在不少差别。

A项说明动物和人的生理构造不同，补充了一个新论据，有一定加强支持作用。

B项说明自然铜治疗折翅胡雁的功效能移用到人身上，削弱论点，排除。

C项，不论来自猴、牛或人感染的结核菌均有相同症状，所以动物感染结核菌的症状能移用到人身上，举例削弱，排除。

D项说明在人身上用药和在动物身上用药是不同的，补充了一个新论据，有加强支持作用。

对比A、D两项，题干观点是现代医学在用动物做完实验后，不能轻易用到人身上。A项表明的是古代医学认知的局限性，D项直接举例表明了把动物实验结论应用到人身

上的危害，符合文意。因此正确答案为D。

【例题精讲】（2014·国家）在南极海域冰冷的海水中，有一种独特的鱼类，它们的血液和体液中具有一种防冻蛋白，因为该蛋白它们才得以存活并演化至今。但时至今日，该种鱼类的生存却面临巨大挑战。有人认为这是海水升温导致的。

以下哪项如果为真，最能支持上述观点？（ ）

A. 南极海水中的含氧量随气温上升而下降，缺氧导致防冻蛋白变性，易沉积于血管，导致供血不足，从而缩短鱼的寿命

B. 防冻蛋白能够防止水分子凝结，从而保证南极鱼类正常的活动，气候变暖使得该蛋白变得可有可无

C. 南极鱼类在低温稳定的海水中能够持续地演化，而温暖的海水不利于南极鱼类的多样性

D. 并非所有南极物种都具有防冻蛋白，某些生活于副极地的物种并没有这种蛋白

【答案】A

【解析】题干先阐述某种南极鱼类因为具有防冻蛋白才存活至今，然后提出观点：海水升温导致该种鱼类的生存面临挑战。A项加强题干论据，解释海水升温导致防冻蛋白变性，进而缩短鱼的寿命，A项通过加强论据加强了论点，所以正确答案为A。B项削弱了题干观点，排除。C、D两项为无关项。

【例题精讲】（2006·广东）有人认为，放松对私人轿车的管制，可以推动中国汽车工业的发展，但同时会使原本紧张的交通状况更加恶化，从而影响经济和社会生活秩序。因此，中国的私人轿车在近五年内不应该有大的发展。

以下哪项如果为真，则最能支持上述观点？（ ）

A. 交通事业能达到现在的规模，是与早期汽车工业的生产相辅相成而得来的

B. 引起交通状况恶化的主要原因是人们没有很好地遵守交通规则

C. 在未来的五年内，我国的交通硬件措施不可能有根本改善

D. 现在油价上涨得厉害，比起使用成本较高的私人轿车，政府更提倡人们更多地使用廉价的公共交通工具

【答案】C

【解析】首先分析题干，题干中的观点是“中国的私人轿车在近五年内不应该有大的发展”，得出观点的依据是“放松对私人轿车的管制会使原本紧张的交通状况更加恶化”。

C项说“在五年内，交通硬件措施不可能有根本改善”，因此放松管制就会使交通不断恶化，加强了题干的论据，从而支持了题干的论点。选项A和B都是对题干的削弱；D项仅仅是鼓励，并不会对私人轿车的发展起决定性的作用，因此对题干结论的加强程度远远不及C项。因此，答案选C。

（三）原因解释型

1. 题型分析

(1) 题型特征。原因解释型的题型特征一般是题干给出关于某些事实或现象的客观描述，通常是给出一个似乎矛盾实际上并不矛盾的现象，要求从备选项中寻找到能够解

释的选项。

(2) 提问方式。提问的一般方式是:"以下哪项如果为真,能最好地解释上面的矛盾?""以下哪项如果为真,最不能解释题干中的矛盾?""以下最能解释上述现象的是……"等等。

2. 解题技巧

首先要分清楚题目要求解释的现象或矛盾,明确解释的关键概念。其次,要分清楚题干中的因果关系,没有无原因的结果,所以我们要选择的就是这个能和题干的结论产生必然或者合理联系的选项,该选项能直接说明结论或现象为什么发生。

【例题精讲】(2015·国家)有一段时间,电视机生产行业竞争激烈。由于电视机品牌众多,产品质量成为消费者考虑的首要因素。某电视机生产厂家为了扩大市场份额,一方面加大研发力度,进一步提高了电视机产品的质量;另一方面在价格上作调整,适当降低了产品的价格。然而,调整之后的头三个月,其电视机产品的市场份额不但没有提高反而有所下降。

以下哪项如果为真,最能解释上述现象?(　　)

A. 消费者通常会考虑不同产品的价格差异,而非同一产品在不同时期的价格差异

B. 一个家庭再次购买电视机产品时会首先考虑原来的品牌

C. 消费者通常是通过价格来衡量电视机产品质量的

D. 其他电视机生产厂家也调整了产品价格

【答案】C

【解析】首先找出题干的矛盾:调整之后的头三个月,其电视机产品的市场份额不但没有提高反而有所下降。其次,逐一分析选项。A 项,按照 A 项解释其市场份额应与调整前持平而不是下降,因此 A 项无法解释上述现象,排除。B 项,再次购买的家庭所占市场的份额并未明确,不一定影响到该电视机的市场份额,因此不能解释上述现象,排除。C 项说明消费者会认为价格高,产品质量就高,价低则质量低。而题干已说明"产品质量成为消费者考虑的首要因素",因此,降低了产品的价格,人们就会认为其质量也会降低,从而减少购买。这很好地解释了题干中矛盾的现象,当选。D 项指出其他厂家也调整了产品的价格,但无法看出调整后的质量和价格谁占优势,因此无法解释上述现象,排除。

【例题精讲】(2018·山东)一般来说,幼儿的体温因阳光照射而上升的幅度比成人小。可是人们发现,在汽车车厢内,如果温度较高,幼儿很容易发生中暑;而成人几乎很少出现这一现象,甚至在 45℃的高温环境下待在车厢里一小时,也不会中暑。

以下哪项如果为真,最能解释上述发现?(　　)

A. 在 0～3 岁的幼儿中,年龄越小的孩子,抵抗能力越弱

B. 随着年龄的增长,人体内的水分占体液总量的比例变小,体温的变化也不再明显

C. 车内属于密闭空间,当室外气温达到 25～29℃时,车内温度就能达到 45℃,而成人在车内感到不适时很可能会打开车窗

D. 中暑多在丧失了相当于体重的 3%水分时发生,幼儿体重相对应的体表面积更大,能更快地吸收热量,由于汗腺数目与大人相同,水分流失速度更快

【答案】D

【解析】首先,找出题干矛盾。幼儿的体温因阳光照射上升的幅度比成人小,但高温环境下幼儿易中暑而成人却不易中暑。其次,逐一分析选项。A项说明幼儿抵抗能力弱,但抵抗力弱与容易中暑之间关系不明确,不能解释题干矛盾,排除;B项说明年龄越大,体温变化越不明显,不能解释题干矛盾,排除;C项说成人在密闭空间可能打开车窗,而题干强调的是在高温环境下待一个小时,与题干环境不一致,不能解释题干矛盾,排除;D项:由于幼儿体重相对应的体表面积更大,水分流失更快,解释了幼儿体温上升幅度比成人小,但更容易中暑的原因,能够解释题干矛盾,所以,正确答案为D。

(四)削弱质疑型

1. 题型分析

(1)题型特点。削弱质疑型题目的特点是题干中给出一个完整的论证或表达某种观点,要求从备选项中寻找最能(或最不能)反驳或削弱题干论证或观点的选项。通俗地说,就是与题干的论证"唱反调"。如果将这个选项放入论据和论点之间,会使得题干推理成立或论点正确的可能性降低,则为削弱选项。

(2)提问方式。常见提问方式一般是:"以下哪项如果为真,最能(或最不能)削弱上述结论(论证)?""以下哪项如果为真,最能(或最不能)对上述论述提出质疑?""以下哪项如果为真,最(不)能质疑上述观点?""以下哪项如果为真,能(不)够最有力地反驳上述推论?"

2. 解题技巧

削弱质疑型可从削弱论点、论证、论据三个方面进行判定。注意削弱的力度:削弱论点最强,削弱论证次强,削弱论据最弱。

(1)削弱论点

直接指出论点错误。已知结论B,否定结论:-B。

【例题精讲】(2015·国家)城市病指的是人口涌入大城市,导致其公共服务功能被过度消费,最终造成交通拥挤、住房紧张、空气污染等问题。有专家认为,当城市病严重到一定程度时,大城市的吸引力就会下降,人们不会再像从前一样向大城市集聚,城市病将会减轻,从而焕发新的活力。

如果以下各项为真,能够削弱上述观点的是( )。

A. 我国已经进入城市病的爆发期,居民生活已受到影响

B. 大城市能够提供的公共服务是中小城市所无法替代的

C. 政府应该将更多财力用于发展中小城市、乡镇、农村

D. 中小城市活力足,发展潜力大,对人们吸引力会很强

【答案】B

【解析】题干论点是:当城市病严重到一定程度时,大城市的吸引力会下降,城市病将减轻。B项指出大城市的公共服务有不可替代性,因此大城市的吸引力并不会下降,直接削弱了题干论点,所以,正确答案为B。A项居民生活受影响,不能说明人口是否会聚集,无关选项,排除。C项说明政府该如何做,为无关项,排除。D项指出中小城市的优势,为支持项,排除。

【例题精讲】(2014·国家)不该让小孩玩电脑游戏?这让很多家长困扰,因为有太多的报告指责游戏正在摧毁下一代,不过一项新的研究显示,玩游戏有益于小孩的阅读能力,甚至可帮助他们克服阅读障碍。

以下哪项如果为真,最不能支持上述结论?(　　)

A. 研究发现,如果让孩子们玩体感游戏,即依靠肢体动作变化来操作的游戏,累计超过12小时,孩子的阅读速度及认字准确率会显著提升

B. 长期玩游戏的儿童阅读游戏规则更容易,还会对游戏中出现的画面变得敏感,但却对周围的事物表现冷漠

C. 相比玩单机版游戏的儿童,玩网络互动游戏的儿童会更加注重相互交流,因此他们的阅读能力提高得更快

D. 儿童阅读障碍主要与神经发育迟缓或出现障碍有关,游戏只能暂时提高阅读速度,却无法克服阅读障碍

【答案】D

【解析】题干结论是:玩游戏能够提高小孩的阅读能力,帮助孩子克服阅读障碍。D项表明阅读障碍主要与神经发育迟缓有关,从而说明玩游戏不能从根本上提高阅读速度,更不能克服阅读障碍,直接削弱结论。所以,正确答案为D。A、B、C三项均通过正面论据支持了题干结论。

(2) 削弱论证

①另有他因

已知结论A→B,削弱论断C→B。

【例题精讲】(2017·山东)某项研究中,研究者追踪了该国19万名在1974年至1994年期间出生的人的医疗数据,他们在2006年至2012年期间做过智力测试。在做智力测试时,大约有的调查对象正因感染而住院。研究人员发现,那些因感染而住院者的智商分数平均比一般人低1.76分。而那些因感染住了5次及以上医院的人,智商分数平均比一般人低9.44分。研究人员指出,人体感染会造成个体智商下降。

以下哪项如果为真,最能削弱以上结论?(　　)

A. 大脑周围组织感染会影响大脑的智力水平

B. 有证据表明,感染会影响痴呆病人的认知能力

C. 智商是对心智能力的评价方式,存在着测量误差

D. 患病使得患者情绪紧张,测试时注意力不集中

【答案】D

【解析】首先分析题干找到论点、论据。论点:人体感染会造成个体智商下降。论据:因感染而住院者的智商分数平均比一般人低1.76分。而那些因感染住了5次及以上医院的人,智商分数平均比一般人低9.44分。D项:患病使得患者情绪紧张,测试时注意力不集中,说明导致测试结果的原因可能是由于患者的情绪紧张,而不是由于感染,属于他因削弱。所以,正确答案为D。

A项:大脑周围组织感染会影响大脑的智力水平,是产生好的影响还是坏的影响不

明确，排除。

B项：感染会影响痴呆病人的认知能力，是产生好的影响还是坏的影响不明确，且与题干中是否会造成个体智商下降不明确，属于无关选项，排除。

C项：智商是对心智能力的评价方式，是对智商测试的介绍，即便存在着测量误差，也并不会影响测试结果，与题干中是否会造成个体智商下降不明确，属于无关选项，排除。

【例题精讲】（2014·国家）研究发现，试管婴儿的出生缺陷率约为9%，自然受孕婴儿的出生缺陷率约为6.6%。这两部分婴儿的眼部缺陷比例分别为0.3%和0.2%，心脏异常比例分别为5%和3%，生殖系统缺陷的比例分别为1.5%和1%。因而可以说明，试管婴儿技术导致试管婴儿比自然受孕婴儿出生缺陷率高。

以下哪项如果为真，最能质疑该结论？（　　）

A. 试管婴儿要经过体外受精和胚胎移植过程，人为操作都会加大受精卵受损的风险

B. 选择试管婴儿技术的父母大都有生殖系统功能异常，这些异常会令此技术失败率增加

C. 试管婴儿在体外受精阶段可以产生很多受精卵，只有最优质的才被拣选到母体进行孕育

D. 试管婴儿的父母比自然受孕婴儿的父母年龄大很多，父母年龄越大，新生儿出生缺陷率越高

【答案】 D

【解析】 首先分析题干，寻找论点和论据。论点是“试管婴儿技术导致试管婴儿出生缺陷率高”，论据是通过试管婴儿和自然出生婴儿出生缺陷率的数据对比。D项指出试管婴儿父母年龄较大，所以新生儿缺陷率高，是另有他因的削弱项。所以，正确答案为D。

A项说明试管婴儿技术在操作过程中的确会加大风险，是加强项。B项讲的是试管婴儿技术失败率，与题干婴儿出生缺陷率无关，是无关项。C项指出试管婴儿的受精卵是最优质的，与题干结论无关。

②因果倒置

已知结论A→B，削弱论断B→A。

【例题精讲】（2004·国家）某保险公司近来的一项研究表明：那些在舒适工作环境里工作的人比在不舒适工作环境里工作的人的生产效率要高25%。这表明，日益改善的工作环境可以提高工人的生产率。

以下哪个假设是对以上因果联系最严重的挑战？（　　）

A. 平均来说，生产率低的员工每天在工作场所的时间比生产效率高的员工要少

B. 舒适的环境比不舒适的环境更能激励员工努力工作

C. 舒适的工作环境通常是对生产率高的员工的酬劳

D. 在拥挤、不舒适的环境中，同事的压力妨碍员工的工作

【答案】C

【解析】首先分析题干,寻找结论。题干的结论是因为改善环境,所以效率高。工作环境为原因,效率提高为结果。C项指出因为效率高,所以环境改善。直接颠覆了题干论点中的因果关系,所以,正确答案为C。

A项没有说到生产率与工作环境之间的联系,为无关项。B项激励员工工作,但没有说到对生产率的影响,为无关项。D项不好的环境妨碍到工作,生产率也就不高了,和题干论点“好的工作环境导致生产率高”形成对比加强,排除。所以,本题正确答案是C选项。

③前提和结论之间没有联系或有差异

【例题精讲】(2009·国家)“东胡林人”遗址是新石器时代早期的人类文化遗址,在遗址中发现的人骨化石经鉴定属两个成年男性个体和一个少年女性个体。在少女遗骸的颈部位置有用小螺壳串制的项链,腕部佩戴有牛肋骨制成的骨镯。这说明在新石器时代早期,人类的审美意识已经开始萌动。

以下哪项如果为真,最能削弱上述判断?(　　)

A. 新石器时代的饰品通常是石器

B. 出土的项链和骨镯都十分粗糙

C. 项链和骨镯的作用主要是表示社会地位

D. 两个成年男性遗骸的颈部有更大的项链

【答案】C

【解析】首先分析题干,寻找论点。论点:佩戴项链和骨镯,说明审美意识萌动。C项认为项链和骨镯的作用主要是表示社会地位,指出前提和结论之间没有联系,否定了原来的论证过程。所以,正确答案为C。

(3)削弱论据

如果通过削弱论据来削弱题干,就要指出支持论点的论据不正确。如果论据形式是问卷、调查、实验和研究等,往往通过驳斥“样本不科学”来削弱它。“样本不科学”表现为两个方面:一、样本不正确或不具有代表性或设置有问题;二、样本数量不足。

【例题精讲】(2019·山东)近年来科技的迅猛发展为科幻小说创作提供了启发,也为科幻小说创作提供了丰富的素材。科幻小说的主题即是围绕着科技幻想、揭示科技发展带来的社会问题及其给人类带来的启示而展开的。因此科幻小说的蓬勃发展是科技发展的结果。

以下哪项如果为真,最能削弱上述结论?(　　)

A. 伴随着西方工业革命产生的科幻小说经历了初创、成熟和鼎盛三个历史时期

B. 科技发展拓展了科幻小说的想象空间,科幻小说为科技发展提供了人文视角

C. 科技只是科幻小说中的背景元素,科幻小说本质上还是要讲述一个完整的故事

D. 科幻小说展现了人类的愿望,最终推动科技发展将那些梦想变为现实

【答案】C

【解析】首先找到论点和论据。论点:科幻小说的蓬勃发展是科技发展的结果。论

据:科技的迅猛发展为科幻小说创作提供了启发和素材。科幻小说的主题围绕科技发展。其次,逐一分析选项。A项体现了工业革命发展推动了科幻小说的发展,有加强作用,无法削弱,排除;B项说的是科技发展为科幻小说拓展了想象空间,同时科幻小说也促进了科技发展,二者相互促进,对论点有一定的加强作用,无法削弱,排除;C项科技只是给科幻小说提供了背景元素,主要内容不是科技而是描述的故事,有力削弱了论据,可以削弱,当选;D项:说的是科幻小说描绘人类愿望,因此通过发展科技实现了愿望,与论点话题不一致,无法削弱,排除。所以,正确答案为C。

【例题精讲】(2016·山东)众所周知,每个人的指纹都是不同的,指纹才是每个人独一无二的身份证,因此指纹常常用在案件侦破中。然而科学家的最新研究发现,随着机体老化,指纹纹路排列会发生不可逆转的变化,因此科学家得出结论:指纹不应该再用于案件侦破中。

以下哪项如果为真,最能质疑上述结论?(　　)

A. 指纹是目前案件侦破的最关键证据,许多重案犯是依靠指纹才被抓捕归案的

B. 除了指纹,每个人的DNA也是独一无二的且不会随着时间变化而发生改变

C. 除了纹路排列,指纹的其他几项指标也是指纹识别技术的重要依据

D. 指纹纹路排列发生变化有规律可循,这一规律是普遍适用的

【答案】D

【解析】首先寻找论点、论据。论点:指纹不应该再用于案件侦破中。论据:随着机体老化,指纹纹路排列会发生不可逆转的变化。C项、D项都属于削弱论据。C项,指出指纹的其他几项指标也是指纹识别技术的重要依据,也就是说指纹纹路排列只是条件之一,降低了指纹纹路排列对于指纹应用的作用,削弱论证。D项,指出指纹纹路排列发生变化有普遍适用的规律,意指虽有变化,但依然可行,也属于削弱论证。

比较C、D两项,C项承认纹路不再可行,但是还认为存在其他可行性,而D项则表明纹路其实依旧可行,D项的削弱更彻底。所以,正确答案为D。A、B两项属于无关选项,排除。

【例题精讲】(2014·国家)在一项实验中,让80名焦虑程度不同的女性完成同样的字母识别任务,同时在她们头上放置电极,观察大脑活动。结果表明,焦虑程度高的女性完成任务时脑电活动更复杂,更容易出错。实验者由此得出结论:女性焦虑影响完成任务的质量。

以下哪项如果为真,最能反驳上述结论?(　　)

A. 焦虑程度高的女性与其他女性相比在实验前对任务不熟悉

B. 女性焦虑时,大脑会受到思绪的干扰而无法专注

C. 女性焦虑容易引发强迫症、广泛性焦虑等心理问题

D. 有研究显示,焦虑和大脑反应错误率是正相关的

【答案】A

【解析】本题是实验,实验结论是“女性焦虑影响完成任务的质量”。削弱角度有三个:①实验样本不正确或设置有问题;②样本数量不足;③试验过程中有其他变量影响。

A 项属于实验设置有问题，所以正确答案为 A。B、C、D 三项属于对题干结论的解释，没有削弱作用。

（五）推断结论型

1. 题型分析

（1）题型特点

以题干的陈述为前提，要求在选项中选出合乎逻辑的结论或者不可能推出的结论。此类题型通常要求直接从题干中可以推出，而不需要附加其他条件，并且推断出的结论不是在原文中直接出现的，需要通过一定的逻辑推理才能得出。

（2）提问方式

常见的提问方式有："由此可以推出……""由此推不出的一项是……""从这段话中可以知道……""如果上述断定是真的，那么下述哪项断定是真的？""如果上述信息是真实的，那么以下哪项不可能是真实的？"

2. 解题技巧

（1）理清题干的论证结构，归纳文段的主旨。

（2）逐步分析选项，排除错误选项。错误选项的类型主要有：无由猜测、过度推断、夸大事实、无中生有等。

【例题精讲】（2018 · 山东）在人际交往的过程中，容貌是最容易观察到的属性特征。和容貌普通的人相比，容貌有吸引力的个体，往往被认为具有较高的能力、较为积极的人格特征和较好的人际关系，甚至收入水平和个人幸福指数也会比较高。在工作中，相同的任务被不同人完成时，通常顾客会对容貌姣好员工的服务质量给予相对较高的评价。

由此可以推出：（　　）

A. 随着容貌吸引力越来越大，人们对其个性特征的评价越来越好

B. 企业应选择容貌姣好的人为员工，以提高顾客的服务满意度

C. 简历不应附带照片，因为照片会影响招聘者决策的公平性

D. 发表文章时提供作者的照片，可以提高读者对文章质量的评价

【答案】B

【解析】首先概括文段主旨：容貌有吸引力的个体，往往被认为具有较高的能力、较为积极的人格特征和较好的人际关系，甚至收入水平、个人幸福指数、社会评价也会比较高。其次，逐一分析选项。A 项偷换概念。题干中强调的是"人格特征"，选项中说的是对其"个性特征的评价越来越好"，人格特征和个性特征是不同的概念，"越来越好"也是没有提到的，属于无中生有，排除；B 项，由文段中的"顾客会对容貌姣好员工的服务质量给予相对较高的评价"可以得出，企业想要提高顾客的服务满意度，应选择容貌姣好的人为员工，当选。C 项无中生有。照片是否会影响招聘者决策的公平性，与主旨无关，排除。D 项无中生有。题干中并未提及发表文章时提供作者照片与文章质量评价之间的关系，排除。

【例题精讲】（2017·山东）研究显示，黑、灰色汽车是盗贼的最爱，亮色汽车很少被问津，白色汽车失窃率最低。心理学家分析认为，偷车贼往往有“黑暗型人格”，选择和自己性格颜色相反的汽车倒卖，让他们感觉不踏实。相比新款或豪车而言，盗车贼偏好有着三年车龄左右的大众车型，这种车保值且好转手。

根据上文，最有可能推出的是（　　）。

A. 三年车龄的红色大众车型最易被盗

B. 暗色系汽车在二手车市场最为畅销

C. 崭新的白色豪华汽车不容易被盗

D. 最畅销的车型也是最易被盗的车型

【答案】C

【解析】文段主要内容是盗车贼偏好黑、灰色汽车和有着三年车龄左右的大众车型，很少偷盗新款、豪车和亮色汽车。由此可以推知：崭新的亮色或白色豪华汽车或新款汽车不容易被盗。所以正确答案为C。A项：与题干亮色汽车很少被问津矛盾，排除。B项：题干只提到黑、灰色汽车容易被盗，并不等同于暗色系汽车在二手车市场最畅销，无中生有，排除。D项：题干未提到最畅销的车型与最易被盗的车型间的关系，无中生有，排除。

【例题精讲】（2012·国考地市级）有关专家指出，月饼高糖、高热量，不仅不利于身体健康，甚至演变成了“健康杀手”。月饼要想成为一种健康食品，关键要从工艺和配料两方面进行改良，如果不能从工艺和配料方面进行改良，口味再好，也不能符合现代人对营养方面的需求。

由此不能推出的是（　　）。

A. 只有从工艺和配料方面改良了月饼，才能符合现代人对营养方面的需求

B. 如果月饼符合了现代人对营养方面的需求，说明一定从工艺和配料方面进行了改良

C. 只要从工艺和配料方面改良了月饼，即使口味不好，也能符合现代人对营养方面的需求

D. 没有从工艺和配料方面改良月饼，却能符合现代人对营养方面需求的情况是不可能存在的

【答案】C

【解析】首先，利用关联词确定推导公式。“如果不能从工艺和配料方面进行改良，口味再好，也不能符合现代人对营养方面的需求”可翻译为：一(工艺改良和配料改良)→一(符合营养需求)。根据充分条件推理规则“肯前必肯后，否后必否前”，可知不从工艺和配料方面改良，就不符合营养需求。符合营养需求，一定从工艺和配料方面改良了，即符合营养需求→工艺改良和配料改良。其次，逐一翻译选项并判断选项的正确性。A项可翻译为：工艺改良和配料改良←符合营养需求；B项可翻译为：符合营养需求→工艺改良和配料改良；D项：一(工艺改良和配料改良)→一(符合营养需求)，A项、B项、D项都符合推理规则，因此能够推出。C项可翻译为：工艺改良和配料改良→符合营养需求，不符

合推理规则，因此不能推出，所以正确答案为C。

【例题精讲】（2006·北京）作为唯一一支留在世界杯的南美球队，下一场比赛巴西将迎战淘汰了丹麦的英格兰球队。巴西队教头斯科拉里不愿谈论如何与英格兰较量，而他的队员也保持着清醒的头脑。在击败顽强的比利时队后，斯科拉里如释重负："我现在脑子里想的第一件事就是好好放松一下。"

依上文我们无法知道的是（　　）。

A. 巴西队本届世界杯中再也不会与南美球队比赛

B. 由于没有做好充分的准备，斯科拉里不愿意谈论与英格兰的较量

C. 与比利时的比赛很艰苦，所以赛后斯科拉里如释重负

D. 英格兰在与巴西比赛之前必须要战胜丹麦

【答案】 B

【解析】 由"作为唯一一支留在世界杯的南美球队"可推出A；由"击败顽强的比利时队后，斯科拉里如释重负"可推知C；由"巴西将迎战淘汰了丹麦的英格兰球队"可推知D。B项为无由猜测，原文只说"斯科拉里不愿谈论如何与英格兰较量"，并未提到原因。

第六节　真题演练(2019·国考地市级)

一、图形推理。请按每道题的答题要求作答。

1. 从所给的四个选项中，选择最合适的一个填入问号处，使之呈现一定的规律性。(　　)

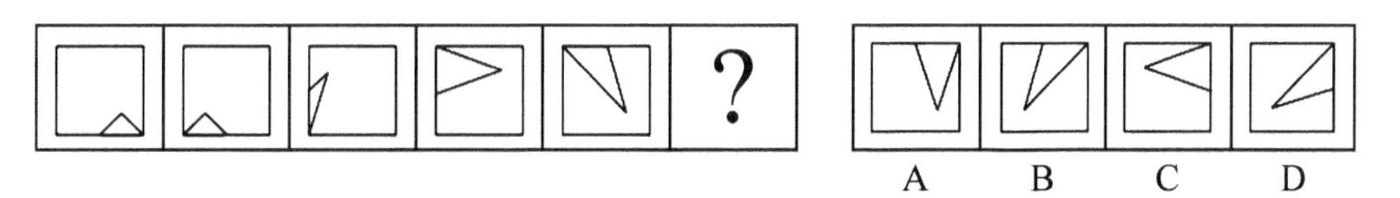

2. 从所给的四个选项中，选择最合适的一个填入问号处，使之呈现一定的规律性。(　　)

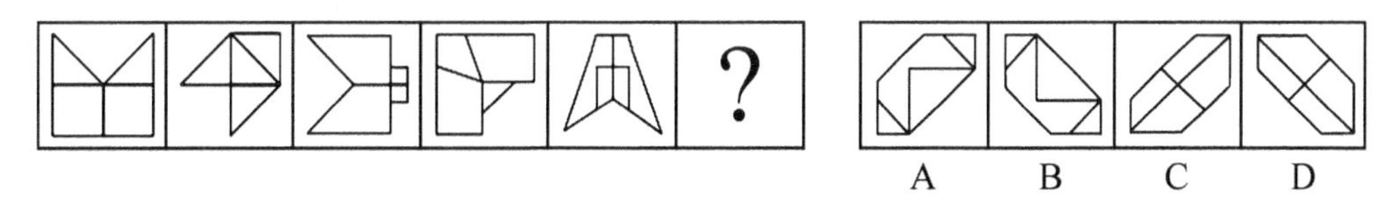

3. 从所给的四个选项中，选择最合适的一个填入问号处，使之呈现一定的规律性。(　　)

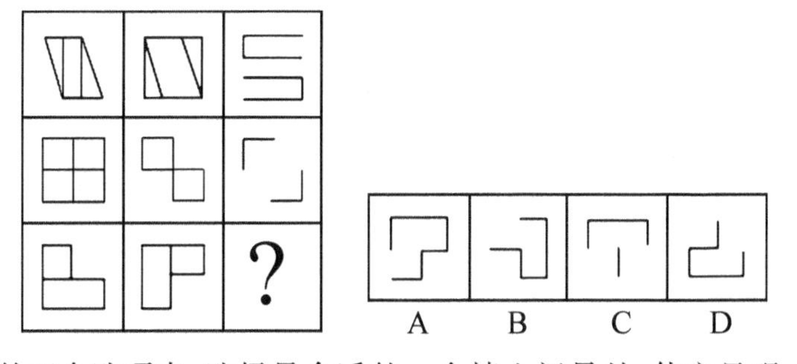

4. 从所给的四个选项中，选择最合适的一个填入问号处，使之呈现一定的规律性。(　　)

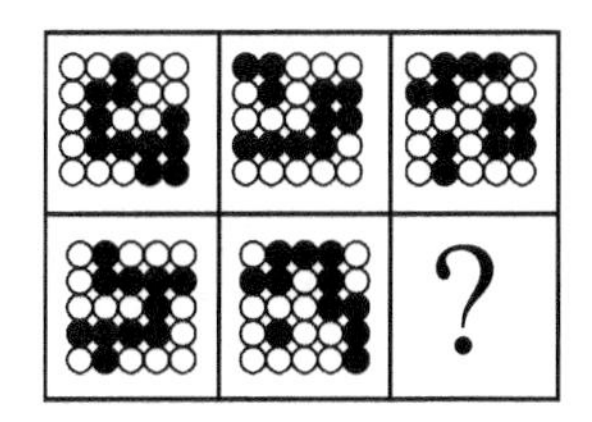

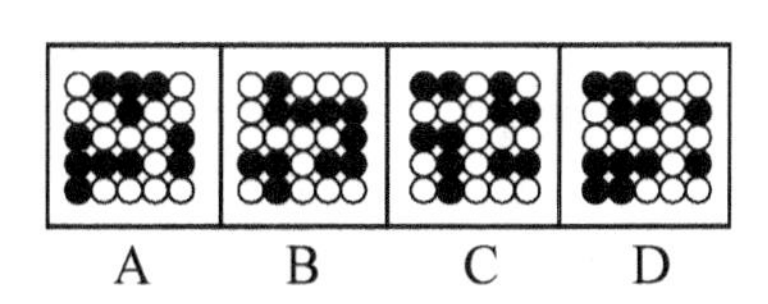

5. 左图为6个相同小正方体组合成的多面体，将其从任一面剖开，以下哪一项不可能是该多面体的截面？（　　）

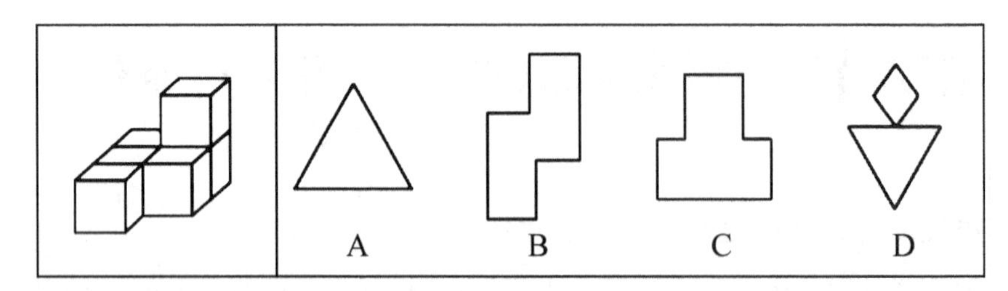

6. 左边给定的是正方体的外表面展开图，下面哪一项能由它折叠而成？（　　）

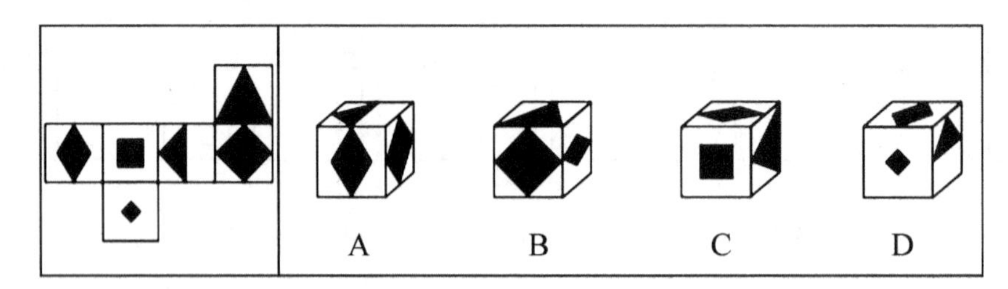

7. 下图为同样大小的正方体堆叠而成的多面体正视图和后视图。该多面体可拆分为①、②、③和④共4个多面体的组合，问下列哪一项能填入问号处？（　　）

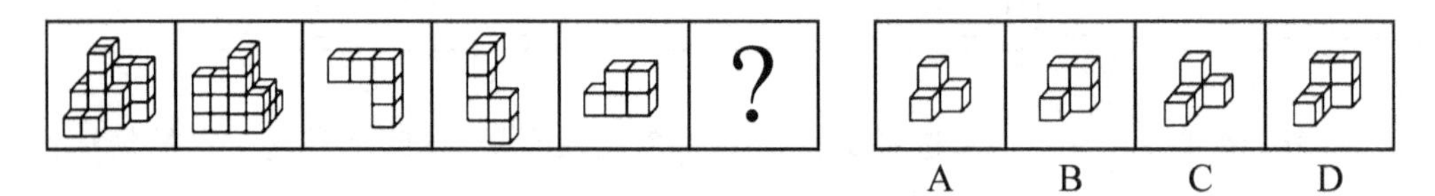

8. 把下面的六个图形分为两类，使每一类图形都有各自的共同特征或规律，分类正确的一项是（　　）。

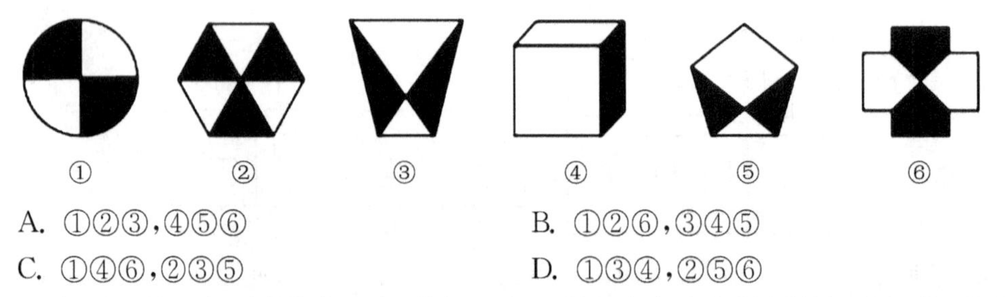

A. ①②③，④⑤⑥　　B. ①②⑥，③④⑤

C. ①④⑥，②③⑤　　D. ①③④，②⑤⑥

9. 把下面的六个图形分为两类，使每一类图形都有各自的共同特征或规律，分类正确的一项是（　　）。

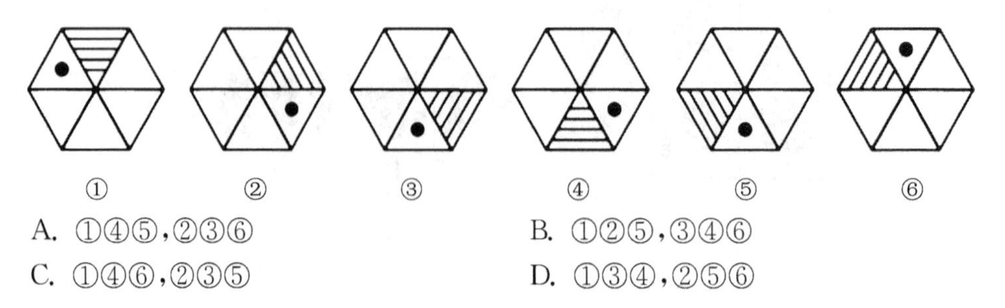

A. ①④⑤，②③⑥　　B. ①②⑤，③④⑥

C. ①④⑥，②③⑤　　D. ①③④，②⑤⑥

10. 把下面的六个图形分为两类，使每一类图形都有各自的共同特征或规律，分类正确的一项是(　　)。

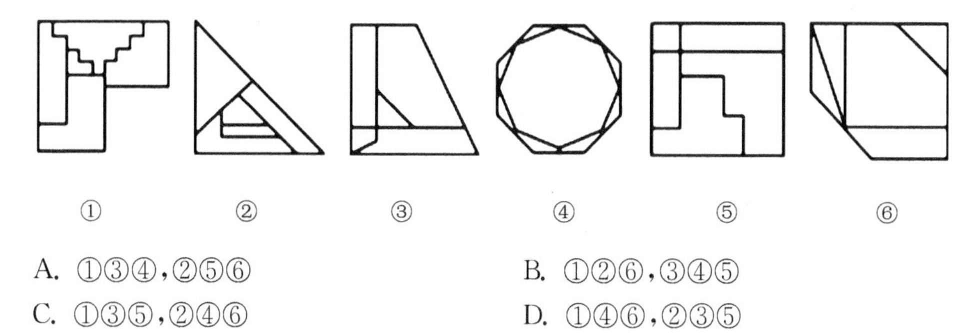

A. ①③④，②⑤⑥　　　　B. ①②⑥，③④⑤

C. ①③⑤，②④⑥　　　　D. ①④⑥，②③⑤

二、定义判断。每道题先给出定义，然后列出四种情况，要求你严格依据定义，从中选出一个最符合或最不符合该定义的答案。注意：假设这个定义是正确的，不容置疑的。

11. 定律假说是对一类事物或现象的性质或发生原因作出推测性解释，得出一个可能具有普遍性意义的规律性命题，从而试图建立、发展或补充科学理论。

根据上述定义，下列属于定律假说的是(　　)。

A. 牛顿根据苹果掉落现象发现了万有引力定律

B. 有研究人员指出，由基因导致的疾病可能都是由于基因突变引起的

C. 老师向学生们解释潮汐现象产生的原因是海水在引力作用下出现的周期性运动

D. 某单位仓库被盗，由于未发现破坏性进入的痕迹，侦查人员认为内部人员作案的可能性极大

12. 严格指示词是指一个语言表达式所具有的如下性质：它所指示的对象不会随着该表达式被使用的具体情境而发生改变。这些情境通常包括表达式的使用主体、表达式被使用的时间、地点、世界状态等等。

根据上述定义，下列属于严格指示词的是(　　)。

A. 最小的素数

B. 现任联合国秘书长

C. 世界上身高最高的人

D. 经常坐在教室第一排正中间的同学

13. 同病异治是指中医对相同疾病采取不同的治法，达到治病求本的治疗效果；异病同治是指不同的疾病在发展过程中出现性质相同的症状，因而可以采用同样的中医治疗方法。

根据上述定义，下列属于异病同治的是(　　)。

A. 外感风热，内有蕴热的表里俱实之证，宜解表和攻里之药同时并用

B. 麻疹初期疹未出透，治疗宜宣肺透疹；中期肺热明显，治疗宜清热解毒

C. 久痢脱肛和胃下垂，均为中气下陷之证，可用升提中气之法治疗

D. 风热感冒宜用辛凉解表法治疗，风寒感冒宜用辛温解表法治疗

14. 物候现象是生物随着气候一年四季的周期性变化而发生的相应季节性变化的现象。影响物候现象的因素主要包括海拔的差异、经度的差异、纬度的差异和时间的差异。

下列诗句反映的物候现象受到海拔差异影响的是(　　)。

A. 日出江花红胜火,春来江水绿如蓝

B. 竹外桃花三两枝,春江水暖鸭先知

C. 羌笛何须怨杨柳,春风不度玉门关

D. 人间四月芳菲尽,山寺桃花始盛开

15. 公平世界谬误是指人们倾向于认为我们生活的世界是公平的,一个人获得成就,是因为他肯定做对了什么,所以这份成就是他应得的;一个人遭遇不幸,他自己也有责任,甚至是咎由自取。

根据上述定义,下列没有反映公平世界谬误的是(　　)。

A. 一分耕耘,一分收获　　B. 谋事在人,成事在天

C. 可怜之人必有可恨之处　　D. 天网恢恢,疏而不漏

16. 按照先后顺序排列的两个数字或者字母称为序对,如 2a、e3、dm 等等,序对中的第一个数字或者字母称为前项,第二个称为后项。函项指的是由若干序对构成的一个有限序列,其中每个序对的前项都是字母,后项都是数字,并且对于任一序对,如果前项相同,则后项必定相同。

根据上述定义,下列哪项属于函项?(　　)

A. a3、b5、d6、p1、e3　　B. f4、h4、gm、y2、x2

C. p3、c4、d6、p6、m8　　D. b3、5a、8n、p1、66

17. 诉前财产保全是指利害关系人因情况紧急,若不立即申请财产保全将会使其合法权益受到难以弥补的损害,起诉前向人民法院申请,由人民法院采取的一种财产保全措施。

根据上述定义,下列不属于诉前财产保全的是(　　)。

A. 甲与乙签订购销合同,甲给乙 200 万元预付款后,发现乙有欺诈行为,无力履行合同,遂请求人民法院冻结 200 万元预付款

B. 银行甲与公司乙签订协议,甲向乙提供 5 000 万元贷款,分 3 期还清,第一笔到期时乙无力归还,甲向法院申请查封乙的财产

C. 甲欠乙 10 万元,乙多次找甲还钱未果,得知甲有一辆轿车,乙向法院申请将甲的轿车予以查封,再将甲告上法庭

D. 工厂甲向信用社乙贷款 500 万元,甲无法按期归还。乙随即起诉,审理期间得知甲已将设备转卖,遂请求法院查封甲正在出售的大楼

18. 员工帮助计划是由企业为员工设置的一套长期的、系统的福利项目,通过专业人员对员工及其直系亲属提供专业指导和咨询,旨在帮助解决员工及其家庭成员的各种心理和行为问题,提高员工在企业中的工作绩效。

根据上述定义,下列属于员工帮助计划的是(　　)。

A. 项目经理小穆的父亲最近去世了,小穆很悲痛,工作效率受到很大影响,总经理特批了一笔慰问款

B. 司机小李驾车外出工作期间交通肇事致人死亡，公司聘请律师为小李做从轻处罚的辩护，最终小李获刑三年

C. 职员小欣情绪低落，有自杀的念头，经医院诊断为重度抑郁症，需住院治疗。公司启动援助机制，为小欣支付了住院费用

D. 会计师老王的儿子没有考上大学，老王夫妇很烦恼，互相指责。在公司心理专员的指导下，老王改善了与妻子的沟通方式，情绪逐渐好转

19. 沟通网络是信息沟通的结构形式。常见的沟通网络有四种形式：在轮式网络中，一个下级同时与多个主管联系，但主管之间没有沟通的情形。在Y式网络中，第二级有两个上级与之联系，第三级与一个或更多下级发生联系。在环式网络中，每个成员仅与相邻者联系，而不能与更远的成员进行沟通。在全通道式网络中，所有成员间充分进行沟通，所有成员的地位是平等的，无核心人物。

根据上述定义，下列图形反映了轮式网络特点的是(　　)。

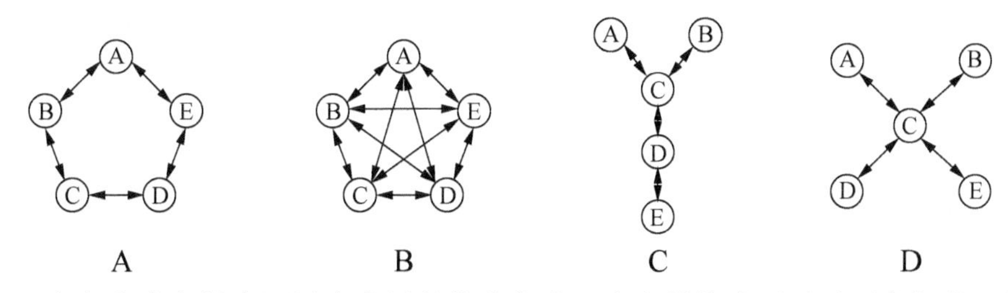

20. 变文和连文是古汉语中常用的修辞方法。变文是指为了避重而在相临近的句子中采用同义词来表达相同的意义。连文是指本来要表达甲，而连带说到乙，使两个相关联的词连在一起，但突出表达其中一个词的意义。

根据上述定义，下列使用了连文这一修辞方法的是(　　)。

A.《易经·系辞上传》："鼓之以雷霆，润之以风雨。"

B.《史记·淮阴侯列传》："置之死地而后生，置之亡地而后存。"

C. 诸葛亮《出师表》："受任于败军之际，奉命于危难之间。"

D. 贾谊《过秦论》："南取汉中，西举巴蜀，东割膏腴之地，北收要害之郡。"

三、类比推理。每道题先给出一组相关的词，要求你在备选答案中找出一组与之在逻辑关系上最为贴近、相似或匹配的词。

21. 分母：除数(　　)

A. 内角：外角　　B. 加减法：乘除法

C. 横坐标：纵坐标　　D. 百分比：百分率

22. 刻舟：求剑(　　)

A. 里应：外合　　B. 掩耳：盗铃

C. 打草：惊蛇　　D. 指桑：骂槐

23. 直线交叉：直线不平行(　　)

A. $x>1$：$x^2>1$　　B. 100 ℃：沸腾

C. O_3：臭氧　　D. π：圆面积

24. 马蹄莲：蟹爪兰（　　）

A. 牵牛花：美人蕉

B. 卷心菜：夜来香

C. 灯笼椒：金针菇

D. 佛手柑：含羞草

25. 金库：现钞：保管（　　）

A. 网球场：球迷：观看

B. 电缆车：景区：观光

C. 录音棚：专辑：播放

D. 美术馆：字画：陈列

26. 山洪：村民：士兵（　　）

A. 狂风：雷电：灯塔

B. 事故：伤员：医生

C. 海啸：船舶：渔民

D. 婚礼：新人：主持

27. 病毒：传染病：流行性（　　）

A. 毒驾：车祸：危害性

B. 市场：交易：自发性

C. 噪声：听力损伤：普遍性

D. 甜食：肥胖症：突发性

28. 微量元素：稀有金属：铜（　　）

A. 木本植物：草本植物：松树

B. 海洋动物：哺乳动物：北极熊

C. 内陆湖：淡水湖：青海湖

D. 节肢动物:两栖动物:鳄鱼

29. 莲蓬对于________相当于________对于葛根（　　）

A. 荷叶　葛藤

B. 荷花　葛粉

C. 喜爱　纠缠

D. 荷塘　山岗

30. 立案对于________相当于________对于判决（　　）

A. 起诉　服刑

B. 审理　质证

C. 犯罪　调解

D. 罚款　执行

四、逻辑判断。每道题给出一段陈述，这段陈述被假设是正确的，不容置疑的。要求你根据这段陈述，选择一个答案。

31. 所有的幼儿园都面临同一个问题：就是对于那些在幼儿园放学之后不能及时来接孩子的家长，幼儿园老师除了等待别无他法，因此许多幼儿园都向晚接孩子的家长收取费用。然而，有调查显示，收取费用后晚接孩子的家长数量并未因此减少，反而增加了。

以下哪项如果为真，最能解释上述调查结果？（　　）

A. 收费标准太低，对原本经常晚来接孩子的家长没有太大的约束力

B. 有个别家长对收费行为不满，有时会故意以晚接孩子的行为来抗议

C. 有些家长因工作忙碌，常常不能及时来接孩子

D. 收费后，更多的家长认为即使晚来接孩子也不必愧疚，只要付费即可

32. 一般来说，塑料极难被分解，即使是较小的碎片也很难被生态系统降解，因此它造成的环境破坏十分严重。近期科学家发现，一种被称为蜡虫的昆虫能够降解聚乙烯，而且速度极快。如果使用生物技术复制蜡虫降解聚乙烯，将能够帮助我们有效清理垃圾填埋厂和海洋中累积的塑料垃圾。

以下哪项如果为真，不能支持上述结论？（　　）

A. 世界各地的塑料垃圾的主要成分是聚乙烯

B. 蜡虫的确能够破坏聚乙烯塑料的高分子链

C. 聚乙烯被蜡虫降解后的物质对环境的影响尚不明确

D. 现有科技手段能够将蜡虫降解聚乙烯的酶纯化出来

33. 应激本身没有致痛能力，但是流行病学调查发现，长期应激与疼痛慢性化的发生正相关，即长期处于巨大压力下的人群，其疼痛症状更易迁延，进而发展为慢性疼痛。

以下哪项如果为真，最能支持上述调查结果？（　　）

A. 长期应激可影响神经内分泌系统，使人的疼痛抑制系统的功能被削弱

B. 具有焦虑倾向的人，其应激水平往往较高，疼痛慢性化的发生率也会更高

C. 吸烟使人体神经内分泌系统发生紊乱，对疼痛感知的影响与应激相似

D. 如果能有效缓解应激，保持心态平和，疼痛慢性化的发生率将会降低50%

34. 自从前年甲航运公司实行了经理任期目标责任制之后，公司的经济效益也随之逐年上升。可见，只有实行经理任期目标责任制，才能使甲公司经济效益稳步增长。

以下哪项如果为真，最能削弱上述论证？（　　）

A. 近两年国家经济发展速度较快，航运行业的整体形势大好

B. 如果甲航运公司没有实行任期目标责任制，近两年的经济效益会增长得更快

C. 没实行任期目标责任制的乙航运公司，近两年的经济效益也稳步增长

D. 前年甲公司开始实行职工薪酬管理制度改革，极大地调动了公司员工的积极性

35. 所有的地震都是以P波开始的，这些P波移动快速，使地面发生上下震动，造成的破坏较小。下一个是S波，它的移动很慢，使地面前后、左右晃动，破坏性极大。早期预警系统通过测量P波沿地面移动的情况，来预测S波所造成的影响，然后发出警报。然而，从事此类系统工作的科学家们发现，事实上人们并没有多少时间为大地震做好准备。

要得到上述结论，需要补充的最重要前提是（　　）。

A. 地震越大，P波与S波之间的间隔越短，留给人们预警的时间不多

B. 地球上每年大约发生500多万次地震，绝大多数的地震人们根本感觉不到

C. 根据历年大地震的记载，强震大多在夜里瞬间发生，无法在短时间内组织有效的防御行动

D. 发生较大地震时，人们先感到上下颠簸，而后才有很强的水平晃动，这种晃动是由S波造成的

根据所给材料，回答36～40题。

某次历史、地理知识竞赛规定，每个参赛队必须由3名选手组成。参赛队每场回答7道题，其中3道地理题、4道历史题。同类题目均不连续出现，并依次编号。比赛时按顺序答题，每道题只能由一名选手当场作答。

“镇美”队在某场比赛中派出了陈佳、赵义、王冰三名选手参赛。赛前约定：

（1）赵义只回答历史题；

（2）王冰只回答其中1题；

(3) 赵义、陈佳答题总数均不少于2题；

(4) 每个选手连续回答不能超过2题。

36. “镇美”队每个选手完成自己最少的答题任务之后，剩下的题目依次是(　　)。

A. 地理题、历史题　　B. 历史题、地理题

C. 地理题、历史题、地理题　　D. 历史题、地理题、历史题

37. 如果在该场比赛中，陈佳和赵义均答对了一半的题目，则该场比赛“镇美”队答对的总题数最少为(　　)。

A. 1题　　B. 2题　　C. 3题　　D. 4题

38. 如果有两名选手答题总数相同，则可以得出(　　)。

A. 赵义回答了所有历史题

B. 陈佳回答的都是地理题

C. 陈佳和王冰每人各答了一道历史题

D. 陈佳、王冰中的一人回答了一道历史题

39. 如果在该场比赛中，所有的历史题都答对了，而所有的地理题都答错了，假定每题1分，则以下哪项中选手的得分情况是不可能的(　　)。

A. 陈佳=1;赵义=2;王冰=1　　B. 陈佳=2;赵义=1;王冰=1

C. 陈佳=1;赵义=3;王冰=0　　D. 陈佳=2;赵义=2;王冰=0

40. 补充以下哪项，可以确定该场比赛中3名选手各自的答题编号(　　)。

A. 赵义回答的是第1、第7题　　B. 陈佳答了4道题

C. 赵义回答的是第3、第5题　　D. 陈佳回答的是第2、第4和第6题

第四章　数量关系

第一节　题型概述

数量关系主要考查应试者快速理解和解决算术问题的能力。主要涉及数据关系的分析、推理、判断、运算等。内容包括了小学奥数，初高中代数、几何，甚至大学的统计学等众多方面的知识。在高度发达的现代信息社会中，公务员要快速、准确地接受与处理数字信息，因此，公务员必须提升快速数学运算的能力，才能胜任现代化的信息管理工作。

一、基本题型

1. 数学运算。每道题给出一道算术式子，或者表达数量关系的一段文字，要求应试者熟练运用加、减、乘、除等基本运算法则，利用基本的数学知识，准确、迅速地计算出结果。

2. 数字推理。每道题给出一个数列，但其中缺少一项，要求应试者仔细观察这个数列各数字之间的关系，找出其中的排列规律，然后从四个供选择的答案中选出最合适、最合理的一个来填补空缺项，使之符合原数列的排列规律。

二、题型特点和趋势分析

数学运算题量稳定在15道左右，约占总题量的10%。这一题型题量虽然不大，但难度远超其他题型，是行测获取高分的最大障碍。

数字推理虽继续出现在考试大纲中，但在国考中已连续七年未考，未来考查数字推理的可能性较小。

数学运算考点多而分散，但仍以常规题型为主。如几何问题、工程问题、行程问题、排列组合问题、概率问题、利润问题、溶液浓度问题、年龄问题等。数学运算难度较高，需要较强的分析能力，应试者可借助方程法、设特殊值法、十字交叉法、代入排除法等多种方法迅速解题。

第二节　数学运算

数学运算主要考查应试者对基本数量关系的分析能力和理解能力，以及对数学运算方法和策略的运用能力，是历年考试中的难点和热点。基本上考查范围锁定在整数特性、排列组合问题、几何问题、行程问题、工程问题、容斥问题、利润费用问题等几大题型，其余题型每年最多出现一两道。

一、运算技巧

（一）数的奇偶性

1. 奇数和偶数

整数可以分成奇数和偶数两大类，能被2整除的数叫作偶数，不能被2整除的数叫作奇数。偶数通常可以用$2k$（k为整数）表示，奇数则可以用$2k+1$（k为整数）表示。

特别注意，因为0能被2整除，所以0是偶数。

2. 奇数与偶数的运算性质

性质1：偶数±偶数＝偶数，奇数±奇数＝偶数。

性质2：偶数±奇数＝奇数。

性质3：偶数个奇数相加得偶数。

性质4：奇数个奇数相加得奇数。

性质5：偶数×奇数＝偶数，奇数×奇数＝奇数。

总之，在加减法运算中，同奇同偶则为偶，一奇一偶则为奇。乘法运算中，乘数有偶则为偶，乘数同奇则为奇。

【例题精讲】（2004·山东）某次测验有50道判断题，每做对一题得3分，不做或做错一题倒扣1分，某学生共得82分，问答对题数和答错题数（包括不做）相差多少？（　）

A. 33　　B. 39　　C. 17　　D. 16

【答案】D

【解析】由题干可知答对数＋答错数＝50，那么答对数与答错数同奇或同偶，二者之差为偶数。

【例题精讲】（2010·国家）某地劳动部门租用甲、乙两个教室开展农村实用人才培训。两教室均有5排座位，甲教室每排可坐10人，乙教室每排可坐9人。两教室当月共举办该培训27次，每次培训均座无虚席，当月共培训1 290人次。问甲教室当月共举办了多少次这项培训？（　）

A. 8　　B. 10　　C. 12　　D. 15

【答案】 D

【解析】 我们可以设甲教室举办 x 次，乙教室举办 y 次，根据题意我们可以得到二元一次方程：$50x+45y=1\ 290$(1)，$x+y=27$(2)。同样根据数的奇偶性，在(1)式中 $50x$ 为偶数，1 290 也为偶数，那么 $45y$ 也必须为偶数，则 y 必然为偶数，再根据(2)式我们知道 x 必然为奇数，则直接选择答案 D。

（二）数的质合性

1. 质数和合数

(1) 质数。质数又称素数，在大于 1 的自然数中，除了 1 和它本身以外不再有其他因数的数称为质数。20 以内的质数包括：2、3、5、7、11、13、17 和 19。

(2) 合数。合数指自然数中除了能被 1 和它本身整除外，还能被其他数(0 除外)整除的数。20 以内的合数包括：4、6、8、9、10、12、14、15、16、18 和 20。

注意：1 既不属于质数也不属于合数。最小的质数是 2，最小的合数是 4。2 是唯一的一个偶质数。

2. 互质

除了 1 以外，不能同时被其他整数整除的两个正整数互质。如：2 和 3 除了 1 以外，不能同时被其他整数整除，则 2 和 3 互质。

【例题精讲】(2012·国家)某儿童艺术培训中心有 5 名钢琴教师和 6 名拉丁舞教师，培训中心将所有的钢琴学员和拉丁舞学员共 76 人分别平均地分给各个老师带领，刚好能够分完，且每位老师所带的学生数量都是质数。后来由于学生人数减少，培训中心只保留了 4 名钢琴教师和 3 名拉丁舞教师，但每名教师所带的学生数量不变，那么目前培训中心还剩下学员多少人？(　　)

A. 36　　B. 37　　C. 39　　D. 41

【答案】 D

【解析】 设每个钢琴教师带 x 个学生，每个拉丁舞教师带 y 个学生，则 $5x+6y=76$。"每位老师所带的学生数量都是质数"，即 x、y 均为质数，x 代入质数 2、3、5、7、11，可知 $x=2$，$y=11$。培训中心只保留了 4 名钢琴教师和 3 名拉丁舞教师，但每名教师所带的学生数量不变，那么目前培训中心还剩下学员 $4\times2+11\times3=41$ 人。所以正确答案为 D。

$5x+6y=76$。76 是一个偶数，$6y$ 也是一个偶数，那么 $5x$ 肯定是一个偶数，推出 x 是一个偶数，而 x 又是一个质数，因此，x 就是唯一的偶质数 2。代入方程，$y=11$。

（三）数的整除性

1. 整除的概念

若整数 a 除以非零整数 b，商为整数，且余数为零，我们就说 a 能被 b 整除(或说 b 能整除 a)，即 $b \mid a$，读作"b 整除 a"或"a 能被 b 整除"。a 叫作 b 的倍数，b 叫作 a 的约数(或因数)。整除属于除尽的一种特殊情况。

注意 b 不能为 0，0 不能是除数。

2. 整除的性质

(1) 如果数 a 和数 b 能同时被数 c 整除，那么 $a\pm b$ 也能被数 c 整除。

如：24、36 能同时被 6 整除，则它们的和 60、差 12 也能被 6 整除。

(2) 如果数 a 能同时被数 b 和数 c 整除，那么数 a 能被数 b 与数 c 的最小公倍数整除。

如：54 能同时被 6、9 整除，则 54 也能被 6 和 9 的最小公倍数 18 整除。

(3) 如果数 a 能被数 b 整除，c 是任意整数，那么积 ac 也能被数 b 整除。

如：78 能被 39 整除，则 78 乘以任意整数的积，例如 78×3，也能被 39 整除。

(4) 平方数的尾数只能是 0、1、4、5、6、9。

(5) 若一个数能被两个互质数的积整除，那么这个数也能分别被这两个互质数整除。

(6) 若一个质数能整除两个自然数的乘积，那么这个质数至少能整除这两个自然数中的一个。

如：7 能整除 35×8 的积，那么 7 能整除 35。

3. 特殊数字的整除判定

(1) 被 2 整除的特征：看末尾，数的个位上是 0、2、4、6、8(即是偶数)。

(2) 被 3、9 整除的特征：数的各数位上的数字和是 3 或 9 的倍数。

(3) 被 5 整除的特征：看个位，数的个位上是 0、5。

(4) 被 4、25 整除的特征：数的末两位是 4 或 25 的倍数。

(5) 被 8、125 整除的特征：数的末三位是 8 或 125 的倍数。

(6) 被 11 整除的特征：数的奇数位上的数字和与偶数位上的数字和，两者的差是 11 的倍数。

(7) 被 7、11、13 整除的特征：数的末三位与末三位以前的数字所组成的数，两者的差是 7、11、13 的倍数。

(8) 被 12 整除的特征：若一个整数能被 3 和 4 整除，则这个数能被 12 整除。

【例题精讲】(2017·山东)小张的孩子出生的月份乘以 29，出生的日期乘以 24，所得的两个乘积加起来刚好等于 900。问孩子出生在哪一个季度？(　　)

A. 第一季度　　B. 第二季度　　C. 第三季度　　D. 第四季度

【答案】D

【解析】快速解题——数的整除。设孩子出生月份为 x，出生日期为 y，则 $29x+24y=900$。根据整除特性，24 和 900 都能被 12 整除，故 $29x$ 能被 12 整除。x 为出生的月份，所以 x 为 12 月份。因此答案为 D。

【例题精讲】(2013·国家)两个派出所某月内共受理案件 160 起，其中甲派出所受理的案件中有 17%是刑事案件，乙派出所受理的案件中有 20%是刑事案件，问乙派出所在这个月中共受理多少起非刑事案件？(　　)

A. 48　　B. 60　　C. 72　　D. 96

【答案】A

【解析】快速解题——数的整除。要使甲派出所受理的案件中有 17%是刑事案件是整数，则甲派出所受理的案件应该是 100 的倍数，而两个派出所共受理了 160 起，在这范围内最大的 100 的倍数只有 100，所以甲派出所一共受理了 100 件案件，乙派出所一共受理了 60 件案件，可计算出乙派出所在这个月中受理的非刑事案件为 60×0.8=48。

【例题精讲】(2014·上海)一艘海军的训练船上共有60人,其中有驾驶员、船员、见习驾驶员、见习船员、还有一些陆战队员。已知见习人员的总人数是驾驶员和船员总数的四分之一,船员(含见习船员)总人数是驾驶员(含见习驾驶员)总数的7倍,则船上有(　　)个陆战队员。

A. 12　　B. 15　　C. 20　　D. 25

【答案】C

【解析】快速解题——数的整除。由条件"见习人员的总人数是驾驶员和船员总数的四分之一"可知,除陆战队员之外的其他人员应该是5的倍数;同理,由"船员(含见习船员)总人数是驾驶员(含见习驾驶员)总数的7倍",也应该推知,除陆战队员之外的其他人员应该是8的倍数。根据总人数为60,代入可知,只有C选项60－20＝40既是5的倍数又是8的倍数。故选C。

(四) 公约数和公倍数

1. 公约数和最大公约数

几个自然数公有的约数,叫作这几个自然数的公约数。公约数中最大的一个称为这几个自然数的最大公约数。

2. 公倍数和最大公倍数

几个自然数公有的倍数,叫作这几个自然数的公倍数。公倍数中最小的一个大于零的公倍数,叫作这几个自然数的最小公倍数。

【例题精讲】(2008·国家)甲、乙、丙、丁四个人去图书馆借书,甲每隔5天去一次,乙每隔11天去一次,丙每隔17天去一次,丁每隔29天去一次。如果5月18日他们四个人在图书馆相遇,问下一次四个人在图书馆相遇是几月几号?(　　)

A. 10月18日　　B. 10月14日　　C. 11月18日　　D. 11月14日

【答案】D

【解析】每隔n天去一次即每$(n+1)$天去一次。下一次四个人相遇所隔天数应该是6、12、18、30的最小公倍数,即为180。而5月18日后的第180天约经过6个月,故为11月,5月、7月、8月、10月为大月。若下次相遇是11月14日。故正确答案为D。

(五) 余数问题

1. 余数关系式和恒等式的应用

余数基本关系式:被除数÷除数＝商……余数(0≤余数＜除数),但是在这里需要强调两点:

(1) 余数是有范围的(0≤余数＜除数),这需要引起大家足够的重视,因为这是某些题目的突破口。

(2) 由关系式转变的余数基本恒等式也需要掌握:被除数＝除数×商＋余数。

【例题精讲】(2006·山东)有四个自然数A、B、C、D,它们的和不超过400,并且A除以B商是5余5,A除以C商是6余6,A除以D商是7余7。那么,这四个自然数的和是?(　　)

A. 216　　B. 108　　C. 314　　D. 348

【答案】C

【解析】被除数=除数×商+余数。$A=B\times5+5=(B+1)\times5$，由于$A$、$B$均是自然数，于是$A$可以被5整除，同理，$A$还可以被6、7整除，因此，$A$可以表示为5、6、7的公倍数，即$210n$，由于$A$、$B$、$C$、$D$的和不超过400，所以$A$只能等于210，从而可以求出$B=41$、$C=34$、$D=29$，得到$A+B+C+D=314$，选C。

2. 三大余数定理

(1) 余数的加法定理

a与b的和除以c的余数，等于a，b分别除以c的余数之和，或这个和除以c的余数。

例如：23，16除以5的余数分别是3和1，所以(23+16=39)除以5的余数等于4，即两个余数的和3+1。

当余数的和比除数大时，所求的余数等于余数之和再除以c的余数。

例如：23，19除以5的余数分别是3和4，故(23+19=42)除以5的余数等于(3+4=7)除以5的余数，即2。

(2) 余数的乘法定理

a与b的乘积除以c的余数，等于a，b分别除以c的余数的积，或者这个积除以c所得的余数。

例如：23，16除以5的余数分别是3和1，所以23×16除以5的余数等于3×1=3。

当余数的和比除数大时，所求的余数等于余数之积再除以c的余数。

例如：23，19除以5的余数分别是3和4，所以23×19除以5的余数等于3×4除以5的余数，即2。

(3) 同余定理

同余问题核心口诀：最小公倍数作周期，余同取余，和同加和，差同减差。

①余同取余：一个数除以4余1，除以5余1，除以6余1，这个数是$60n+1$。

【解析】设这个数为A，则A除以4余1，除以5余1，除以6余1，那么$A-1$就可以被4、5、6整除。4、5、6的最小公倍数为60，所以$A-1$就可以表示为$60n$，因此，$A=60n+1$。

②和同加和：一个数除以4余3，除以5余2，除以6余1，这个数是$60n+7$。

③差同减差：一个数除以4余3，除以5余4，除以6余5，这个数是$60n-1$。

说明：在这里，n的取值范围为整数，可以为正数也可以取负数。

【例题精讲】(2019·山东)一个盒子里有乒乓球100多个，如果每次取5个出来最后剩下4个，如果每次取4个最后剩3个，如果每次取3个最后剩2个，那么如果每次取12个最后剩多少个？(　　)

A. 11　　B. 10　　C. 9　　D. 8

【答案】A

【解析】"每次取4个最后剩3个，每次取3个最后剩2个"即乒乓球总数除以4余3、除以3余2，根据"差同减差"规则，乒乓球的总数可以表示为12n－1、除以12余11，所以，正确答案为A。

【例题精讲】(2006·国家)一个三位数除以9余7,除以5余2,除以4余3,这样的三位数共有多少个?( )

A. 5个　　B. 6个　　C. 7个　　D. 8个

【答案】A

【解析】除以5余2,除以4余3,除数与对应余数的和相同,根据"和同加和"规则,满足这两个条件的数可以表示为$A=20n+7$,表示除以20余7;"除以20余7"与"除以9余7",余数相同,根据"余同取余"规则,这个数可以表示为$180n+7$,由于这个数为三位数,所以n可以取1、2、3、4、5,所以共5个。因此,正确答案为A。

(六) N^n的尾数变化周期

1. 其幂的尾数变化周期为4的数:2、3、7、8。

$2^1=2, 2^2=4, 2^3=8, 2^4=16 \cdots\cdots 2^5=...2$

$3^1=3, 3^2=9, 3^3=27, 3^4=81 \cdots\cdots 3^5=...3$

$7^1=7, 7^2=49, 7^3=343, 7^4=2\,401 \cdots\cdots 7^5=...7$

$8^1=8, 8^2=64, 8^3=512, 8^4=4\,096 \cdots\cdots 8^5=...8$

2. 其幂的尾数变化周期为2的数:4、9。

$4^1=4, 4^2=16 \cdots\cdots 4^3=...4$

$9^1=9, 9^2=81 \cdots\cdots 9^3=...9$

3. 其幂的尾数变化周期为1的数:1、5、6。

【例题精讲】(2000·国家)$1\,988^{1\,989}+1\,989^{1\,988}$的个位数是( )。

A. 9　　B. 7　　C. 5　　D. 3

【答案】A

【解析】$1\,988^{1\,989}$的尾数是$8^{1\,989}$的尾数,8^x的变化周期为4,$1\,989\div4=497\cdots\cdots1$,故$8^{1\,989}$的尾数与$8^1$相同,即$1\,988^{1\,989}$的尾数是8。同理,$9^x$的变化周期为2,$1\,988\div2=994\cdots\cdots0$,故$9^{1\,988}$的尾数与$9^2$相同,即$1\,989^{1\,988}$的尾数是1。故$1\,988^{1\,989}+1\,989^{1\,988}$的个位数是$8+1=9$。答案为A。

二、常用解题方法

1. 方程法

方程法是解决数学运算问题的基本方法,其基本思路为:根据题意设未知量→找等量关系→列出方程→化简、解出方程。其中最关键的就是快速找到等量关系。题目中等量关系一般存在两种:一是题目中直接存在的和、商、积、差关系,二是找题目中已知或隐含的不变量。

【例题精讲】(2014·国家)某单位原有45名职工,从下级单位调入5名党员职工后,该单位的党员人数占总人数的比重上升了6个百分点,如果该单位又有2名职工入党,那么该单位现在的党员人数占总人数的比重为多少?( )

A. 40%　　B. 50%　　C. 60%　　D. 70%

【答案】B

【解析】根据题意可设原有的45人中共有党员x人，根据“从下级单位调入5名党员职工后，该单位的党员人数占总人数的比重上升了6个百分点”，可列方程$\frac{x}{45}+6\%=\frac{5+x}{50}$，得到$x=18$；职工中又2名入党，则现在党员所占比重为$(18+5+2)\div(45+5)\times100\%=50\%$，因此正确答案为B。

【例题精讲】（2016·山东）某公司甲、乙和丙三个销售部在2014年的销售额分别占公司总销售额的40%、35%和25%，其在2015年的销售额分别比上年增长了20%、300万元和16%，而总销售额增长了1 800万元。问甲销售部的销售额较上年增长的数量比丙销售部高多少万元？（　　）

A. 200　　B. 300　　C. 400　　D. 500

【答案】D

【解析】根据题意设2014年总销售额为x，则甲销售部的销售额为$40\%x$，2015年比上年增长了$40\%x\times20\%=0.08x$；同理丙销售部比上年增长了$25\%x\times16\%=0.04x$。根据“2015年甲、乙和丙总销售额增长了1 800万元”可列出方程：$0.08x+300+0.04x=1\,800$（万元），即$0.12x=1\,500$（万元），而甲销售部的销售额较上年增长的数量比丙销售部高$0.08x-0.04x=0.04x=0.12x\div3=1\,500\div3=500$（万元）。所以，正确答案为D。

2. 特值法

所谓特值法，就是通过设题中某个未知量为特殊值，从而简化运算，快速得出答案的一种方法。特值法应用广泛，适用于解决计算问题、工程问题、行程问题、利润问题、浓度问题等。设特值时，首先应满足题干要求的取值范围。其次，这个量与最终要求的量有紧密的联系。

【例题精讲】（2016·山东）三个工程队完成一项工程，每天两队工作、一队轮休，最后耗时13天整完成了这项工程。问如果不轮休，三个工程队一起工作，将在第几天内完成这项工程？（　　）

A. 6天　　B. 7天　　C. 8天　　D. 9天

【答案】D

【解析】利用特值法，设三个工程队的效率一样且均为1，则工程总量为$1\times2\times13=26$。若三队不轮休，在一起工作的总效率就为3，那么完成工程的时间为$26\div3\approx8.7$（天），因此将在第9天完成这项工程。D项当选。

【例题精讲】（2012·国家）某商店花10 000元进了一批商品，按期望获得相当于进价25%的利润来定价，结果只销售了商品总量的30%，为尽快完成资金周转，商店决定打折销售，这样卖完全部商品后，亏本1 000元，问商店是按定价打几折销售的？（　　）

A. 九折　　B. 七五折　　C. 六折　　D. 四八折

【答案】C

【解析】本题属于经济利润问题。设一共有10件商品，折扣为M，则每件商品进价为1 000元，利润为250元，可列方程$1\,250\times3+1\,250M\times7=9\,000$，解得$M=0.6$，所以选择C选项。

3. 代入排除法

所谓代入排除法，就是将选项代入到题干的数量关系中，通过验算、计算，判断选项是否符合题干的要求，如果符合，即为正确答案；如果不符合，再代入下一个选项去做尝试，直至找到正确答案。

【例题精讲】（天津·2014）在一堆桃子旁边住着5只猴子。深夜，第一只猴子起来偷吃了一个，剩下的正好平均分成5份，它藏起自己的一份，然后去睡觉。过了一会儿，第二只猴子起来也偷吃了一个，剩下的也正好平均分成5份，它也藏起自己的一份，然后去睡觉。第三、四、五只猴子也都依次这样做。问那堆桃子最少有多少个？（　　）

A. 4 520　　B. 3 842　　C. 3 121　　D. 2 101

【答案】C

【解析】代入排除法。第一只猴子吃了1个，剩下的平均分成5份，桃子数量减1被5整除，排除A、B。题目“问那堆桃子最少有多少个”，代入D项较小数2101，不能被5整除，排除。验证C项：3121－1＝3120，3120－3120÷5＝2496，2496－1＝2495，2495－2495÷5＝1996，故正确。

4. 十字交叉法

十字交叉法是数学运算及资料分析中经常用到的一种解题方法，熟练运用可以大大提高应试者的解题速度。该方法主要用于平均分问题、利润平均问题、溶液混合问题等。

已知部分1的平均量为a，样本数为A；部分2的平均量为$b(b<a)$，样本数为B；整体的平均量为r。以上五个量具有以下关系：

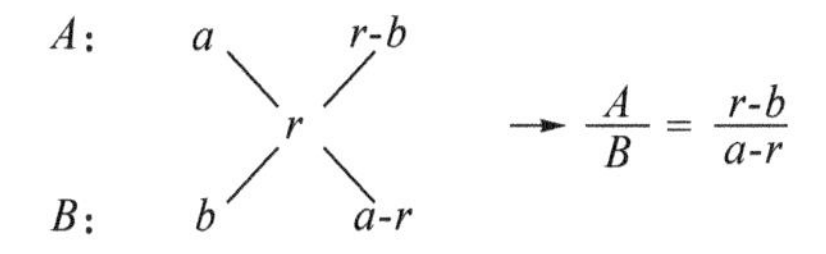

(1) 平均分问题

【例题精讲】某学校对其120名学生进行随机抽查体能测验，平均分是75分，其中男生的平均分是87分，女生的平均分是67分，男生比女生少多少人？（　　）

A. 18　　B. 20　　C. 24　　D. 34

【答案】C

【解析】男生部分平均分为87分，样本数为人数；女生部分的平均分为67分，样本数为人数；整体的平均分为75分，差值量之比等于两个部分的人数之比。如下图示：

整体量　　差值量　　人数

男生87　　　　8　　　2
　　　75　　 ── ＝ ──
女生67　　　　12　　 3

所以男生人数与女生人数的比为2∶3，共计120人，所以女生是72人，男生是48人，男生比女生少24人。

(2) 利润问题

【例题精讲】有一批商品,按照50%的利润定价,结果只售出70%,剩下的商品决定打折出售,这样获得的全部利润是原来能获得利润的82%。问,余下的商品几折出售?( )

A. 6.5折　　B. 8折　　C. 7.5折　　D. 7折

【答案】B

【解析】一部分平均利润率为50%,样本数为总体量的70%;另一部分平均利润率为打折后的利润率,未知设为$x\%$,样本数为总体量的30%;整体的平均利润率为$50\%\times82\%=41\%$,差值量之比等于两个部分的样本数之比。如下图示:

$$\begin{matrix}50\% & & \\ & 41\% & \\ x\% & & \end{matrix}\quad \frac{(41-x)\%}{9\%}=\frac{70\%}{30\%}$$

解得$x=20$,设进价为100,则原定价为$100\times(1+50\%)=150$,打折后价格为$100\times(1+20\%)=120$,所以折扣为$120\div150=80\%$,即打了8折。

(3) 溶液问题

【例题精讲】已知在浓度为80%的甲瓶中取20 g溶液,在浓度为50%的乙瓶中取30 g溶液,进行混合,得到的溶液的浓度为多少?

A. 75%　　B. 62%　　C. 85%　　D. 90%

【答案】B

【解析】一部分溶液浓度为80%,样本数为溶液量20 g;另一部分溶液浓度为50%,样本数为溶液量30 g;整体的浓度未知,设为$x\%$。差值量之比等于两个部分的样本数之比。如下图示:

$$\begin{matrix}80\% & & \\ & x\% & \\ 50\% & & \end{matrix}\quad \frac{(x-50)\%}{(80-x)\%}=\frac{20\text{ g}}{30\text{ g}}$$

解得$x=62$。即混合后的平均浓度为62%。

三、基本题型

(一) 几何问题

1. 基本公式

平面图形的周长和面积公式

图形	周长	面积
三角形		$S=\frac{1}{2}ah$(a为一边边长,h为长为a的边对应的高)
正方形	$C=4a$	$S=a^2$(a为正方形的边长)
长方形	$C=2\times(a+b)$	$S=ab$(a、b为长方形的长和宽)
梯形		$S=\frac{1}{2}(a+b)h$(a为上底,b为下底,h为高)

续表

图形	周长	面积
平行四边形		$S=ah$（a 为一边边长，h 为长为 a 的边对应的高）
圆形	$C=\pi d=2\pi r$	$S=\pi r^2=\frac{1}{4}\pi d^2$（$r$ 为圆的半径，d 为圆的直径）
扇形		$S=\frac{n\pi r^2}{360}$（r 为扇形的半径，n 为扇形的角度）
圆环		$S=\pi(R^2-r^2)$（R 为圆环大圆半径，r 为圆环小圆半径）

立体图形表面积和体积公式

图形	表面积	体积
正方体	$S=6a^2$	$V=a^3$
长方体	$S=2(ab+bc+ac)$	$V=abc$
圆柱体	$S=2\pi r^2+2\pi rh$	$V=Sh=\pi r^2 h$
圆锥体	$S=\pi rl+\pi r^2$	$V=\frac{1}{3}\pi r^2 h$
球体	$S=4\pi r^2$	$V=\frac{4}{3}\pi r^3 h$

常用的几何性质及结论：

（1）三角形中，两边之和大于第三边，两边之差小于第三边。较大的角对应的边较长，反之亦然。

（2）直角三角形两直角边的平方和等于斜边的平方（勾股定理）。如果一个三角形是直角三角形，那么这个三角形斜边上的中线等于斜边的一半（直角三角形斜边中线定理）。

（3）n 边形的内角和为 $(n-2)\times180°$，任意多边形的外角和等于 $360°$。

（4）对于常见的几何图形，若其边长变为原来的 n 倍，则其周长变为原来的 n 倍，面积变为原来的 n^2 倍，体积变为原来的 n^3 倍。

（5）平面图形：①周长一定，越趋近于圆，面积越大；②面积一定，越趋近于圆，周长越小。

（6）立体图形：①表面积一定，越趋近于球，体积越大；②体积一定，越趋近于球，表面积越小。

2. 解题技巧

熟练掌握常用平面图形的特点及周长和面积的计算；熟悉常用立体图形的特点及面积、体积的计算；掌握立体图形的三视图、几何构造方法，提升空间思维能力、空间想象能力。

【例题精讲】（2018·国家）将一块长 24 厘米、宽 16 厘米的木板分割成一个正方形和两个相同的圆形，其余部分弃去不用。在弃去不用的部分面积最小的情况下，圆的半径为多少厘米？（　　）

A. 4　　B. $2\sqrt{2}$　　C. $3\sqrt{2}$　　D. 8

【答案】A

【解析】弃去不用的面积最小，那么切割的正方形面积应尽可能大。

如图所示，切一个边长为16厘米的正方形，剩下的长方形长16厘米，宽8厘米。可切出两个半径为4厘米的圆。所以，正确答案为A。

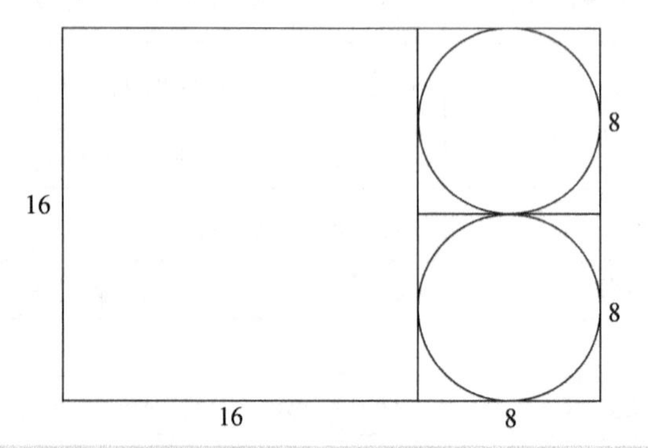

【例题精讲】(2004·国家)半径为5厘米的三个圆弧围成如右图所示的区域，其中AB弧与AD弧是四分之一圆弧，而BCD弧是一个半圆弧，则此区域的面积是多少平方厘米？(　　)

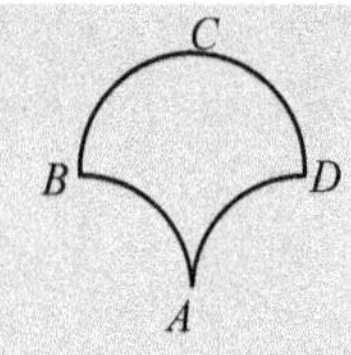

A. 25　　B. $10+5\pi$

C. 50　　D. $50+5\pi$

【答案】C

【解析】如下图所示，BCD弧的面积与长方形$MBDN$的面积相等，因此，BCD弧的面积等于50平方厘米，正确答案为C。

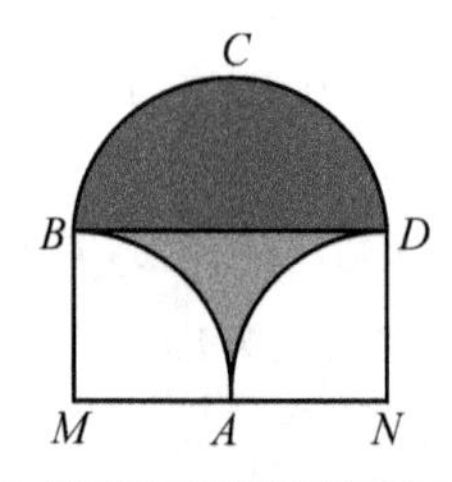

【例题精讲】(2015·国家)某学校准备重新粉刷升国旗的旗台，该旗台由两个正方体上下叠加而成，边长分别为1米和2米，问需要粉刷的面积为(　　)。

A. 30平方米　　B. 29平方米　　C. 26平方米　　D. 24平方米

【答案】D

【解析】如下图，需要粉刷的面积为大小正方体的5个面，再减去两者相叠部分的面积。$5\times2\times2+5\times1\times1-1\times1=24$(平方米)。

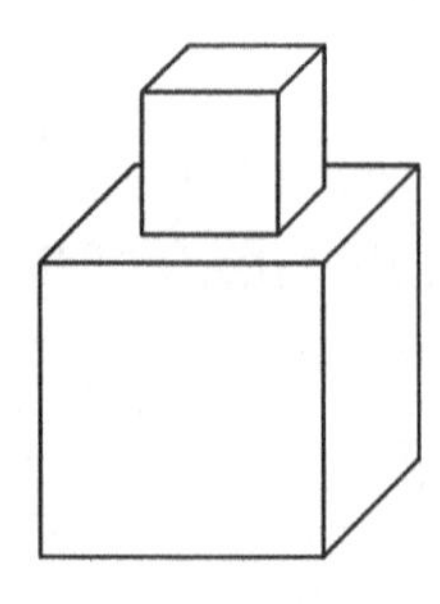

【例题精讲】(2011·国家)用一个平面将一个边长为1的正四面体切分为两个完全相同的部分,则切面的最大面积为( )。

A. $\frac{1}{4}$ B. $\frac{\sqrt{2}}{4}$ C. $\frac{\sqrt{3}}{4}$ D. $\frac{1}{2}$

【答案】B

【解析】如图,割面是一个边长为$\frac{\sqrt{3}}{2}$、底为1的等腰三角形,求得面积为$\frac{\sqrt{2}}{4}$。

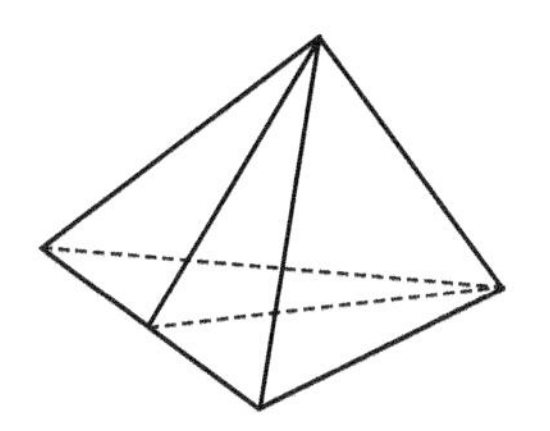

(三)工程问题

1. 基本公式。工程问题是从效率的角度研究工作总量、工作时间和工作效率三个量之间的关系,它们有如下关系:

工作效率×工作时间=工作总量

工作总量÷工作效率=工作时间

工作总量÷工作时间=工作效率

工作总量=各分工作量之和

2. 核心考点。(1) 合作完工。效率和=效率1+效率2+……;工作总量=工作量1+工作量2+……(2) 交替完工。①将工作总量、工作效率设为易于计算的特殊值。②确定一个循环周期下完成的工作量。③确定若干个循环周期后剩余的工作量。④计算题目设问。

3. 解题技巧。设工作总量为1,设工作时间的最小公倍数为工作总量,设工作效率为1。

【例题精讲】(2019·山东)A、B两台高性能计算机共同运行30小时可以完成某个计算任务,如两台计算机共同运行18小时后,A、B计算机分别抽调出20%和50%的计算资源去执行其他任务,最后任务完成的时间会比预计时间晚6小时,如两台计算机共同运行18小时后,由B计算机单独运行,还需要多少小时才能完成该任务?( )

A. 22 B. 24 C. 27 D. 30

【答案】C

【解析】分别抽调出20%和50%的计算资源后。A、B两台计算机的效率变为(1−20%)=0.8A,(1−50%)B=0.5B。对于剩下30−18=12小时的任务量,可得12A+12B=(0.8A+0.5B)×(12+6),整理得4A=5B;假设A效率5、B效率4,则B计算机单独运行还需(5+4)×12/4=27小时,所以,正确答案为C。

【例题精讲】（2014·国家）甲、乙两个工程队共同完成 A 和 B 两个项目，已知甲队单独完成 A 项目需 13 天，单独完成 B 项目需 7 天；乙队单独完成 A 项目需 11 天，单独完成 B 项目需 9 天。如果两队合作用最短的时间完成两个项目，则最后一天两队需要共同工作多少时间就可以完成任务？（　　）

A. $\frac{1}{12}$天　　B. $\frac{1}{9}$天　　C. $\frac{1}{7}$天　　D. $\frac{1}{6}$天

【答案】 D

【解析】 设工作总量为 1，确定甲、乙的工作效率。甲做 A 项目的工作效率为$\frac{1}{13}$，乙做 A 项目的工作效率为$\frac{1}{11}$。甲做 B 项目的工作效率为$\frac{1}{7}$，乙做 B 项目的工作效率为$\frac{1}{9}$。因此，甲先做 B 项目，乙先做 A 项目。甲做 B 项目 7 天完工，此时乙的 A 项目已完成工作总量的$\frac{7}{11}$，还剩$\frac{4}{11}$。剩下的工作由甲、乙共同完成，所需时间为：$\frac{4}{11}\div\left(\frac{1}{11}+\frac{1}{13}\right)=2\frac{1}{6}$，最后一天只需要共同工作$\frac{1}{6}$天，就可完成任务。

【例题精讲】（2015·国家）某农场有 36 台收割机，要收割完所有的麦子需要 14 天时间。现收割了 7 天后增加 4 台收割机，并通过技术改造使每台机器的效率提升 5%，问收割完所有的麦子还需要几天？（　　）

A. 3　　B. 4　　C. 5　　D. 6

【答案】 D

【解析】 设每台收割机每天的工作效率为 1，则工作总量为 36×14，7 天后剩下的工作量为 36×7，由 $36+4=40$（台）收割机完成。由于每台收割机效率提高 5%，因此割完所有麦子还需要 $(36\times7)\div[40\times(1+5\%)]=6$（天）。

【例题精讲】（2012·山东）某蓄水池有一进水口 A 和一出水口 B，池中无水时，打开 A 口关闭 B 口，注满整个蓄水池需 2 小时；池中注满水时，打开 B 口关闭 A 口，放干池水需 1 小时 30 分钟。现池中有占总容量$\frac{1}{3}$的水，问同时打开 A、B 口，需多长时间才能把池水放干？（　　）

A. 90 分钟　　B. 100 分钟　　C. 110 分钟　　D. 120 分钟

【答案】 D

【解析】 2 小时＝120 分钟，1 小时 30 分钟＝90 分钟。设蓄水池总容量为 360（取 120 和 90 的最小公倍数），则由题干可知 A 口每分钟注入的水量为 $360\div120=3$，B 口每分钟放出的水量为 $360\div90=4$。两口同开，每分钟放出的水量为 $4-3=1$。因此要想将占总容量$\frac{1}{3}$的水放干，需要 $360\times\frac{1}{3}\div1=120$（分钟）。

（四）行程问题

行程问题的关键是速度、时间和路程。问题千变万化，但万变不离其宗，归根结底是这三者的变化。行程问题可分为五大类：相遇问题、追及问题、流水问题、火车问题、电梯问题。

1. 相遇问题

基本公式：相遇距离＝(甲速度＋乙速度)×相遇时间。相遇问题的核心是速度和问题。

(1) 一次相遇问题

【例题精讲】(2007·国家)A、B两站之间有一条铁路，甲、乙两列火车分别停在A站和B站，甲火车4分钟走的路程等于乙火车5分钟走的路程，乙火车上午8时整从B站开往A站，开出一段时间后，甲火车从A站出发开往B站，上午9时整两列火车相遇，相遇地点离A、B两站的距离比是15∶16。那么，甲火车在(　　)从A站出发开往B站。

A. 8时12分　　B. 8时15分　　C. 8时24分　　D. 8时30分

【答案】B

【解析】设甲火车的速度为V，那么乙火车的速度为$\frac{4}{5}V$，设甲用了t分钟与乙相遇。$Vt:\frac{4}{5}V\times60=15:16$。$t=45$，因此，甲火车8时15分出发。

设甲晚走了X分钟，$(60\times5-5X):4\times60=15:16$。$X=15$，即甲比乙晚出发15分钟，所以是8时15分。

甲、乙两列火车的速度比是5∶4，两列火车相遇时所走的路程比为15∶16。所以甲、乙两列火车所用时间比为$(15\div5):(16\div4)=3:4$，乙火车用了1个小时，所以甲火车用时45分钟，因此，甲火车8时15分出发。

(2) 多次相遇问题

①直线异地多次相遇。A、B两地距离为S，甲、乙两人分别从A、B两地同时出发，相向而行，经过时间t，在C点相遇。甲、乙继续前行，做往返运动，其相遇过程如下：

	甲乙走的路程和	甲走的路程	乙走的路程	所用时间
第一次相遇	S	AC	BC	t
第二次相遇	$3S$	$3AC$	$3BC$	$3t$
第三次相遇	$5S$	$5AC$	$5BC$	$5t$
第N次相遇	$(2n-1)S$	$(2n-1)AC$	$(2n-1)BC$	$(2n-1)t$

【例题精讲】(2015·河北)某高校两校区相距2 760米，甲，乙两同学从各自校区同时出发到对方校区，甲的速度为70米每分钟，乙的速度为110米每分钟，在路上二人第一次相遇后继续行进，到达对方校区后马上回返，那么两人从出发到第二次相遇需要多少分钟？(　　)

A. 32　　B. 46　　C. 61　　D. 64

【答案】B

【解析】本题属于直线异地多次相遇问题。从起点到第二次相遇甲、乙两人共走了三个全程，需要的时间＝2 760×3/(70＋110)＝46(分钟)，正确答案为B。

【例题精讲】甲、乙两艘渡轮在同一时刻垂直驶离 H 河的 A、B 两岸相向而行，甲船从 A 岸驶向 B 岸，乙船从 B 岸开往 A 岸，它们在距离较近的 A 岸 720 米处相遇。到达预定地点后，每艘船都要停留 10 分钟，以便让乘客上船下船，然后返航。这两艘船在距离 B 岸 400 米处又重新相遇。问：该河的宽度是多少？（　　）

A. 1 120 米　　B. 1 280 米　　C. 1 520 米　　D. 1 760 米

【答案】D

【解析】第一次相遇时，甲、乙两船走的总路程为 AB 之间的距离，第二次相遇时，两船共走了 3 个 AB 全程，即两船分别走了第一次相遇时各自所走路程的 3 倍，可知甲船共走了 720×3 米。AB 两岸的距离为 720×3－400＝1 760 米，D 项为正确答案。

【例题精讲】在一次航海模型展示活动中甲乙两款模型在长 100 米的水池两边同时开始相向匀速航行，甲款模型航行 100 米要 72 秒，乙款模型航行 100 米要 60 秒。若调头转身时间略去不计，在 12 分钟内甲乙两款模型相遇次数是（　　）。

A. 9 次　　B. 10 次　　C. 11 次　　D. 12 次

【答案】C

【解析】由题意可知，12 分钟时，甲、乙模型行驶的路程分别为 $12\times60\times\frac{100}{72}=1\ 000$（米）和 $12\times60\times\frac{100}{60}=1\ 200$（米），两车的路程和为 2 200 米，根据公式：路程和＝$(2n-1)\times S$，解得 $n=11.5$。故两模型相遇了 11 次。因此，本题答案选 C。

②环形路线多次相遇问题

甲乙两人在环形跑道上从同一地点同时相向而行，则他们的相遇过程如下：

	甲乙走的路程和	甲走的路程	乙走的路程	所用时间
第一次相遇	一圈	$S_甲$	$S_乙$	t
第二次相遇	二圈	$2S_甲$	$2S_乙$	$2t$
第三次相遇	三圈	$3S_甲$	$3S_乙$	$3t$
第 N 次相遇	n 圈	$nS_甲$	$nS_乙$	nt

【例题精讲】老张和老王两个人在周长为 400 米的圆形池塘边散步。老张每分钟走 9 米，老王每分钟走 16 米。现在两个人从同一点反方向行走，那么出发后多少分钟他们第二次相遇？（　　）

A. 16　　B. 32　　C. 25　　D. 20

【答案】B

【解析】解析：环形多次相遇问题，每次相遇所走的路程和为一圈。因此第二次相遇时，两人走过的路程和刚好是池塘周长的 2 倍，相遇时间＝路程÷速度和，即 400×2÷(9＋16)＝32（分钟）。

2. 追及问题

基本公式：甲、乙同时行走，速度不同，这就产生了“追及问题”。假设甲走得快，乙走得慢，在相同时间(追及时间)内：

追及路程＝甲的路程－乙的路程＝甲的速度×追及时间－乙的速度×追及时间＝速度差×追及时间

追及问题的核心是“速度差”。

【例题精讲】(2003·国家)姐弟出游，弟弟先走一步，每分钟走40米，走80米后姐姐追他。姐姐每分钟走60米，姐姐带的小狗每分钟跑150米。小狗追上弟弟又跑去找姐姐，碰上姐姐又去追弟弟，这样跑来跑去，直到姐弟相遇，小狗才停下来，问小狗跑了多少米？(　　)

A. 600　　B. 800　　C. 1 200　　D. 1 600

【答案】A

【解析】追及距离＝(甲速度－乙速度)×追及时间，即80÷(60－40)＝4分钟，小狗跑的路程为150×4＝600(米)。

【例题精讲】甲、乙两人从同一起跑线上绕300米环形跑道跑步，甲每秒跑6米，乙每秒跑4米。问第二次追上时甲跑了几圈？(　　)

A. 6圈　　B. 4圈　　C. 8圈　　D. 2圈

【答案】A

【解析】第二次追上时甲比乙多跑了2圈，追及距离＝(甲速度－乙速度)×追及时间。设追及时间为t，$(6-4)\times t=600$，解得：$t=300$(秒)。甲跑的圈数为：6×300÷300＝6(圈)，所以答案为A。

3. 流水行船问题

基本公式：

顺水速度＝船速＋水速

逆水速度＝船速－水速

船速＝(顺水速度＋逆水速度)/2

水速＝(顺水速度－逆水速度)/2

【例题精讲】(2017·山东)有A、B两家工厂分别建在河流的上游和下游，甲、乙两船分别从A、B港口出发前往两地中间的C港口。C港与A厂的距离比其与B厂的距离远10公里。乙船出发后经过4小时到达C港，甲船在乙船出发后1小时出发，正好与乙船同时到达。已知两船在静水中的速度都是32公里/小时，问河水流速是多少公里/小时？(　　)

A. 4　　B. 5　　C. 6　　D. 7

【答案】C

【解析】设水流速度为V，$(32+V)\times 3-(32-V)\times 4=10$，代入得C项正确。

【例题精讲】一艘轮船从河的上游甲港顺流到达下游的丙港，然后调头逆流向上到达中游的乙港，共用了12小时。已知这条轮船的顺流速度是逆流速度的2倍，水流速度是每小时2千米，从甲港到乙港相距18千米。则甲、丙两港间的距离为(　　)。

A. 44千米　　B. 48千米　　C. 30千米　　D. 36千米

【答案】A

【解析】顺流速度－逆流速度＝2×水流速度，又顺流速度＝2×逆流速度，可知顺流速度＝4×水流速度＝8(千米/时)，逆流速度＝2×水流速度＝4(千米/时)。设甲、丙两港间距离为 x 千米，可列方程 $x\div8+(x-18)\div4=12$，解得 $x=44$。

4. 火车行程问题

(1) 火车过桥、过隧道问题

基本公式：

火车长＋桥长＝火车速度×过桥时间

火车速度＝(火车长＋桥长)÷过桥时间

过桥时间＝(火车长＋桥长)÷火车速度

【例题精讲】一列火车长 180 米，每秒行 25 米。全车通过一条 120 米的大桥，需要多长时间？(　　)

A. 10 秒　　B. 12 秒　　C. 14 秒　　D. 16 秒

【答案】B

【解析】过桥时间＝(火车长＋桥长)÷火车速度，所以(180＋120)÷25＝12(秒)，所以，正确答案为 B。

(2) 火车超车问题

两列火车同向运行，甲火车要超过乙火车是超车问题，所需时间是：

(甲车身长＋乙车身长)÷(甲车速－乙车速)

【例题精讲】一列慢车车身长 125 米，车速是每秒 17 米；一列快车车身长是 140 米，车速是每秒 22 米。慢车在前面行驶，快车从后面追上到完全超过需要多少秒？(　　)

A. 45 秒　　B. 50 秒　　C. 51 秒　　D. 53 秒

【答案】D

【解析】(125＋140)÷(22－17)＝53(秒)，所以正确答案为 D。

(3) 火车错车问题

两列火车相向运行，甲、乙火车从车头相遇到车尾相离是错车问题，所需时间是：

(甲车身长＋乙车身长)÷(甲速＋乙速)

【例题精讲】有两列火车，一车长 130 米，每秒行 23 米，另一车长 250 米，每秒行 15 米，现在两车相向而行，问从遇见到离开需要几秒钟？(　　)

A. 8 秒　　B. 10 秒　　C. 12 秒　　D. 14 秒

【答案】B

【解析】根据公式：(甲车身长＋乙车身长)÷(甲速＋乙速)可得：(130＋250)÷(23＋15)＝10(秒)。所以，正确答案为 B。

5. 电梯问题

基本公式：

人的方向与电梯方向一致：能看到的电梯级数＝(人速＋电梯速度)×沿电梯运动方向运动所需时间

人的方向与电梯方向相反：能看到的电梯级数＝（人速－电梯速度）×逆电梯运动方向运动所需时间

【例题精讲】（2005·国家）商场的自动扶梯匀速自下而上行驶，两个孩子嫌扶梯走得太慢，于是在行驶的扶梯上，男孩每秒向上行走2个阶梯，女孩每2秒向上行走3个阶梯。如果男孩用40秒到达，女孩用50秒到达，则当电梯停止时，可看到的扶梯级有（　　）。

A. 80　　B. 100　　C. 120　　D. 140

【答案】B

【解析】设电梯的速度为V，$(2+V)\times 40=(1.5+V)\times 50$，$V=0.5$，扶梯级数为$(2+0.5)\times 40=100$。

【例题精讲】（2007·山东）甲、乙两人在匀速上升的自动扶梯从底部向顶部行走，甲每分钟走扶梯的级数是乙的2倍；当甲走了36级到达顶部，而乙则走了24级到顶部。那么，自动扶梯有多少级露在外面？（　　）

A. 68　　B. 56　　C. 72　　D. 85

【答案】C

【解析】甲、乙走到顶部时间之比为36/2∶24＝3∶4，则扶梯运送两人的距离之比也为3∶4，分别假定为$3x$、$4x$。假设扶梯总长为L，则可得：$L=36+3x$，$L=24+4x$，解得$L=72$，$x=12$。故正确答案为C。

设乙单位时间走1步，甲走2步，扶梯上升x步，则甲到顶需时18个单位时间，乙需24个单位时间。$36+18x=24+24x$，$x=2$，扶梯在外部分有梯$36+18\times 2=72$。

（五）利润费用问题

1. 基本公式

总售价＝单价×销售量

总利润＝单件利润×销售量

总利润＝总售价－总成本

单件利润＝单价－单件成本

利润率＝利润/成本

＝（售价－成本）/成本

＝售价/成本－1

售价＝成本×（1＋利润率）

成本＝售价/（1＋利润率）

2. 解题技巧

利润费用一般采用方程法、特值法、代入排除法三种方法。用方程法解利润问题时设成本为未知量，用特值法时设成本为特值，而且设成1，10，100这样好算的单位量。

【例题精讲】（2018·国家）甲商店购入400件同款夏装。7月以进价的1.6倍出售，共售出200件；8月以进价的1.3倍出售，共售出100件；9月以进价的0.7倍将剩余的100件全部售出，总共获利15 000元。则这批夏装的单件进价为多少元？（　　）

A. 100　　B. 120　　C. 125　　D. 144

【答案】C

【解析】设单件进价为 x，7 月总利润为 $200\times0.6x$；8 月利润为 $100\times0.3x$；9 月利润为 $-100\times0.3x$，总利润为 $200\times0.6x=15\ 000$，$x=125$。所以，本题正确答案为 C。

【例题精讲】（2015・山东）商场里某商品成本上涨了 20%，售价只上涨了 10%，毛利率（利润/进货价）比以前的下降了 10 个百分点。问原来的毛利率是多少？（　　）

A. 10%　　B. 20%　　C. 30%　　D. 40%

【答案】B

【解析】特值法。设成本为 100，售价为 x，那么 $\frac{x-100}{100}-\frac{1.1x-120}{120}=\frac{1}{10}$，$x=120$，所以，原来的毛利率为 $\frac{120-100}{100}=20\%$，所以，正确答案为 B。

【例题精讲】（2016・山东）某商品上周一开始销售，售价为 100 元/件，商家规定：如日销售量超过 100 件，则第二天每件提价 10%销售；如日销售量不超过 50 件，则第二天每件降价 10%销售；其他情况价格不变。最终发现，上周该商品共销售了 400 件。问上周日该商品的价格最高可能是多少元？（　　）

A. 99　　B. 100　　C. 110　　D. 121

【答案】C

【解析】代入排除法。周一到周六共 6 天时间，代入 D 项，如果周日价格为 121 元，说明前 6 天里有两次提价、四次不变，前六天总销售量至少 $=(101\times2)+(51\times4)=406>400$，不满足条件。代入 C 项，如果周日价格为 110 元，说明前六天里有一次提价、五次不变，前六天总销售量至少 $=(101\times1)+(51\times5)=356$，满足条件，所以，正确答案为 C。

（六）排列组合问题

1. 基本定义及公式

排列的定义：从 n 个不同元素中，任取 m（$m\leqslant n$，m 与 n 均为自然数，下同）个元素按照一定的顺序排成一列，叫作从 n 个不同元素中取出 m 个元素的一个排列。用符号 $A(n,m)$ 表示。

计算公式：

$$A_n^m=n(n-1)(n-2)\cdots(n-m+1)=\frac{n!}{(n-m)!}$$

组合的定义：从 n 个不同元素中，任取 m（$m\leqslant n$）个元素并成一组，叫作从 n 个不同元素中取出 m 个元素的一个组合。用符号 $C(n,m)$ 表示。

计算公式：

$$C_n^m=\frac{A_n^m}{m!}=\frac{n!}{m!\ (n-m)!}$$

注意：有顺序用排列，无顺序用组合。

2. 两大原理

(1) 加法原理：做一件事有 N 种方式，每种方式分别有 $m_1,m_2\cdots m_n$ 种方法，则完成该事的总方法数等于各种方法数之和。

运用加法原理计数，关键在于合理分类，不重不漏。

【例题精讲】（2015·国家）餐厅需要使用9升食用油，现在库房里库存有15桶5升装的，3桶2升装的，8桶1升装的。问库房有多少种发货方式，能保证正好发出餐厅需要的9升食用油？（　　）

A. 4　　B. 5　　C. 6　　D. 7

【答案】C

【解析】满足刚好发出9升油的方式有两种：①5升装、2升装和1升装混搭：$5+2\times2$，$5+2+1\times2$，$5+1\times4$，共3种。②不选5升装，选2升装和1升装：$2\times3+1\times3$，$2\times2+1\times5$，$2\times1+1\times7$，共3种。因此，共有$3+3=6$(种)方式。

(2) 乘法原理：做一件事分N个步骤，每个步骤分别有$m_1, m_2 \cdots m_n$种方法，则完成该事的总方法数等于各个方法数之积。

运用乘法原理计数，关键在于合理分步。各个步骤相互联系，缺一不可。

【例题精讲】（2014·国家）一次会议某单位邀请了10名专家。该单位预订了10个房间，其中一层5间，二层5间。已知邀请专家中4人要求住二层，3人要求住一层，其余3人住任一层均可。那么要满足他们的住宿要求且每人1间，有多少种不同的安排方案？（　　）

A. 75　　B. 450　　C. 7 200　　D. 43 200

【答案】D

【解析】满足要求的分配方案共有三步：第一步：4人要在第二层，其方法数为A_5^4种；第二步：3人要求在第一层，其方法数为A_5^3种；第三步：其余3人安排在剩下的3个房间中，其方法数为A_3^3种。所以，总的方法数为$A_5^4\times A_5^3\times A_3^3=43\ 200$，因此D项正确。

3. 解题技巧

(1) 相邻问题捆绑排

在排列问题中，如果题中要求某几个元素必须排在一起，可以用捆绑法来解决问题。即将需要相邻的元素合并为一个元素，再与其他元素一起作排列，同时要注意合并元素内部也可以作排列。

【例题精讲】5个男生3个女生排成一排，3个女生要排在一起，有多少种不同的排法？（　　）

A. 4 120　　B. 4 220　　C. 4 320　　D. 4 480

【答案】C

【解析】女生要排在一起，所以可以将3个女生看成是一个人，与5个男生作全排列，有A_6^6种排法，其中女生内部也有A_3^3种排法，根据乘法原理，共有$A_6^6A_3^3$种不同的排法。所以，共有$720\times6=4\ 320$种排法。正确答案为C。

【例题精讲】6个人站成一排，要求甲、乙必须相邻，那么有多少种不同的排法？（　　）

A. 280　　B. 120　　C. 240　　D. 360

【答案】C

【解析】要求“甲、乙必须相邻”，则可将甲、乙捆绑在一起，看作一个人参与排列，共有$A_5^5=120$(种)。再考虑甲、乙两人本身的顺序(即甲在乙的左边还是右边)，有$A_2^2=2$(种)。所以共有$120\times2=240$(种)。

(2) 不相邻问题插空排

在排列问题中，如果题中要求两个或多个元素不相邻时，可先将其余无限制的n个元素进行排列，再将不相邻的元素插入无限制元素之间及两端所形成的$(n+1)$个“空”中。

如果所有元素完全相同，即为组合问题，则不需要进行排列，只需要将不相邻的元素插入空中即可。

【例题精讲】(2015・国家)把12棵同样的松树和6棵同样的柏树种植在道路两侧，每侧种植9棵，要求每侧的柏树数量相等且不相邻，且道路起点和终点处两侧种植的都必须是松树。问有多少种不同的种植方法？(　　)

A. 36　　B. 50　　C. 100　　D. 400

【答案】C

【解析】根据题意，种植方法是：每边6棵松树和3棵柏树。先把松树分别栽到道路的两边，然后把柏树插空进去，共有$C_5^3\times C_5^3=100$(种)种植方法。

【例题精讲】6人站成一排，要求甲、乙必须不相邻，有多少种不同的排法？(　　)

A. 240　　B. 480　　C. 360　　D. 720

【答案】B

【解析】要求“甲、乙必须不相邻”，可以先将除甲、乙外其他4人进行全排列，有$A_4^4=24$(种)；再将甲、乙插到4人之间和两端形成的5个空中，有$A_5^2=20$(种)。

由乘法原理，不同的排法共有$24\times20=480$种。

(3) 特殊元素和特殊位置优先排

排列组合问题中，有些元素有特殊的要求，如甲必须入选或甲必须排第一位；或者有些位置有特殊的元素要求，如第一位只能站甲或乙。此时，应该优先考虑特殊元素或者特殊位置，确定它们的选法。

【例题精讲】1名老师和5名学生排成一排，要求老师不能站在两端，那么有多少种不同的排法？(　　)

A. 360　　B. 480　　C. 600　　D. 1 200

【答案】B

【解析】此题中特殊元素是“老师”，特殊位置是“两端”，可优先考虑。

方法一：优先考虑特殊元素“老师”。老师排在中间4个位置，共有4种排法，其余5名同学在剩下的5个位置进行全排列，有$A_5^5=120$(种)排法，所以，共有$4\times120=480$(种)排法，正确答案为B。

方法二：优先考虑特殊位置“两端”。任选两名学生在两端，共有$A_5^2=20$(种)排法，剩下的4个位置的排法有$A_4^4=24$(种)，所以，共有$20\times24=480$(种)。

【例题精讲】由 0,1,2,3,4,5 可以组成多少个没有重复数字的五位奇数？（　　）

A. 120　　B. 288　　C. 360　　D. 720

【答案】B

【解析】由于末位和首位有特殊要求，应该优先安排，以免不合要求的元素占了这两个位置。

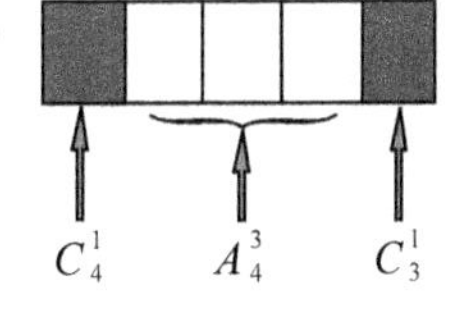

先排末位，共有 C_3^1；

然后排首位，共有 C_4^1；

最后排其他位置，共有 A_4^3。

由分步计数原理得 $C_4^1C_3^1A_4^3=288$（个）。

注意：位置分析法和元素分析法是解决排列组合问题最常用也是最基本的方法，若以元素分析为主，需先安排特殊元素，再处理其他元素。若以位置分析为主，需先满足特殊位置的要求，再处理其他位置。若有多个约束条件，往往是考虑一个约束条件的同时还要兼顾其他条件。

（4）元素相同隔板法

将 n 个相同的元素分成 m 份（n，m 为正整数），每份至少一个元素，可以用 $m-1$ 块隔板，插入 n 个元素排成一排的 $n-1$ 个空隙中，所有分法数为 C_{n-1}^{m-1}。

【例题精讲】有 10 个运动员名额，分给 7 个班，每班至少一个，有多少种分配方案？（　　）

A. 28　　B. 36　　C. 72　　D. 84

【答案】D

【解析】因为 10 个名额没有差别，把它们排成一排。相邻名额之间形成 9 个空隙。在 9 个空档中选 6 个位置插个隔板，可把名额分成 7 份，对应地分给 7 个班级，每一种插板方法对应一种分法，共有 C_9^6 种分法。

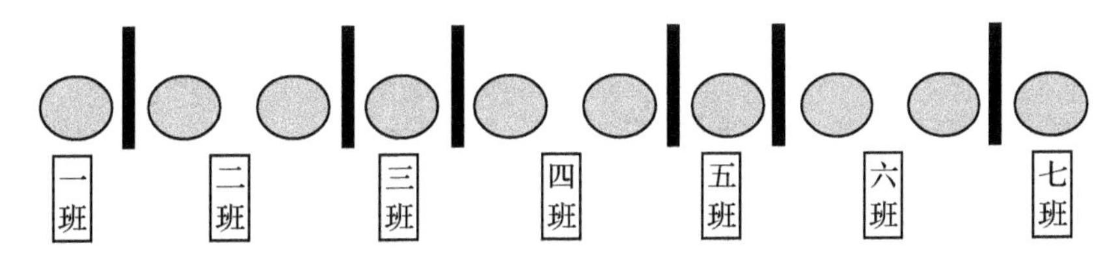

（5）重排问题求幂法

允许重复的排列问题的特点是以元素为研究对象，元素不受位置的约束，可以逐一安排各个元素的位置，一般地 n 个不同的元素没有限制地安排在 m 个位置上的排列数为 m^n 种。

【例题精讲】把 6 名实习生分配到 7 个车间实习，共有多少种不同的分法？（　　）

A. 6^7　　B. 7^6　　C. 6^7　　D. 7^7

【答案】B

【解析】完成此事共分六步：把第一名实习生分配到车间有 7 种分法，把第二名实习生分配到车间也有 7 种分法。依此类推，由分步计数原理可得共有 7^6 种不同的排法。

(6) 正面复杂反面淘汰法

有些问题,正面直接考虑比较复杂,而它的反面往往比较简单,可以先求出它的反面,再从整体中排除。

【例题精讲】某班里有43位同学,从中任抽5人,正、副班长、团支部书记至少有一人在内的抽法有多少种?( )

A. C_{43}^{5}　　B. C_{40}^{5}　　C. $C_{43}^{5}-C_{40}^{5}$　　D. $C_{43}^{5}+C_{40}^{5}$

【答案】C

【解析】43人中任抽5人的方法有C_{43}^{5}种,正副班长、团支部书记都不在内的抽法有C_{40}^{5}种,所以正副班长、团支部书记至少有1人在内的抽法有$C_{43}^{5}-C_{40}^{5}$种。所以,正确答案为C。

【例题精讲】期中安排考试科目9门,语文要在数学之前考,有多少种不同的安排顺序?( )

A. 720　　B. 5 040　　C. 40 320　　D. 181 440

【答案】C

【解析】不加任何限制条件,整个排法有A_9^9种,"语文安排在数学之前考",与"数学安排在语文之前考"的排法是相等的,所以语文安排在数学之前考的排法共有$\frac{1}{2}A_9^9$,所以正确答案为C。

(7) 平均分组勿忘除

平均分成的组,不管它们的顺序如何,都是一种情况,所以分组后一定要除以A_n^n(n为均分的组数)避免重复计数。

【例题精讲】6本不同的书平均分成3堆,每堆2本共有多少分法?( )

A. 12　　B. 15　　C. 30　　D. 36

【答案】B

【解析】分三步取书得$C_6^2C_4^2C_2^2$种方法,但这里出现重复计数的现象,不妨记6本书为ABCDEF,若第一步取AB,第二步取CD,第三步取EF,该分法记为(AB,CD,EF),则$C_6^2C_4^2C_2^2$中还有(AB,EF,CD),(CD,AB,EF),(CD,EF,AB),(EF,CD,AB),(EF,AB,CD)共有A_3^3种取法,而这些分法仅是(AB,CD,EF)一种分法,故共有$C_6^2C_4^2C_2^2/A_3^3=15\times6\times1\div6=15$(种)分法。所以,正确答案为B。

(8) 环排问题线排法

【例题精讲】某小组有5位男性和3位女性,8人围成一圈跳集体舞,不同的排列方法有多少种?( )

A. 720　　B. 3 600　　C. 4 800　　D. 5 040

【答案】D

【解析】排成圆形与坐成一排的不同点在于,坐成圆形没有首尾之分,所以固定一人A,并从此位置把圆形展成直线,其余7人共有(8−1)!种排法。

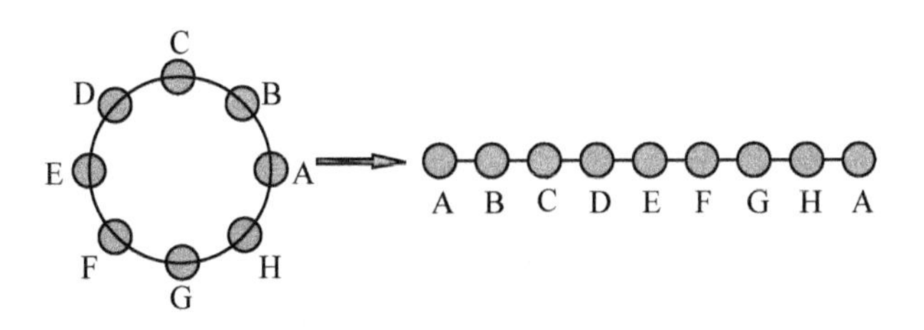

一般地，n 个不同元素作圆形排列，共有$(n-1)!$ 种排法。如果从 n 个不同元素中取出 m 个元素作圆形排列，共有$\frac{1}{n}A_n^m$ 种排法。

(9) 多排问题直排法

【例题精讲】8 人排成前后两排，每排 4 人，其中甲、乙在前排，丁在后排，共有多少种排法？(　　)

A. 3 000　　B. 3 600　　C. 5 040　　D. 5 760

【答案】D

【解析】8 人排前后两排，相当于 8 人坐 8 把椅子，可以把椅子排成一排，先在前 4 个位置安排甲、乙两个特殊元素有 A_4^2 种排法，再排后 4 个位置上的特殊元素丁有 A_4^1 种排法，其余的 5 人在 5 个位置上任意排列有 A_5^5 种排法，则共有 $A_4^2\times A_4^1\times A_5^5=5\ 760$(种)，所以，正确答案为 D。

(10) 混合问题先选后排

解决混合问题，先选后排是最基本的指导思想。

【例题精讲】一个班有 6 名战士，其中正副班长各 1 人。现从中选4 人完成四种不同的任务，每人完成一种任务，且正副班长有且只有 1 人参加，则不同的选法有多少种？(　　)

A. 72　　B. 144　　C. 192　　D. 240

【答案】C

【解析】先在正副班长里选一名，即 C_2^1，再在 4 名战士里选 3 名，即 C_4^3，然后 4 个人随机分配任务，即 A_4^4，故选法为 $C_2^1\times C_4^3\times A_4^4=2\times4\times24=192$(种)。所以，C 项为正确答案。

【例题精讲】有 5 个不同的小球，装入 4 个不同的盒内，每盒至少装一个球，共有多少不同的装法？(　　)

A. 240　　B. 120　　C. 600　　D. 360

【答案】A

【解析】第一步从 5 个球中选出 2 个组成复合元素共有 C_5^2 种方法，再把 4 个元素(包含一个复合元素)装入 4 个不同的盒内有 A_4^4 种方法，根据分步计数原理装球的方法共有 $C_5^2A_4^4$ 种。$C_5^2=10$，$A_4^4=240$，所以选 A。

(七) 概率问题

1. 基本概念

表示一个事件发生的可能性大小的数，叫作该事件的概率。掌握概率问题，可以帮助同学们解决事件发生可能性大小的问题。

2. 核心知识

(1) 单一概率$=\frac{\text{满足条件的数量}}{\text{总的数量}}$

比如袋子里有10个红球，15个篮球，抽中红球的概率为多少？根据单一概率，抽到红球的概率为：$\frac{10}{10+15}=\frac{2}{5}$。

【例题精讲】(2015·国家)某单位有50人，男女性别比为3∶2，其中有15人未入党，如从中任选1人，则此人为男性党员的概率最大为多少？(　　)

A. $\frac{3}{5}$　　B. $\frac{2}{3}$　　C. $\frac{3}{4}$　　D. $\frac{5}{7}$

【答案】A

【解析】当未入党的15人都是女性，即30名男性都是党员时，任选一人为男性党员的概率最大。此时任选一人为男性党员的概率为$\frac{30}{50}=\frac{3}{5}$，A项正确。

(2) 加法原理

做一件事有N种方式，每种方式分别有$m_1,m_2\cdots m_n$种概率，则完成该事的概率为每部分概率数之和，即$m_1+m_2+\cdots+m_n$。

【例题精讲】(2013·国家)甲和乙进行打靶比赛，各打两发子弹，中靶数量多的人获胜。甲每发子弹中靶的概率是60%，而乙每发子弹中靶的概率是30%。则比赛中乙战胜甲的可能性(　　)。

A. 小于5%　　B. 在5%～12%之间
C. 在10%～15%之间　　D. 大于15%

【答案】C

【解析】"乙战胜甲"分为三种情况：一种是乙两发全中而甲只中一发；一种是乙两发全中而甲中0发；还有一种是乙中一发而甲中0发。第一种情况的概率为$0.3\times0.3\times(C_2^1\times0.6\times0.4)=0.09\times0.48$，第二种情况的概率为$0.3\times0.3\times(0.4\times0.4)=0.09\times0.16$，第三种情况的概率为$C_2^1\times0.3\times0.7\times(0.4\times0.4)=0.42\times0.16$，则"乙战胜甲"的概率为$0.09\times(0.48+0.16)+0.42\times0.16=0.09\times0.64+0.42\times0.16=0.16\times(0.36+0.42)=12.48\%$。

(3) 乘法原理：做一件事有N个步骤，每个步骤分别有$m_1,m_2\cdots m_n$种概率，则完成该事的概率为每部分概率数之积，即$m_1\times m_2\times\cdots\times m_n$。

注意：分类用加法，分步用乘法。

【例题精讲】(2016·山东)某房间共有6扇门，甲、乙、丙三人分别从任一扇门进去，再从剩下的5扇门中的任一扇出来，问甲未经过1号门，且乙未经过2号门，且丙未经过3号门进出的概率为多少？(　　)

A. $\frac{125}{216}$　　B. $\frac{8}{27}$　　C. $\frac{37}{64}$　　D. $\frac{64}{125}$

【答案】B

【解析】甲从任一扇门进去，再从剩下的5扇门中的任一扇出来的总情况数是6×5，而甲满足条件的情况数是5×4，则甲满足条件的概率为$\frac{5\times4}{6\times5}=\frac{2}{3}$；同理，乙、丙满足条件的概率为$\frac{2}{3}$。则甲未经过1号门，且乙未经过2号门，且丙未经过3号门进出的概率为：$\frac{2}{3}\times\frac{2}{3}\times\frac{2}{3}=\frac{8}{27}$。B项正确。

(八) 溶液浓度

1. 基本概念

溶质：被溶解的固体或者液体；

溶剂：起溶解作用的液体，一般是水；

溶液：通俗来说，就是将固体或者液体溶解在另一种液体中，得到均匀的混合物。

2. 基本公式

溶液＝溶质＋溶剂

浓度＝溶质÷溶液

溶质＝溶液×浓度

溶液＝溶质÷浓度

3. 解题技巧

(1) 公式法

【例题精讲】(2013·国家)烧杯中装了100克浓度为10%的盐水。每次向该烧杯中加入不超过14克浓度为50%的盐水。问最少加多少次之后，烧杯中的盐水浓度能达到25%？(假设烧杯中盐水不会溢出)(　　)

A. 6　　B. 5　　C. 4　　D. 3

【答案】B

【解析】由于加入溶液的浓度(50%)大于原溶液浓度(10%)，因此若想加的次数少，需要每次加的溶液尽可能多。即每次加入14克溶液，其中溶质为7克，设加入x次，原有溶液溶质为$100\times10\%=10$(克)，则$\frac{10+7x}{100+14x}\geqslant25\%$，可解得$x\geqslant\frac{30}{7}$，则$x$的最小值为5。

(2) 十字交叉法

当浓度问题涉及两种或者两种以上的溶液混合的时候，我们就可以采用十字交叉的方法来分析。假设两种溶液的质量分别为A、B，浓度为a、b，混合后的浓度为r，那么：

$$\begin{array}{lccc} A: & a & & r-b \\ & & r & \\ B: & b & & a-r \end{array} \quad \rightarrow \quad \frac{A}{B}=\frac{r-b}{a-r}$$

【例题精讲】要将浓度分别为20%和5%的A、B两种食盐水混合配成浓度为15%的食盐水900克，问5%的食盐水需要多少克？(　　)

A. 250　　B. 285　　C. 300　　D. 325

【答案】C

【解析】根据题意，假设 20% 和 5% 的食盐水分别为 x、y 克，依据十字交叉模型，则有：

20%的食盐水：x　　20%　　15%-5%=10%

　　　　　　　　　　15%

5%的食盐水：y　　5%　　20%-15%=5%

所以 $x:y=10\%:5\%=2:1$，则 5% 的食盐水占 900 的 1/3，也就是 300 克。故本题的正确答案为 C 项。

（九）牛吃草问题

1. 题型分析

此题型是指存在一个定量，同时既有使其增加的量，也有使其减少的量，简单概括就是有进有出。

2. 常见题型

牛吃草、排队收银/检票、抽水放水、开采资源等。

3. 主要公式

$A=(N-X)\times T$

A 指原来的存量（如：原有的草量、原有资源量）；N 指使原有存量减少的变量（如：牛数、开采人数）；X 指存量的自然增速（如：草的生长速度、资源的增长速度）；T 指存量完全消失所需要的时间。

根据 A 是定量列方程组：

$A=(N_1-X)\times T_1$

$A=(N_2-X)\times T_2$

即：$(N_1-X)\times T_1=(N_2-X)\times T_2$，推出 X 的数值（非常重要的一个数据），再根据 $(N-X)\times T$ 为定量求解未知量，具体情况需根据题目灵活运用。

【例题精讲】（2013·国家）某河段中的沉积河沙可供 80 人连续开采 6 个月或 60 人连续开采 10 个月。如果要保证该河段河沙不被开采枯竭，问最多可供多少人进行连续不间断的开采？（假定该河段河沙沉积的速度相对稳定）（　　）

A. 25　　B. 30　　C. 35　　D. 40

【答案】B

【解析】牛吃草问题。设每个人的开采速度为 1，该河段河沙每月的沉积量为 x，那么 $(80-x)\times 6=(60-x)\times 10$，$x=30$。只有当开采人员每天的开采量正好等于河沙每天的沉积量时，才能保证河沙可以被连续不间断地开采。由于每个开采人员每天的开采量默认为 1，所以所求人数为 30 人。

【例题精讲】有一片牧场，24 头牛 6 天可以将草吃完，21 头牛 8 天可以将草吃完，要使牧草永远吃不完，至多可以放牧多少头牛？（　　）

A. 8　　B. 10　　C. 12　　D. 14

【答案】C

【解析】设每头牛每天吃的草量为1，每天新长的草量为x，$(24-x)\times6=(21-x)\times8$，$x=12$，可最多供12头牛吃1天，因此要使牧草永远吃不完，至多可放牧12头牛。

(十) 统筹问题

1. 概念

“统筹问题”就是在一定的客观条件下统筹安排，达到时间最短、效率最优。“统筹问题”不仅仅是经典的数学运算题型，也是我们在日常生活中、工作中必备素质的一种体现。

2. 基本类型

统筹问题包括的类型有：①时间统筹问题；②花费统筹问题；③工作效率统筹问题；④巧妙称量统筹问题。

3. 解题技巧

若要省时，就“尽量把耗时的几件事同时完成”；若要效率高，就“让精于做某事的一方只做此事”。

【例题精讲】毛毛骑在牛背上过河，他共有甲、乙、丙、丁4头牛，甲过河要2分钟，乙过河要3分钟，丙过河要4分钟，丁过河要5分钟。毛毛每次只能赶2头牛过河，要把4头牛都赶到对岸去，最少要多少分钟？

A. 16　　B. 17　　C. 18　　D. 19

【答案】A

【解析】因为是允许两头牛同时过河的(骑一头，赶一头)，所以若要时间短，则一定要让耗时长的两头牛同时过河；把牛赶到对面后要尽量骑耗时短的牛返回。我们可以这样安排：先骑甲、乙过河，骑甲返回，共用5分钟；再骑丙、丁过河，骑乙返回，共用8分钟；后再骑甲、乙过河，共用3分钟，故少要用5+8+3=16(分钟)。

【例题精讲】(2006·国家)某服装厂有甲、乙、丙、丁四个生产组，甲组每天能缝制8件上衣或10条裤子；乙组每天能缝制9件上衣或12条裤子；丙组每天能缝制7件上衣或11条裤子；丁组每天能缝制6件上衣或7条裤子。现在上衣和裤子要配套缝制(每套为1件上衣和1条裤子)，则7天内这四个组最多可以缝制衣服(　　)。

A. 110套　　B. 115套　　C. 120套　　D. 125套

【答案】D

【解析】根据题意，将各个小组缝制上衣和裤子的效率列表如下：

组	每天能缝制上衣数量(件)	每天能缝制裤子数量(条)	缝制上衣和裤子的效率比
甲	8	10	8∶10(0.8)
乙	9	12	9∶12(0.75)
丙	7	11	7∶11(0.636)
丁	6	7	6∶7(0.857)
合计	30	40	3∶4(0.75)

由上表可知，乙组的上衣和裤子比例与整体的上衣和裤子比例最接近，因此，让其他

组生产擅长的产品，让乙组左右救助，弥补偏差。丁组和甲组缝制上衣的相对效率最高，因此，甲组、丁组 7 天缝制上衣共缝制 $6\times7+8\times7=98$(件)；丙组缝制裤子的相对效率最高，7 天可缝制裤子 $7\times11=77$(条)。剩下的乙组来合理调配。设乙组生产 x 天上衣，则有：$98+9x=77+12\times(7-x)$，解得 $x=3$，所以最多可以缝制衣服 $98+3\times9=125$(套)。因此，选 D。

（十一）时钟问题

时钟问题就是研究钟面上的时针和分针关系的问题。时钟问题经常围绕着两针重合、垂直、成直线等展开。

1. 关键问题

（1）确定分针与时针的初始位置。

（2）确定分针与时针的路程差。

2. 基本方法

（1）分格方法

时钟的钟面圆周被均匀分成 60 小格，分针每小时走 60 小格，即一周；而时针只走 5 小格，故分针每分钟走 1 小格，时针每分钟走$\frac{1}{12}$小格，所以分针和时针的速度差为$\frac{11}{12}$小格/分钟。

（2）度数方法

钟面圆周一周是 360 度，分针每分钟走一小格，即 6 度，时针每分钟走$\frac{1}{12}$小格，即 0.5 度，故分针和时针的角速度差为 5.5°/分钟。

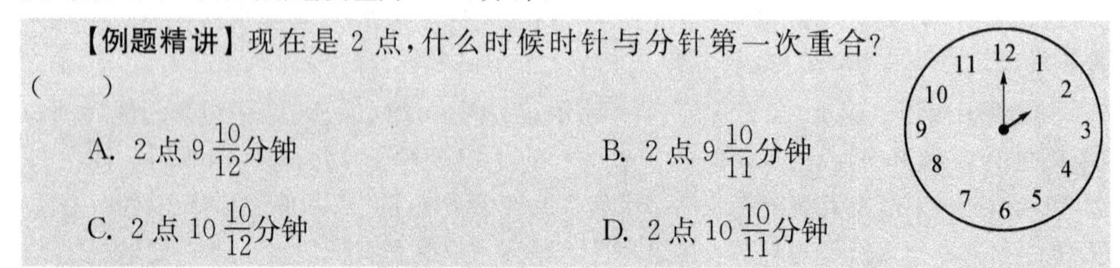

【例题精讲】现在是 2 点，什么时候时针与分针第一次重合？（　　）

A. 2 点 $9\frac{10}{12}$分钟　　B. 2 点 $9\frac{10}{11}$分钟

C. 2 点 $10\frac{10}{12}$分钟　　D. 2 点 $10\frac{10}{11}$分钟

【答案】D

【解析】表有 60 格，时针每分钟走$\frac{1}{12}$格，分钟每分钟走 1 格，2 点时，分针落后时针 10 格。重合时就是分针追上时针，那么时间是：$10\div\left(1-\frac{1}{12}\right)=10\frac{10}{11}$，即 2 点 $10\frac{10}{11}$分钟时，时针和分针第一次重合。

【例题精讲】从 12 时到 13 时，钟的时针与分针可成直角的机会有（　　）。

A. 1 次　　B. 2 次　　C. 3 次　　D. 4 次

【答案】B

【解析】方法一：时针与分针成直角，即时针与分针的角度差为 90 度或者为 270 度，根据角度差÷速度差＝分钟数，可得 $90\div5.5=16\frac{4}{11}<60$，表示经过 $16\frac{4}{11}$分钟，时针与

分针第一次垂直；同理，$270\div5.5=49\frac{1}{11}<60$，表示经过$49\frac{1}{11}$分钟，时针与分针第二次垂直。所以，正确答案为B。

方法二：直角为15格。时钟一圈60格。12时，两针重合。分针以每分钟1格的速度前进。时针以每分钟$\frac{1}{12}$格的速度前进，速度差：$1-\frac{1}{12}=\frac{11}{12}$(格)。第一次成直角：$15\div\frac{11}{12}=16\frac{4}{11}$(分钟)，即12时$16\frac{4}{11}$分。第二次成直角：$45\div\frac{11}{12}=49\frac{1}{11}$(分钟)，即12时$49\frac{1}{11}$分。

(十二) 年龄问题

年龄问题三大规律：

1. 两人的年龄差是不变的。
2. 两人年龄的倍数关系是变化的量。
3. 随着时间的推移，两人的年龄都是增加相等的量。

【例题精讲】(2015·国家)小李的弟弟比小李小2岁，小王的哥哥比小王大2岁、比小李大5岁。1994年，小李的弟弟和小王的年龄之和为15。问2014年小李与小王的年龄分别为多少岁？(　　)

A. 25，32　　B. 27，30　　C. 30，27　　D. 32，25

【答案】B

【解析】根据题干条件“小王的哥哥比小王大2岁、比小李大5岁”可知，小王比小李大3岁。“两人的年龄差是不变的”，2014年，两人年龄差也是3岁，只有B项符合。

【例题精讲】今年哥弟两人的岁数加起来是55岁，曾经有一年，哥哥的岁数是今年弟弟的岁数，那时哥哥的岁数恰好是弟弟的两倍，问哥哥今年年龄是多大？(　　)

A. 33　　B. 22　　C. 11　　D. 44

【答案】A

【解析】设今年哥哥x岁，则今年弟弟是$(55-x)$岁。曾经某一年哥哥$(55-x)$岁，弟弟$(55-x/2)$岁。根据年龄差不变：$x-(55-x)=55-x-(55-x/2)$。求得$x=33$，因此A项正确。

【例题精讲】(2011·山东)刘女士今年48岁，她说：“我有两个女儿，当妹妹长到姐姐现在的年龄时，姐妹俩的年龄之和比我到那时的年龄还大2岁。”问姐姐今年多少岁？(　　)

A. 24　　B. 23　　C. 25　　D. 不确定

【答案】C

【解析】可以假设姐姐现在的年龄为x，姐姐与妹妹的年龄差是d，那么$x+x+d=48+d+2$，得到$x=25$，也就是说姐姐今年25岁。

(十三) 日期问题

1. 星期每7天一循环，即第M日与第$(7n+M)$日的星期相同(n为整数)。

2. 闰年的确定方法。非100的倍数的年份，能被4整除的就是闰年，比如2016年是闰年。100的倍数的年份，能被400整除的就是闰年，如2000年是闰年，1800年不是闰年。

3. 平年是52周加一天，闰年是52周加两天。

【例题精讲】（2013·国家）根据国务院办公厅部分节假日安排的通知，某年8月份有22个工作日，那么当年的8月1日可能是（　　）。

A. 周一或周三　　B. 周三或周日　　C. 周一或周四　　D. 周四或周日

【答案】 D

【解析】 日期问题。由于8月为31天，若8月1日为周一，则容易看出一共会有23个工作日，故排除A、C；若8月1日为周三，计算发现会有23个工作日，排除B项。所以，正确答案为D。

（十四）容斥原理

1. 两个集合的容斥原理

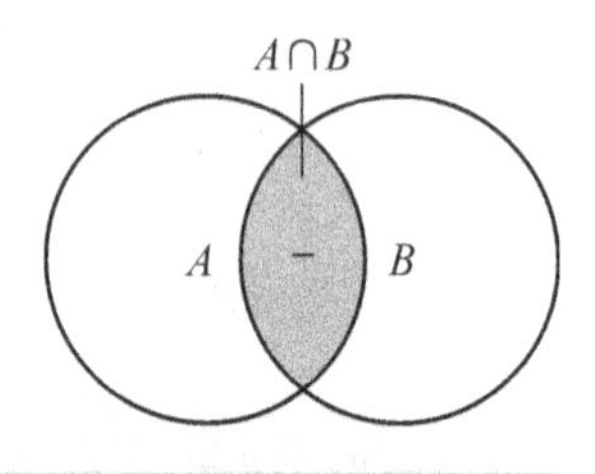

如果被计数的事物有A、B两类，那么，A、B类元素个数总和＝属于A类元素个数＋属于B类元素个数－既是A类又是B类的元素个数。

公式：$A \cup B = A + B - A \cap B$

【例题精讲】（2004·国家）某大学某班学生总数是32人，在第一次考试中有26人及格，在第二次考试中有24人及格，若两次考试中，都没及格的有4人，那么两次考试都及格的人数是（　　）。

A. 22　　B. 18　　C. 28　　D. 26

【答案】 A

【解析】 设A＝第一次考试中及格的人(26)，B＝第二次考试中及格的人(24)，显然，$A+B=26+24=50$；$A \cup B=32-4=28$，则根据公式$A \cap B=A+B-A \cup B=50-28=22$，所以答案为A。

2. 三个集合的容斥原理

如果被计数的事物有A、B、C三类，那么，A类、B类和C类元素个数总和＝A类元素个数＋B类元素个数＋C类元素个数－既是A类又是B类的元素个数－既是A类又是C类的元素个数－既是B类又是C类的元素个数＋既是A类又是B类而且是C类的元素个数。

公式：$A \cup B \cup C = A + B + C - A \cap B - B \cap C - C \cap A + A \cap B \cap C$

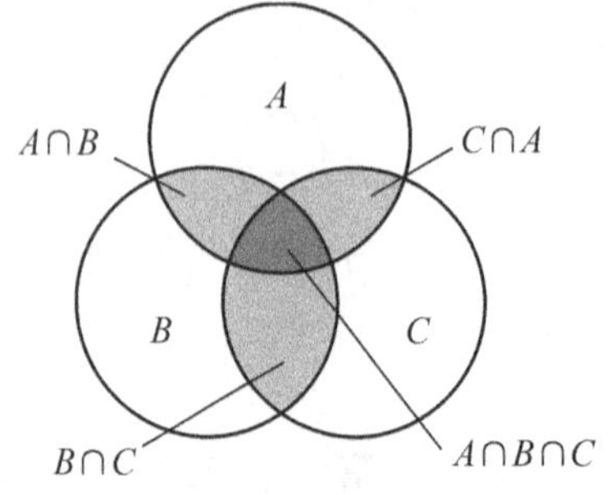

【例题精讲】（2005·国家）对某单位的100名员工进行调查，结果发现他们喜欢看球赛和电影、戏剧。其中58人喜欢看球赛，38人喜欢看戏剧，52人喜欢看电影，既喜欢看球赛又喜欢看戏剧的有18人，既喜欢看电影又喜欢看戏剧的有16人，三种都喜欢看的有12人，则只喜欢看电影的有多少人？（　　）

A. 22人　　B. 28人　　C. 30人　　D. 36人

【答案】A

【解析】设A=喜欢看球赛的人(58)，B=喜欢看戏剧的人(38)，C=喜欢看电影的人(52)，$A\cap B=18$，$B\cap C=16$，$A\cap B\cap C=12$。根据题意列出等式：$A\cup B\cup C=A+B+C-A\cap B-B\cap C-C\cap A+A\cap B\cap C$，$C\cap A=26$。只喜欢看电影的人数为$52-26-4=22$（人），所以正确答案为A。

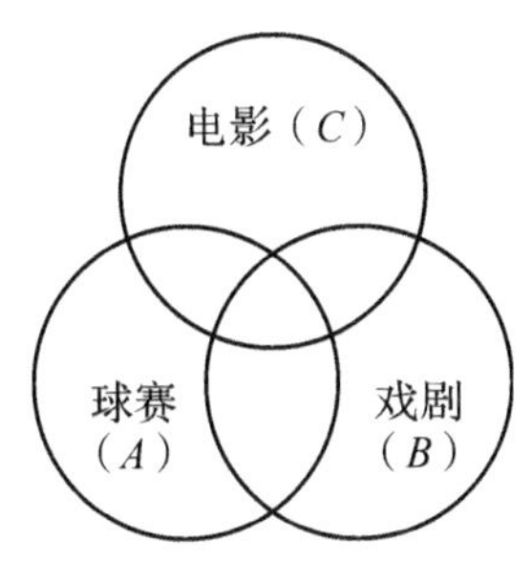

3. 画文氏图解题

文氏图又称韦恩图，用于描述集合间的关系及其运算，其特点是直观、形象、信息量大且富有启发性。一般用矩形表示全集U，用圆表示U的子集A、B、C等等。

【例题精讲】（2012·上海）某班有50位同学参加期末考试，结果英文不及格的有15人，数学不及格的有19人，英文和数学都及格的有21人。那么英文和数学都不及格的有（　　）人。

A. 4　　B. 5　　C. 13　　D. 17

【答案】B

【解析】已知英文不及格的人数为15人，那么英文及格的人数为35人；数学不及格的有19人，那么数学及格的人数为31人；英文和数学都及格的有21人，那么英文和数学都不及格的人数为$50-35-10=5$（人）。

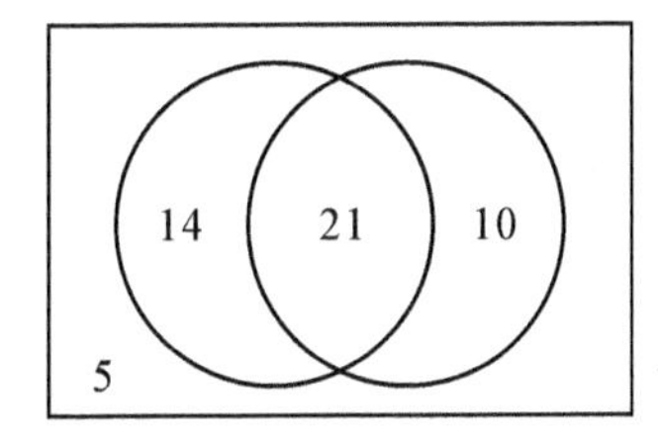

（十五）抽屉原理

抽屉原理是组合数学中一个重要的原理。它有时也被称为鸽巢原理（“如果有5个鸽子笼，养鸽人养了6只鸽子，那么当鸽子飞回笼中后，至少有一个笼子中装有2只鸽子”），由德国数学家狄利克雷首先明确提出来，因此，也称为狄利克雷原理。考查抽屉原理问题时，题干通常有“至少……，才能保证……”字样。

1. 基本原理

抽屉原理1：假设有3个苹果放入2个抽屉中，则必然有一个抽屉中有2个苹果，把4只苹果放到3个抽屉里去，则必然也有一个抽屉里有2个苹果。因此，我们能够得出这样的结论：把$(mn+1)$个物体放入n个抽屉中，其中必有一个抽屉中至少有$(m+1)$个物体。

抽屉原理2：若把3个苹果放入4个抽屉中，则必然有一个抽屉空着；若把4个苹果放入5个抽屉中，则必然也有一个抽屉空着。因此，我们能够得出这样的结论：把$(mn-1)$个物体放入n个抽屉中，其中必有一个抽屉中至多有$(m-1)$个物体。

2. 解题技巧

(1) 找出题干中物品对应的量。

(2) 合理构造抽屉(运用原则的一大关键)。

(3) 利用抽屉原理1、抽屉原理2解题。

【例题精讲】(2005·浙江)一副扑克牌有四种花色，每种花色各有13张，现在从中任意抽牌。问最少抽几张牌，才能保证有4张牌是同一种花色的？(　　)

A. 12　　B. 13　　C. 15　　D. 16

【答案】B

【解析】根据抽屉原理，当每次取出4张牌时，则至少可以保障每种花色一样一张，按此类推；当取出12张牌时，则至少可以保障每种花色一样三张。所以当抽取第13张牌时，无论是什么花色，都可以至少保障有4张牌是同一种花色，选B。

【例题精讲】从1、2、3、4…12这12个自然数中，至少任选几个，就可以保证其中一定包括两个数，它们的差是7？(　　)

A. 7　　B. 10　　C. 9　　D. 8

【答案】D

【解析】在这12个自然数中，差是7的自然数有以下5对：{12,5}{11,4}{10,3}{9,2}{8,1}。另外，还有2个不能配对的数是{6}{7}。可构造抽屉原理，共构造了7个抽屉。只要有两个数是取自同一个抽屉，那么它们的差就等于7。这7个抽屉可以表示为{12,5}{11,4}{10,3}{9,2}{8,1}{6}{7}，显然从7个抽屉中取8个数，则一定可以使有两个数字来源于同一个抽屉，也即作差为7，所以选择D。

(十六) 植树问题

基本公式：

封闭路线：棵树＝间隔数＝$\frac{路长}{株距}$

非封闭路线：两端都栽树：棵树＝间隔数＋1＝$\frac{全长}{株距}+1$

$$全长=(棵树-1)\times 株距$$

$$株距=\frac{全长}{棵树-1}$$

一端栽树：棵树＝间隔数＝$\frac{全长}{株距}$

两端都不栽树：棵树＝间隔数－1＝$\frac{全长}{株距}$－1

【例题精讲】（2006·国家）为了把2008年北京奥运办成绿色奥运，全国各地都在加强环保，植树造林。某单位计划在通往两个比赛场馆的两条路（不相交）的两旁栽上树，现运回一批树苗，已知一条路的长度是另一条路长度的两倍还多6 000米，若每隔4米栽一棵，则少2 754棵；若每隔5米栽一棵，则多396棵，则共有树苗（　　）。

A. 8 500棵　　B. 12 500棵
C. 12 596棵　　D. 13 000棵

【答案】D

【解析】设两条路共种树x棵，根据栽树原理，路的总长度是不变的，所以可根据路程相等列出方程：$(x+2\ 754-4)\times 4=(x-396-4)\times 5$（因为2条路共栽4排，种树的棵数为段数加1，所以要减4），解得$x=13\ 000$（棵），即选择D。

（十七）方阵问题

基本公式：

中实方阵总人数＝最外层每边人数的平方（方阵问题的核心）

方阵最外层每边人数＝（方阵最外层总人数÷4）＋1

去掉一行、一列的总人数＝去掉的每边人数×2－1

空心方阵的总人（或物）数＝[最外层每边人（或物）数－空心方阵的层数]×空心方阵的层数×4

【例题精讲】（2002·国家）学校学生排成一个方阵，最外层的人数是60人，问这个方阵共有学生多少人？（　　）

A. 256人　　B. 250人　　C. 225人　　D. 196人

【答案】A

【解析】方阵最外层每边人数＝（方阵最外层总人数÷4）＋1＝60÷4＋1＝16（人），中实方阵总人数＝最外层每边人数的平方＝16^2＝256（人），所以正确答案为A。

【例题精讲】（2009·浙江）有一队士兵排成若干层的中空方阵，外层人数共有60人，中间一层共有44人，则该方阵士兵的总人数是（　　）。

A. 156人　　B. 210人　　C. 220人　　D. 280人

【答案】A

【解析】最外层每边人数为60/4＋1＝16（人），中间一层每边人数为44/4＋1＝12（人）。可知方阵为3层，由公式得(16－3)×3×4＝156（人）。

第三节　真题演练(2019·国考地市级)

在这部分试题中,每道题呈现一段表述数字关系的文字,要求你迅速、准确地计算出答案。

1. 从A市到B市的机票如果打6折,包含接送机出租车交通费90元、机票税费60元在内的总乘机成本是机票打4折时总乘机成本的1.4倍。问从A市到B市的全价机票价格(不含税费)为多少元?(　　)

A. 1 200　　B. 1 250　　C. 1 500　　D. 1600

2. 有100名员工去年和今年均参加考核,考核结果分为优、良、中、差四个等次。今年考核结果为优的人数是去年的1.2倍,今年考核结果为良及以下的人员占比比去年低15个百分点。问两年考核结果均为优的人数至少为多少人?(　　)

A. 55　　B. 65　　C. 75　　D. 85

3. 甲车上午8点从A地出发匀速开往B地,出发30分钟后乙车从A地出发以甲车2倍的速度前往B地,并在距离B地10千米时追上甲车。如乙车9点10分到达B地,问甲车的速度为多少千米/小时?(　　)

A. 60　　B. 45　　C. 36　　D. 40

4. 小张和小王在同一个学校读研究生,每天早上从宿舍到学校有6:40、7:00、7:20和7:40发车的4班校车。某星期周一到周三,小张和小王都坐班车去学校,且每个人在3天中乘坐的班车发车时间都不同。问这3天小张和小王每天都乘坐同一趟班车的概率在(　　)。

A. 5%以上　　B. 4%～5%　　C. 3%～4%　　D. 3%以下

5. 甲和乙两条自动化生产线同时生产相同的产品,甲生产线单位时间的产量是乙生产线的5倍,甲生产线每工作1小时就需要花3小时时间停机冷却而乙生产线可以不间断生产。问以下哪个坐标图能准确表示甲、乙生产线产量之差(纵轴L)与总生产时间(横轴T)之间的关系?(　　)

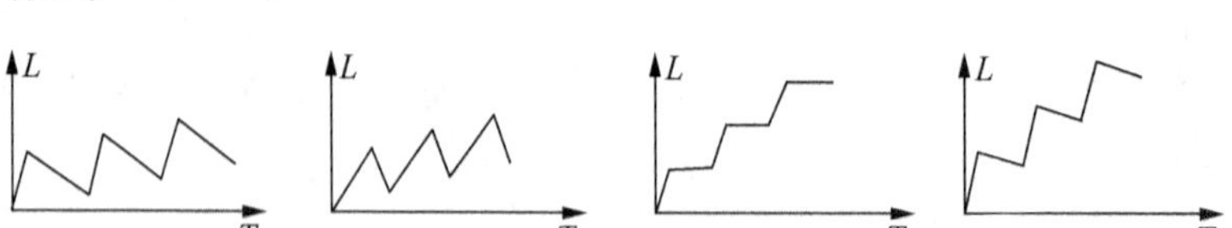

L T A　　L T B　　L T C　　L T D

6. 有甲、乙、丙三个工作组,已知乙组2天的工作量与甲、丙共同工作1天的工作量相同。A工程如由甲、乙组共同工作3天,再由乙、丙组共同工作7天,正好完成。如果三组共同完成,需要整7天。B工程如丙组单独完成正好需要10天,问如由甲、乙组共同完成,需要多少天?(　　)

A. 超过8天　　B. 7天多　　C. 6天多　　D. 不到6天

7. 甲和乙进行5局3胜的乒乓球比赛，甲每局获胜的概率是乙每局获胜概率的1.5倍。问以下哪种情况发生的概率最大？（　　）

A. 比赛在3局内结束　　B. 乙连胜3局获胜

C. 甲获胜且两人均无连胜　　D. 乙用4局获胜

8. 某单位有2个处室，甲处室有12人，乙处室有20人。现在将甲处室最年轻的4人调入乙处室，则乙处室的平均年龄增加了1岁，甲处室的平均年龄增加了3岁。问在调动之前，两个处室的平均年龄相差多少岁？（　　）

A. 8　　B. 12　　C. 14　　D. 15

9. 某单位要求职工参加20课时线上教育课程，其中政治理论10课时，专业技能10课时。可供选择的政治理论课共8门，每门2课时；可供选择的专业技能课共10门，其中2课时的有5门，1课时的有5门。问可选择的课程组合共有多少种（　）

A. 616　　B. 1 848　　C. 5 600　　D. 5 656

10. 花圃自动浇水装置的规则设置如下：

①每次浇水在中午12:00～12:30进行；

②在上次浇水结束后，如连续3日中午12:00气温超过30摄氏度，则在连续第3个气温超过30摄氏度的日子中午12:00开始浇水；

③如在上次浇水开始120小时后仍不满足条件②，则立刻浇水。

已知6月30日12:00～12:30该花圃第一次自动浇水，7月份该花圃共自动浇水8次，问7月至少有几天中午12:00的气温超过30摄氏度？（　　）

A. 20　　B. 18　　C. 15　　D. 12

第五章　资料分析

第一节　题型概述

一、能力要求

资料分析主要测查应试者对各种形式的文字、图表等资料的综合理解与分析加工能力，这部分内容通常由统计性的图表、数字及文字材料构成。针对一段资料一般有1～5个问题，应试者需要根据资料所提供的信息进行分析、比较、推测和计算，从四个备选答案中选出符合题意的答案。

二、题型特点及趋势分析

资料分析主要考查应试者对材料信息快速准确地提取和分析、比较、计算的能力。从近年的考试真题来看，资料分析难度加大，在考查方式上时有创新。应试者不仅要熟练掌握基本概念，而且要熟练掌握算式处理和大数计算的技巧，只有这样，才能攻克资料分析这一难关。

1. 资料性质

公务员考试行测资料分析具有两大性质：统计性和数据性。资料分析注重考查基本统计概念，其中增长率、增长量、同比、比重、平均数、倍数等的考查频率较高。资料分析涉及众多数据，应试者需从众多数据中快速找到解题的相关数据，然后对数据进行加工、分析、比较、计算。

2. 材料内容

资料分析的材料内容综合性强，内容既贴近日常生活，又贴近社会热点，例如能源汽车、居民收入、快递收入、社会用电量、物流、机票、影院、公共图书馆。

3. 材料类型

资料分析的材料类型有四种：文字型、统计表、统计图、复合型。就近几年国考和省考考试真题来看，复合型的题量最多，比重最大，每年至少有2个大题，10个小题，占资料分析的50%以上。文字型、统计表、统计图共2个大题，10个小题。

4. 题目设置

资料分析题目设置按照难易程度可以分为三种：查找题、计算题和综合分析题。查找题比较简单，通过观察资料就可直接得出答案。它在整个资料分析中占的比重大约在10%。计算题难度大于查找题，常涉及大数和分数的复杂运算，它在整个资料分析中占的比重大约在50%～60%。综合分析题难度最大，凭简单的计算不能得出结论，需要对材料进行总体理解和分析，它在整个资料分析中占的比重大约在20%～30%。

第二节　基本统计术语和概念

一、增长量与增长率

1. 增量：增长的绝对量＝末期量－基期量

2. 增长率（增速、增幅）：增长的相对量＝（末期量－基期量）÷基期量×100%

【公式推导】某产品2016年产量为x（基期量），2017年产量为y（末期量），则2017年增长量为：$y-x$；增长率为：$p\%=\frac{y-x}{x}\times100\%=\left(\frac{y}{x}-1\right)\times100\%$。

【公式推导】某产品2016年产量为x（基期量），2017年产量比2016年增长$p\%$（增长率），则该产品2017年产量为：$y=x(1+p\%)$；增长量为：$y-x=x\times p\%$。

【公式推导】某产品2017年产量为y（基期量），2017年产量比2016年增长$p\%$（增长率）则该产品2016年产量为：$x=\frac{y}{1+p\%}$；增长量为：$y-x=\frac{y}{1+p\%}\times p\%$。

注意：增长到与增长了（有时指增长量有时指增长率，主要看单位）的区别：

增长到：是指增长的数值包括了之前的基数；

增长了：是指增长的数值不包括之前的基数。

3. 同比增长速度与环比增长速度

同比增长速度：与上一年的同一期相比的增长速度。

环比增长速度：与紧紧相邻的上一期相比的增长速度。

例如，现期为2017年4月，则同比指相对2016年4月的变化，环比指相对2017年3月的变化。

【例题精讲】（2015·国家）2013年末全国共有群众文化机构44 260个，比上年末增加384个，其中乡镇文化站34 343个，增加242个。2013年末全国群众文化机构数量同比约增长了（　　）。

A. 8%　　B. 3%　　C. 0.9%　　D. 0.4%

【答案】C

【解析】2013年末全国群众文化机构数量同比增长速度为：$\frac{384}{44\ 260-384}\times100\%\approx0.9\%$。

4. 隔年增长率

隔年增长率＝后两年增长率之和＋后两年增长率之积。

【公式推导】已知2017年粮食产量为a万吨，比2016年增长了$x\%$，2016年比2015年同比增长了$y\%$，2017年比2015年增长了百分之几？

由题意可知：2015年粮食产量为$\frac{a}{(1+x\%)(1+y\%)}$，2017年比2015年增长了$\left[a\div\frac{a}{(1+x\%)(1+y\%)}-1\right]\times100\%=(1+x\%)(1+y\%)-1=x\%+y\%+x\%\times y\%$。

【例题精讲】2015年末，金融机构人民币各项贷款余额93.95万亿元，同比增长14.3%，增速比上年末高0.6个百分点；2015年末，金融机构人民币各项贷款余额约是2013年同期的多少倍？（　　）

A. 1.1　　B. 1.2　　C. 1.3　　D. 1.4

【答案】C

【解析】2015年末同比增长率是14.3%，2014年末同比增长率为14.3%－0.6%＝12.7%，2015年相对于2013年同期的增长率为14.3%＋12.7%＋14.3%×12.7%≈30%，因此，2015年末金融机构人民币各项贷款余额约是2013年同期的1.3倍(1＋30%)，所以C项正确。

5. 年均增长率：造成几年内增长幅度的每年平均的增长幅度。

【公式推导】假设一个经济量y的值为初始值y_0，年平均增长率为$g\%$，经过n年后经济量变为y_n，则$y_n=y_0(1+g\%)^n$；若$g\%<5\%$，则$y_n\approx y_0(1+ng\%)$。

【例题精讲】（2008·国家）若南亚地区1992年总人口数为15亿，该地区平均人口年增长率为2%，那么2002年南亚地区饥饿人口（占总人口数比例为22%）总量为多少亿人？（　　）

A. 3.30　　B. 3.96　　C. 4.02　　D. 4.82

【答案】B

【解析】本题考查年均增长率。2002年南亚地区饥饿人口总量（占总人口数比例为22%）为：$15\times(1+2\%)^{10}\times22\%\approx15\times(1+10\times2\%)\times22\%=3.96$(亿)。所以，正确答案为B。

6. 发展速度

发展速度＝末期量÷基期量＝1＋增长率

注意：发展速度不等同于增长速度，增长速度＝增长率＝增长幅度，发展速度＝1＋增长速度，增长速度＝发展速度－1。

二、减少量与减少率

1. 减少量＝基期量－末期量

2. 减少率（减速、减幅）＝（基期量－末期量）÷基期量×100%

【公式推导】某产品2016年产量为x（基期量），2017年产量为y（末期量），则2017年减少量为：$x-y$；减少率为：$p\%=\frac{x-y}{x}\times100\%=\left(1-\frac{y}{x}\right)\times100\%$。

【公式推导】某产品2016年产量为x（基期量），2017年产量比2016年减少$p\%$（减少率），则该产品2017年产量为：$y=x(1-p\%)$；减少量为：$x-y=x\times p\%$。

【公式推导】某产品2017年产量为y（基期量），2017年产量比2016年减少$p\%$（减少率)，则该产品2016年产量为：$x=\frac{y}{1-p\%}$；减少量为：$x-y=\frac{y}{1-p\%}\times p\%$。

三、百分数与百分点

1. 百分数：是形容比例或增长率等常用的数值形式，其实质是分母为100的分数。

比如，今年比去年增长30%，若去年为100，则今年是130。算法是：100×(1+30%)=130。

今年比去年降低30%，如果去年为100，那么今年就是70。算法是：100×(1−30%)=70。

降低到去年的30%，即去年是100，那么今年就是30。算法：100×30%=30。

【注意】占、超、为、增的含义：

(1)“占计划百分之几”=完成数÷计划数×100%。

例如，计划为100，完成80，占计划就是80%。

(2)“超计划的百分之几”要扣除基数。

例如，计划为100，完成120，超计划的就是(120−100)÷100×100%=20%。

(3)“为去年的百分之几”相当于去年的百分之几，用今年的÷去年的×100%。

例如，今年完成256，去年为100，今年为去年的百分之几，就是256÷100×100%=256%。

(4)“比去年增长百分之几”应扣除原有基数。

例如，去年完成100，今年完成256，算法就是(256−100)÷100×100%，比去年增长156%。

2. 百分点：n个百分点，即$n\%$。

例如，某国今年粮食增产20%，去年增产12%，则粮食的增长率提高了8个百分点：20%−12%=8%。

四、折数、成数、倍数与翻番

1. 折数：表示一个数是原来的十分之几。

例如，一种商品原价是150元，商场为了促销，决定按原价的八折销售，现价为：150×0.8=120(元)

2. 成数：几成，相当于十分之几。

例如，某单位有400名员工，其中有80人是党员，则党员占总人数的2成(80÷400=2/10)。

3. 倍数：两个有联系指标的对比。

例如，2015年的中国城市供水总量为560.5亿立方米，约为2010年(507.9亿立方米)的1.1倍(560.5÷507.9≈1.1)。

4. 翻番：翻一番为原来的2倍；翻两番为原来的4倍；依此类推，翻n番为原来的2^n倍。

【例题精讲】十三五规划建议提出，到2020年城乡居民人均收入比2010年翻一番，2010年城乡居民人均收入为5 919元，则2020年城乡居民人均收入为(　　)元。

A. 5 919　　B. 11 838　　C. 17 757　　D. 23 676

【答案】B

【解析】翻一番为原来的 2^1 倍，所以 2020 年城乡居民人均收入为 5 919×2=11 838(元)。

五、比重(比例)

公式：$比重=\frac{部分}{整体}\times 100\%$

注意：计算时分子、分母单位要一致。

【例题精讲】2016 年全年粮食产量 61 624 万吨，比上年减产 0.8%。其中，早稻产量3 278 万吨，减产 2.7%；2015 年早稻产量占 2015 年全年粮食产量的比重约为(　　)。

A. 4%　　B. 5%　　C. 8%　　D. 9%

【答案】B

【解析】由题意可知，2015 年早稻产量占 2015 年全年粮食产量的比重约为：$3\,278\div(1-2.7\%)\div[61\,624\div(1-0.8\%)]\times 100\%=\frac{3\,278}{61\,624}\times\frac{1-0.8\%}{1-2.7\%}\times 100\%\approx 5\%$，所以 B 项正确。

六、价格、价格水平、价格指数和居民消费价格总水平

1. 价格：价格是商品和服务项目的价值表现，用货币来表现。

2. 价格水平：将一定地区、一定时期某一项商品或者服务项目的所有价格用以货币表现的交换价值进行加权计算得出。

比如：某市 2002 年 9 月份全市鸡蛋的价格水平为每公斤 4.87 元，10 月份的价格水平为每公斤 4.53 元。用 10 月份的 4.53 减去 9 月份的 4.87 可以得出全市鸡蛋价格水平 10 月份比 9 月份减少 0.34 元。

3. 价格指数：表明商品和服务项目价格水平变动趋势和变动程度的相对数，用商品和服务项目某一时期的价格水平与另一时期的价格水平相对比来计算的。

4. 居民消费价格总水平：居民消费价格总水平是指国内一定时期内的居民支付所消费商品和服务价格变化程度水平指标，简称 CPI。这一指标影响着政府制定货币、财政、消费、价格、工资、社会保障等政策，同时，也直接影响居民的生活水平评价。

七、贸易顺差与贸易逆差

1. 顺差

顺差(出超)=出口－进口

在一个时期内，一个国家(或地区)的出口商品额大于进口商品额，叫作对外贸易顺差(又称出超)。

2. 逆差

逆差(入超)=进口－出口

在一个时期内，一个国家(或地区)的出口商品额小于进口商品额，叫作对外贸易逆

差(又称入超)。

八、基尼系数与恩格尔系数

1. 基尼系数:国际上通用的、用以衡量一个国家或地区人民收入差距的常用指标。基尼系数介于0~1之间。基尼系数越大,表示不平等程度越高。基尼系数为0表示绝对平等,为1表示绝对不平等。一般标准是:在0.2以下表示绝对平均,0.3~0.4之间表示比较合理,0.5以上表示差距悬殊。

2. 恩格尔系数:指食品支出总额占消费总支出的百分比,用以衡量一个地区或者一个国家的贫富程度。越穷,此系数越大;越富裕,此系数越小。资料分析题考查恩格尔系数的方式有两种:直接计算和趋势判断。

【例题精讲】(2014·山东)2012年山东省农村居民人均总支出11 463.16元,生活消费支出6 776.65元,其中,食品消费支出2 321.53元,衣着消费支出454.75元,居住消费支出1 390元,家庭设备用品支出405.75元。

2012年山东省农村居民家庭恩格尔系数约为(　　)。

A. 0.22　　B. 0.34　　C. 0.45　　D. 0.63

【解析】恩格尔系数=食品消费支出÷总支出,因此,2012年农村家庭恩格尔系数为2 321.53÷11 463.16≈0.2,A项为正确答案。

九、GDP与GNP

1. 国内生产总值(GDP)

是指在一定时期内(一个季度或一年),一个国家或地区的经济中所生产出的全部最终产品和劳务的价值,常被公认为衡量国家经济状况的最佳指标。

2. 国民生产总值(GNP)

是指一个国家或地区的国民在一定时期内(一般为一年)以货币表现的全部最终产品(含货物和服务)价值的总和。

十、其他统计术语

1. 三大产业

第一产业:农业(包括种植业、林业、牧业、副业和渔业)。

第二产业:工业和建筑业。

第三产业:除第一、二产业以外的其他各业,一般俗称服务业。

2. 人口出生率、人口自然增长率

(1) 人口出生率:是指某地在一个时期之内(通常指一年)出生人数与平均人口之比,它反映出人口的出生水平,一般用千分数来表示。

人口出生率=(年内出生人数/年内平均人口数)×1 000‰

出生人数是指活产,即指脱离母体时(不管怀孕月数)有过呼吸或其他生命现象的活婴儿综合。

年均人数是年初、年底人口数的平均数,也可以用年中人口数代替。

(2) 人口自然增长率：是指在一定时期内(通常为一年)人口自然增加数(出生人数减去死亡人数)与该时期内平均人数(或期中人数)之比，一般用千分率表示。

人口自然增长率＝(年内出生人数－年内死亡人数)/年平均人数×1 000‰＝人口出生率－人口死亡率

当全年出生人数超过死亡人数时，人口自然增长率为正值；当全年死亡人数超过出生人数时，则为负值。因此，人口自然增长水平取决于出生率和死亡率两者之间的相对水平，它是反映人口再生产活动的综合性指标。

第三节 速算技巧

一、估算法

“估算法”被誉为“速算第一法”，在进行计算之前，应试者必须优先考虑估算。所谓估算，是在精度要求并不太高的情况下，进行粗略估值的速算方式。一般在选项相差较大，或者在被比较数据相差较大的情况下使用。进行估算的前提必须是选项或者待比较的数字相差比较大，并且这个差别的大小决定了“估算”时候的精度要求。

【例题精讲】计算 1 688.61÷1.75%÷131.1≈(　　)。

A. 30.7　　B. 60.7　　C. 382.7　　D. 735.8

【答案】D

【解析】选项差异较大，故可用估算法。1 688.61÷1.75%结果约为 96 000；96 000÷131.1，结果为 700 左右，故选 D。

二、首位法

首位法就是通过计算(加、减、乘、除)确定结果的首位或前两位、三位数字，最终来确定选项的速算方法。

【例题精讲】(2013·国家)与 2006 年相比，2011 年全国收缴土地面积约减少了(　　)。

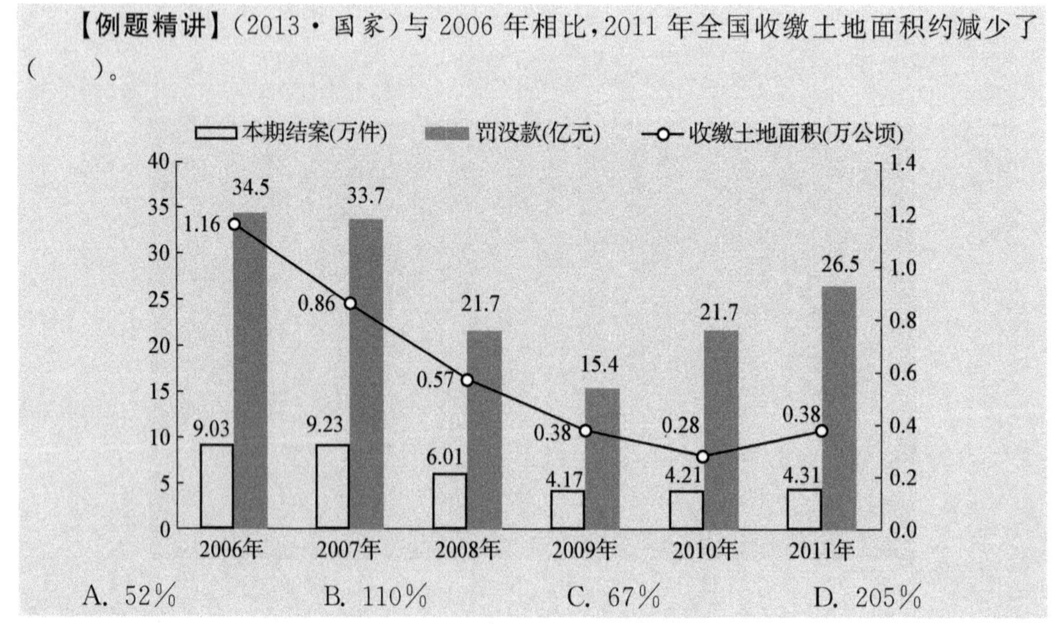

A. 52%　　B. 110%　　C. 67%　　D. 205%

【答案】C

【解析】2011 年全国收缴土地面积比 2006 年减少$\frac{1.16-0.38}{1.16}=\frac{0.78}{1.16}$，判断首位应为

6，因此正确答案为C。

【例题精讲】（2013·国家）图见上题，2011年结案的案件中，平均每个案件的罚没款约为多少万元？（　　）

A. 0.56　　B. 1.13　　C. 3.78　　D. 6.14

【答案】 D

【解析】 平均每个案件的罚款为$\frac{26.5\text{亿}}{4.31\text{万}}$，判断首位应为6，因此，正确答案为D。

三、化同法

所谓"化同法"，是指在比较两个复杂分数大小时，将这两个分数的分子或分母化为相同或相近，从而达到简化计算的速算方法。

例如，比较$\frac{3\ 108.2}{814.5}$和$\frac{11\ 566.3}{3\ 269.2}$的大小，可采用化同法。将第一个分数的分子和分母同时乘以4，得到$\frac{3\ 108.2}{814.5}=\frac{12\ 432.8}{3\ 258}$，观察化同后的分数和第二个分数，可得出$\frac{12\ 432.8}{3\ 258}>\frac{11\ 566.3}{3\ 269.2}$。

四、差分法

1. 概念

首先，我们定义分子与分母都比较大的分数叫"大分数"，分子与分母都比较小的分数叫"小分数"。"差分数"是用"大分数"与"小分数"分子的差作分子、分母的差作分母的分数。

2. 使用准则

"差分数"代替"大分数"与"小分数"作比较：

(1) 若差分数比小分数大，则大分数比小分数大。

(2) 若差分数比小分数小，则大分数比小分数小。

(3) 若差分数与小分数相等，则大分数与小分数相等。

例如，比较$\frac{34\ 343}{44\ 260}$和$\frac{34\ 101}{43\ 876}$的大小，用差分法比较：大分数为$\frac{34\ 343}{44\ 260}$，小分数为$\frac{34\ 101}{43\ 876}$，差分数为$\frac{242}{384}\approx 0.6^{+}$，差分数小于小分数，所以，$\frac{34\ 343}{44\ 260}<\frac{34\ 101}{43\ 876}$。

五、搭桥法

"搭桥"是指在计算数值或者比较数的大小时，找一个中间数进行"参照比较"的速算方法。

例如，比较$\frac{34\ 791.8}{69\ 559.2}$和$\frac{19\ 965.2}{50\ 430.8}$的大小，利用插值法：在两个数中间插入一个可以进行参照的数$\frac{1}{2}$，$\frac{34\ 791.8}{69\ 559.2}>\frac{1}{2}>\frac{19\ 965.2}{50\ 430.8}$，所以$\frac{34\ 791.8}{69\ 559.2}>\frac{19\ 965.2}{50\ 430.8}$。

六、放缩法

“放缩法”是指在数字的比较计算当中，如果精度要求并不高，我们可以将中间结果进行大胆的“放”(大)或者“缩”(缩小)，从而迅速得到待比较数字大小关系的速算方式。

要点：

若 $A>B>0$，且 $C>D>0$，则有：

①$A+C>B+D$

②$A-D>B-C$

③$A\times C>B\times D$

④$A/D>B/C$

【例题精讲】(2013·湖南)2008 年，我国万元国内生产总值用水量为 231.8 立方米，比上年下降 7.9%；万元工业增加值用水量为 130.3 立方米，比上年下降 7.0%；人均用水量为 440.9 立方米，比上年下降 0.1%。2007 年全年我国万元国内生产总值用水量约是万元工业增加值用水量的(　　)。

A. 1.5 倍　　B. 1.6 倍　　C. 1.7 倍　　D. 1.8 倍

【答案】 D

【解析】 根据题意，可列出算式：$\frac{231.8}{1-7.9\%}\div\frac{130.3}{1-7\%}=\frac{231.8}{130.3}\times\frac{93\%}{92.1\%}>\frac{231.8}{130.3}=1.777$，所以，正确答案为 D。本题利用放缩法求解，大大提高了做题速度。

第四节 解题技巧

一、阅读技巧

题型	略读	通用重点	分类重点	参考时限
文字型资料分析	具 体 数 据	标题 注释 时间 单位	结构阅读、关键词法	30～60 秒
统计表型资料分析			横标目、纵标目	25～30 秒
统计图			横轴、纵轴	10～25 秒
复合题型				

二、基本题型

资料分析的基本题型一般分为四类:文字资料、统计表、统计图和复合资料。综合资料是文字资料和表格、图形资料结合起来进行考查,难度最大。

(一) 文字型资料分析

1. 题型特点

文字型资料分析主要考查应试者对文字进行综合分析与加工的能力,相对而言是资料分析模块最难、最复杂的题型。这种题型要求考生具备较强的阅读理解能力、查找数据的能力、综合分析能力和快速计算的能力。

2. 解题技巧

(1) 先快速浏览整篇材料,把握材料的主题,明确材料的结构,标出关键词。

(2) 认真分析问题,根据材料的结构和关键词迅速查找相关数据,注意数据的时间表述与单位表述。

(3) 根据相关数据和问题要求列出算式,运用速算技巧快速得到答案。

【例题精讲】(2015·国家)2013 年,某省工业企业全年实现主营业务收入 37 864 亿元,税金 1 680 亿元,利润 2 080 亿元,分别增长 19.1%、19.4%、26.4%,分别高出全国 7.9、8.4、14.2 个百分点。该省工业企业主营业务收入占全国工业的 3.7%,比上年提高 0.3 个百分点,百户重点企业主营业务收入、税金、利润分别增长 10.2%、11.1%、20.8%,分别占全省工业的 29.5%、51%、27.6%。

2013 年,汽车工业实现主营业务收入 4 538 亿元,增长 23.1%;实现利润 416.6 亿元,增长 19.9%;税金 225.3 亿元,增长 50%。销售利润率(利润占主营业务收入的比重)攀升至 9.2%。

食品(含烟草)实现主营业务收入 6 359 亿元,增长 20.8%,增速同比放缓 9.2 个百分点,实现利润 398 亿元,增长 34.5%;工业税金 506.2 亿元,增长 11.4%。

钢铁行业实现主营业务收入 3 510 亿元，增长 1.8%，利润总额 34.6 亿元，增长 18.8%。行业销售利润率仅为 1%。

石化行业主营业务收入 5 138 亿元，增长 18.8%；实现利润 204.2 亿元，增长 38.1%。子行业中，石油加工业净亏损 0.2 亿元，同比减亏 13.6 亿元；化工行业全年利润增长 31.6%，扭转上半年利润下降局面；石油开采业净亏损 8.6 亿元，橡胶塑料行业利润增长 29.1%。

建材行业实现主营业务收入 2 412 亿元，增长 27.1%；实现利润 167.2 亿元，增长 51.6%。

机械行业实现主营业务收入 3 886 元，增长 26.6%；实现利润 191.6 亿元，增长 23.8%。其中，电气机械（家电）利润增长 38.5%，专用设备利润增长 22.1%，船舶行业利润增长 18.9%。

1. 2013 年全国工业企业主营业务收入约为多少万亿元？（　　）

A. 84　　B. 90　　C. 97　　D. 102

【答案】 D

【解析】 由首句与第二句“2013 年，某省工业企业全年实现主营业务收入 37 864 亿元……占全国工业的 3.7%”，可知 2013 年全国工业企业主营业务收入为：37 864÷3.7%＞100（万亿元），正确答案为 D。

2. 2013 年全国工业企业的税金增速比利润增速（　　）。

A. 低 1.2 个百分点　　B. 低 5.8 个百分点

C. 高 7.0 个百分点　　D. 高 8.4 个百分点

【答案】 A

【解析】 根据资料首句“主营业务收入 37 864 亿元，税金 1 680 亿元，利润 2 080 亿元，分别增长 19.1%，19.4%，26.4%，分别高出全国 7.9，8.4，14.2 个百分点”可知，全国工业企业的税金和利润增速分别为：19.4%－8.4%＝11%，26.4%－14.2%＝12.2%。因此，全国的税金增速比利润增速低 12.2－11＝1.2（个百分点）。正确答案为 A。

3. 2013 年该省以下行业利润增速从高到低排序正确的是（　　）。

A. 石化行业，建材行业，机械行业

B. 建材行业，石化行业，机械行业

C. 汽车行业，食品（含烟草）行业，钢铁行业

D. 食品（含烟草）行业，钢铁行业，汽车行业

【答案】 B

【解析】 由文字资料可得，行业利润增速从高到低正确排序为：建材行业（51.6%）、石化行业（38.1%）、食品行业（34.5%）、机械行业（23.8%）、汽车行业（19.9%）、钢铁行业（18.8%），正确答案为 B。

4. 2013 年该省工业企业的哪项信息，能够从上述资料中直接推出（　　）。

A. 工业企业利润占全国工业企业利润总额的比重

B. 船舶行业主营业务收入占机械行业的比重

C. 橡胶塑料行业工业企业实现利润额

D. 百户重点企业的总体销售利润率

【答案】D

【解析】根据资料，只能求出全国工业企业利润的增长率，并不能得出全国工业企业利润总额，A项无法推出。资料给出了机械行业的主营业务，但只给出了船舶行业利润增长率，没有给出船舶行业的主营业务收入，B项无法推出。资料只给出了橡胶塑料行业的利润率，C项无法推出。资料首段末句给出了百户重点企业主营业务收入、税金、利润分别增长10.2%、11.1%、20.8%，分别占全省工业的29.5%、51%、27.6%。结合首句“2013年，某省工业企业全年实现主营业务收入37 864亿元，税金1 680亿元，利润2 080亿元”，可知省百户重点企业总体销售额利润率为$\frac{2\ 080\times27.6\%}{37\ 864\times29.5\%}$，因此D项可以推出，当选。

5. 能够从上述资料中推出的是(　　)。

A. 2012年该省食品(含烟草)行业主营业务收入同比增速为11.6%

B. 2012年该省工业企业税金总额中，汽车行业所占比重超过15%

C. 2013年该省建材行业的销售利润率高于2012年水平

D. 2012年该省石油加工业净亏损13.4亿元

【答案】C

【解析】A项错误，由第三段“食品(含烟草)实现主营业务收入6 359亿元，增长20.8%，增速同比放缓9.2个百分点”可知，2012年该省食品(含烟草)行业主营业务收入同比增速为20.8%+9.2%=30%。B项错误，根据第二段可知，2012年该省工业企业税金总额中，汽车行业所占比重为：$225.3\div(1+50\%)\div[1\ 680\div(1+19.4\%)]\approx\frac{225.3}{1\ 680}\times\frac{1.2}{1.5}\approx0.11$。C项正确，由第六段中“建材行业实现主营业务收入2 412亿元，增长27.1%；实现利润167.2亿元，增长51.6%”可知，2013年销售利润率为$\frac{167.2}{2\ 412}$，2012年的销售利润率为$\frac{167.2\div(1+51.6\%)}{2\ 412\div(1+27.1\%)}=\frac{167.2}{2\ 412}\times\frac{1.271}{1.516}<\frac{167.2}{2\ 412}$。D项错误，由第五段中“石油加工业净亏损0.2亿元，同比减亏13.6亿元”可知，2012年该省石油加工业净亏损13.6+0.2=13.8(亿元)。

(二) 统计图

1. 题型特点

统计图是运用几何图形或具体事物形象来表示现象之间数量关系的图形。它具有直观形象、通俗易懂、便于比较等显著特点，在资料的统计分析中占有重要地位。在解答有关统计图的试题时，既要仔细考察图的直观形象，又要注意核对数据，不要被表面形象所迷惑。

2. 统计图的组成

统计图通常由图题、图轴、图目、图形、图注等组成。

(1) 图题是统计图的名称，又称标题，位于图下正中处。

(2) 图轴是指在直角坐标上作图的纵横两轴，分别称为纵坐标和横坐标。

(3) 图目是指在纵横两轴上表示间距刻度的各种单位名称。

(4) 图形是指用来说明图中代表不同事物的图形线条或颜色的含义。

(5) 图注是指图形或其局部,或其中某一点需要借助文字、数字加以补充说明的内容。

3. 统计图的类型

(1) 扇形统计图。以一个圆的面积表示事物的总体,以扇形面积表示占总体的百分数的统计图,叫作扇形统计图,也叫作百分数比较图。扇形统计图可以比较清楚地反映出部分与部分、部分与整体之间的数量关系。

(2) 条形统计图。用一个单位长度(如 1 厘米)表示一定的数量,根据数量的多少,画成长短相应成比例的直条,并按一定顺序排列起来,这样的统计图称为条形统计图。条形统计图可以清楚地表明各种数量的多少。

(3) 折线(曲线)统计图。以折线的上升或下降来表示统计数量增减变化的统计图,叫作折线统计图。与条形统计图比较,折线统计图不仅可以表示数量的多少,而且可以反映同一事物在不同时间里的发展变化情况。

(4) 网状统计图。网状统计图的特点是这类统计图中只有一些字母,字母所代表的意义都在题外。在答题前必须弄清这些字母代表的意义,在具体的答题过程中就可以脱离字母,较简便地得出答案。

(5) 混合统计图。由两个以上的统计图构成的统计图。混合统计图是近年来资料分析考试新的发展趋势。

4. 解题技巧

(1) 首先要读懂图。应试者应重点阅读统计图的标题、纵标目、横标目、单位等关键信息,读懂统计图,把图中内容的阅读和理解作为正确答题的首要条件。

(2) 其次要读懂问题。结合统计图理解问题,从统计图中摘取与问题有关的重要信息。这样一方面有利于对资料的理解,另一方面也可减少答题时重复看图的时间。

(3) 利用辅助工具解题。常用的辅助工具为直尺和量角器。可以利用直尺定位折线图和柱状图绝对量的大小关系,利用量角器量出扇形图的角度,然后除以 360 度计算各部分的比值。

【例题精讲】(2015 · 国家)

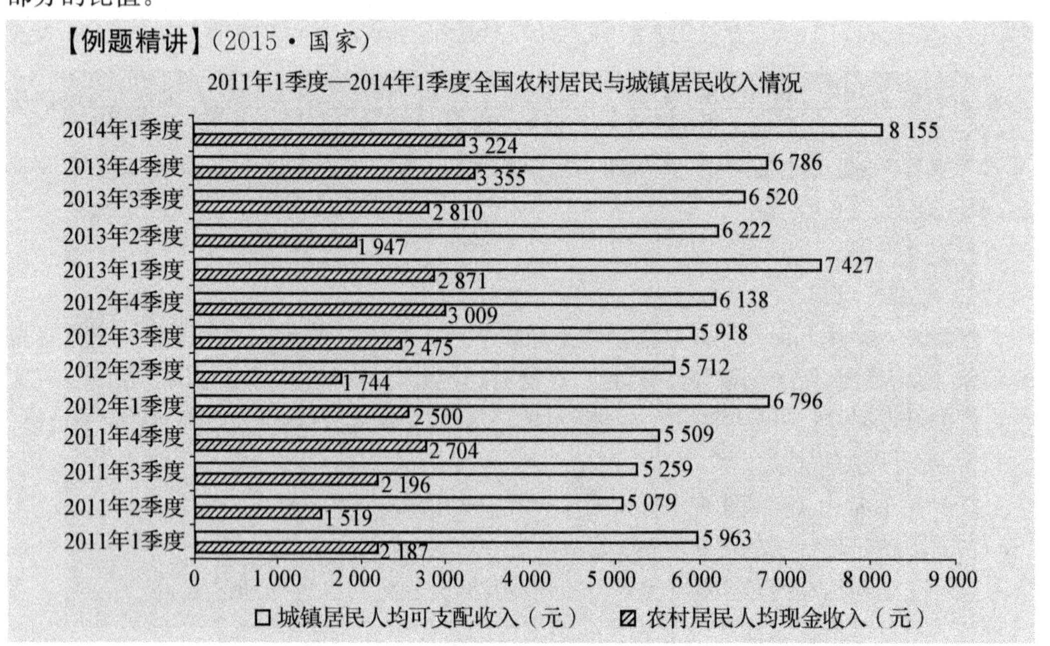

1. 与2011年同期相比，2014年1季度农村居民人均现金收入约增长了(　　)。

A. 25.9%　　B. 36.8%　　C. 47.4%　　D. 52.5%

【答案】C

【解析】定位图表数据可知，与2011年同期相比，2014年1季度农村居民人均现金收入约增长$\frac{3\ 224-2\ 187}{2\ 187}\times100\%$，观察发现各选项首位数字均不相同，利用首数法，可知首位为4，所以C项正确。

2. 2013年城镇居民人均可支配收入同比增加了(　　)。

A. 1千多元　　B. 2千多元　　C. 3千多元　　D. 4千多元

【答案】B

【解析】2013年城镇居民人均可支配收入＝各季度之和7 427＋6 222＋6 520＋6 786≈7 400＋6 200＋6 500＋6 800＝26 900(元)。2012年城镇居民人均可支配收入＝各季度之和6 796＋5 712＋5 918＋6 138≈6 800＋5 700＋5 900＋6 100＝24 500(元)。两者相差2千多元，B项正确，当选。

3. 综合2011—2013年的数据，农村居民人均现金收入和城镇居民人均可支配收入最高的季度分别是(　　)。

A. 1季度和1季度　　B. 1季度和4季度

C. 4季度和4季度　　D. 4季度和1季度

【答案】D

【解析】从图中可以看出，农村居民人均现金收入最高在2013年4季度，城镇居民人均可支配收入最高在2014年1季度。D项正确，当选。

4. 2011—2013年，农村居民年人均现金收入超过1万元的年份有几个？(　　)

A. 3　　B. 2　　C. 1　　D. 0

【答案】C

【解析】农村居民年人均现金收入超过1万元，需要平均每季度超过2 500元。观察图表，2013年各季度中，有3个季度大幅超过了2 500元。而其余2个年份不能满足要求，因此C项正确。

5. 能够从上述资料中推出的是(　　)。

A. 2013年各季度农村居民人均现金收入均同比增加

B. 2013年4季度城镇人均可支配收入同比增速低于环比增速

C. 2013年1季度城镇居民人均可支配收入环比增长了三成多

D. 2013年下半年农村居民人均现金收入比上半年多约2 000元

【答案】A

【解析】A项：观察图形可知2013年各季度农村居民人均现金收入均同比增加，该项说法正确，当选。B项：2013年4季度城镇人均可支配收入同比增速为$\left(\frac{6\ 786}{6\ 138}-1\right)\times$

100%，环比增速为$\left(\frac{6\ 786}{6\ 520}-1\right)\times 100\%$，显然同比增速大于环比增速，可知该项说法错误。C项：2013年1季度城镇居民人均可支配收入环比增长了$\left(\frac{7\ 427}{6\ 138}-1\right)\times 100\%\approx\left(\frac{7\ 400}{6\ 100}-1\right)\times 100\%=\frac{13}{61}\times 100\%\approx 20\%<30\%$，可知该项说法错误。D项：2013年下半年农村居民人均现金收入比上半年多约$(2\ 810+3\ 356)-(2\ 871+1\ 947)\approx 3\ 356-1\ 947\approx 1\ 400<2\ 000$（元），可知该项说法错误。

（三）统计表

1. 题型特点

统计调查所得来的原始资料，经过整理，得到说明社会现象及其发展过程的数据，把这些数据按一定的顺序排列在表格中，就形成“统计表”。统计表具有简明扼要、条理清晰、提纲挈领等优点。

2. 统计表的构成

统计表一般都包括总标题、横标题、纵标题、数字资料、单位。

（1）总标题是表的名称，用以概括地表列全部统计资料的内容。

（2）横标题是指每一横行内数据的意义。

（3）纵标题是指每一纵栏内数据的意义。

（4）数字资料是表内统计指标数值。在数字格中，若出现“……”符号时，表示暂缺或省略不计；若出现“—”符号时，则表示该格不应有数字。

（5）单位是指表格里数据的计量单位。在数据单位相同时，一般把单位放在表格的左上角。如果各项目的数据单位不同时，可放在表格里注明。

3. 解题技巧

统计表具有一目了然、条理清楚的优点，答题时首先要看清标题、纵标目、横标目以及注释（特别是单位），了解每行每列的数据所代表的含义，然后带着问题与表中的具体数值相对照，利用表中所给出的各项数字指标作答。

【例题精讲】（2016·山东）

2013～2014学年某市高等教育分学科研究生数

专业	毕业人数(人)		招生数(人)		在校生数(人)	
	硕士	博士	硕士	博士	硕士	博士
哲学	425	210	430	263	1 356	944
经济学	4 218	708	5 094	970	11 818	3 705
法学	6 185	1 027	6 753	1 161	17 882	4 630
教育学	2 474	252	3 721	374	8 692	1 535
文学	3 863	570	4 204	675	10 953	2 847
历史学	370	193	474	195	1 349	714
理学	3 671	2 802	5 500	4 099	15 283	14 617

续表

专业	毕业人数(人)		招生数(人)		在校生数(人)	
	硕士	博士	硕士	博士	硕士	博士
工学	22 398	4 666	27 055	6 499	74 697	28 613
农学	1 952	600	2 276	687	5 690	2 623
医学	2 599	1 503	3 625	1 419	9 645	4 879
军事学	19	6	14	12	70	50
管理学	9 169	997	11 603	1 271	28 669	5 867
艺术学	2 209	271	2 688	337	7 348	1 180
总计	59 552	13 805	73 437	17 962	193 452	72 204

1. 2013～2014 学年该市毕业的研究生中，工学研究生所占比例约为(　　)。

A. 32%　　B. 37%　　C. 32%　　D. 47%

【答案】B

【解析】定位统计表可知，工学研究生毕业生数为 22 398＋4 666＝27 064(人)，毕业生总数为 59 552＋13 805＝73 357(人)，比重为$\frac{27\ 064}{73\ 357}\approx\frac{27}{73}\approx37\%$。所以，B 项正确。

2. 在校博士生人数超过在校研究生人数 25%的学科有几个？(　　)

A. 7　　B. 6　　C. 5　　D. 4

【答案】A

【解析】在校研究生人数指在校博士生人数与在校硕士生人数之和。因此，在校博士生人数超过在校研究生人数 25%，即为：在校博士生人数×3＞在校硕士生人数。满足条件的有哲学、历史学、理学、工学、农学、医学、军事学共 7 个学科。所以，A 项为正确答案。

3. 硕士生与博士生招生人数比例与其毕业人数比例相差最大的学科是(　　)

A. 哲学　　B. 文学　　C. 军事学　　D. 艺术学

【答案】C

【解析】由统计表可知：哲学硕博招生人数与毕业人数相差不大。文学硕博招生比例为 4 204∶675≈6∶1，毕业比例为 3 863∶570≈7∶1。军事学硕博招生比例为 14∶12≈1∶1，毕业比例 19∶6≈3∶1。艺术学硕博招生比例为 2 688∶337≈8∶1，毕业比例为 2 209∶271≈8∶1。差距最大的为军事学，所以 C 项为正确答案。

4. 在校研究生人数排名第三的学科，其研究生招生人数是毕业人数的多少倍？(　　)

A. 1.0　　B. 1.2　　C. 1.5　　D. 1.8

【答案】C

【解析】由统计表可知：在校研究生人数排名第三的是理学，其研究生招生人数为 5 500＋4 099＝9 599(人)，毕业生人数为 3 671＋2 802＝6 473(人)，招生人数是毕业生人数的$\frac{9\ 599}{6\ 473}\approx\frac{96}{64}=\frac{3}{2}=1.5$。所以，C 项正确答案。

5. 能够从上述资料推出的是(　　)。

A. 文、史、哲三专业共招录 1 200 多名博士研究生

B. 博士招生人数超过 1 000 人的有 4 个学科

C. 管理学科各项统计指标均高于经济学科

D. 表中各专业博士研究生毕业人数均低于招生人数

【答案】C

【解析】A 项错误,文、史、哲专业博士研究生招录人数为 675＋195＋263,取整约为 680＋200＋270＝1 150(人)<1 200(人)。B 项错误,博士招生人数超过 1 000 人的有:法学、理学、工学、医学、管理学共 5 个学科。C 项正确,管理学科招生人数、毕业人数、在校人数均高于经济学科,正确。D 项错误,医学博士毕业人数大于招生人数。所以,C 项为正确答案。

(四) 复合题型

1. 题型特点

复合题型就是统计图、统计表、文字资料两种或两种以上综合在一起,同时出现在一道题目中:文字＋统计图,文字＋统计表,统计表＋统计图,文字＋统计图＋统计表。复合题型加大了信息量,增加了考试难度。

2. 解题技巧

解答复合题型时,要根据它们的特点仔细解读文字、表格、图形等的本身含义和相关含义。在此基础上,搞清楚文字、表格、图形等之间的内在关系。

【例题精讲】(2017・山东)

2016 年 1～7 月份,同城、异地、国际/港澳台快递业务量分别占全部快递业务量的 24.4%、73.5%和 2.1%,业务收入如下图所示:

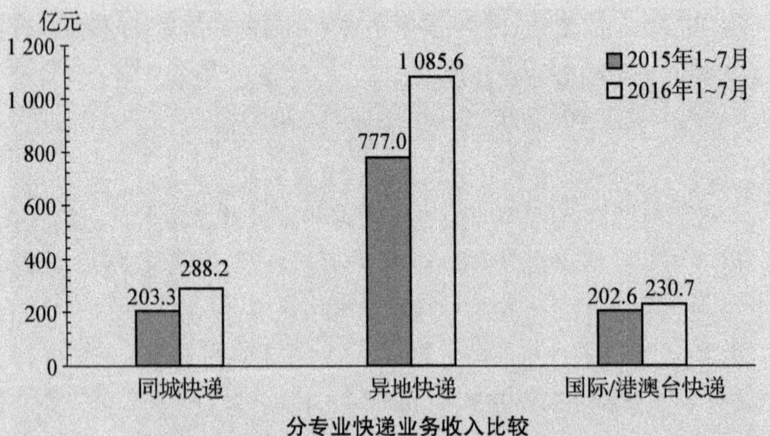

分专业快递业务收入比较

1～7 月份,东、中、西部地区快递业务收入的比重分别为 81.2%、10.7%和 8.1%,业务量比重分别为 81.2%、11.8%和 7.0%。与去年同期相比,东部地区快递业务收入比重下降了 0.5 个百分点,快递业务量比重下降了 0.4 个百分点;中部地区快递业务收入比重上升了 0.3 个百分点,快递业务量比重上升了 0.4 个百分点;西部地区快递业务收入比重上升了 0.2 个百分点,快递业务量比重持平。

2016年全国邮政行业发展情况

指标名称	单位	业务规模		增速(%)	
		1～7月	7月	1～7月	7月
一、邮政行业业务收入	亿元	2 887.6	411.8	31.9	29.7
其中:快递业务收入	亿元	2 026.0	311.4	42.9	40.4
二、邮政行业业务总量	亿元	3 823.2	584.9	48.8	46.7
其中:函件	万件	221 974.7	27 251.9	−22.1	−24.1
包裹	万件	1 630.1	187.6	−44.0	−25.4
快递	万件	1 574 731.0	249 640.6	55.9	52.2
订销报纸累计数	万份	1 054 980.0	150 969.0	−4.1	−6.2
订销杂志累计数	万份	51 447.5	7 070.8	−16.1	−13.4

1. 与上年同期相比,2016年1～7月国际/港澳台业务收入占同城、异地和国际/港澳台快递业总收入的比重(　　)。

A. 下降了不到5个百分点　　B. 下降了5个百分点以上

C. 上升了不到5个百分点　　D. 上升了5个百分点以上

【答案】A

【解析】2016年1～7月国际/港澳台业务收入占同城、异地和国际/港澳台快递业总收入的比重为:$\frac{230.7}{288.2+1\ 085.6+230.7}\approx14.4\%$。2015年1～7月国际/港澳台业务收入占同城、异地和国际/港澳台快递业务总收入的比重为:$\frac{202.6}{203.3+777.0+202.6}\approx17.1\%$。17.1%−14.4=2.7%,下降了2.7个百分点。所以,正确答案为A。

2. 2015年1～7月份,中部地区快递业务收入的比重为(　　)。

A. 10.4%　　B. 11.0%

C. 11.5%　　D. 12.1%

【答案】A

【解析】根据2016年1～7月份“中部地区快递业务收入比重上升了0.3个百分点”,可知2015年1～7月份,中部地区快递业务收入的比重为:10.7%−0.3%=10.4%。所以,正确答案为A。

3. 在函件、包裹、快递中,2016年7月业务量超过上半年月均业务量的有几类?(　　)

A. 0　　B. 1

C. 2　　D. 3

【答案】B

【解析】由统计表可知:2016年7月函件业务量为27 251.9万件。上半年月均业务量为(221 974.7−27 251.9)÷6,利用直除法可知首位是3,7月业务量小于月均业务量。2016年7月包裹业务量为187.6万件。上半年月均业务量为(1 630.1−187.6)÷6,利用直除法可知首位是2,7月业务量小于月均业务量。2016年7月快递业务量为

249 640.6 万件。上半年月均业务量为(1 574 731.0－249 640.6)÷6,利用直除法可知首位是1,7 月业务量大于月均业务量。因此,正确答案为B。

4. 2016 年 7 月,全国日均订销报纸多少万份?(　　)

A. 4 870　　B. 503

C. 5 206　　D. 5 392

【答案】 A

【解析】 2016 年 7 月全国日均订销报纸数为 150 969.0÷31,利用直除法,可知首位为 4,所以正确答案为 A。

5. 能够从上述材料中推出的是(　　)。

A. 2016 年 7 月的函件数量是包裹数量的不到 100 倍

B. 2016 年 7 月快递业务收入占邮政行业业务收入的比重高于 75%

C. 2016 年 1～7 月中、西部地区的快递业务量所占比重均比去年同期有所上升

D. 2016 年 1～7 月国际/港澳台快递收入同比增速快于同城快递业务和异地快递业务

【答案】 B

【解析】 A 项:2016 年 7 月的函件数量是包裹数量的倍数为 27 251.9÷187.6,187.6×100＝18 760＜27 251.9,所以 A 错误。B 项:2016 年 7 月快递业务收入占邮政行业业务收入的比重为 311.4÷411.8×100%≈75.6%＞75%,B 项正确。C 项:根据 2016 年1～7 月,“西部地区快递业务收入比重上升了 0.2 个百分点,快递业务量比重持平”可知 C 项错误。D 项:2016 年 1～7 月国际/港澳台快递收入同比增速为 $\frac{230.7-202.6}{202.6}\times100\%\approx13.9\%$,同城快递业务同比增速为 $\frac{288.2-203.3}{203.3}\times100\%\approx41.8\%$,异地快递业务同比增速为 $\frac{1\,085.6-777.0}{777.0}\times100\%\approx39.7\%$,D 项错误。

第五节　真题演练(2019·国考地市级)

所给出的图、表、文字或综合性资料均有若干个问题要你回答。你应根据资料提供的信息进行分析、比较、计算和判断处理。

以下1～15题为省级试卷和地市级试卷的共有试题：

一、根据以下资料，回答1～5题。

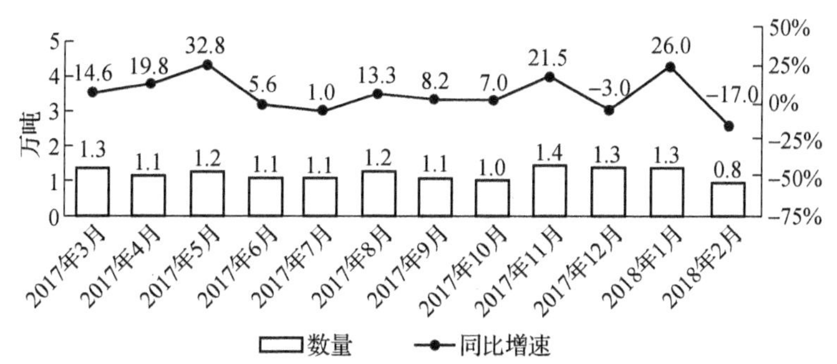

图1　2017年3月—2018年2月全国进口药品数量及同比增速

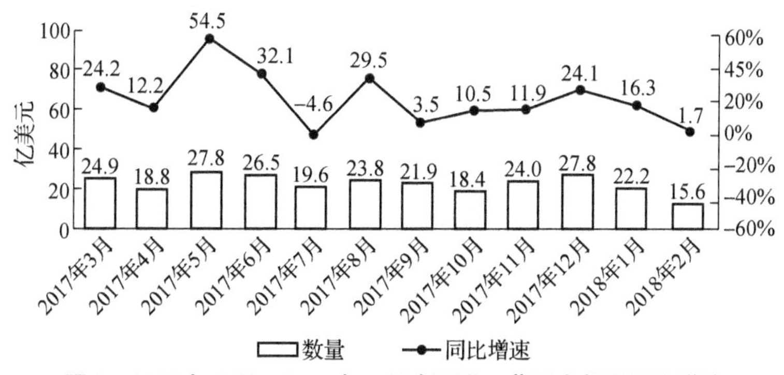

图2　2017年3月—2018年2月全国进口药品金额及同比增速

1. 2017年下半年，全国进口药品数量同比增速低于上月水平的月份有几个？(　　)

A. 2　　B. 3　　C. 4　　D. 5

2. 2017年第三季度，全国平均每吨进口药品单价约为多少万美元(　　)。

A. 2　　B. 19　　C. 8　　D. 96

3. 2016年5月，全国进口药品金额环比增速(　　)。

A. 超过100%　　B. 在40%～100%之间

C. 在0%～40%之间　　D. 低于0%

4. 以下折线图中，能准确反映2017年第四季度各月全国进口药品金额环比增长率的是（　　）。

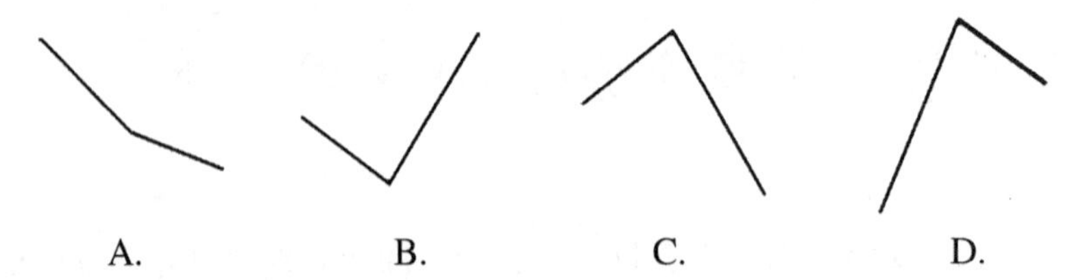

5. 能够从上述资料中推出的是（　　）。

A. 2016年下半年，全国进口药品数量低于1万吨的月份仅有2个

B. 2017年11月，全国平均每吨进口药品单价低于上年同期水平

C. 2017年第二季度，全国进口药品金额超过75亿美元

D. 2017年1月，全国进口药品金额超过20亿美元

二、根据以下资料，回答6～10题。

2017年全国二手车累计交易量为1 240万辆，同比增长19.3%；二手车交易额为8 092.7亿元，同比增长34%。2017年12月，全国二手车市场交易量为123万辆，交易量环比上升7.4%，上年同期交易量为108万辆。

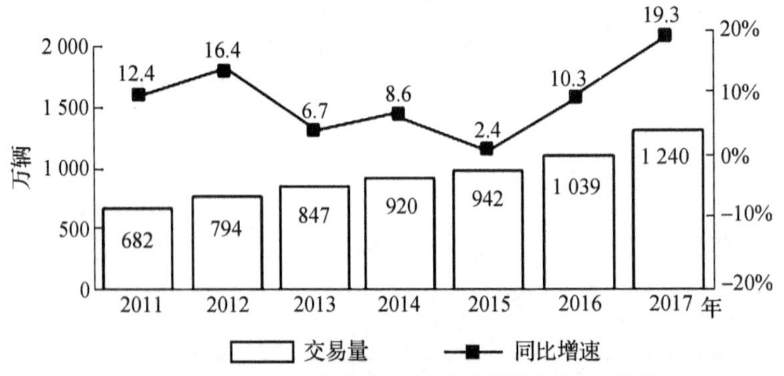

图1　2011—2017年全国二手车交易量及同比增速

图2　2013—2017年全国二手车平均交易价格

6. 2011—2017年，全国二手车交易量同比增量低于80万辆的年份有几个？（　　）

A. 3　　B. 4　　C. 5　　D. 7

7. 2017 年 1～10 月，平均每月全国二手车交易量约为多少万辆？（　　）

A. 100　　B. 95　　C. 100　　D. 105

8. “十二五”（2011～2015 年）期间，全国二手车总计交易约多少亿辆？（　　）

A. 0.38　　B. 0.50　　C. 0.46　　D. 0.42

9. 2015 年全国二手车交易总金额比 2014 年（　　）。

A. 减少了不到 100 亿元　　B. 减少了 100 亿元以上

C. 增长了 100 亿元以上　　D. 增长了不到 100 亿元

10. 能够从上述资料中推出的是（　　）。

A. 2016—2017 年，全国二手车平均交易价格在 6.1～6.15 万元之间

B. 2011—2017 年，全国二手车交易量同比增速第 4 高的年份，当年二手车平均交易价格高于 6 万元

C. 2011—2017 年，全国二手车交易量同比增长量最高的年份其增长量是最低年份的 9 倍多

D. 2011—2017 年，全国二手车交易量同比增速低于 10%的年份有 4 个

三、根据以下资料，回答 11～15 题。

2017 年 1 月～2018 年 4 月全国钓鱼网站处理情况

时间	处理数量(个)		处理数量占比(%)	
	CN 域名	非 CN 域名	支付交易类	金融证券类
2017 年 1 月	42	1 870	64.9	34.4
2017 年 2 月	91	860	52.6	45.8
2017 年 3 月	76	2 019	80.5	18.9
2017 年 4 月	32	761	49.4	50.3
2017 年 5 月	43	785	60.4	39.6
2017 年 6 月	19	810	66.0	33.3
2017 年 7 月	33	1 445	53.0	46.8
2017 年 8 月	58	4 675	87.3	12.4
2017 年 9 月	52	2 572	83.2	15.9
2017 年 10 月	87	2 246	78.2	21.2
2017 年 11 月	40	2 626	83.6	13.5
2017 年 12 月	302	2 693	79.8	19.1
2018 年 1 月	204	2 598	79.3	20.2
2018 年 2 月	58	641	46.6	51.9
2018 年 3 月	254	3 230	77.4	22.3
2018 年 4 月	229	1 749	73.2	25.8

11. 2017年,全国处理的支付交易类钓鱼网站数量超过金融证券类钓鱼网站2倍的月份有几个?(　　)

A. 5　　B. 6　　C. 7　　D. 8

12. 2018年第一季度全国处理钓鱼网站总数(　　)。

A. 不到5 000个　　B. 在5 000~6 000个之间

C. 在6 001~7 000个之间　　D. 超过7 000个

13. 2017年下半年,金融证券类和支付交易类钓鱼网站占当月处理钓鱼网站总数比重最低的月份是(　　)。

A. 8月　　B. 9月　　C. 10月　　D. 11月

14. 下列折线图中,能准确反映2018年第一季度CN域名钓鱼网站处理数量同比增速变化趋势的是(　　)。

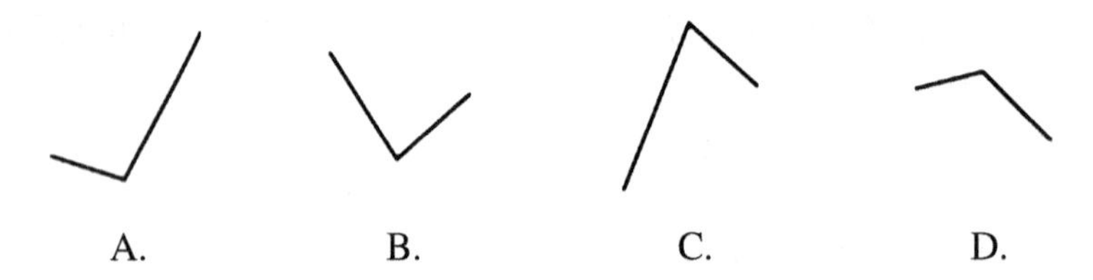

A.　　B.　　C.　　D.

15. 能够从上述资料中推出的是(　　)。

A. 2018年3月全国支付交易类钓鱼网站处理数量超过2 500个

B. 2017年第一季度全国CN域名钓鱼网站处理数量占同期钓鱼网站处理总数的一成以上

C. 2018年2月全国支付交易类钓鱼网站处理数量环比下降了不到50%

D. 2017年全国处理的CN域名钓鱼网站中,超过了一半的网站是在12月处理的

四、根据以下资料,回答16~20题。

2017年,A省完成邮电业务总量6 065.71亿元。其中,电信业务总量3 575.86亿元,同比增长75.8%;邮政业务总量2 489.85亿元,增长32.0%。

2017年,A省移动电话期末用户1.48亿户,比上年末增长3.1%。其中,4G期末用户达1.18亿户,比上年末增长29.3%。互联网宽带接入期末用户3 128万户,比上年末增长9.9%。移动互联网期末用户1.31亿户,比上年末增长13.9%,移动互联网接入流量同比增长158.8%。

2017年,全省全年完成快递业务量100.51亿件,同比增长31.0%。其中,同城快递业务量增长29.3%,异地快递业务量增长33.0%,国际和港澳台地区快递业务量增长33.1%。

2017年,A省完成客运总量148 339万人次,同比增长5.4%,增幅比前三季度提高0.2个百分点,比上年提高0.5个百分点;完成旅客周转总量4 143.84亿人公里,增长7.7%,增幅比前三季度提高0.7个百分点,比上年提高1.8个百分点。

2017年,A省完成高铁客运量17 872万人次,旅客周转量474.64亿人公里,同比分别增长20.3%和18.1%。高铁客运量和旅客周转量分别占铁路旅客运输总量的62.7%

和 54.3%，比重比上年分别提高 4.3 个和 3.9 个百分点。

16. 2017 年 A 省邮电业务总量同比增速在以下哪个范围之内？（　　）

A. 低于 25%　　B. 25%～50%

C. 50%～75%　　D. 超过 75%

17. 2017 年 A 省快递业务中，业务量占总业务量比重高于上年水平的分类是（　　）。

A. 仅同城快递　　B. 同城快递、异地快递

C. 仅国际和港澳台地区快递　　D. 异地快递、国际和港澳台地区快递

18. 2017 年前三季度，A 省平均每人次客运旅客运输距离（旅客周转量÷客运总量）同比（　　）。

A. 下降了不到 2%　　B. 下降了 2%以上

C. 上升了不到 2%　　D. 上升了 2%以上

19. 2016 年，A 省高铁客运量约是普铁（除高铁外的铁路）客运量的多少倍？（　　）

A. 1.7　　B. 1.4　　C. 1.1　　D. 0.8

20. 在以下 4 条关于 A 省的信息中，能够直接从资料中推出的有几条？（　　）

①2017 年非 4G 移动电话用户全年增量

②2017 年移动互联网用户日均增量

③2015 年客运总量

④2017 年铁路旅客运输总量占客运总量比重

A. 4　　B. 3　　C. 2　　D. 1

第六章　常识判断

第一节　题型概述

常识判断主要测查应试者应知应会的基本知识以及运用这些知识分析判断的基本能力,重点测查对国情社情的了解程度、综合管理基本素质等,涉及政治、经济、法律、历史、文化、地理、环境、自然、科技等方面。要求应试者通过分析、判断和推理,选出最符合要求的一项。

一、题型特点

(一) 模块多、范围广

常识判断考查范围广,除了传统的时事政治、经济、政治、历史、地理、人文、法律、科技等学科外,还涉及医学、物理、军事、生物学等。但常识判断并非毫无规律可以遵循,重点考查应试者对历史人文、生活科技、法律、地理的常识掌握和运用,还有每个学科最精要的知识点以及与社会热点、时事政治紧密结合的知识点。

【例题精讲】(2017・国家)我国古代用"金""石""丝""竹"指代不同材质、类别的乐器。下列诗词涉及"竹"的是(　　)。

A. 珠帘夕殿闻钟磬,白日秋天忆鼓鼙

B. 主人有酒欢今夕,请奏鸣琴广陵客

C. 深秋帘幕千家雨,落日楼台一笛风

D. 哀筝一弄湘江曲,声声写尽湘波绿

【答案】 C

【解析】 本题将音乐知识与古诗词知识结合在一起考查,充分显示出常识判断范围广、模块多的特点。我国古代按照乐器的材质将其分为"金、石、丝、竹、匏、土、革、木"八音,"金"指金属制的乐器,如编钟。"石"指用石头或玉石制作的乐器,如磬。"丝"指用丝弦制成的乐器,如琴、二胡、琵琶等。"竹"指用竹子制成的乐器,如笙箫、篪。"土"指用陶土制作的乐器,如埙。"革"用动物皮革制作的乐器,如各种鼓。"匏"指用葫芦制成的乐器,如笙、竽。"木"指木制的乐器,如木琴。

A 项出自唐代李昂《赋戚夫人楚舞歌》,诗句中的"磬"属于八音之"石","鼓"属于八音之"革",排除。B 项出自唐代李颀的《琴歌》,诗句中的"琴"属于八音之"丝",排除。C

项出自唐代杜牧的《题宣州开元寺水阁阁下宛溪夹溪居人》，诗句中的“笛”涉及“竹”，所以，正确答案为C。D项出自宋代晏几道的《菩萨蛮》，诗句中的“筝”也属于八音之“丝”，排除。

（二）程度深、难度大

常识判断既要求知识有广度，还要求知识有深度。有些题型难度较大，迷惑性较强，需要考生准确地掌握知识点，并能对比联系相关知识点进行分析判断。

【例题精讲】（2018·国家）下列诗句所描述情景出现的时间与图中标示的时间段对应正确的是（　　）。

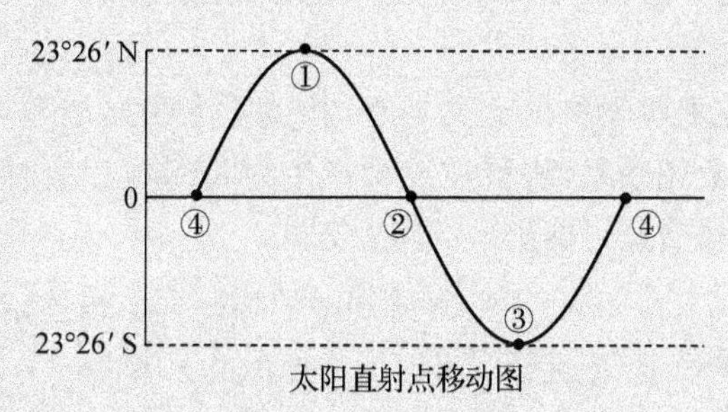

太阳直射点移动图

A. 今夜月明人尽望，不知秋思落谁家——④①之间

B. 接天莲叶无穷碧，映日荷花别样红——②③之间

C. 天街小雨润如酥，草色遥看近却无——①②之间

D. 半盏屠苏犹未举，灯前小草写桃符——③④之间

【答案】D

【解析】本题将地理常识与古诗词一起考查，考生既要掌握具体地理知识，又要理解古诗词的意思，难度较大。根据题干中“太阳直射点移动图”判定①②③④四个点分别代表“二分二至”。④太阳直射赤道，对应“春分”，时间为3月21日前后；①太阳直射北回归线（23°26′N），对应“夏至”，时间为6月22日前后；②太阳直射赤道，对应“秋分”，时间为9月23日前后；③太阳直射南回归线，对应“冬至”，时间为12月22日前后。根据四个项中的四句诗歌来对应①②③④“二分二至”时间节点。

A项出自唐代王建的《十五夜望月寄杜郎中》，从“月明”和“秋思”可以判定描写的是中秋节，中秋节应处于②③之间，并非④①，排除。

B项出自南宋杨万里的《晓出净慈寺送林子方》，从“莲叶”和“荷花”可以判定描写的是夏季，应处于①②之间，并非②③，排除。

C项出自唐代韩愈的《早春呈水部张十八员外》，从“草色遥看近却无”可以判定描写的是初春时节，应处于④①之间，并非①②，排除。

D项出自宋代陆游的《除夜雪》，从“屠苏”和“桃符”可以判定描写的是春节，春节处于冬至与春分之间，即③④之间。所以，正确答案为D。

（三）重细节、多陷阱

常识判断每年都会考查细枝末节的考点，出题者特别注重事物具体的时间、地点、性质，而且在这些点上设置了更多的陷阱，考生稍不留神便会出错。

【例题精讲】(2010·国家)下列关于中国近代史上的事件表述不正确的是(　　)。

A. 北洋水师是19世纪末中国建立的第一支近代海军舰队

B. 第五次反"围剿"失败后,中国工农红军开始长征

C. 中国人民解放军第二炮兵组建于20世纪60年代中期

D. 日军在东北发动的"七七事变"标志着全面侵华战争的开始

【答案】D

【解析】该题考查考生对细节的辨析能力。"七七事变"发生在位于北京市西南方向约10公里的卢沟桥,属于华北,不属于东北。因此,答案为D。

(四) 重交叉、多综合

近几年常识判断注重对学科的交叉考查,相关考点明显增多。考生应注意将古诗、俗语等与物理、化学现象相联系,将科技发明产生的时间与相应时期的历史大事件相联系,有意识地去思考学科交叉可能出现的考查方式。

【例题精讲】(2016·内蒙古)下列对诗词中的物理现象描述错误的是(　　)。

A. 坐地日行八万里,巡天遥看一千河——地球的公转

B. 两岸青山相对出,孤帆一片日边来——运动的相对性

C. 八月秋高风怒号,卷我屋上三重茅——空气振动发声

D. 飞流直下三千尺,疑是银河落九天——势能转化为动能

【答案】A

【解析】文学常识与物理常识交叉。A项"坐地日行八万里"是指地球自转。A项错误。B项"两岸青山相对出",青山相对于船来说是运动的;"孤帆一片日边来",船对于两岸、青山来说是运动的;同一个物体,以不同的参照物,它的运动状态可能不同,这就是运动和静止的相对性。B选项正确。C项"八月秋高风怒号"中的风声是空气振动发出的声音。C项正确。D项"飞流直下三千尺",是因为水受到重力的作用,从高处往低处流,在此过程中势能减小,减小的势能转化为动能。D项正确。故正确答案为A。

(五) 重创新、讲实用

常识判断与日常生活紧密相关,与国情时政紧密相连,热衷于考查"新"知识和实用型知识。比如政治常识部分一般直接考查时事热点以及国家的重大方针政策,法律常识经常考查新修订的法律,人文常识常与其他常识结合在一起考查,科技常识以考查前沿科技和我国最新科技成果为主。

【例题精讲】(2019·山东)假如影视剧场景中出现下列作物,符合历史事实的是(　　)。

A.《水浒传》里宋江和公孙胜在玉米地里斗剑

B.《包青天》里包拯吃农户刚收获的白薯

C.《苏东坡》里苏轼用辣椒做东坡肉

D.《关云长》里关羽吃味道甘甜的葡萄

【答案】D

【解析】本题考查角度比较新颖,与影视剧场景结合考查农作物引入中国的时间。A

项，玉米是明朝传入，宋朝的宋江等人无法在玉米地斗剑。B项，白薯（甘薯）俗称地瓜，明朝传入，包拯是北宋名臣，所以包拯吃不到白薯。C项，辣椒也是明朝时传入中国，苏轼是北宋文学家，所以，苏轼无法用辣椒做东坡肉。D项，葡萄是汉武帝时期张骞出使西域引入中国的。关羽是东汉末年名将，东汉末年晚于西汉，他可以吃到葡萄。所以，正确答案为D。

【例题精讲】（2018·山东）下列有关急救知识的叙述正确的是（　　）。

A. 对等待急救的脑出血病人不宜随意搬动

B. 发生烫伤后的伤口可用酱油或牙膏涂抹

C. 胸外心脏按压的频率为每分钟30～50次

D. 严重烧伤的病人口渴时可以喝白开水

【答案】A

【解析】本题主要涉及急救知识的相关内容，紧密贴合生活实际，非常实用。

A项，脑出血的患者如果在突然发病搬运过程中颠簸太厉害就可能加重脑出血。所以发生脑出血的病人应立即平卧、避免震动、就近治疗，不宜长途搬运。所以A项正确。

B项，牙膏或酱油涂抹在烫伤部位，是一种错误方法。这是由于伤口的热气受到牙膏等物质的遮盖，只能往皮下组织深部扩散，结果就造成了更深一层的烫伤。而酱油不仅不具备治疗功能，酱油的颜色还会影响医生的诊断。B项错误。

C项，按照2015版心肺复苏指南建议，对成年人实施心肺复苏时胸外按压的频率为100～120次/分。C项错误。

D项，按医学要求，烧伤后口渴时不能给伤员饮白开水。因在烧伤后，体液丢失的同时，体液中的钠盐也跟着一起丧失，如果单纯给病人喝白开水，可导致血液内氯化钠浓度进一步下降，细胞外液渗透压降低，引起细胞内水肿，出现脑水肿或肺水肿，形成所谓的水中毒，可危及伤员生命。D项错误。

二、命题趋势

常识判断涉及多个学科，内容繁杂，但考查较为稳定，考点也相对集中。题量为20题，约占总题量的15%。政治、法律、科技生活、人文历史等仍为考查重点，难度不会太大。

不过，常识判断题目的出题角度、考查形式更加灵活。覆盖面广、考查方式的创新（图片题、谚语、诗词与物理化学现象）都对应试者的复习备考提出了新的挑战。万变不离其宗，国考对常识判断的考查仍然紧扣大纲要求，切合实际需要，注重考查国情社情。

三、解题技巧

（一）建立知识框架　掌握高频考点

黑格尔说："开端包含目的性。"为应试而学常识，就不可能气定神闲地品悟，考生一出手就要高屋建瓴，客观定位。找到合理的切入点，遵循科学的步骤，建立知识框架，掌握高频考点，破解难点，顺理成章（把握理论线索破解难点），顺藤摸瓜（抓住命题脉络把握考点）。

（二）掌握解题技巧　迅速定位答案

1．题干分析法

仔细分析题干，找准关键词，对照选项，快速推断出正确答案。

【例题精讲】（2009·国家）从2006年元旦起我国政府正式取消了延续2 600年的农业税。我国农业税的征收始于（　　）。

A．春秋时期鲁国的初税亩　　B．战国时期的商鞅变法

C．秦朝的按亩纳税　　D．西汉的编户齐民

【答案】A

【解析】由"2006年元旦起我国政府正式取消了延续2 600年的农业税"，可知农业税的征收时间是公元前594年。对比四个选项，只有A项符合，所以正确答案为A。A项：春秋时期，简称春秋，指公元前770年～前476年。B项：战国时期简称战国，指公元前475年～前221年，时间不符合，排除。C项：秦朝起始时间为公元前221，时间不符合，排除。D项：西汉起始时间为公元前202年，时间不符合，排除。

2．选项对比法

（1）去同存异

横向对比四个选项，如果四个选项中有一个选项与其他三个选项明显不同，该选项一般为正确答案。

【例题精讲】（2012·国家）张某有甲、乙、丙三子，张某去世后，没有留下遗嘱。其遗产在处理前，甲明确表示放弃继承，乙明确表示要继承，丙没有做出放弃或接受继承表示，那么丙的行为视为（　　）。

A．放弃继承　　B．接受继承　　C．丧失继承权　　D．转继承

【答案】B

【解析】这一题答案一看就知道B与其他三个不一样，所以选B。继承开始后，继承人放弃继承的，应当在遗产处理前，做出放弃继承的意思表示，没有表示的视为接受继承。受遗赠人应当在知道受遗赠后两个月内，做出接受或放弃的表示，到期没有表示的视为放弃受遗赠。

（2）排除绝对选项

横向对比四个选项，排除说法过于绝对的选项。绝对选项一般包含"一定、全部、完全、都、只有、必须、即为、不得"等词语。

【例题精讲】（2006·国家）关于海啸，下列说法错误的是（　　）。

A．海啸来临时，海水可能会突然先退下去几十米甚至几百米

B．只有水下地震这种大地活动才可能引起海啸

C．海啸发生时掀起的海浪高度可达几米至几十米不等，形成"水墙"

D．海啸发生时，从海底到海面整个水体在波动，所含的能量惊人

【答案】B

【解析】B项中"只有"为说法绝对的词，往往是错误的，本题为选非题，因此选B选项。

3. 排除法

排除法适用于行测的每一种题型，自然常识判断也可巧用排除法求解。在解题过程中，考生可根据自己平时所掌握的知识，分析题干和选项，将最不适合题意的选项排除，选出正确答案。

【例题精讲】《国家"十二五"时期文化改革发展规划纲要》提出要加大政府对文化事业建设的投入力度，下列属于政府投入保障政策的是（　　）。

A. 支持文化企业在海外投资、投标、营销、参展和宣传活动

B. 继续完善文化市场的准入政策，喜迎社会资本投资文化产业

C. 文化内容创意生产，非物质文化遗产项目经营享受税收优惠

D. 通过政府购买服务的方式，鼓励社会力量提供公共文化产品

【答案】D

【解析】政府投入保障政策，其中谈到"加大政府投入力度，转变投入方式"，具体就是通过政府购买服务、项目补贴、以奖代补等方式，鼓励和引导社会力量提供公共文化产品和服务，促进文化产业发展；设立国家文化发展基金，扩大有关文化基金和专项资金规模，提高各级彩票公益金用于文化事业比重。A、B两项属于"文化贸易促进政策"，故排除。C项属于"文化经济政策"，故排除。D项属于"政府投入保障政策"。故正确答案为D。

4. 第一印象法

第一印象法是根据第一印象来选择答案。读完题干和选项后，如果无法选出正确选项，可将第一印象的选项选出。虽然这种技巧存在一定的风险，但往往正确率是最高的。

【例题精讲】（2011·国家）我国的能源条件可以概括为（　　）。

A. 缺煤、富油、少气　　B. 富煤、缺油、少气

C. 缺煤、缺油、多气　　D. 富煤、富油、多气

【答案】B

【解析】题干要求概括我国的能源条件，首先能想到的是我国煤储藏量是世界第一的，且我国一半左右的煤油都是依靠国外进口。所以看到此题，直接选择B项。

5. 大胆猜测法

如果运用其他方法无法选出正确答案，可以通过猜测选择答案，这样可以有效避免考生在某些试题上过分深究，影响注意力和情绪，进而保证答题速度。

第二节 政治常识

一、哲学常识

(一) 哲学概论

1. 哲学的基本问题

哲学的基本问题是思维与存在的关系问题。这个问题包括两方面的内容:第一,思维与存在何者为第一性的问题。对这个问题的不同回答,是划分唯物主义和唯心主义的唯一标准。凡主张思维决定存在的,就是唯心主义(可分为客观唯心主义和主观唯心主义);凡认为存在决定思维的,就是唯物主义(可分为古代朴素唯物主义、近代机械唯物主义和历史唯物主义)。第二,思维与存在是否具有同一性的问题,也就是思维能否正确认识存在的问题。对这个问题的不同回答,是划分哲学上的可知论和不可知论的标准,即凡主张思维能正确反映存在的观点是可知论,与此相反的观点是不可知论。

2. 马克思主义哲学

(1) 产生的历史条件:阶级基础、自然科学基础、理论来源。

(2) 基本特征:马克思主义哲学是唯物主义和辩证法的统一;是唯物主义自然观和历史观的统一;是实践基础上革命性和科学性相统一的哲学。

(3) 中国化重大理论成果:毛泽东思想、中国特色社会主义理论体系(邓小平理论、三个代表、科学发展观)。

(二) 唯物论(2 个核心、3 大原理)

2 个核心:物质(客观实在性)、意识(主观能动性)。

3 大原理:唯物主义一元论(世界物质统一性原理)、物质和意识辩证关系原理、规律客观性原理。

(三) 辩证法(2 个核心、3 大规律、4 对范畴)

2 个核心:联系(客观性、普遍性、多样性)、发展(永恒性、普遍性)。

3 大规律:质变量变律、否定之否定、对立统一律(同一与斗争、内因与外因、普遍与特殊、两点与重点)。

4 对范畴:现象与本质、必然与偶然、原因与结果、可能与现实。

(四) 认识论(3 个核心、3 大规律)

3 个核心:实践(物质性、直接现实性、主观能动性、社会历史性)、认识(反映论、能动性、创造性)、真理(客观性、具体性)。

3 大规律:实践与认识的辩证关系原理、认识发展规律、真理发展规律。

(五) 历史观(2 个核心、2 大规律)

2 个核心:社会(物质要素、基础、本质、结构)、人(本质、价值、自由)。

2大规律:社会发展规律、社会发展与人的发展规律。

【例题精讲】(2016·山东青岛)由百余名院士、专家着手制定的《中国制造2025》是我国实施制造强国战略第一个十年的行动纲领。纲领弱化了以往规划中"五年"的时间限制,更注重中长期规划。通过努力实现中国制造向中国创造、中国速度向中国质量、中国产品向中国品牌三大转变,推动中国到2025年基本实现工业化,迈入制造强国行列。这段话体现的哲理是(　　)。

A. 用发展的观点看问题　　B. 用联系的观点看问题

C. 用矛盾的观点看问题　　D. 用全面的观点看问题

【答案】A

【解析】根据题干描述,中国通过努力实现中国制造向中国创造、中国速度向中国质量、中国产品向中国品牌三大转变,是中国制造业的发展规划,体现了发展的观点。所以本题选A。

【例题精讲】下列关于习近平同志用经典语句反映出的哲学原理,与其他三项不一致的是(　　)。

A. 泾溪石险人兢慎,终岁不闻倾覆人。却是平流无石处,时时闻说有沉沦

B. 天下之理,有张必有翕,有强必有弱,有兴必有废,有与必有取

C. 耳闻不如目见,目见不如足践

D. 兵无常势,水无常形

【答案】C

【解析】A选项是说矛盾双方在一定条件下能转化。B选项讲的是矛盾双方相互依存。C选项说的是实践。D选项说的是矛盾的特殊性。故本题答案选择C。

【例题精讲】(2014·国家)俗语说"绣花要得手绵巧,打铁还须自身硬",下列与该俗语哲学道理相同的是(　　)。

A. 身正不怕影子斜　　B. 师傅领进门,修行靠个人

C. 水大漫不过船　　D. 有理不在声高

【答案】B

【解析】根据内外因原理,唯物辩证法认为事物的内部矛盾(即内因)是事物自身运动的源泉和动力。外部矛盾(即外因)是事物发展、变化的第二位的原因。题干中强调的是内因的主要作用,B项最为符合。

【例题精讲】(2012·国家)作家萧伯纳说过:"人生有两大悲剧,一个是没得到你心爱的东西,另一个是得到了你心爱的东西。"学者周国平则说:"人生有两大快乐,一个是没有得到你心爱的东西,于是你可以去寻求和挑战,另一个是得到了你心爱的东西,于是你可以去品味和体验。"从哲学角度看,两个观点存在差异的主要原因是(　　)。

A. 追求真理是一个永无止境的认识过程

B. 价值判断和价值选择具有社会历史性特征

C. 人们的认识结果是由客观对主体的作用决定的

D. 意识对于客观事物的反映是主动的、有选择的

【答案】D

【解析】题干中萧伯纳和周国平对于同一件事物的看法不同，原因在于意识对客观世界的反映是主动的、有选择的，人们在认识客观事物时会自觉选择对我们有利的认识，可知D项正确。

【例题精讲】(2013・山东)下列短语能体现“实践是认识的来源”这一哲学原理的是(　　)。

A. 三个臭皮匠，赛过诸葛亮　　B. 城门失火，殃及池鱼

C. 近水知鱼性，靠山识鸟音　　D. 星星之火，可以燎原

【答案】C

【解析】选项A，反映的哲学原理是群众是实践的主体，是真正的英雄，另一方面也体现了一定条件下，量的优势可弥补质的不足。“城门失火，殃及池鱼”体现的是一种联系的观点。“星星之火，可以燎原”体现的是量变与质变的关系原理。“近水知鱼性，靠山识鸟音”体现了实践是认识的来源、实践出真知的观点。类似的短语还有“不入虎穴，焉得虎子”“吃一堑，长一智”“纸上得来终觉浅，绝知此事要躬行”“路遥知马力，日久见人心”“不登高山，不知天之高也；不临深谷，不知地之厚也”“没有调查就没有发言权”。所以，本题应该选C。

【例题精讲】(2016・江苏)习近平总书记在中央政治局第二十次集体学习时强调，要增强问题意识，这体现的哲学原理是(　　)。

A. 矛盾具有普遍性和客观性，矛盾是事物发展的源泉和动力

B. 联系具有普遍性和多样性，任何事物都处在普遍联系之中

C. 真理具有绝对性和相对性，绝对真理包含在相对真理之中

D. 认识具有反复性和无限性，认识是一个辩证运动的过程

【答案】A

【解析】习近平总书记强调要增强问题意识，坚持问题导向，就是要承认问题进而解决问题，也是承认矛盾的普遍性和客观性。认识矛盾，进而解决矛盾，才能推动事物的发展。说明矛盾是事物发展的源泉和动力。

【例题精讲】(2016・江苏)下列选项中两组成语蕴含哲理相同的是(　　)。

A. 水不腐流，户枢不蠹　人无远虑，必有近忧

B. 奢靡之始，危亡之渐　千里之堤，溃于蚁穴

C. 生于忧患，死于安乐　城门失火，殃及池鱼

D. 螳螂捕蝉，黄雀在后　尺有所短，寸有所长

【答案】B

【解析】A项前面体现的是事物的发展和运动，后面体现的是事物之间的联系。B中两项体现的是量变、质变规律。C项前面体现的是矛盾的对立统一，后面体现的是事物之间的联系。D项前面体现的是用发展、长远的眼光看待问题，后面体现的是矛盾的特殊性。故本题选择B项。

二、毛泽东思想

（一）毛泽东思想及其历史地位

1. 毛泽东思想的科学含义：①是马克思主义在中国的运用和发展；②是被实践证明了的关于中国革命和建设的正确的理论原则和经验总结；③是中国共产党集体智慧的结晶。

2. 第一次提出“毛泽东思想”这一科学概念：王稼祥的《中国共产党与中国民族解放的道路》一文。

3. 中共七大确立毛泽东思想为党的指导思想。

4. 江泽民在中共十五大报告中指出，马克思主义同中国实际相结合有两次历史性飞跃，产生两大理论成果。第一次飞跃的理论成果是毛泽东思想，它的主要创立者是毛泽东。这是对毛泽东思想历史地位的新的科学界定。

5. 毛泽东思想活的灵魂包括三个方面：①实事求是；②群众路线；③独立自主。

6. 毛泽东思想形成的社会历史条件：①时代背景：20 世纪前中期世界和中国政局的变动；②历史条件：近现代中国社会和革命运动的发展；③物质基础：新的社会生产力的增长和工人运动的发展；④思想理论条件：马列主义和中国优秀的传统文化；⑤实践基础：中共领导的人民革命。

7. 毛泽东思想的形成和发展大体经历了以下几个阶段：

（1）萌芽（中共初创和国民革命时期）。标志：毛泽东发表《中国社会各阶级的分析》《湖南农民运动考察报告》。这是中共把马克思主义和中国实际相结合的最初成果，其内容是提出了新民主主义革命的基本思想。

（2）形成（土地革命战争前中期）。标志：毛泽东发表《中国的红色政权为什么能够存在？》《井冈山的斗争》《星星之火，可以燎原》《反对本本主义》等文。其内容是提出了农村包围城市道路的理论。

（3）成熟（土地革命战争后期和抗战时期）。标志：毛泽东发表《〈共产党人〉发刊词》《中国革命和中国共产党》《新民主主义论》等文。其内容是完整系统地提出了新民主主义革命的理论。

（4）发展（解放战争时期和中华人民共和国成立后）。

（二）毛泽东思想的科学体系和主要内容

毛泽东思想的核心和精髓就是实事求是。它紧紧围绕着中国革命和建设这个主题，提出了一系列相互密切关联的重要的理论观点，成为一个科学体系。它包含着丰富的内容：

1. 关于新民主主义革命理论。这些重要理论包括近代中国国情和中国革命，新民主主义革命的总路线、新民主主义革命的基本纲领。

2. 关于社会主义革命和社会主义建设的理论。这些重要理论包括：关于社会主义社会仍然存在着矛盾，基本的矛盾仍然是生产关系和生产力之间的矛盾、上层建筑和经济基础之间的矛盾，必须严格区分和正确处理敌我矛盾和人民内部矛盾的思想；关于人民内部要在政治上实行“团结—批评—团结”，在党与民主党派的关系上实行“长期共存、互相监督”，在科学文化工作中实行“百花齐放、百家争鸣”，在经济工作以及其他各项工作中实行“统筹兼顾、适当安排”等一系列正确方针等等。

3. 关于革命军队的建设和军事战略的理论。毛泽东规定了全心全意为人民服务是人民军队的唯一宗旨，规定了是党指挥枪的原则，提出中国革命中战胜敌人的三个法宝(统一战线、武装斗争、党的建设。党的建设是最主要的法宝)。制定了三大纪律八项注意，强调实行政治、经济、军事三大民主，实行官兵一致、军民一致和瓦解敌军的原则，提出和总结了一套军队政治工作的方针和方法，等等。在新中国成立以后，他提出必须加强国防，建设现代化革命武装力量(包括海军、空军以及其他技术兵种)和发展现代化国防技术(包括用于自卫的核武器)的重要指导思想。

4. 关于政策和策略的理论。毛泽东精辟地指出政策和策略是党的生命，是革命政党一切实际行动的出发点和归宿，必须根据政治形势、阶级关系和实际情况及其变化制定党的政策，把原则性和灵活性结合起来。

5. 关于思想政治工作和文化工作的理论。思想政治工作是经济工作和其他一切工作的生命线；发展民族的、科学的、大众的文化，实行百花齐放、百家争鸣和推陈出新、古为今用、洋为中用的方针；知识分子在革命和建设中具有重要作用，知识分子要同工农相结合，通过学习马克思列宁主义、学习社会和工作实践，树立无产阶级世界观的思想；强调要全心全意为人民服务，对革命工作要极端负责，要艰苦奋斗和不怕牺牲。

6. 关于党的建设的理论。毛泽东强调从思想上建党，提出党员不但要在组织上入党，而且要在思想上入党，经常注意以无产阶级思想改造和克服各种非无产阶级思想。他提出中共的三大优良传统和作风：理论和实践相结合的作风、密切联系群众的作风以及自我批评的作风。

【例题精讲】(2017·江苏)党在新民主主义革命时期形成了很多富有时代特色的革命精神，按照形成时间先后排序正确的是(　　)。

①延安精神　②西柏坡精神　③井冈山精神　④古田会议精神

A. ①②③④　　B. ②③④①

C. ③④①②　　D. ④②①③

【答案】C

【解析】①延安精神：1942年12月由毛泽东正式提出，但其精神内涵形成和发展时期为1935年到1948年。延安精神的主要内容：坚定正确的政治方向，解放思想、实事求是的思想路线，全心全意为人民服务的根本宗旨，自力更生、艰苦奋斗的创业精神。②西柏坡精神：1949年3月，毛泽东在西柏坡召开的中共七届二中全会上提出。西柏坡精神的精髓是实事求是，本质特征是两个“敢于”(敢于斗争，敢于胜利)、两个“务必”(务必继续保持艰苦朴素的作风；务必继续保持谦虚、谨慎、不骄、不躁的作风)。③井冈山精神：诞生于1927年土地革命时期的井冈山根据地。井冈山精神的内涵：坚定不移的革命信念，坚持党的绝对领导，密切联系人民群众的思想作风，一切从实际出发的思想路线，艰苦奋斗的作风。④古田会议精神：于1929年12月在福建省龙岩市上杭县古田召开的第九次党的代表大会上提出。古田会议精神的核心是思想建党，精髓是求实创新，本质是一切为民，根本是保持党的先进性。按照时间先后顺序为③④①②。因此C项当选。

【例题精讲】毛泽东在下列哪篇文章中提出了“没有调查，就没有发言权”的著名论断(　　)。

A.《改造我们的学习》　　B.《整顿党的作风》

C.《反对党八股》　　D.《反对本本主义》

【答案】D

【解析】1930年5月，毛泽东写下《反对本本主义》(原题为《调查工作》)一文，这是毛泽东多年调查研究活动的理论总结。这篇重要著作阐述了调查研究在马克思主义认识论中的作用，提出了“没有调查，没有发言权”的著名论断，批判了党内和红军中存在的理论脱离实际的作风。《反对本本主义》初步形成了实事求是、群众路线、独立自主的毛泽东思想活的灵魂，标志着毛泽东思想开始形成。

【例题精讲】毛泽东对“实事求是”这句话作了科学解释的著作是(　　)。

A.《改造我们的学习》　　B.《论联合政府》

C.《关于领导方法的若干问题》　　D.《论人民民主专政》

【答案】A

【解析】1941年毛泽东在《改造我们的学习》中对“实事求是”作了正确的解释。“实事”就是客观存在着的一切事物；“是”就是客观事物的内部联系，即规律性；“求”就是我们去研究。这就要求我们做任何事情都要按客观事物固有的规律去做，也就是要“找出周围事物的内部联系，作为我们行动的向导”，要按客观规律办事才能成功。从此，实事求是成为中共的思想路线的集中概括。因此A为正确选项。B项主要是论述了毛泽东思想活的灵魂三个方面的基本因子；C项主要论述了三大法宝；D项主要论述了新民主主义总路线。因此，B、C、D三项均不符合题意。

三、中国特色社会主义理论体系

1. 中国特色社会主义理论体系的形成和发展

(1) 1997年9月召开的党的十五大正式使用“邓小平理论”这一科学概念，确定为党的指导思想。

(2) 以江泽民为主要代表的中国共产党人形成了“三个代表”重要思想，进一步回答了什么是社会主义、怎样建设社会主义的问题，创造性地回答了建设什么样的党、怎样建党的问题。党的十六大把“三个代表”重要思想写入党章。

(3) 以胡锦涛为总书记的党中央领导全党全国各族人民，提出了科学发展观，党的十八大将其确立为党必须长期坚持的指导思想并写入党章。

2. 中国特色社会主义理论体系的最新成果

习近平总书记在大布局的各项建设中提出了许多新观点。在经济建设方面，不能简单以国内生产总值增长率论英雄，处理好政府和市场的关系，推进以人为核心的新型城镇化；在政治建设方面，坚持走中国特色社会主义政治发展道路，全面推进依法治国，把权力关进制度的笼子里；在文化建设方面，弘扬社会主义核心价值观，提高国家文化软实力，牢牢掌握意识形态工作领导权；在社会建设方面，实现经济发展和民生改善良性循环，社会政策要托底，创新社会治理；在生态文明建设方面，保护生态环境就是保护生产力，以系统工程思路抓生态建设，实行最严格的生态环境保护制等。

习近平总书记在省部级主要领导干部“学习贯彻十八届四中全会精神全面推进依法治国”专题研讨班开班仪式讲话中，集中论述了全面建成小康社会、全面深化改革、全面依法治国、全面从严治党。这“四个全面”是党中央治国理政新布局的新概括。

(1) 2014 年 12 月，习近平第一次提出了“四个全面”：“协调推进全面建成小康社会、全面深化改革、全面推进依法治国、全面从严治党。”“四个全面”为实现“两个一百年”奋斗目标，实现中华民族伟大复兴的中国梦提供了理论指导和实践指南。

(2) “四个全面”战略布局是一个整体，它既包括战略目标，又包括战略举措。其中，战略目标就是全面建成小康社会；战略举措就是全面深化改革、全面依法治国、全面从严治党。

①到 2020 年全面建成小康社会，是实现中华民族伟大复兴中国梦的“关键一步”；

②全面深化改革是全面建成小康社会的动力源泉，是实现中国梦的“关键一招”；

③全面依法治国是全面社会改革的法制保障和全面建成小康社会的重要基石；

④全面深化改革、全面依法治国如“鸟之两翼”推动着全面建成小康社会目标的实现；

⑤全面从严治党则是全面建成小康社会、全面深化改革、全面依法治国的必然要求和根本保证。

(3) “四个全面”战略布局：是党坚持和发展中国特色社会主义的新实践新成果；是对党治国理政经验的科学总结和丰富发展；集中体现了时代和实践发展对党和国家工作的新要求；是实现中华民族伟大复兴的中国梦、续写中国特色社会主义新篇章的行动纲领。

四、邓小平理论

(一) 邓小平理论概述

1. 邓小平理论形成的社会历史条件

(1) 邓小平理论形成的时代背景：和平与发展成为当今时代主题。

(2) 邓小平理论形成的历史根据：对社会主义正反两方面历史经验的总结。

(3) 邓小平理论形成的现实依据：我国改革开放和现代化建设的实践。

(4) 邓小平理论形成的理论基础：马克思列宁主义、毛泽东思想。

2. 邓小平理论的形成和发展过程

邓小平理论形成和发展过程大致可以分为三个阶段：

(1) 提出命题阶段(1978 年～1982 年)。标志是 1982 年党的十二大中“建设有中国特色社会主义”命题的提出。

(2) 邓小平理论形成基本轮廓阶段。从 1982 年党的十二大到 1987 年党的十三大，这是邓小平理论形成基本轮廓阶段。

(3) 邓小平理论趋向成熟、形成体系阶段。从 1987 年党的十三大到 1992 年党的十四大，这是邓小平理论趋向成熟、形成体系阶段。

十五大(1997 年)把邓小平理论确定为党的指导思想并写入党章。全国人大九届二次会议正式把邓小平理论作为国家的指导思想写入宪法。

3. 邓小平理论的精髓

(1) 精髓。解放思想、实事求是是我们党的思想路线，是马列主义、毛泽东思想的精髓，也是邓小平理论的精髓。

(2) 解放思想、实事求是思想路线的重新确立。1978 年底，中共中央在北京召开十一届三中全会。这次会议彻底否定了“两个凡是”(凡是毛主席做出的决策，我们都坚决维护；凡是毛主席的指示，我们都始终不渝地遵循)的方针，重新确立解放思想、实事求是的思想路线；停止使用“以阶级斗争为纲”的口号，作出把党和国家的工作重心转移到经济建设上来，实行改革开放的伟大决策；会议实际上形成了以邓小平为核心的党中央领导集体。

(3) 解放思想、实事求是的辩证关系。实事求是与解放思想是不可分割的辩证统一关系。解放思想是实事求是的首要前提。实事求是是解放思想的根本目的。

4. 邓小平理论的首要问题是搞清楚什么是社会主义，怎样建设社会主义。

(二) 邓小平理论的科学体系和主要内容

1. 关于社会主义建设的思想路线问题：解放思想、实事求是，是我们党的思想路线，是马克思列宁主义的精髓，是毛泽东思想的精髓，也是邓小平理论的精髓。

2. 关于社会主义建设的发展道路问题：坚持社会主义道路，必须搞清楚什么是社会主义、怎样建设社会主义，揭示社会主义的本质；党的以经济建设为中心，坚持改革开放、坚持四项基本原则的基本路线体现了社会主义本质的要求，反映了中国社会主义发展的根本规律，指明了有中国特色社会主义的发展道路。

3. 关于社会主义建设的发展阶段问题：社会主义建设必须从本国的实际出发，而当前最大的实际就是中国的基本国情，就是中国现在处于并将长期处于社会主义初级阶段。社会主义初级阶段的现实国情，是党制定路线、方针、政策的基本依据。

4. 关于社会主义建设的发展动力问题：改革是社会主义社会发展的直接动力，是社会主义制度的自我完善和发展。革命是解放生产力，改革也是解放生产力。改革是中国的第二次革命。

5. 关于社会主义建设的根本任务问题：社会主义制度建立以后，国内的主要矛盾是人民群众日益增长的物质文化需要同落后的社会生产之间的矛盾。因此，以经济建设为中心，大力发展生产力，就成为社会主义阶段最根本的任务。社会主义的本质就是：解放生产力，发展生产力，消灭剥削，消除两极分化，最终达到共同富裕。

6. 关于社会主义建设的外部条件问题：和平与发展是当代世界的两大主题。必须坚持独立自主的和平外交政策，为我国现代化建设争取一个有利的国际环境。中国的发展离不开世界。必须实行对外开放，充分利用一切有利的国际条件，吸收和借鉴人类社会创造的一切文明成果，吸收和借鉴当今世界各国、包括资本主义发达国家的一切反映现代社会生产规律的先进经营方式、管理方法。

7. 关于社会主义建设的政治保证问题：坚持社会主义道路，坚持人民民主专政，坚持共产党的领导，坚持马列主义、毛泽东思想，这四项基本原则是不可动摇的立国之本，是我们事业健康发展的根本政治前提和保证。

8. 关于社会主义建设的战略步骤问题：我国从20世纪80年代起到21世纪中叶实行分“三步走”的经济建设和社会发展的战略步骤：第一步从1980年到1990年基本解决温饱问题；第二步从1990年到20世纪末达到小康；第三步到21世纪中叶达到中等发达国家水平。

9. 关于社会主义建设的领导力量和依靠力量问题：建设有中国特色的社会主义，关键在于坚持、加强和改善党的领导，把党建设成为坚强的领导核心；必须依靠广大工人、农民、知识分子，必须依靠各民族人民的团结，必须依靠最广泛的爱国统一战线；人民军队是祖国的保卫者和建设社会主义的重要力量。

10. 关于祖国统一问题：完成祖国统一大业，是中华民族的根本利益所在，是全中国人民包括台湾同胞、港澳同胞和海外侨胞的共同愿望。中国共产党人始终把国家统一作为自己奋斗的一个重要目标。在新时期提出了用“一国两制”的方式解决台湾、香港和澳门问题，实现祖国和平统一的创造性构想。

（三）邓小平理论的历史地位和指导意义

邓小平理论是当代中国的马克思主义，是马克思主义在中国发展的新阶段。

第一，邓小平理论坚持解放思想、实事求是，在新的实践基础上继承前人又突破陈规，开拓了马克思主义的新境界。

第二，邓小平理论坚持科学社会主义理论和实践的基本成果，抓住“什么是社会主义、怎样建设社会主义”这个根本问题，深刻地揭示社会主义的本质，把对社会主义的认识提高到了新的科学水平。

第三，邓小平理论坚持用马克思主义的宽广眼界观察世界，对世界上其他社会主义国家的成败，发展中国家谋求发展的得失，发达国家发展的态势和矛盾，进行正确分析，作出了新的科学判断，要求人们依据世界的变化，用新的观点来认识、继承和发展马克思主义。

【例题精讲】邓小平理论走向成熟、形成系统的体系的标志是（　　）。

A. 真理标准的讨论和党的十一届三中全会

B. 党的十二大提出建设有中国特色社会主义的命题

C. 党的十三大和社会主义初级阶段理论

D. 邓小平视察南方谈话和党的十四大

【答案】D

【解析】1987—1992年为邓小平理论走向成熟、确立体系的时期。故本题答案选D。

【例题精讲】把邓小平理论确定为党的指导思想是在党的（　　）。

A. 十二大　　B. 十三大　　C. 十四大　　D. 十五大

【答案】D

【解析】1997年9月中共十五大把“邓小平建设有中国特色社会主义理论”直接称为“邓小平理论”，由此得名。该会议上邓小平理论被写入党章中，成为其指导思想之一。故本题答案选D。

五、"三个代表"重要思想

1. "三个代表"重要思想的提出

江泽民同志2000年2月25日在广东省考察工作时，从全面总结党的历史经验和如何适应新形势新任务的要求出发，首次对"三个代表"重要思想进行了比较全面的阐述。

2. "三个代表"思想的科学内涵

(1) 我们党要始终代表中国先进生产力的发展要求。

(2) 我们党要始终代表中国先进文化的前进方向。

(3) 我们党要始终代表中国最广大人民的根本利益。

"三个代表"是我们党的立党之本、执政之基、力量之源。

六、社会主义荣辱观

1. 提出。2006年3月4日，胡锦涛总书记在参加全国政协十届四次会议民盟、民进界委员联组讨论时提出，要引导广大干部群众特别是青少年树立以"八荣八耻"为主要内容的社会主义荣辱观。

2. 内容。以热爱祖国为荣，以危害祖国为耻。以服务人民为荣，以背离人民为耻。以崇尚科学为荣，以愚昧无知为耻。以辛勤劳动为荣，以好逸恶劳为耻。以团结互助为荣，以损人利己为耻。以诚实守信为荣，以见利忘义为耻。以遵纪守法为荣，以违法乱纪为耻。以艰苦奋斗为荣，以骄奢淫逸为耻。

3. 意义。胡锦涛总书记的重要论述概括精辟，内涵深邃，具有很强的民族性、时代性和实践性，体现了中华民族传统美德与时代精神的有机结合，体现了社会主义基本道德规范和社会风尚的本质要求，体现了社会主义价值观的鲜明导向，对推动形成良好社会风气，构建社会主义和谐社会具有重要意义。

七、科学发展观

科学发展观，是对党的三代中央领导集体关于发展的重要思想的继承和发展，是马克思主义关于发展的世界观和方法论的集中体现，是同马克思列宁主义、毛泽东思想、邓小平理论和"三个代表"重要思想既一脉相承又与时俱进的科学理论，是我国经济社会发展的重要指导方针，是发展中国特色社会主义必须坚持和贯彻的重大战略思想。

1. 科学发展观的提出

2003年10月，党的十六届三中全会通过的《中共中央关于完善社会主义市场经济体制若干问题的决定》指出："坚持以人为本，树立全面、协调、可持续的发展观，促进经济社会和人的全面发展。"这是我们党的文件中第一次提出科学发展观。

2. 科学发展观的历史地位

十八大报告全面阐述了科学发展观的历史地位：

(1) 科学发展观是马克思主义同当代中国实际和时代特征相结合的产物，是马克思主义关于发展的世界观和方法论的集中体现，对新形势下实现什么样的发展、怎样发展等重大问题作出了新的科学回答，把我们对中国特色社会主义规律的认识提高到新的水平，开辟了当代中国马克思主义发展新境界。

(2) 科学发展观是中国特色社会主义理论体系最新成果，是中国共产党集体智慧的结晶，是指导党和国家全部工作的强大思想武器。

(3) 科学发展观同马克思列宁主义、毛泽东思想、邓小平理论、"三个代表"重要思想一道，是党必须长期坚持的指导思想。

3. 科学发展观的科学内涵

(1) 发展是科学发展观的第一要义。

发展是硬道理，这是我们必须始终坚持的重要战略思想。中国解决一切问题的关键在于发展。

(2) 以人为本是科学发展观的本质和核心。

以人为本的要义有两个方面：一是以实现人的全面发展为目标；二是关于为谁发展。

(3) 全面、协调、可持续发展是科学发展观的根本要求。

(4) 统筹兼顾（五个统筹）是科学发展观的根本方法。

①统筹城乡发展的实质，是促进城乡二元经济结构的转变。②统筹区域发展的实质，是实现地区共同发展。③统筹经济社会发展的实质，是在经济发展的基础上实现社会全面进步，不断提高人民群众的生活质量，增进全体人民的福利。④统筹人与自然和谐发展的实质，是人口适度增长、资源的永续利用和保持良好的生态环境。⑤统筹国内发展和对外开放要求的实质，是更好地利用国内外两种资源、两个市场，顺利实现中国经济的振兴。

4. 科学发展观的精神实质

十八大报告：解放思想、实事求是、与时俱进、求真务实，是科学发展观最鲜明的精神实质。

八、和谐社会

1. 构建社会主义和谐社会的提出

十六大报告提出：我们要在本世纪头二十年，集中力量，全面建设惠及十几亿人口的更高水平的小康社会，使经济更加发展、民主更加健全、科教更加进步、文化更加繁荣、社会更加和谐、人民生活更加殷实。这是我党首次提出构建和谐社会。

党的十六届六中全会（2006 年 10 月 8 日—11 日）通过《中共中央关于构建社会主义和谐社会若干重大问题的决定》，全面深刻阐明社会主义和谐社会的性质地位，指明构建社会主义和谐社会的指导思想、目标任务、工作原则、重大部署。

2. 和谐社会具体含义

一是个人自身的和谐；二是人与人之间的和谐；三是社会各系统、各阶层之间的和谐；四是个人、社会与自然之间的和谐；五是整个国家与外部世界的和谐。

3. 和谐社会的基本特征

2005 年 2 月 19 日胡锦涛在省部级主要领导干部"提高构建社会主义和谐社会能力"专题研讨班上的讲话中强调指出："我们所要建设的社会主义和谐社会，应该是民主法治、公平正义、诚信友爱、充满活力、安定有序、人与自然和谐相处的社会。"

九、社会主义核心价值观

1. 社会主义核心价值观的形成过程

党的十六届六中全会首次提出了建设社会主义核心价值体系的战略任务。

党的十七届六中全会明确指出：社会主义核心价值体系是兴国之魂，是社会主义先进文化的精髓，决定着中国特色社会主义发展方向。

党的十八大第一次明确提出：积极培育和践行社会主义核心价值观。

2. 社会主义核心价值观的科学内涵

党的十八大适应当代中国社会发展需要和广大人民群众的共同期盼，以社会主义核心价值体系为基础，明确提出了以“三个倡导”为主要内容的社会主义核心价值观，从不同层面规范了我们国家、社会和公民的核心价值追求。

(1) “富强、民主、文明、和谐”体现了中国特色社会主义的价值目标，是立足国家层面概括出的社会主义核心价值观。

(2) “自由、平等、公正、法治”体现了中国特色社会主义的基本社会属性，是立足社会层面概括出的社会主义核心价值观。

(3) “爱国、敬业、诚信、友善”是公民基本道德规范，是从个人行为层面对社会主义核心价值观基本理念的凝练。

【例题精讲】(2016·湖南)下列关于党的重要思想，按提出时间先后顺序排列正确的是(　　)。

①社会主义市场经济理论　②“三个代表”重要思想　③社会主义本质理论　④构建社会主义和谐社会理念

A. ①②③④　　B. ①②④③　　C. ③②①④　　D. ③①②④

【答案】D

【解析】1992年初，邓小平在“南方谈话”中提出“社会主义的本质，是解放生产力，发展生产力，消灭剥削，消除两极分化，最终达到共同富裕”；1992年10月，党的十四大正式确定中国经济体制改革的目标是建立社会主义市场经济体制；“三个代表”重要思想是江泽民同志2000年2月25日在广东省考察工作时，从全面总结党的历史经验和如何适应新形势新任务的要求出发，首次对“三个代表”重要思想进行了比较全面的阐述；2002年中共十六大报告第一次将“社会更加和谐”作为重要目标提出，2003年中共十六届四中全会进一步提出构建社会主义和谐社会的任务。故本题答案选D。

十、党的重要会议

1. 中共一大(1921年7月，上海)

(1) 中心议题：正式建立中国共产党。

(2) 内容：通过的党纲主要内容有确定党的名称是中国共产党；党的性质是无产阶级政党；党的奋斗目标是以无产阶级革命军队推翻资产阶级的政权，消灭资本家私有制，由劳动阶级重建国家，承认无产阶级专政，直到阶级斗争结束，即直到消灭社会的阶级区分；联合第三国际。

(3) 意义:使中国革命的面貌焕然一新,给灾难深重的中国人民带来了光明和希望,之后出现了第一次工人运动高潮。

2. 中共二大(1922 年,上海)

(1) 中心议题:进一步讨论和确定党在民主革命时期的纲领问题。

(2) 内容:分析了国际形势和中国社会半殖民地半封建的性质,阐明了中国革命的性质、动力和对象,指出当前的中国革命性质是民主主义革命;革命的动力是无产阶级、农民和其他小资产阶级,民族资产阶级也是革命的力量之一;革命的对象是帝国主义和封建军阀;革命的前途是向社会主义革命转变。

制定了党的最高纲领和最低纲领。党的最低纲领,即党在民主革命阶段的主要纲领是消除内乱,打倒军阀,建设国内和平;推翻国际帝国主义的压迫,达到中华民族完全独立;统一中国为真正的民主共和国。党的最高纲领是组织无产阶级,用阶级斗争的手段,建立劳农专政的政治,铲除私有财产制度,渐次达到一个共产主义社会。

(3) 意义:第一次提出反帝反封的民主革命纲领,为中国革命指明了方向。

3. 中共三大(1923 年,广州)

(1) 中心议题:讨论全体共产党员加入国民党,建立国共合作统一战线的问题。

(2) 意义:党的“三大”所确定的建立国共合作革命统一战线的策略,促进了第一次国共合作的实现,使共产党活动的政治舞台迅速扩大,加速了中国革命的步伐,为波澜壮阔的第一次大革命作了准备。

4. 八七会议(1927 年,汉口)

(1) 内容:纠正了陈独秀右倾机会主义错误,确定了开展土地革命和武装反抗国民党反动派的总方针,决定秋收时发动武装起义,毛泽东提出“政权是由枪杆子中取得的”思想。

(2) 意义:给正处在思想混乱和组织涣散的中国共产党指明了新的出路,为挽救党和革命作出了巨大贡献。

5. 遵义会议(1935 年)

(1) 内容:纠正了博古等人在军事上和组织上的“左倾”错误,取消其军事最高指挥权。肯定了毛泽东的正确军事主张,选举毛泽东为中央政治局常委。

(2) 意义:结束了王明“左”倾错误在中央的统治,在事实上确立了以毛泽东为核心的新的党中央的正确领导,是中国共产党从幼稚走向成熟的标志,挽救了党、挽救了红军、挽救了革命,成为党的历史上一个生死攸关的转折点。

6. 瓦窑堡会议(1935 年底)

(1) 内容:确立建立抗日民族统一战线方针。

(2) 意义:科学地总结了两次国内革命战争的基本经验,解决了遵义会议没有来得及解决的政治策略问题,确定了建立抗日民族统一战线的政策,为党领导全国人民迎接伟大的抗日战争奠定了政治基础。

7. 洛川会议(1937 年)

(1) 内容:会议通过了《关于目前的形势与党的任务的决定》,正式确定了全面抗战路线。会议通过了《抗日救国十大纲领》。会议决定把党的工作重心放在战区和敌后,在敌后放手发动群众,开展独立自主的游击战争,开辟敌后战场,建立敌后抗日根据地。

(2) 意义:是中国共产党在历史转折关头召开的一次重要会议,明确了中国共产党在抗日战争时期的主要任务。它正确地指导了党和军队实行由国内战争到民族战争、由正规战到游击战的战略转变,为争取抗日战争的胜利奠定了政治思想基础,为中国共产党的发展和壮大指明了方向。

8. 中共七大(1945年,延安)

(1) 内容:毛泽东作《论联合政府》的报告,概括了中国共产党的三大优良作风:理论联系实际、密切联系群众(群众路线)、批评与自我批评。确定了党的政治路线,即"放手发动群众,壮大人民力量,在我党的领导下,打败日本侵略者,解放全国人民,建立一个新民主主义的中国。"确立毛泽东思想为党的指导思想并写入党章。

(2) 意义:阐明了全党全国人民的奋斗目标,为争取抗日的最后胜利和新民主主义革命在全国的胜利作了重要准备。

9. 中共七届二中全会(1949年,西柏坡)

(1) 中心议题:着重讨论了在当时形势下党的工作重心由乡村移到城市的问题。

(2) 内容:①党今后的工作重心由乡村转移到城市,以恢复和发展生产为一切工作的中心。②提出促进革命取得全国胜利的方针。③规定了革命胜利后党的基本政策和总任务:由农业国转变为工业国,由新民主主义革命转变为社会主义革命。④告诫全党要警惕资产阶级"糖衣炮弹"的袭击,提出了两个"务必"的思想:务必继续保持艰苦朴素的作风;务必继续保持谦虚、谨慎、不骄、不躁的作风。

(3) 意义:确立了革命胜利后建设人民民主专政国家的蓝图,并为新民主主义社会向社会主义社会的转变指明了道路,在政治、思想、理论上作了准备。

10. 中共八大(1956年,北京)

(1) 内容:①正确分析了国内形势和主要矛盾的变化,指出我国社会主义制度建立后国内的主要矛盾是人民建立先进工业国的要求同落后的农业国现实之间的矛盾,是人民对于经济文化迅速发展的需要同当前经济文化不能满足人民需要的状况之间的矛盾。②确定当前的主要任务是集中力量尽快把我国从落后的农业国变为先进的工业国。③确定今后的总任务是为建设一个伟大的社会主义中国而奋斗。④确定经济建设方针是既反冒进又反保守,在综合平衡中稳步前进。

(2) 意义:八大路线是正确的,提出的方针和设想富有创造性,是对我国对建设社会主义道路一次成功的探索。

11. 十一届三中全会(1978年,北京)

(1) 内容:①确定了解放思想、开动脑筋、实事求是、团结一致向前看的指导方针。②果断停止使用"以阶级斗争为纲"的错误口号,作出把党和国家的工作重心转移到经济建设上来,实行改革开放的伟大决策。③决定拨乱反正,审查和解决党内一批重大冤假错案以及一些重要领导人的功过是非问题。

(2) 意义:形成了以邓小平为核心的党的中央领导集体,揭开了社会主义改革开放的序幕。以这次大会为起点,中国进入了改革开放和社会主义现代化建设的历史新时期。

12. 十一届六中全会(1981年,北京)

审议和通过《关于建国以来党的若干问题的决议》,肯定了毛泽东的历史地位和毛泽东思想，实事求是地评价了建国32年来的功过是非，彻底否定了“文化大革命”和“无产阶级专政下继续革命”的理论。

13. 十二大(1982年，北京)

(1) 明确规定了党在新时期的总任务，制定了我国经济发展的战略目标、战略重点和战略步骤，提出建设以共产主义思想为核心的高度精神文明，制定了建设高度的社会主义民主的根本方针，强调要把党建设成为社会主义现代化建设的坚强领导核心。

(2) 对毛泽东思想的科学含义做了重要补充：毛泽东思想是被实践证明了的关于中国革命和建设的正确理论原则和经验总结。

(3) 邓小平在这次大会上第一次提出了“建设有中国特色的社会主义”的崭新命题。明确指出：“马克思主义的普遍真理同我国的具体实际结合起来，走自己的路，建设有中国特色的社会主义，这就是我们总结长期历史经验得出的基本结论。”

14. 十三大(1987年，北京)

(1) 阐述了社会主义初级阶段理论，提出了党在社会主义初级阶段的“一个中心、两个基本点”基本路线，制定了到下世纪中叶分三步走、实现现代化的发展战略。

(2) 大会指出，我国社会主义初级阶段是特指我国在生产力落后、商品经济不发达条件下建设社会主义必然要经历的特定阶段。这一论断包括两层含义：第一，我国社会已经是社会主义社会；第二，我国的社会主义还处在初级阶段，我们必须从这个实际出发，而不能超越这个阶段。

15. 十四大(1992年，北京)

(1) 大会的主要任务是以邓小平同志建设有中国特色社会主义的理论为指导，认真总结十一届三中全会以来14年的实践经验，确定今后一个时期的战略部署，动员全党同志和全国各族人民，进一步解放思想，把握有利时机，加快改革开放和现代化建设步伐，夺取有中国特色社会主义事业的更大胜利。

(2) 大会作出了三项具有深远意义的决策：一是要求全党抓住机遇，加快发展的决策和战略部署；二是确立社会主义市场经济体制的改革目标；三是确立邓小平建设有中国特色社会主义理论在全党的指导地位，这是十四大最突出的特点和最重要的贡献。十四大对建设有中国特色社会主义理论的主要内容作了概括，并将这一理论及以此为基础的党的基本路线写进了党章。

16. 十五大(1997年，北京)

江泽民代表第十四届中央委员会向大会作了题为《高举邓小平理论伟大旗帜，把建设有中国特色社会主义事业全面推向21世纪》的报告。

(1) 通过了关于《中国共产党章程修正案》的决议，把邓小平理论确立为中国共产党的指导思想并载入党章，明确规定中国共产党以马克思列宁主义、毛泽东思想、邓小平理论作为自己的行动指南。

(2) 进一步阐述了社会主义初级阶段理论，明确提出了党在这个阶段的基本纲领。

(3) 确定了我国跨世纪发展的战略部署，并对21世纪的发展作了展望。

(4) 把依法治国确定为治国的基本方略，把坚持公有制为主体、多种所有制经济共同发展，坚持按劳分配为主体、多种分配方式并存，确定为我国在社会主义初级阶段的基本经济制度和分配制度。

17. 十六大(2002 年,北京)

(1) 大会主题为高举邓小平理论伟大旗帜,全面贯彻“三个代表”重要思想,继往开来,与时俱进,全面建设小康社会,加快推进社会主义现代化,为开创中国特色社会主义事业新局面而奋斗。

(2) 提出全面建设小康社会的战略目标,把“三个代表”重要思想写入党章,与马克思列宁主义、毛泽东思想、邓小平理论一起作为党必须长期坚持的指导思想。

18. 十七大(2007 年,北京)

(1) 大会主题是高举中国特色社会主义伟大旗帜,以邓小平理论和“三个代表”重要思想为指导,深入贯彻落实科学发展观,继续解放思想,坚持改革开放,推动科学发展,促进社会和谐,为夺取全面建设小康社会新胜利而奋斗。胡锦涛代表第十六届中央委员会向大会作了题为《高举中国特色社会主义伟大旗帜,为夺取全面建设小康社会新胜利而奋斗》的报告。

(2) 大会的突出贡献,是对科学发展观的时代背景、科学内涵和精神实质进行了深刻阐述,对深入贯彻落实科学发展观提出了明确要求。

19. 十八大(2012 年,北京)

(1) 大会的主题是高举中国特色社会主义伟大旗帜,以邓小平理论、“三个代表”重要思想、科学发展观为指导,解放思想,改革开放,凝聚力量,攻坚克难,坚定不移沿着中国特色社会主义道路前进,为全面建成小康社会而奋斗。

(2) 明确了科学发展观是党必须长期坚持的指导思想,并写入党章。解放思想、实事求是、与时俱进、求真务实是科学发展观最鲜明的精神实质。

(3) 中国特色社会主义道路,中国特色社会主义理论体系,中国特色社会主义制度,是党和人民九十多年奋斗、创造、积累的根本成就,必须倍加珍惜、始终坚持、不断发展。

(4) 建设中国特色社会主义,总依据是社会主义初级阶段,总布局是五位一体,总任务是实现社会主义现代化和中华民族伟大复兴。

20. 十九大(2017 年,北京)

2017 年 10 月 18 日,中国共产党第十九次全国代表大会在北京人民大会堂隆重开幕。习近平代表第十八届中央委员会向大会作了题为《决胜全面建成小康社会 夺取新时代中国特色社会主义伟大胜利》的报告。

(1) 大会主题

不忘初心,牢记使命,高举中国特色社会主义伟大旗帜,决胜全面建成小康社会,夺取新时代中国特色社会主义伟大胜利,为实现中华民族伟大复兴的中国梦不懈奋斗。

(2) 新的历史方位:中国特色社会主义进入了新时代

这个新时代,是承前启后、继往开来、在新的历史条件下继续夺取中国特色社会主义伟大胜利的时代,是决胜全面建成小康社会、进而全面建设社会主义现代化强国的时代,是全国各族人民团结奋斗、不断创造美好生活、逐步实现全体人民共同富裕的时代,是全体中华儿女勠力同心、奋力实现中华民族伟大复兴中国梦的时代,是我国日益走近世界舞台中央、不断为人类作出更大贡献的时代。

(3) 新时代中国共产党的历史使命:实现中华民族伟大复兴的中国梦

进入新时代,实现伟大梦想,必须进行伟大斗争,必须建设伟大工程,必须推进伟大事业(四个伟大、三个必须)。伟大斗争,伟大工程,伟大事业,伟大梦想,紧密联系、相互贯通、相互作用,其中起决定性作用的是党的建设新的伟大工程。

(4) 新的理论创新成果:新时代中国特色社会主义思想

十九大报告提出重大理论创新成果,指出新时代中国特色社会主义思想,是对马克思列宁主义、毛泽东思想、邓小平理论、"三个代表"重要思想、科学发展观的继承和发展,是马克思主义中国化最新成果。

新时代中国特色社会主义思想是全党全国人民为实现中华民族伟大复兴而奋斗的行动指南。

新时代中国特色社会主义思想,明确坚持和发展中国特色社会主义,总任务是实现社会主义现代化和中华民族伟大复兴,在全面建成小康社会的基础上,分两步走在本世纪中叶建成富强民主文明和谐美丽的社会主义现代化强国;

明确新时代我国社会主要矛盾是人民日益增长的美好生活需要和不平衡不充分的发展之间的矛盾,必须坚持以人民为中心的发展思想,不断促进人的全面发展、全体人民共同富裕;

明确中国特色社会主义事业总体布局是"五位一体"、战略布局是"四个全面",强调坚定道路自信、理论自信、制度自信、文化自信;

明确全面深化改革总目标是完善和发展中国特色社会主义制度、推进国家治理体系和治理能力现代化;

明确全面推进依法治国总目标是建设中国特色社会主义法治体系、建设社会主义法治国家;

明确党在新时代的强军目标是建设一支听党指挥、能打胜仗、作风优良的人民军队,把人民军队建设成为世界一流军队;

明确中国特色大国外交要推动构建新型国际关系,推动构建人类命运共同体;

明确中国特色社会主义最本质的特征是中国共产党领导,中国特色社会主义制度的最大优势是中国共产党领导,党是最高政治领导力量,提出新时代党的建设总要求,突出政治建设在党的建设中的重要地位。

(5) 新时代坚持和发展中国特色社会主义的基本方略

①坚持党对一切工作的领导。党政军民学,东西南北中,党是领导一切的。必须增强政治意识、大局意识、核心意识、看齐意识,自觉维护党中央权威和集中统一领导,自觉在思想上政治上行动上同党中央保持高度一致,完善坚持党的领导的体制机制,坚持稳中求进工作总基调,统筹推进"五位一体"总体布局,协调推进"四个全面"战略布局,提高党把方向、谋大局、定政策、促改革的能力和定力,确保党始终总揽全局、协调各方。

②坚持以人民为中心。人民是历史的创造者,是决定党和国家前途命运的根本力量。必须坚持人民主体地位,坚持立党为公、执政为民,践行全心全意为人民服务的根本宗旨,把党的群众路线贯彻到治国理政全部活动之中,把人民对美好生活的向往作为奋斗目标,依靠人民创造历史伟业。

③坚持全面深化改革。只有社会主义才能救中国，只有改革开放才能发展中国、发展社会主义、发展马克思主义。必须坚持和完善中国特色社会主义制度，不断推进国家治理体系和治理能力现代化，坚决破除一切不合时宜的思想观念和体制机制弊端，突破利益固化的藩篱，吸收人类文明有益成果，构建系统完备、科学规范、运行有效的制度体系，充分发挥我国社会主义制度优越性。

④坚持新发展理念。发展是解决我国一切问题的基础和关键，发展必须是科学发展，必须坚定不移贯彻创新、协调、绿色、开放、共享的发展理念。必须坚持和完善我国社会主义基本经济制度和分配制度，毫不动摇巩固和发展公有制经济，毫不动摇鼓励、支持、引导非公有制经济发展，使市场在资源配置中起决定性作用，更好发挥政府作用，推动新型工业化、信息化、城镇化、农业现代化同步发展，主动参与和推动经济全球化进程，发展更高层次的开放型经济，不断壮大我国经济实力和综合国力。

⑤坚持人民当家作主。坚持党的领导、人民当家作主、依法治国有机统一是社会主义政治发展的必然要求。必须坚持中国特色社会主义政治发展道路，坚持和完善人民代表大会制度、中国共产党领导的多党合作和政治协商制度、民族区域自治制度、基层群众自治制度，巩固和发展最广泛的爱国统一战线，发展社会主义协商民主，健全民主制度，丰富民主形式，拓宽民主渠道，保证人民当家作主落实到国家政治生活和社会生活之中。

⑥坚持全面依法治国。全面依法治国是中国特色社会主义的本质要求和重要保障。必须把党的领导贯彻落实到依法治国全过程和各方面，坚定不移走中国特色社会主义法治道路，完善以宪法为核心的中国特色社会主义法律体系，建设中国特色社会主义法治体系，建设社会主义法治国家，发展中国特色社会主义法治理论，坚持依法治国、依法执政、依法行政共同推进，坚持法治国家、法治政府、法治社会一体建设，坚持依法治国和以德治国相结合，依法治国和依规治党有机统一，深化司法体制改革，提高全民族法治素养和道德素质。

⑦坚持社会主义核心价值体系。文化自信是一个国家、一个民族发展中更基本、更深沉、更持久的力量。必须坚持马克思主义，牢固树立共产主义远大理想和中国特色社会主义共同理想，培育和践行社会主义核心价值观，不断增强意识形态领域主导权和话语权，推动中华优秀传统文化创造性转化、创新性发展，继承革命文化，发展社会主义先进文化，不忘本来、吸收外来、面向未来，更好构筑中国精神、中国价值、中国力量，为人民提供精神指引。

⑧坚持在发展中保障和改善民生。增进民生福祉是发展的根本目的。必须多谋民生之利、多解民生之忧，在发展中补齐民生短板、促进社会公平正义，在幼有所育、学有所教、劳有所得、病有所医、老有所养、住有所居、弱有所扶上不断取得新进展，深入开展脱贫攻坚，保证全体人民在共建共享发展中有更多获得感，不断促进人的全面发展、全体人民共同富裕。建设平安中国，加强和创新社会治理，维护社会和谐稳定，确保国家长治久安、人民安居乐业。

⑨坚持人与自然和谐共生。建设生态文明是中华民族永续发展的千年大计。必须树立和践行绿水青山就是金山银山的理念，坚持节约资源和保护环境的基本国策，像对待生命一样对待生态环境，统筹山水林田湖草系统治理，实行最严格的生态环境保护制

度，形成绿色发展方式和生活方式，坚定走生产发展、生活富裕、生态良好的文明发展道路，建设美丽中国，为人民创造良好生产生活环境，为全球生态安全作出贡献。

⑩坚持总体国家安全观。统筹发展和安全，增强忧患意识，做到居安思危，是我们党治国理政的一个重大原则。必须坚持国家利益至上，以人民安全为宗旨，以政治安全为根本，统筹外部安全和内部安全、国土安全和国民安全、传统安全和非传统安全、自身安全和共同安全，完善国家安全制度体系，加强国家安全能力建设，坚决维护国家主权、安全、发展利益。

⑪坚持党对人民军队的绝对领导。建设一支听党指挥、能打胜仗、作风优良的人民军队，是实现“两个一百年”奋斗目标、实现中华民族伟大复兴的战略支撑。必须全面贯彻党领导人民军队的一系列根本原则和制度，确立新时代党的强军思想在国防和军队建设中的指导地位，坚持政治建军、改革强军、科技兴军、依法治军，更加注重聚焦实战，更加注重创新驱动，更加注重体系建设，更加注重集约高效，更加注重军民融合，实现党在新时代的强军目标。

⑫坚持“一国两制”和推进祖国统一。保持香港、澳门长期繁荣稳定，实现祖国完全统一，是实现中华民族伟大复兴的必然要求。必须把维护中央对香港、澳门特别行政区全面管治权和保障特别行政区高度自治权有机结合起来，确保“一国两制”方针不会变、不动摇，确保“一国两制”实践不变形、不走样。必须坚持一个中国原则，坚持“九二共识”，推动两岸关系和平发展，深化两岸经济合作和文化往来，推动两岸同胞共同反对一切分裂国家的活动，共同为实现中华民族伟大复兴而奋斗。

⑬坚持推动构建人类命运共同体。中国人民的梦想同各国人民的梦想息息相通，实现中国梦离不开和平的国际环境和稳定的国际秩序。必须统筹国内国际两个大局，始终不渝走和平发展道路、奉行互利共赢的开放战略，坚持正确义利观，树立共同、综合、合作、可持续的新安全观，谋求开放创新、包容互惠的发展前景，促进和而不同、兼收并蓄的文明交流，构筑尊崇自然、绿色发展的生态体系，始终做世界和平的建设者、全球发展的贡献者、国际秩序的维护者。

⑭坚持全面从严治党。勇于自我革命，从严管党治党，是我们党最鲜明的品格。必须以党章为根本遵循，把党的政治建设摆在首位，思想建党和制度治党同向发力，统筹推进党的各项建设，抓住“关键少数”，坚持“三严三实”，坚持民主集中制，严肃党内政治生活，严明党的纪律，强化党内监督，发展积极健康的党内政治文化，全面净化党内政治生态，坚决纠正各种不正之风，以零容忍态度惩治腐败，不断增强党自我净化、自我完善、自我革新、自我提高的能力，始终保持党同人民群众的血肉联系。

(6) 新的奋斗目标：从全面建成小康社会到社会主义现代化强国

从十九大到二十大，是“两个一百年”奋斗目标的历史交汇期。报告提出，既要全面建成小康社会、实现第一个百年奋斗目标，又要乘势而上开启全面建设社会主义现代化国家新征程，向第二个百年奋斗目标进军。

按照报告提法，“三个目标”分别是：到二〇二〇年的全面建成小康社会，实现第一个百年奋斗目标；到二〇三五年基本实现社会主义现代化；到本世纪中叶建成富强民主文明和谐美丽的社会主义现代化强国。

“两个阶段”是:第一个阶段,从二〇二〇年到二〇三五年,在全面建成小康社会的基础上,再奋斗十五年,基本实现社会主义现代化。到那时,我国经济实力、科技实力将大幅跃升,跻身创新型国家前列;人民平等参与、平等发展权利得到充分保障,法治国家、法治政府、法治社会基本建成,各方面制度更加完善,国家治理体系和治理能力现代化基本实现;社会文明程度达到新的高度,国家文化软实力显著增强,中华文化影响更加广泛深入;人民生活更为宽裕,中等收入群体比例明显提高,城乡区域发展差距和居民生活水平差距显著缩小,基本公共服务均等化基本实现,全体人民共同富裕迈出坚实步伐;现代社会治理格局基本形成,社会充满活力又和谐有序;生态环境根本好转,美丽中国目标基本实现。

第二个阶段,从二〇三五年到本世纪中叶,在基本实现现代化的基础上,再奋斗十五年,把我国建成富强民主文明和谐美丽的社会主义现代化强国。到那时,我国物质文明、政治文明、精神文明、社会文明、生态文明将全面提升,实现国家治理体系和治理能力现代化,成为综合国力和国际影响力领先的国家,全体人民共同富裕基本实现,我国人民将享有更加幸福安康的生活,中华民族将以更加昂扬的姿态屹立于世界民族之林。

(7) 贯彻新发展理念,建设现代化经济体系

我国经济已由高速增长阶段转向高质量发展阶段,正处在转变发展方式、优化经济结构、转换增长动力的攻关期,建设现代化经济体系是跨越关口的迫切要求和我国发展的战略目标。

(8) 坚定不移全面从严治党,不断提高党的执政能力和领导水平

新时代党的建设总要求是:坚持和加强党的全面领导,坚持党要管党、全面从严治党,以加强党的长期执政能力建设、先进性和纯洁性建设为主线,以党的政治建设为统领,以坚定理想信念宗旨为根基,以调动全党积极性、主动性、创造性为着力点,全面推进党的政治建设、思想建设、组织建设、作风建设、纪律建设,把制度建设贯穿其中,深入推进反腐败斗争,不断提高党的建设质量,把党建设成为始终走在时代前列、人民衷心拥护、勇于自我革命、经得起各种风浪考验、朝气蓬勃的马克思主义执政党。

全党要更加自觉地坚定党性原则,勇于直面问题,敢于刮骨疗毒,消除一切损害党的先进性和纯洁性的因素,清除一切侵蚀党的健康肌体的病毒,不断增强党的政治领导力、思想引领力、群众组织力、社会号召力,确保我们党永葆旺盛生命力和强大战斗力。

全面增强执政本领。领导十三亿多人的社会主义大国,既要政治过硬,也要本领高强。要增强学习本领,在全党营造善于学习、勇于实践的浓厚氛围,建设马克思主义学习型政党,推动建设学习大国。

增强政治领导本领,坚持战略思维、创新思维、辩证思维、法治思维、底线思维。

增强改革创新本领,保持锐意进取的精神风貌。

增强科学发展本领,善于贯彻新发展理念,不断开创发展新局面。

增强依法执政本领,加快形成覆盖党的领导和党的建设各方面的党内法规制度体系。

增强群众工作本领,创新群众工作体制机制和方式方法,推动工会、共青团、妇联等群团组织增强政治性、先进性、群众性。

增强狠抓落实本领，坚持说实话、谋实事、出实招、求实效，把雷厉风行和久久为功有机结合起来，勇于攻坚克难，以钉钉子精神做实做细做好各项工作。

增强驾驭风险本领，健全各方面风险防控机制，善于处理各种复杂矛盾，勇于战胜前进道路上的各种艰难险阻，牢牢把握工作主动权。

【例题精讲】（2019·山东）党的十九大对新时代推进全面依法治国提出了新任务。明确到2035年（　　）。

A. 法治国家、法治政府、法治社会基本建成

B. 有法可依、有法必依、执法必严、违法必究基本实现

C. 中国特色社会主义法治体系基本建成

D. 科学立法、严格执法、公正司法、全民守法基本实现

【答案】A

【解析】党的十九大报告指出："从二〇二〇年到二〇三五年，在全面建成小康社会的基础上，再奋斗十五年，基本实现社会主义现代化……法治国家、法治政府、法治社会基本建成"，所以，正确答案为A项，B、C、D三项错误。

【例题精讲】（2019·河南）加快生态文明体制改革，建设美丽中国必须要坚持的方针是（　　）。

A. 节约优先、保护优先、自然恢复为主

B. 预防为主、治理优先、兼顾经济发展

C. 节流为主、兼顾开源、环境友好优先

D. 保护优先、保障发展、全区统筹为主

【答案】A

【解析】党的十九大报告指出："我们要建设的现代化是人与自然和谐共生的现代化……必须坚持节约优先、保护优先、自然恢复为主的方针，形成节约资源和保护环境的空间格局、产业结构、生产方式、生活方式，还自然以宁静、和谐、美丽。"所以，正确答案为A项，B、C、D三项错误。

【例题精讲】（2013·山东）关于中国共产党的会议，下列说法不正确的是（　　）。

A. 中共十三大开幕式上第一次提出"建设有中国特色的社会主义"的崭新命题

B. 中共十四大确定了我国经济体制改革的目标是建立社会主义市场经济体制

C. 中共十五大确立了依法治国的基本方略

D. 中共十六大确立了全面建设小康社会的奋斗目标

【答案】A

【解析】A项：1982年9月党的十二大，邓小平在开幕词中强调指出：我们的现代化建设必须从中国的实际出发，把马克思主义普遍真理同中国的具体实际结合起来，走自己的路，建设有中国特色社会主义。A选项错误。B项：1992年党的十四大明确提出了我国经济体制改革的目标是建立社会主义市场经济体制，B选项正确。C项：1997年9月中共十五大把依法治国确定为治国的基本方略，C选项正确。D项：十六大提出了到2020年全面建设小康社会的奋斗目标，并作出具体的战略部署，D选项正确。

第三节　法律常识

一、法理学重要知识点

（一）法的概念

法是由国家制定、认可并保证实施的，反映由特定物质生活条件所决定的统治阶级意志，以权利和义务为内容，以确认、保护和发展统治阶级所期望的社会关系和社会秩序为目的的行为规范体系。

法的本质是统治阶级意志的体现。

（二）法的渊源与法的效力

1. 法的渊源

根据各种法的渊源在法律形式上的明确程度，可以将其分为正式渊源和非正式渊源。在考试当中，主要考查的是正式渊源。我国法的正式渊源主要有：宪法、法律、行政法规、地方性法规、规章、自治法规等。

2. 法的效力

（1）效力的层次

特别法优于一般法，新法优于旧法。制定主体不同，法律的效力等级也不同，一般为：全国人大制定的宪法—全国人大及其常委会制定的法律，国务院制定的行政法规—地方法规、政府规章。

（2）效力的种属

1）法对人的效力。在世界各国采用过属人主义、属地主义、保护主义，以属地主义为主，与属人主义、保护主义相结合。我国法律对人的效力：①对中国公民的效力。中国公民在中国领域内一律适用中国法律。在中国境外的中国公民，也应遵守中国法律并受中国法律保护。②对外国人和无国籍人的适用问题，包括两种情况：一种是对在中国领域内的外国人和无国籍人的法律适用问题；另一种是对其在中国领域外的法律适用问题。外国人和无国籍人在中国领域内，除法律另有规定者外，适用中国法律。外国人在中国领域外对中国国家或者公民犯罪，而按照《中华人民共和国刑法》规定的最低刑为三年以上有期徒刑的，可以适用中国刑法，但是按照犯罪地法律不受处罚的除外。

2）法的空间效力。指法律在哪些地域有效力，适用于哪些地区。一般来说，一国法律适用于该国主权范围所及的全部领域，包括领土、领水及其底土和领空，以及作为领土延伸的本国驻外使馆、在外船舶及航空器。

3）法的时间效力。指法何时生效、何时失效以及法对其生效以前的事件和行为有无溯及力。

①法的生效时间。根据该规范性法律文件的规定确定，如果规范性法律文件没有规

定具体施行日期的，则从公布之日起施行。

②法的终止时间。法因为废止而失效，一般分为明示和默示的废止两类。

明示的废止，即通过新的规范性法律文件明文规定或者单行的规范性法律文件专门废止旧法。（通过立法活动废止）

默示的废止，即在法律适用中，出现新法与旧法冲突时，适用新法而使旧法事实上被废止；上位法与下位法不一致的，适用上位法的规定而使下位法事实上被废止。（通过适法活动废止）

③法的溯及力，也称法律溯及既往的效力，是指法律对其生效以前的事件和行为是否适用。目前各国采用的通例是“从旧兼从轻”的原则，即新法原则上不溯既往，但是新法不认为犯罪或者处刑较轻的适用新法。

（三）法律部门与法律体系

1. 法律部门

法律部门也称部门法，是根据一定标准和原则所划定的调整同一类社会关系的法律规范的总称。当代中国的部门法通常包括：宪法、行政法、民商法、经济法、劳动法与社会保障法、自然资源与环境保护法、刑法、诉讼法等。

2. 法律体系

(1) 法律体系的概念

法律体系也称部门法体系，指一国的全部现行法律规范，按照一定的标准和原则，划分为不同的法律部门而形成的内部和谐一致、有机联系的整体。

(2) 法律体系与法系

法系并不是法律体系的简称，这是完全不同的两个概念。法系是具有共同法律传统的若干国家和地区的法律，它是一种超越若干国家和地区的法律现象的总称。当代世界主要法系有三个：大陆法系、英美法系、以苏联和东欧国家的法律为代表的社会主义法系。

（四）中国特色社会主义法律体系

我国的法律体系大体由在宪法统领下的宪法及宪法相关法、民法、商法、行政法、经济社会法、刑法、诉讼与非诉讼程序法等七个部分构成，包括法律、行政法规、地方性法规三个层次。

（五）法律行为、法律关系与法律责任

1. 法律行为

指能发生法律效力的人们的意志行为，即根据当事人的个人意愿形成的一种有意识的活动，它是在社会生活中引起法律关系产生、变更和消灭的最经常的事实。法律行为包括直接意义上的作为，也包括不作为。通常又把前者称为积极的法律行为，后者称为消极的法律行为。

2. 法律关系

法律关系是在法律规范调整社会关系的过程中所形成的人们之间的权利和义务关系。法律关系三要素：

(1) 法律关系主体——是法律关系的参加者，即在法律关系中一定权利的享有者和一定义务的承担者。我国参与法律关系的主体包括：公民（自然人）、法人（机构和组织）、国家。

（2）法律关系内容——法律关系主体之间的法律权利和法律义务。

（3）法律关系客体——法律关系主体之间权利和义务指向的对象，种类有：物、人身、行为、智力成果。物（物权法律关系）；行为（债权法律关系）——积极行为、消极行为；智力成果（知识产权法律关系）；人身（人格权法律关系）。

3. 法律责任

（1）法律责任的概念

法律责任是指因违反了法定义务或契约义务，或不当行使法律权利、权力所产生的，由行为人承担的不利后果。根据违法行为所违反的法律的性质，可以把法律责任分为民事责任、刑事责任、行政责任、违宪责任。

①民事责任是指由于违反民事法律、违约或者违反民法规定所应承担的一种法律责任。包括以下：停止侵害、排除妨碍、消除危险、返还财产、恢复原状、修理、重做、更换、赔偿损失、支付违约金、消除影响、恢复名誉、赔礼道歉等。

②刑事责任是指行为人因其犯罪行为所必须承受的，由司法机关代表国家所确定的否定性法律后果。包括主刑和附加刑。

③行政责任是指因违反行政法规定或因行政法规定而应承担的法律责任。分为行政处分（内部制裁措施）、行政处罚两种。其中，行政处分包括：警告、记过、记大过、降级、撤职、开除。行政处罚包括：警告、罚款、没收违法所得、没收非法财物、责令停产停业、暂扣或吊销许可证、暂扣或者吊销执照、行政拘留；法律、行政法规规定的其他行政处罚。

④违宪责任是指由于有关国家机关制定的某种法律和法规、规章，或有关国家机关、社会组织或公民从事了与宪法规定相抵触的活动而产生的法律责任。

（2）法律责任的构成要件

根据违法行为的一般特点，我们把法律责任的构成要件概括为：主体、过错、违法行为、损害事实和因果关系五个方面。

①主体。法律责任主体，是指违法主体或者承担法律责任的主体。责任主体不完全等同于违法主体。

②违法行为或违约行为。违法行为是指违反法律所规定的义务、超越权利的界限行使权利以及侵权行为的总称，一般认为违法行为包括犯罪行为和一般违法行为。

③损害事实。损害事实即受到的损失和伤害的事实，包括对人身、对财产、对精神（或者三方面兼有的）的损失和伤害。

④主观过错。主观过错即承担法律责任的主观故意或者过失。

⑤因果关系。因果关系即行为与损害之间的因果关系。

（六）法的制定

指一定的国家机关依照法定职权和法定程序制定、修改和废止法律和其他规范性法律文件的一种专门活动，简称法律的“立、改、废”。

立法权限的划分：

①全国人大及其常委会——法律；

②国务院——行政法规；

③(省、自治区、直辖市级)人大及其常委会——地方性法规;

④较大市的人大及其常委会——地方性法规;

⑤民族自治地方的人大——自治条例、单行条例;

⑥国务院各部、委员会、直属机构——规章;

⑦(省、自治区、直辖市和较大的市)人民政府——规章。

(七) 法的实施

1. 法的实施的概念

法的实施,是指法在社会生活中的运用和实现的活动与过程,具体来说是指通过执法、司法、守法和法律监督等途径,把法律规范具体作用于社会生活,使法作用于社会关系的活动。

【详解】法的实施可以理解为法律在社会生活当中的运用过程,比如法官在法庭上利用具体的法律对违法犯罪案件进行审判,这一过程可以看成是法的实施。

2. 法的实施的分类

根据实施主体和内容不同,法的实施可以分为法的遵守、法的执行、法的适用。

【详解】考生在复习时重点掌握种类,考试中容易以多选题形式进行直接考查。

(1) 法的遵守

法的遵守又称为守法,是指国家机关、社会组织和公民个人依照法的规定,行使权力(权利)和履行义务(职责)的活动。

【详解】重点掌握守法的主体和守法的内容。首先,要注意守法的主体不单纯指公民,它还包括一切国家机关和武装力量、各政党和各社会团体、各企事业组织,即所有人都要守法,这也体现了守法主体的广泛性。其次,守法的内容不单指履行义务,行使权利也是守法的内容,即守法的内容包括行使权利和履行义务两个方面。

(2) 法的执行

法的执行又称为执法。狭义的执法仅指国家行政机关和法律法规授权的组织及其公职人员在行使行政管理权的过程中贯彻实施法律的活动。

重点掌握执法的主体,即国家行政机关和法律法规授权的组织及其公职人员。比如交通警察在十字路口指挥交通,就属于执法活动,交通警察是行政机关的公职人员,即执法的主体。

(3) 法的适用

法的适用又称为司法,是国家司法机关依照法定职权和程序,将法运用于具体案件的专门活动。

重点掌握司法的主体,即司法机关。我国的司法机关具有特定性,仅包括人民法院和人民检察院。人民法院的审判活动和检察院的检察监督活动都属于司法活动。

【例题精讲】(2009·国家)下列机构中,有权依法制定地方政府规章的是(　　)

A. 某直辖市人民代表大会

B. 某省人民政府的工作部门

C. 某自治区人民代表大会常务委员会

D. 某省人民政府所在地的市人民政府

【答案】D

【解析】行政规章是指国务院各部委以及各省、自治区、直辖市的人民政府和省、自治区的人民政府所在地的市以及国务院批准的较大市的人民政府根据宪法、法律和行政法规等制定和发布的规范性文件。国务院各部委制定的称为部门行政规章，其余的称为地方行政规章。只有D项制定的是地方行政法规。

二、宪法

(一) 宪法的特征

1. 宪法是国家的根本法

(1) 在内容上，宪法规定国家最根本、最重要的问题(国家的性质、国家的根本制度、公民的基本权利与义务)。

(2) 在法律效力上，宪法的法律效力最高。

(3) 宪法在制定和修改程序上，比普通法律严格。我国宪法的修改程序(出题点)：①修改提案权。我国宪法修改提案权主体只有全国人大常委会和1/5以上的全国人大代表。②修改权。我国宪法修改权专属于全国人大。③通过。全国人大通过宪法修改的议案，必须经全体代表的2/3以上的多数通过。④公布。我国宪法修正案不由国家主席公布，而由全国人大通过其主席团公布。

2. 宪法是公民权利的保障书

宪法最主要、最核心的价值在于，它是公民权利的保障书。

(二) 宪法的分类

1. 成文宪法与不成文宪法——以宪法是否具有统一法典为标准

“四个第一”宪法：

①世界上第一部成文宪法：1787年美国宪法。

②欧洲大陆第一部成文宪法：1791年法国宪法。

③世界上第一部社会主义宪法：1918年苏俄宪法。

④我国第一部社会主义性质的宪法：1954年宪法。

2. 刚性宪法和柔性宪法：以宪法制定与修改的难易为标准

3. 钦定宪法、民定宪法和协定宪法：以宪法制定主体不同为标准

(三) 宪法的历史发展

1. 四部宪法

1954年宪法：新中国成立后第一部比较科学完整的宪法(4章106条)。

1975年宪法：受政治运动冲击比较大，真正宪法的原则在现实政治生活中没有得到很好的贯彻(30条)。

1978年宪法：较1975年宪法有所改进，但仍没有完全摆脱阶级斗争阶级运动的影响(4章60条)。

1982年宪法：是在全面拨乱反正的基础上全面修订的一部新的适应我国社会主义国情的基本大法(4章138条)。

2. 四次宪法修正案

1988年宪法修正案、1993年宪法修正案、1999年宪法修正案、2004年宪法修正案。

(四) 原则

《宪法》规定:“中华人民共和国的国家机构实行民主集中制的原则。全国人民代表大会和地方各级人民代表大会都由民主选举产生,对人民负责,受人民监督。”

(五) 制度

1. 国体

国体,又称国家性质。《宪法》规定:“中华人民共和国是工人阶级领导的、以工农联盟为基础的人民民主专政的社会主义国家。”这一项规定是对我国国体的确认。

2. 政体

政体,又称政权组织形式。我国的政体是人民代表大会制度。

3. 国家结构形式

我国国家结构形式是单一制,全国只有一个宪法和一个中央政权,各行政单位或者自治单位都受中央的统一领导。

4. 民族区域自治

(1) 民族自治地方:自治区、自治州、自治县。

(2) 自治机关

①民族自治地方的自治机关是自治区、自治州、自治县的人民代表大会和人民政府。

②自治区主席、自治州州长、自治县县长由实行区域自治的民族的公民担任。

③民族自治地方的人大常委会中应当有实行区域自治的民族的公民担任主任或者副主任。

5. 财产权制度

(1) 公共财产权

社会主义的公共财产神圣不可侵犯。专属于国家所有的公共财产:矿藏、水流、海域、城市的土地、无线电频谱资源、国防资产。专属于集体所有的公共财产:自留山、自留地、宅基地。

(2) 私有财产权

2004年《宪法》修正案规定:“公民的合法的私有财产不受侵犯。国家依照法律规定保护公民的私有财产权和继承权。国家为了公共利益的需要,可以依照法律规定对公民的私有财产实行征收或者征用并给予补偿。”

(六) 公民的基本权利和义务

1. 平等权

《宪法》第33条:“中华人民共和国公民在法律面前一律平等。”

2. 政治权利和自由

(1) 选举权与被选举权

《宪法》第34条:“中华人民共和国年满十八周岁的公民,不分民族、种族、性别、职业、家庭出身、宗教信仰、教育程度、财产状况、居住期限,都有选举权和被选举权;但是依照法律被剥夺政治权利的人除外。”

【考点提示】享有选举权和被选举权的条件：①具备中国国籍；②年满 18 周岁；③没有被剥夺政治权利。

（2）政治自由

政治自由是公民表达自己政治意愿的自由，包括言论、出版、集会、结社、游行、示威等方面的自由。

【考点提示】①首要的政治自由：言论自由。②不包括罢工。

3. 宗教信仰自由

《宪法》第 36 条：宗教团体和宗教事务不受外国势力的支配，即宗教团体自主、自办、自传的"三自"原则。

【考点提示】不允许公开传教。

4. 人身自由权

（1）人身自由

《宪法》第 37 条：①中华人民共和国公民的人身自由不受侵犯；②任何公民，非经人民检察院批准或者决定或者人民法院决定，并由公安机关执行，不受逮捕。

【考点提示】①逮捕的决定主体：检察院和法院。②逮捕的执行主体：公安机关。

（2）人格尊严

《宪法》第 38 条："中华人民共和国公民的人格尊严不受侵犯。禁止用任何方法对公民进行侮辱、诽谤和诬告陷害。"

（3）住宅不受侵犯

《宪法》第 39 条："中华人民共和国公民的住宅不受侵犯。禁止非法搜查或者非法侵入公民的住宅。"

（4）通信自由和通信秘密

《宪法》第 40 条："中华人民共和国公民的通信自由和通信秘密受法律的保护。除因国家安全或者追查刑事犯罪的需要，由公安机关或者检察机关依照法律规定的程序对通信进行检查外，任何组织或者个人不得以任何理由侵犯公民的通信自由和通信秘密。"

【考点提示】①公民通信不受保护的两种情况：国家安全或者追查刑事犯罪的需要。②通信检查的两个主体：公安机关或者检察机关。

5. 诉愿权

《宪法》第 41 条："中华人民共和国公民对于任何国家机关和国家工作人员，有提出批评和建议的权利；对于任何国家机关和国家工作人员的违法失职行为，有向有关国家机关提出申诉、控告或者检举的权利，但是不得捏造或者歪曲事实进行诬告陷害。"

【考点提示】诉愿权包括：批评、建议、申诉、控告和检举。

6. 社会经济与文化权利

（1）劳动权

《宪法》第 42 条："中华人民共和国公民有劳动的权利和义务。"

【考点提示】劳动权既是权利又是义务。

（2）物质帮助权

《宪法》第 45 条："中华人民共和国公民在年老、疾病或者丧失劳动能力的情况下有从国家和社会获得物质帮助的权利。”(目前,我国宪法并未明确规定,公民在遇到地震等自然灾害的情况下可以获得物质帮助。)

【考点提示】公民享有物质帮助权的三种情形:年老、疾病或者丧失劳动能力。

(3) 受教育权

《宪法》第 46 条:“中华人民共和国公民有受教育的权利和义务。国家培养青年、少年、儿童在品德、智力、体质等方面全面发展。”

【考点提示】受教育权既是权利又是义务。

(4) 文化权利与自由

《宪法》第 47 条:“中华人民共和国公民有进行科学研究、文学艺术创作和其他文化活动的自由。国家对于从事教育、科学、技术、文学、艺术和其他文化事业的公民的有益于人民的创造性工作,给以鼓励和帮助。”

【考点提示】文化权利和自由与政治权利和自由是并列关系,不是包含和被包含关系。

(七) 国家机构

活动原则:民主集中制原则;社会主义法治原则;责任制原则;联系群众,为人民服务原则;精简和效率原则。

1. 全国人民代表大会

全国人民代表大会是国家最高权力机关,由省、自治区、直辖市、特别行政区和军队选出的代表组成。名额不超过 3 000 名。全国人大每届任期 5 年。

全国人大职权:

(1) 修改宪法和监督宪法实施。

(2) 制定和修改国家基本法律。

(3) 对国家机构组成人员的选举、决定和罢免。

(4) 决定国家的重大事项。批准省、自治区和直辖市的建制;决定特别行政区的设立及其制度;决定战争与和平问题。

(5) 选举、决定、罢免国家机构组成人员。

2. 全国人民代表大会常务委员会

全国人民代表大会常务委员会是全国人大的常设机关,是行使国家立法权的机关,是全国人大的组成部分。全国人大常委会每届任期与全国人大相同,即 5 年。

全国人大常委会职权:

(1) 解释宪法和法律,监督宪法实施。

(2) 制定和修改基本法律以外的其他法律。

(3) 撤销国务院制定的同宪法、法律相抵触的行政法规、决定和命令;撤销省、自治区、直辖市国家权力机关制定的同宪法、法律和行政法规相抵触的地方性法规和决议。

(4) 任免国家机关领导人员,任免最高人民法院副院长、审判员、审判委员会委员和军事法院院长;任免最高人民检察院副检察长、检察员、检察委员会委员和军事检察院检察长,并且批准省、自治区、直辖市的人民检察院检察长的任免。

(5) 决定重大国家事项。决定驻外全权代表的任免;决定同外国缔结的条约和重要协定的批准和废除；规定军人和外交人员的衔级制度和其他专门衔级制度；规定和决定授予国家的勋章和荣誉称号；决定特赦；在全国人民代表大会闭会期间，如果遇到国家遭受武装侵犯或者必须履行国际间共同防止侵略的条约的情况，决定战争状态的宣布；决定全国总动员或者局部动员；决定全国或者个别省、自治区、直辖市进入紧急状态。

(6) 审查行政法规和地方性法规的合宪、合法性，对国务院、中央军事委员会、最高人民法院和最高人民检察院的工作进行监督以及其他职权。

3. 国家主席

国家主席、副主席的任职资格：有选举权和被选举权、年满45周岁、中国公民。

国家主席、副主席同全国人大任期相同，为5年，连续任职不得超过两届。

全国人大有权罢免国家主席、副主席。

国家主席的职权：

(1) 公布法律、发布命令。国家主席根据全国人民代表大会的决定和全国人民代表大会常务委员会的决定，公布法律；发布特赦令；宣布进入紧急状态，宣布战争状态，发布动员令。

(2) 任免国务院组成人员和驻外全权代表。国家主席根据全国人民代表大会的决定或全国人民代表大会常务委员会的决定，任免国务院总理、副总理、国务委员、各部部长、各委员会主任、审计长、秘书长。根据全国人民代表大会常务委员会的决定，派遣和召回驻外全权代表。

(3) 外交权。国家主席代表中华人民共和国，进行国事活动，接受外国使节；根据全国人民代表大会常务委员会的决定，批准和废除同外国缔结的条约和重要协定。

(4) 荣典权。国家主席根据全国人民代表大会常务委员会的决定，授予国家的勋章和荣誉称号。

4. 国务院

国务院是最高国家权力机关的执行机关，是最高国家行政机关。

国务院由总理、副总理若干人、国务委员若干人、各部部长、各委员会主任、审计长、秘书长组成。中国人民银行行长也是国务院组成人员。

总理由国家主席提名，经全国人大决定，然后由国家主席任命。

国务院实行总理负责制，其职权主要有：

(1) 立法权：制定行政法规。

(2) 重大事项决定权：批准省、自治区、直辖市的区域划分，批准自治州、县、自治县、市的建置和区域划分；依照法律规定决定省、自治区、直辖市的范围内部分地区进入紧急状态。

(3)领导和监督权：改变或者撤销各部、各委员会发布的不适当的命令、指示和规章；改变或者撤销地方各级国家行政机关的不适当的决定和命令。

5. 中央军事委员会

中央军事委员会是最高军事领导机关，统一领导和指挥全国军事力量。

中央军事委员会由主席、副主席若干人、委员若干人组成。主席由全国人大选举产生，副主席和委员由主席提名，全国人大决定。

中央军事委员会与全国人大任期相同，为5年。中央军委主席对全国人大和全国人大常委会负责。

6. 最高人民法院

最高人民法院是最高国家审判机关。最高人民法院院长每届任期5年，连续任职不得超过两届。

7. 最高人民检察院

最高人民检察院是最高国家检察机关。最高人民检察院检察长每届任期5年，连续任职不得超过两届。最高人民检察院对全国人民代表大会和全国人民代表大会常务委员会负责。地方各级人民检察院对产生它的国家权力机关和上级人民检察院负责。

8. 总结

连续任职不得超过两届的有：国家主席、副主席；全国人大常委会委员长、副委员长；国务院总理、副总理、国务委员；最高人民法院院长；最高人民检察院检察长。

【例题精讲】（2003·国家）根据宪法和组织法规定，有权向全国人大提出宪法修正案的主体有（　　）。

A. 中国共产党

B. 1/10以上的全国人大代表

C. 全国人大常委会

D. 3个以上的代表团联名

【答案】C

【解析】我国宪法修改提案权主体只有全国人大常委会和1/5以上的全国人大代表，所以，正确答案为C。

【例题精讲】（2015·山东）宪法是一个国家的根本大法，具有至高无上的地位，环顾世界各国宪法的产生和发展历程，其又呈现出各自不同的发展轨迹和特点。下列有关世界主要国家的宪法的发展与历史的表述不正确的是（　　）。

A. 英国是典型的不成文宪法国家，英国宪法的主体由不同历史时期颁布的宪法性文件构成

B. 法国是资产阶级国家中制宪最多的国家之一，共制定过15部不同的宪法，法国现行宪法为1739年颁布的《雅各宾宪法》

C. 1787年的美国《联邦宪法》是世界上第一部成文宪法，迄今为止已经至少颁布了27个宪法修正案

D. 新中国成立后，我国共颁布了四部宪法，其中现行的为1982年颁布的宪法，该部宪法迄今已经进行了四次修订

【答案】B

【解析】根据各国宪法的历史沿革，法国从大革命到现在共产生了13部宪法。法国自18世纪资产阶级革命后，随着政治形势的变化，陆续制定过许多部宪法，包括：1791年宪法、1793年宪法、1795年宪法（共和第三年宪法）、1799年宪法（共和第八年宪法）、1801年宪法（共和第十年宪法）、1803年宪法（《共和第十二年元老院整体决议案》）、1814年宪章、1830年七月王朝宪法、1848年宪法、1852年宪法、1875年宪法、1946年宪法和1958年宪法。目前现行的是1958年宪法，又称为“第五共和国宪法”。故B项说法错误，因此

本题应选B项。

【例题精讲】(2015·山东)全国人大及其常委会和国务院行使不同的职权,其中全国人大常委会行使的职权是(　　)。

A. 批准省、自治区、直辖市的区域划分

B. 决定省、自治区、直辖市的部分地区范围内进入紧急状态

C. 决定同外国缔结的条约和重要协定的批准和废除

D. 审查和批准国民经济和社会发展计划和计划执行情况的报告

【答案】C

【解析】根据《宪法》第六十七条,全国人民代表大会常务委员会行使下列职权:(十四)决定同外国缔结的条约和重要协定的批准和废除。因此选项C说法正确。根据《宪法》第八十九条,国务院行使下列职权:(十五)批准省、自治区、直辖市的区域划分,批准自治州、县、自治县、市的建置和区域划分;(十六)依照法律规定决定省、自治区、直辖市的范围内部分地区进入紧急状态。因此A、B两项为国务院的职权。《宪法》第六十二条,全国人民代表大会行使下列职权:(九)审查和批准国民经济和社会发展计划和计划执行情况的报告。因此D项为全国人大的职权。故本题应选C项。

【例题精讲】(2017·山东)关于我国的国家制度,下列说法错误的是(　　)。

A. 我国是人民民主专政的社会主义国家

B. 我国人民行使国家权力的机关是各级人民政府

C. 我国的国家机构实行民主集中制原则

D. 我国经济制度的基础是全民所有制和劳动群众集体所有制

【答案】B

【解析】B项错误。《宪法》第二条:中华人民共和国的一切权力属于人民。人民行使国家权力的机关是全国人民代表大会和地方各级人民代表大会。

A项正确。《宪法》第一条:中华人民共和国是工人阶级领导的、以工农联盟为基础的人民民主专政的社会主义国家。

C项正确。《宪法》第三条:中华人民共和国的国家机构实行民主集中制的原则。

D项正确。《宪法》第六条:中华人民共和国的社会主义经济制度的基础是生产资料的社会主义公有制,即全民所有制和劳动群众集体所有制。社会主义公有制消灭人剥削人的制度,实行各尽所能、按劳分配的原则。

三、民法

(一)民法的概念及基本原则

1. 概念。民法是调整平等主体的自然人、法人和非法人组织之间的财产关系和人身关系的法律规范的总称。

2. 民法的基本原则

(1)平等原则。

(2)自愿、公平、等价有偿、诚实信用原则。

(3) 保护公民、法人合法民事权益的原则。

(4) 禁止滥用原则。

(5) 绿色环保原则。民事主体从事民事活动,应当有利于节约资源、保护生态环境。

(二) 民事法律关系

1. 概念。民事法律关系是指因为民法的调整而形成的法律上的权利、义务关系,当人们之间的某种社会关系被民法所调整时,就成为民事法律关系。

2. 民事法律关系的要素:①主体:民事法律关系的主体主要是自然人、法人和其他非法人组织。此外,没有法人资格的组织如果符合一定的条件,比如合伙企业,特殊情况下的国家,也是民事主体。②内容:民事权利和民事义务。③客体:客体是民事权利和民事义务所共同指向的对象,我们认为民事法律关系的客体包括物、智慧财产、行为、人身利益。

(三) 民事主体

1. 自然人

(1) 概念。自然人是指基于出生这一自然状态而成为民事主体的人。公民是指拥有一个国家国籍的人。

(2) 自然人的民事权利能力

①自然人的民事权利能力是指自然人依法享有民事权利和承担民事义务的资格。

②自然人民事权利能力的取得,世界大多数国家都规定始于出生,我国《民法通则》第9条规定:"公民从出生时到死亡时止,具有民事权利能力。"

涉及遗产继承、接受赠与等胎儿利益保护的,胎儿视为具有民事权利能力。但是胎儿娩出为死体的,其民事权利能力自始不存在。

③民事权利能力的终止——死亡,包括自然死亡和宣告死亡两种。

(3) 自然人的民事行为能力

①完全民事行为能力人。年满18周岁的成年人是完全民事行为能力人。年满16周岁不满18周岁,以自己的劳动收入为主要生活来源的,视为完全民事行为能力人。

②限制民事行为能力人。8周岁以上的未成年人和不能完全辨认自己行为的成年人为限制民事行为能力人。

③无民事行为能力人。8周岁以下的未成年人和不能辨认自己行为的成年人为无民事行为能力人。

(4) 监护的设定

《民法通则》第16条规定:未成年人的父母是未成年人的监护人。未成年人的父母已经死亡或者没有监护能力的,由下列人员中有监护能力的人按顺序担任监护:①祖父母、外祖父母;②兄、姐;③其他愿意担任监护人的个人或组织,但是必须经未成年人所在地的居委会、村委会或民政部门同意的。

(5) 宣告失踪和宣告死亡

a. 宣告失踪

①宣告失踪的条件

▲自然人下落不明满2年(下落不明指自然人离开最后居住地后没有音讯的状况)。

▲利害关系人的申请

利害关系人指被申请宣告失踪人的配偶、父母、子女、兄弟姐妹、祖父母、外祖父母、孙子女、外孙子女以及其他与被申请人有民事权利义务关系的人。

②宣告失踪的程序

人民法院受理后,应当发出寻找下落不明人的公告,公告期为3个月,公告期间届满仍不能确知其下落的,作出失踪宣告。

b. 宣告死亡

①宣告死亡的条件

▲自然人下落不明(离开居住地无音讯)满4年,或者因意外事故下落不明,从事故发生之日起满2年。或者因意外事故下落不明,经有关机关证明不可能生存(申请宣告死亡不受2年时间的限制)。

▲利害关系人的申请

申请宣告死亡的利害关系人的顺序是:①配偶;②父母、子女;③兄弟、姐妹、祖父母、外祖父母、孙子女、外孙子女;④其他有民事权利义务关系的人。

②宣告死亡的程序

《民事诉讼法》规定:人民法院受理后,应当发出寻找下落不明人的公告,公告期为1年,因意外事故下落不明,经有关机关证明该公民不可能生存的,公告期为3个月,公告期间届满仍不能确知其下落的,应作出死亡宣告。

③宣告死亡的法律后果

被宣告死亡的人,宣告之日为其死亡的日期,发生死亡的法律后果,即丧失民事权利能力,遗产依法继承,婚姻关系消灭。

④死亡宣告的撤销

▲被宣告死亡的人重新出现或者确知他没有死亡,经本人或者利害关系人申请,人民法院应当撤销对他的死亡宣告。利害关系人申请撤销死亡宣告不受顺序限制。

▲有民事行为能力的人在被宣告死亡期间所实施的民事法律行为有效。

▲死亡宣告被撤销的婚姻关系自撤销死亡宣告之日起自行恢复,但其配偶再婚或向婚姻登记机关书面声明不愿恢复的除外。

2. 法人

(1) 定义

法人是具有民事权利能力和民事行为能力,依法独立享有民事权利和承担民事义务的组织。

(2) 法人应具备的条件

①依法成立。

法人的成立必须依照法律的规定而设立。包括两个方面:其一,法人必须是合法的组织,即法人所设立的目的和宗旨合法;其二,法人必须依据法律所规定的程序设立。

②有必要的财产或者经费。

法人要有自己的独立财产,企业法人如果没有必要财产,不能清偿到期债务,就可能会被宣告破产。

③有自己的名称、组织机构和场所。

▲法人的名称是将一个法人与其他民事主体相区分的重要标志。法人必须有名称。依法需要登记的法人，如果没有自己的名称，有关机关将不予登记。

▲法人有自己独立的组织机构，组织机构有哪些，分别是什么，法律有较为明确的规定。

④能够独立承担民事责任。

(3) 法人的种类

法人可分为营利法人(有限责任公司、股份有限公司和其他企业法人等)、非营利法人(事业单位、社会团体、基金会、社会服务机构等)、特别法人(机关、农村集体经济组织等)。

3. 非法人组织

非法人组织是不具有法人资格，但是依法能够以自己的名义从事民事活动的组织。

非法人组织包括个人独资企业、合伙企业、不具有法人资格的专业服务机构。

法人与非法人的根本区别：非法人组织的出资人或者设立人对该组织的债务承担无限责任。

(四) 民事法律行为

1. 有效的民事行为

主体合格；意思表示真实；内容合法(不违反法律、行政法规的强制性规定，不违背公序良俗)。

2. 效力待定的民事行为

效力待定的民事行为是指有效或者无效尚处于不确定状态的民事行为。包括以下几种情形：

①限制民事行为能力人实施的超越其能力范围的行为，若事后经其法定代理人承认的，可为有效；

②行为人没有代理权、超越代理权或者代理权终止以后实施的“代理行为”，若事后经被代理人承认，可为有效；

③债务人未经债权人同意转移债务的行为，若事后经债权人同意，可为有效。

3. 可变更、可撤销的民事行为

可变更、可撤销的民事行为是指欠缺有效要件，当事人有权依法申请人民法院予以变更或者撤销的民事行为。其包括以下几种情形：

①以欺诈手段，使对方在违背真实意思的情况下实施的民事法律行为；

②因重大误解而实施的行为；

③因内容显失公平而实施的行为。

撤销权时效：3个月(重大误解的当事人自知道或者应当知道撤销事由之日起3个月内没有行使撤销权，撤销权消灭)，1年(当事人自知道或者应当知道撤销事由之日起1年内；当事人受胁迫，自胁迫行为终止之日起1年内没有行使撤销权，撤销权消灭)，5年(当事人自民事法律行为发生之日起5年内没有行使撤销权的，撤销权消灭)。

4. 无效的民事行为

无效的民事行为是指已经成立，但欠缺法定有效要件，除法律另有规定外，自始不发生法律效力的民事行为。其包括以下几种情形：

①无民事行为能力人实施的民事法律行为；

②行为人与相对人以虚假的意思表示实施的民事法律行为无效；

③违反法律、行政法规的强制性规定的民事法律行为无效；

④违背公序良俗的民事法律行为无效；

⑤行为人与相对人恶意串通，损害他人合法权益的民事法律行为无效。

4. 代理

只有具备完全民事行为能力的人才可以成为代理人。代理人应当在代理权限内进行民事法律行为，如果代理人无权代理而代理，或者代理人越权，或有意破坏被代理人的权益，都要负担相应的民事责任。代理人和相对人恶意串通，损害被代理人合法权益的代理人和相对人承担连带责任。

（五）民事权利

1. 物权

物权是民事权利主体依法享有的对特定的物进行管理、支配及排除他人干涉的权利。包括所有权、用益物权和担保物权。

财产共有：两个以上权利主体对同一项财产享有所有权。①共同共有。共有人承担连带责任。②按份共有。共有人按份额承担责任。共有人的优先购买权。

2. 债权

《民法总则》第118条规定：债权是因合同、侵权行为、无因管理、不当得利以及法律的其他规定，权利人请求特定义务人为或者不为一定行为的权利。

(1) 债发生的根据

①合同之债。合同是当事人之间设立、变更、终止民事法律关系的协议。

②不当得利之债。不当得利，是指没有法律根据取得利益而使他人受到损失的事实。

③无因管理之债。无因管理，是指没有法定或约定的义务，为避免他人利益受损，自愿管理他人事务的行为。管理他人事务的人，为管理人；事务被他人管理的人，为本人。

④侵权行为之债。侵权是指行为人的行为侵犯了他人财产或人身权利。

(2) 债的担保

保证：保证人和债权人约定，当债务人不履行债务时，保证人按照约定履行债务或承担责任的行为。

定金：为确保合同的成立和履行由一方当事人预先支付给对方的一定数额的货币。给付定金的一方不履行规定的债务的，无权要求返还定金；收受定金的一方不履行约定的债务的，应当双倍返还定金。

抵押：合同的一方当事人或第三人，用自己一定的财产作为抵押物向对方保证履行合同义务的担保形式。权利人有权依照法律的规定，以抵押物折价或者以变卖抵押物的价款，优先得到偿还。禁止流通和禁止强制执行的财产不能作为抵押物。

质押：债务人或第三人将其动产或可以转让的财产权利交由债权人保管，作为债权担保的法律行为。①主要设定于动产(也可以设定于不动产)；②抵押物必须转移占有。

留置：按照合同约定占有对方的财产，对方不按合同给付应付款项超过约定期限的，占有人有权留置该财产，按照法律的规定以留置的财产折价或者以变卖该财产的价款优先得到偿还。

3. 人身权

（1）人格权：①生命权、健康权；②姓名权；③肖像权；④名誉权；⑤人格尊严权；⑥隐私权。

（2）身份权：①荣誉权；②亲权和亲属权；③配偶权。

4. 知识产权

（1）著作权。职务作品著作权由单位享有。公民的作品其发表权、使用权和获得报酬的保护期为作者终生及死亡后50年。

（2）专利权。专利权的授予满足三个条件：新颖性、创造性和实用性。发明专利保护期限是20年，实用新型和外观设计保护期为10年。

（3）商标权。注册商标有效期为10年，期满可续展，续展期为10年。

5. 继承权

（1）法定继承。法定继承人的继承顺序根据我国《继承法》第10条的规定，遗产按照下列顺序继承：第一顺序：配偶、子女、父母。第二顺序：兄弟姐妹、祖父母、外祖父母。继承开始后，由第一顺序继承人继承，第二顺序继承人不继承。没有第一顺序继承人继承的，由第二顺序继承人继承。同一顺序的法定继承人地位平等。

特殊规定：《继承法》第11条：被继承人的子女先于被继承人死亡的，由被继承人的子女的晚辈直系血亲代位继承。代位继承人一般只能继承他的父亲或者母亲有权继承的遗产份额。

《继承法》第12条：丧偶儿媳对公、婆，丧偶女婿对岳父、岳母，尽了主要赡养义务的，作为第一顺序继承人。“尽了主要赡养义务”是指对被继承人生前生活提供了主要经济来源，或在照顾方面给予了主要扶助。

（2）遗嘱继承。遗嘱继承优于法定继承。

（六）民事责任

1. 违约责任

（1）构成要件。违约责任，即违反合同的民事责任，是指合同当事人不履行或者不适当履行合同义务所应承担的继续履行、采取补救措施、损害赔偿、支付违约金等民事法律后果。其构成要件如下：①违约行为；②主观过错。

（2）违约责任的归责原则

违约责任的归责原则，是指基于一定的归责事由确定违约责任承担的法律原则。以严格责任原则为主，过错责任原则为辅。

（3）违约责任的免责事由

免责事由，又称免责条件，是指法律规定或者合同约定的当事人对其不履行或者不适当履行合同义务免于承担违约责任的条件。通常包括不可抗力、受害人过错和免责条款。

①不可抗力

是指不能预见、不能避免并不能克服的客观情况。

②受害人的过错

是指受害人对违约行为或者违约损害后果的发生或者扩大存在过错。

③免责条款

2. 侵权责任

(1) 构成要件：损害事实，即侵权行为给受害人造成的不利后果；违法行为，是指侵权行为具有违法性；违背法律和公序良俗；因果关系，是指侵权人实施的违法行为和损害后果之间存在因果上的联系；主观过错，是指行为人通过其实施的侵权行为所表现出来的在法律和道德上应受非难的故意和过失状态。

(2) 免责事由

①不可抗力

是指不能预见、不能避免并不能克服的客观情况。不可抗力作为侵权行为的免责事由，以不可抗力是损害发生的唯一原因为条件。

②受害人的过错

是指受害人对侵权行为的发生或者侵权损害后果扩大存在过错。

③正当防卫

是指为了公共利益、本人或者他人的财产、人身或者其他合法权利免受正在进行的不法侵害，而对不法侵害人所实施的不超过必要限度的行为。

其构成条件包括：a. 现实性；b. 必要性；c. 针对性；d. 目的性；e. 合理性。

因正当防卫造成损害的，不承担民事责任。正当防卫超过必要的限度，造成不应有的损害的，正当防卫人应当承担适当的民事责任。

④紧急避险

是指为了使公共利益、本人或者他人的财产、人身或者其他合法权利免受正在发生的危险，而不得已采取的致他人较小损害的行为。

其构成条件包括：①危险的紧迫性；②避险措施的必要性；③避险行为的合理性。

因紧急避险造成损害的，由引起险情发生的人承担民事责任。危险由自然原因引起的，紧急避险人不承担民事责任，可以给予适当补偿。紧急避险采取措施不当或者超过必要的限度，造成不应有的损害的，紧急避险人应当承担适当的民事责任。

(3) 几种具体的特殊侵权行为

①国家机关及国家机关工作人员的职务侵权，应当承担民事责任。

②产品责任

《民法通则》第122条规定："因产品质量不合格造成他人财产、人身损害的，产品的制造者、销售者应当依法承担民事责任。"

③高度危险作业致人损害

《民法通则》第123条规定："从事高空、高压、易燃、易爆、剧毒、放射性、高速运输工具等对周围环境有高度危险的作业造成他人损害的，应当承担民事责任。如果能够证明是由受害人故意造成的，不承担民事责任。"

④污染环境致人损害

《民法通则》第124条规定："违反国家保护环境防止污染的规定，污染环境造成他人损害的，应当依法承担民事责任。”

⑤地面施工致人损害

地面施工包括在公共场所、道旁或者通道上挖坑、修缮、安装地下设施等。

《民法通则》第125条规定：“在公共场所、道旁或者通道上挖坑、修缮安装地下设施等，没有设置明显标志和采取安全措施造成他人损害的，施工人应当承担民事责任。”

⑥地上工作物致人损害

地上工作物包括建筑物或者其他设施以及建筑物上的搁置物、悬挂物。

《民法通则》第126条规定：“建筑物或者其他设施以及建筑物上的搁置物、悬挂物发生倒塌、脱落、坠落造成他人损害的，它的所有人或者管理人应当承担民事责任，但能够证明自己没有过错的除外。”

⑦饲养动物致人损害

饲养动物致人损害，是指饲养动物出于本能致人损害。如果人以动物为工具致人损害，为一般侵权行为。

《民法通则》第127条规定：“饲养动物造成他人损害的，动物饲养人或者管理人应当承担民事责任。由受害人过错造成损害的，饲养人或管理人不承担民事责任。”

⑧无民事行为能力、限制行为能力人致人损害

无民事行为能力、限制行为能力人致人损害的民事责任，即被监护人致人损害的民事责任。

《民法通则》第133条规定：“无民事行为能力人、限制民事行为能力人造成他人损害的，由监护人承担民事责任。”

（七）诉讼时效

1. 期间

民法的诉讼时效为三年(《民法通则》为两年，《民法总则》修改为三年)。诉讼时效期间自权利人知道或者应当知道权利受到损害之日起计算。法律另有规定的，依照其规定。但是自权利受到损害之日起超过二十年的，人民法院不予保护；有特殊情况的，人民法院可以根据权利人的申请决定延长。

2. 中止

《民法总则》第194条：在诉讼时效期间的最后六个月内，因下列障碍，不能行使请求权的，诉讼时效中止：(一) 不可抗力；(二) 无民事行为能力人或者限制民事行为能力人没有法定代理人，或者法定代理人死亡、丧失民事行为能力、丧失代理权；(三) 继承开始后未确定继承人或者遗产管理人；(四) 权利人被义务人或者其他人控制；(五) 其他导致权利人不能行使请求权的障碍。

自中止时效的原因消除之日起满六个月，诉讼时效期间届满。

3. 中断

第195条：有下列情形之一的，诉讼时效中断，从中断、有关程序终结时起，诉讼时效期间重新计算：(一) 权利人向义务人提出履行请求；(二) 义务人同意履行义务；(三) 权利人提起诉讼或者申请仲裁；(四) 与提起诉讼或者申请仲裁具有同等效力的其他情形。

【例题精讲】下列属于第一顺序法定继承人的有被继承人的(　　)。

A. 兄弟姐妹

B. 祖父母和外祖父母

C. 孙子女和外孙子女

D. 对公公、公婆尽了主要赡养义务的丧偶儿媳

【答案】D

【解析】A、B选项都属于第二顺序继承人,C项不是法定继承人。此题选D。

【例题精讲】(山东·2016)下列行为侵犯了公民肖像权的是(　　)。

A. 杨某碰到走失儿童小赵,未经其同意将其照片印制在寻亲广告上

B. 学校未经学生小王同意,将其获奖照片张贴在宣传窗内

C. 报社未经省委书记同意,将其视察民情的照片刊登在报纸上

D. 影楼未经张小姐同意,将其个人写真印制在宣传册上

【答案】D

【解析】《民法通则》第100条规定:公民享有肖像权,未经本人同意,不得以营利为目的使用公民的肖像。D项的影楼未经张小姐同意,将其个人写真用于以营利为目的商业宣传,属于侵犯了公民的肖像权,当选。

【例题精讲】(2012·国家)甲、乙两家是邻居,甲家在距乙家地基2米处种有一棵大树。每逢刮大风,风便会将这棵树的一些大树枝刮落到乙家房屋上。乙担心会损坏房屋,多次找甲协商,要求甲将树枝砍去一些,被甲拒绝。某日,暴风雨即将来临,乙再次找甲协商却没找到,情急之下自己砍去了一些伸到自家房屋上的树枝。甲回家后要求乙赔偿500元,乙不同意,甲将乙起诉至法院。

下列说法正确的是(　　)

A. 狂风暴雨即将来临,乙砍掉一些树枝来避免自己房屋的损害属于紧急避险,因而乙不应承担民事责任

B. 乙的行为已经构成了对甲财产权利的侵害,因为乙为自己的利益未经甲同意就砍掉了一些树枝,因此,乙应当承担赔偿责任

C. 虽然这棵树属于甲,但因伸到了乙的房顶,这棵树在乙房屋界内的部分应当属于乙,因此,乙砍掉那些树枝是合法的,不应承担民事责任

D. 乙的行为已经构成了对甲财产权利的侵害,因为乙为自己的利益未经甲同意就砍掉了一些树枝,但是乙在砍之前有意愿但无法告知甲,因此可免其部分责任

【答案】A

【解析】乙砍去树枝的行为属于紧急避险。根据《民通意见》第156条和《侵权责任法》第31条的规定:因紧急避险造成他人损失的,如果险情是由自然原因引起,行为人采取的措施又无不当,则行为人不承担民事责任。因此乙不应承担民事责任,A项正确。

四、刑法

（一）刑法基本原则

（1）罪刑法定原则，即法无明文规定不为罪、法无明文规定不处罚，而且这里的法仅仅指刑法。引申出来的原则——疑罪从无。

（2）平等适用刑法。法律面前人人平等原则在刑法领域的拓展和延伸。

（3）罪刑相适应原则。又叫罪责刑相适应，即重罪重罚，轻罪轻罚，罚当其罪，罪刑相称。

（二）犯罪构成

犯罪构成包括犯罪主体、犯罪客体、犯罪客观方面和犯罪主观方面。

1. 犯罪主体

犯罪主体是指实施犯罪行为，依法应当负刑事责任的自然人和法人。

（1）刑事责任年龄

①完全无责任年龄：不满 14 周岁。不管实施何种危害社会的行为，都不负刑事责任。

②相对责任年龄：14 周岁以上不满 16 周岁。《刑法》第 17 条规定："已满十四周岁不满十六周岁的人，犯故意杀人、故意伤害致人重伤或者死亡、强奸、抢劫、贩卖毒品、放火、爆炸、投毒罪的，应当负刑事责任。"

③完全责任年龄：16 周岁以上。《刑法》第 17 条规定："已满 16 周岁的人犯罪，应当负刑事责任。"

首先是相对责任年龄中需要负刑事责任的八种犯罪类型，即"烧杀淫掠、伤投爆毒"。其次，对于未成年人和已满 75 周岁的人的特别规定要注意。对于已满 14 周岁不满 18 周岁的人犯罪，应当从轻或减轻处罚，并且不适用死刑。已满 75 周岁的人故意犯罪的，可以从轻或者减轻处罚；过失犯罪的，应当从轻或者减轻处罚。第三，刑法所规定的年龄是指实足年龄，而不是生活中经常用到的虚岁。实足年龄以日计算，并且按公历的年、月、日计算。行为人过了周岁生日，从第二天起才为已满周岁。

（2）特殊人员的刑事责任能力

精神病人在不能辨认或者不能控制自己行为的时候造成危害结果，经法定程序鉴定确认的，不负刑事责任，但是应当责令他的家属或者监护人严加看管和医疗；在必要的时候，由政府强制医疗。

间歇性的精神病人在精神正常的时候犯罪，应当负刑事责任。

尚未完全丧失辨认或者控制自己行为能力的精神病人犯罪的，应当负刑事责任，但是可以从轻或者减轻处罚。

醉酒的人犯罪，应当负刑事责任。

又聋又哑的人或者盲人犯罪，可以从轻、减轻或者免除处罚。

2. 犯罪客体

犯罪客体是指我国刑法所保护而为犯罪行为所侵害的社会主义的社会关系（犯罪分类基础）。

3. 犯罪的主观方面

（1）直接故意。行为人明知自己的行为必然或者可能发生危害社会的结果，并且希望危害结果的发生以及明知必然发生危害结果而放任结果发生的心理态度。又可分为两种情况，即明知可能和明知必然。

（2）间接故意。行为人明知自己的行为会发生危害社会的结果，并且放任这种结果发生的心理状态。所谓放任，是指行为人对于危害结果的发生，虽没有积极地追求，但也没有有效地阻止，既无所谓希望，也无所谓反对，而是放任自流，听之任之，任凭它发生与否，对结果的发生在行为上持一种消极的态度，但在心理上是肯定的，不与其意志冲突。

（3）疏忽大意的过失。行为人应当预见自己的行为可能发生危害社会的结果，因为疏忽大意而没有预见，以致发生了这种危害结果的心理态度。

（4）过于自信的过失。行为人已经预见自己的行为可能发生危害社会的结果，但轻信能够避免以致发生这种结果的心理态度。

4. 犯罪的客观方面

犯罪的客观方面是指犯罪活动的客观事实的外在表现。

（三）排除犯罪性的行为

1. 正当防卫

正当防卫，指对正在进行的不法侵害行为的人，而采取的制止不法侵害的行为，对不法侵害人造成损害的，属于正当防卫，不负刑事责任。

它应该符合五个条件：

①正当防卫所针对的，必须是不法侵害；

②必须是在不法侵害正在进行的时候；

③正当防卫所针对的必须是不法侵害人；

④正当防卫不能超越一定限度；

⑤对不法侵害行为人，在采取的制止不法侵害的行为时，所造成损害的行为。

除了会直接考查某种行为是否构成正当防卫之外，还可能涉及无限防卫权的问题，即对正在进行行凶、杀人、抢劫、强奸、绑架以及其他严重危及人身安全的暴力犯罪，采取防卫行为，造成不法侵害人伤亡的，不属于防卫过当，不负刑事责任。

2. 紧急避险

（1）避险意图：必须是为了保护合法利益（国家公共利益，本人或者他人的人身、财产和其他权利）。

（2）避险起因：必须存在需要避免的危险发生。

（3）避险客体：损害客体是第三者的合法权益（与正当防卫相区别）。

（4）避险时间：危险正在发生，迫在眉睫。

（5）避险可行性：只有在不得已即没有其他方法可以避免的情况下进行。

（6）避险限度：紧急避险不能超过必要限度，造成不应有的损害。

（7）注意：紧急避险中关于避免本人危险的规定，不适用于职务上、业务上负有特定责任的人。

（四）故意犯罪的形态

1. 犯罪预备

为了实施犯罪，准备工具、制造条件的，是犯罪预备。对于预备犯，可以比照既遂犯从轻、减轻处罚或者免除处罚。

2. 犯罪未遂

已经着手实行犯罪，由于犯罪分子意志以外的原因而未得逞的，是犯罪未遂。对于未遂犯，可以比照既遂犯从轻或者减轻处罚。

3. 犯罪中止

在犯罪过程中，自动放弃犯罪或者自动有效地防止犯罪结果发生的，是犯罪中止。对于中止犯，没有造成损害的，应当免除处罚；造成损害的，应当减轻处罚。

4. 犯罪既遂

犯罪既遂是指行为人故意实施的行为已经具备了某种犯罪构成的全部要件。

遇到此类题的时候，首先判断行为的结果有没有发生，发生了即是犯罪既遂。没有发生，再看没有发生的原因，如果是主观原因，即是犯罪中止；如果是客观原因，再看是发生在什么阶段，如果在着手之前即是犯罪预备，在着手之后即是犯罪未遂。

（五）共同犯罪

共同犯罪是指二人以上的共同故意犯罪。

1. 主犯

组织、领导犯罪集团进行犯罪活动或者在共同犯罪中起主要作用的犯罪分子。对组织、领导犯罪集团的首要分子，按照集团所犯的全部罪行处罚。

2. 从犯

在共同犯罪中起次要或者辅助作用的犯罪分子。对于从犯，应当从轻、减轻处罚或者免除处罚。

3. 胁从犯

被胁迫参加犯罪的犯罪分子。对于胁从犯，应当按照他的犯罪情节减轻处罚或者免除处罚。

4. 教唆犯

故意引起他人犯罪意图和唆使他人实施犯罪行为的犯罪分子。教唆不满18周岁的人犯罪的，应当从重处罚。如果被教唆的人没有犯被教唆的罪，对于教唆犯，可以从轻或者减轻处罚。

（六）刑罚

1. 主刑

（1）管制

管制是对犯罪分子不予关押，但限制其一定的自由的刑罚方法。对于罪行较轻的犯罪分子适用管制，可以少关押一些人，避免监狱关押可能带来的交叉感染。管制的期限为3个月以上2年以下。判处管制，可以根据犯罪情况，同时禁止犯罪分子在执行期间从事特定活动，进入特定区域、场所，接触特定的人。对判处管制的犯罪分子，依法实行社区矫正。违反前文所述的禁止令的，由公安机关依照《中华人民共和国治安管理处罚法》的规定处罚。

《刑法》第 40 条规定:“被判处管制的犯罪分子,管制期满,执行机关应即向本人和其所在单位或者居住地的群众宣布解除管制。”

《刑法》第 41 条规定:“管制的刑期,从判决执行之日起计算;判决执行以前先行羁押的,羁押 1 日折抵刑期 2 日。”

(2) 拘役

拘役是短期剥夺犯罪分子的人身自由,由公安机关就近执行的刑罚方法。拘役与拘留是不同的。拘役是刑罚方法。治安拘留属于治安行政处罚,对违反治安管理但尚未达到犯罪程度的行为人适用。刑事拘留是刑事诉讼中的一种强制措施。拘役的期限为 1 个月以上 6 个月以下。被判处拘役的犯罪分子,由公安机关就近执行。在执行期间,被判处拘役的犯罪分子每月可以回家一天至两天;参加劳动的,可以酌情发给报酬。

《刑法》第 44 条规定:“拘役的刑期,从判决执行之日起计算;判决执行以前先行羁押的,羁押 1 日折抵刑期 1 日。”

(3) 有期徒刑

有期徒刑是剥夺犯罪分子一定期限的人身自由,实行强制劳动和教育改造的刑罚方法。有期徒刑的期限一般为 6 个月以上 15 年以下。只犯一个罪,被判处有期徒刑时,其最长刑期只能是 15 年。在数罪并罚时,有期徒刑可以超过 15 年,但最长不能超过 25 年。

《刑法》第 47 条规定:“有期徒刑的刑期,从判决执行之日起计算;判决执行以前先行羁押的,羁押 1 日折抵刑期 1 日。”

被判处有期徒刑的犯罪分子,在监狱或者其他执行场所执行;凡有劳动能力的,都应当参加劳动,接受教育和改造。

(4) 无期徒刑

无期徒刑是剥夺犯罪分子终身自由,实行强制劳动和教育改造的刑罚方法。无期徒刑从其性质上讲是剥夺犯罪分子终身自由,关押没有期限。但在实际执行中,如果犯罪分子认真遵守监规,接受教育改造,确有悔改或者立功表现,可以争取通过减刑减为有期徒刑,或者获得假释,从而不至于终身关押。

(5) 死刑

死刑是剥夺犯罪分子生命的刑罚方法。这是最严厉的一种刑罚方法。《刑法》第 48 条规定,死刑只适用于罪行极其严重的犯罪分子。另外,《刑法修正案(八)》规定,犯罪的时候不满 18 周岁的人和审判的时候怀孕的妇女,不适用死刑。审判的时候已满 75 周岁的人,不适用死刑,但以特别残忍手段致人死亡的除外。死刑有两种执行制度,一种是判处死刑立即执行,另一种是判处死刑同时宣告缓期 2 年执行(简称死缓)。判处死刑缓期执行的,在死刑缓期执行期间,如果没有故意犯罪,2 年期满以后,减为无期徒刑;如果确有重大立功表现,2 年期满以后,减为 25 年有期徒刑;如果故意犯罪,查证属实的,由最高人民法院核准,执行死刑。

2. 附加刑

(1) 罚金

罚金是法院判处犯罪人向国家缴纳一定数额金钱的刑罚方法。罚金与行政罚款是不同的。罚金是刑罚方法，它只能由法院依照刑法的规定对构成犯罪的人或单位适用；而罚款是行政处罚，它由公安机关等有关的行政机关对只有一般违法行为(未构成犯罪)的人或单位适用。

(2) 剥夺政治权利

剥夺政治权利是剥夺犯罪分子参加国家管理和政治活动权利的刑罚方法，期限为一年以上五年以下。

剥夺政治权利作为一种附加刑，既可以独立适用，也可以附加适用。

《刑法》第 58 条第 1 款规定："附加剥夺政治权利的刑期，从徒刑、拘役执行完毕之日或者从假释之日起计算；剥夺政治权利的效力当然施用于主刑执行期间。"这就是说，被附加剥夺政治权利的犯罪分子，在主刑执行期间也就当然地不享有政治权利。

(3) 没收财产

没收财产是指将犯罪分子个人所有财产的一部分或者全部强制无偿地收归国有的刑罚方法。没收全部财产的，应当对犯罪分子个人及其扶养的家属保留必需的生活费用。在判处没收财产的时候，不得没收属于犯罪分子家属所有或者应有的财产。

(4) 驱逐出境

驱逐出境是强迫犯罪的外国人离开中国国(边)境的刑罚方法。对于犯罪的外国人，可以独立适用或者附加适用驱逐出境。

(七) 刑罚的裁量

1. 累犯

(1) 一般累犯：被判处有期徒刑以上刑罚的犯罪分子，刑罚执行完毕或者赦免以后，在五年以内再犯应当判处有期徒刑以上刑罚之罪的，是累犯，应当从重处罚，但是过失犯罪和不满十八周岁的人犯罪的除外。

(2) 特别累犯：危害国家安全犯罪、恐怖活动犯罪、黑社会性质的组织犯罪的犯罪分子，在刑罚执行完毕或者赦免以后，在任何时候再犯上述任一类罪的，都以累犯论处。

2. 自首

自首是指犯罪后自动投案，向公安、司法机关或其他有关机关如实供述自己的罪行的行为。我国《刑法》规定，自首的可以从轻或减轻处罚。其中，犯罪较轻的可以免除处罚。被采取强制措施的犯罪嫌疑人、被告人和正在服刑的罪犯，如实供述司法机关还未掌握的本人其他罪行的，以自首论。

3. 立功

立功分为一般立功和重大立功。

一般立功是犯罪分子到案后检举、揭发他人犯罪行为，包括共同犯罪案件中的犯罪分子揭发同案犯、共同犯罪以外的其他犯罪，经查证属实；提供侦破其他案件的重要线索，经查证属实；阻止他人犯罪活动；协助司法机关抓捕其他犯罪嫌疑人(包括同案犯)；具有其他有利于国家和社会的突出表现。

重大立功是犯罪分子检举、揭发他人重大犯罪行为，经查证属实；提供侦破其他重大案件的线索，经查证属实；阻止他人重大犯罪活动；协助司法机关抓捕其他犯罪重大犯罪嫌疑人(包括同案犯)；对国家和社会有其他重大贡献等表现。

4. 数罪并罚

数罪并罚是指人民法院对一人犯数罪分别定罪量刑，并根据法定原则与方法，决定应当执行的刑罚。

数罪中如果判处两个以上有期徒刑、拘役、管制的，应当在总和刑期以下，数刑中最高刑期以上决定执行的刑期，但管制最高不得超过3年；拘役最高不得超过1年；有期徒刑总和不满35年的，最高不能超过20年，总和超过35年的，最高不能超过25年。

5. 缓刑

(1) 适用条件：犯罪分子被判处拘役或者3年以下有期徒刑的刑罚，其中不满18周岁，怀孕的妇女和已满75周岁的人，应当宣告缓刑(新法亮点：严格限制缓刑)。对于累犯和犯罪集团的首要分子，不能适用缓刑。

犯罪分子的犯罪情节比较轻微并有悔改表现，适用缓刑确实不致再危害社会，这是适用缓刑的实质条件。

(2) 考验期限：拘役的缓刑考验期限为原判刑期以上1年以下，但是不能少于2个月。有期徒刑的缓刑考验期限为原判刑期以上5年以下，但是不能少于1年。

缓刑考验期限，从判决确定之日起计算。

6. 减刑

减刑是对被判处管制、拘役、有期徒刑、无期徒刑的犯罪分子，在刑罚执行期间认真遵守监规，接受教育改造，确有悔改或立功表现，而适当减轻其原判刑罚的一种刑罚制度。

减刑以后实际执行的刑期不能少于下列期限：(一) 判处管制、拘役、有期徒刑的，不能少于原判刑期的二分之一；(二) 判处无期徒刑的，不能少于13年；(三) 人民法院依照本法第五十条第二款规定限制减刑的死刑缓期执行的犯罪分子，缓期执行期满后依法减为无期徒刑的，不能少于25年，缓期执行期满后依法减为25年有期徒刑的，不能少于20年。

7. 假释

被判处有期徒刑犯罪分子，执行原判刑期的二分之一以上，被判处无期徒刑的犯罪分子，实际执行13年以上，能认真遵守监规，接受教育改造，确有悔改表现，不致再危害社会，附有条件地将其提前释放的一种刑罚制度。

对累犯以及因杀人、爆炸、抢劫、强奸、绑架等暴力性犯罪被判处10年以上有期徒刑、无期徒刑的犯罪分子，不得假释。

假释的期限：有期徒刑为没有执行完的刑期，无期徒刑为10年。

(八) 诉讼时效

1. 追诉时效期限

犯罪经过下列期限不再追诉：(一) 法定最高刑为不满五年有期徒刑的，经过五年；(二) 法定最高刑为五年以上不满十年有期徒刑的，经过十年；(三) 法定最高刑为十年以上有期徒刑的，经过十五年；(四) 法定最高刑为无期徒刑、死刑的，经过二十年。如果二十年以后认为必须追诉的，须报请最高人民检察院核准。

2. 追诉期限的延长

在人民检察院、公安机关、国家安全机关立案侦查或者在人民法院受理案件以后，逃避侦查或者审判的，不受追诉期限的限制。

被害人在追诉期限内提出控告，人民法院、人民检察院、公安机关应当立案而不予立案的，不受追诉期限的限制。

3. 追诉期限的计算与中断

追诉期限从犯罪之日起计算；犯罪行为有连续或者继续状态的，从犯罪行为终了之日起计算。在追诉期限以内又犯罪的，前罪追诉的期限从犯后罪之日起计算。

（九）犯罪的种类

1. 国家工作人员的职务犯罪

职务犯罪的犯罪主体一般是国家工作人员，国家工作人员包括国有公司、企业、事业单位、人民团体中从事公务的人员和国家机关、国有公司、企业、事业单位委派到非国有公司、企业、事业单位、社会团体从事公务的人员，以及其他依照法律从事公务的人员，以国家工作人员论。具体罪名包括：

（1）贪污罪，是指国家工作人员和受国家机关、国有公司、企业、事业单位、人民团体委托管理、经营国有财产的人员，利用职务上的便利，侵吞、窃取、骗取或者以其他手段非法占有公共财物的行为。

（2）挪用公款罪，是指国家工作人员利用职务上的便利，挪用公款归个人使用，进行非法活动的，或者挪用公款数额较大、进行营利活动的，或者挪用数额较大、超过 3 个月未还的行为。

（3）受贿罪，是指国家工作人员利用职务上的便利，索取他人财物，或者非法收受他人财物，为他人谋取利益的行为。受贿罪侵犯了国家工作人员职务行为的廉洁性及公私财物所有权。

2. 抢劫罪

抢劫罪是以非法占有为目的，对财物的所有人、保管人当场使用暴力、胁迫或其他方法，强行将公私财物抢走的行为。当然考试主要是对抢劫、抢夺以及盗窃相区别。如携带凶器抢夺，按照抢劫定罪处罚以及转化型抢劫犯。

【例题精讲】（2009·国家）下列行为中构成犯罪的是（　　）。

A. 赵某，30 岁，醉酒驾车撞死路人

B. 刘某，13 岁，盗窃价值人民币 50 万元的财物

C. 张某，30 岁，遇人抢劫奋起反击，将对方打成重伤

D. 王某，30 岁，为了躲避仇人追杀，抢了路人的摩托车逃跑

【答案】A

【解析】A 项：我国《刑法》规定：醉酒的人犯罪，应当负刑事责任。因此 A 项正确。B 项：我国《刑法》规定：未满十四周岁的人为完全无刑事责任能力人，不负刑事责任，B 项错误。C 项：张某遇劫奋起反击，符合“正当防卫”要件，不负刑事责任，C 项错误。D 项：张某躲避追杀抢用他人财物，符合“紧急避险”要件，不负刑事责任，D 项错误。

【例题精讲】（2008·国家）甲欲杀死乙，在乙饭碗里投放毒药，不料朋友丙分食了乙的饭菜。甲为了杀死乙，没有阻止丙，结果导致乙和丙均中毒死亡。甲对丙死亡所持的心理态度是（　　）。

A. 过于自信的过失　　B. 疏忽大意的过失
C. 间接故意　　D. 直接故意

【答案】 C

【解析】 甲对于乙的死亡所持的心理态度是直接故意，但对于丙的死亡显然不是直接故意。甲为了杀死乙，明知丙吃了饭菜会中毒死亡，没有阻止，听之任之，是典型的间接故意。

【例题精讲】（2008·国家）王某持匕首抢劫张某，在争斗中王某头部撞击墙角昏迷倒地，匕首掉在地上。张某见状，捡起匕首往王某心脏部位猛刺数下，导致王某死亡。对于张某用匕首刺死王某的行为，下列说法正确的是（　　）。

A. 属于正当防卫，不负刑事责任　　B. 属于意外事件，不负刑事责任
C. 属于防卫过当，应当负刑事责任　　D. 属于故意杀人，应当负刑事责任

【答案】 D

【解析】《刑法》20条："为了使国家、公共利益、本人或者他人的人身、财产和其他权利免受正在进行的不法侵害，而采取的制止不法侵害的行为，对不法侵害人造成损害的，属于正当防卫，不负刑事责任。"但本案中王某头部撞击墙角昏迷倒地，不法侵害已经停止，张某已经不存在进行防卫的前提条件了。此时他捡起匕首往王某心脏部位猛刺数下，导致王某死亡，显然是故意杀人，应当负刑事责任。

【例题精讲】（2012·国家）根据《中华人民共和国刑法修正案（八）》，下列说法正确的是（　　）。

A. 社区矫正不适用犯罪分子
B. 给予外国政府官员财物可能构成犯罪
C. 行贿人主动交代行贿行为的，应当减免处罚
D. 审判的时候已满75周岁的人不应判处死刑

【答案】 B

【解析】《刑法修正案（八）》第2条规定，对判处管制的犯罪分子，依法实行社区矫正，因此A项错误。根据该修正案第29条的规定，为谋取不正当利益，给予公司、企业或者其他单位的工作人员以财物，数额较大的，处3年以下有期徒刑或者拘役；数额巨大的，处3年以上10年以下有期徒刑，并处罚金。为谋取不正当商业利益，给予外国公职人员或者国际公共组织官员以财物的，依照前款的规定处罚，因此B项正确。该修正案第29条规定，行贿人在被追诉前主动交代行贿行为的，可以减轻处罚或者免除处罚，因此C项错误。该修正案第3条规定，审判的时候已满75周岁的人，不适用死刑，但以特别残忍手段致人死亡的除外，因此D项错误。

五、行政法

（一）行政主体与相对人

1. 行政主体

行政主体是指依法拥有独立的行政职权，能代表国家，以自己的名义行使行政职权

以及独立参加行政诉讼，并能独立承受行政行为效果与行政诉讼效果的组织。

行政主体包括行政机关（中央政府机关和地方政府机关）和被法律法规授权的组织。行政公署、区公所、街道办事处等派出机关都具有行政主体资格。派出所、工商所、税务所等派出机构只有在实施法定种类的行政行为时才是行政主体，超出该行为类型，就如同一般的派出机构一样，不是行政主体了。内设机构一般不能成为行政主体，受委托的组织和个人不能成为行政主体。

2. 行政相对人

行政相对人简称相对人，指在具体的行政法律关系中与行政主体相对应的另一方当事人，即处于被管理地位上的组织和个人。

在我国，可以成为行政相对人的组织和个人有国家组织、社会组织、公民、外国组织和外国人。

（二）行政行为

行政行为包括抽象行政行为与具体行政行为。

抽象行政行为是指由行政主体作出的具有普遍拘束力的行政行为，一般表现为制定各种行政规则的行为，如国务院制定行政法规，省人民政府制定行政规章，县人民政府规定行政措施等。抽象行政行为的特征：抽象行政行为的对象不特定，抽象行政行为可以反复适用，抽象行政行为向后发生效力。

具体行政行为是指行政主体为实现行政管理目标和任务，依职权或依行政相对人申请所实施的对公民、法人或其他组织的权利义务产生影响的行为。包括：依申请行政行为（行政许可、行政给付、行政奖励、行政确认、行政裁决、行政复议）和依职权的行政行为（行政规划、行政命令、行政征收、行政征用、行政处罚、行政强制）。

（三）行政许可

行政许可的设定权：

法律——在法定事项范围内可以设定行政许可；

行政法规——在法定事项范围内法律未规定的；

国务院决定——必要时可以；

地方性法规——法律、行政法规未规定的；

省级政府规章——临时性行政许可。

不得设定行政许可的规范性文件：国务院部门规章，依法不享有规章制定权的地方人民政府，其他机关制定的规范性文件。

（四）行政处罚

1. 概念

行政处罚是指特定的行政主体依法对违反行政管理秩序而尚未构成犯罪的行政相对人（即公民、法人或其他组织）所给予的行政制裁。

2. 种类

行政处罚可分七类：①警告；②罚款；③没收违法所得、没收非法财物；④责令停产停业；⑤暂扣或者吊销许可证，暂扣或者吊销执照；⑥行政拘留；⑦法律、行政法规规定的其他行政处罚。

3. 行政处罚的设定

法律:各种行政处罚,限制人身自由的行政处罚只能由法律设定,公安机关行使;

行政法规:除限制人身自由以外的;

地方性法规:除限制人身自由、吊销企业营业执照以外的(种类、幅度不能超);

部门规章:警告或一定数额罚款;

地方规章:警告或一定数额罚款。

4. 行政处罚的实施规则

(1) 处罚看能力:不满 14 周岁的不予处罚,已满 14 周岁不满 18 周岁的从轻或减轻处罚;精神病人在不能辨认或控制自己行为时违法不予处罚,间歇性精神病人在精神正常时违法应予处罚。

(2) 过时不处罚:违法行为发生之日起,或连续、继续行为终了之日起 2 年后(治安处罚为 6 个月后)不再处罚。

(3) 一事不再罚:对一个行为,任何机关不得以同一事由(实施一个行为、违反一个规范)做出多次处罚;对一个行为,任何机关不得以多个事由(实施一个行为、违反多个规范)做出同一种类的多次处罚。

(4) 罚刑可相抵:拘留可以折抵刑期,罚款可以折抵罚金,但没收的处罚不能折抵没收的刑罚。

5. 行政处罚的实施程序

(1) 简易程序

适用条件:对公民 50 元以下、对单位 1 000 元以下罚款或警告。

①可以一人执法;②可以当场决定处罚,决定书须当场交付。

(2) 一般程序:不适用简易或听证程序时

①调查检查:至少 2 人执法;

②做出决定:由行政机关负责人(集体)作出决定。

当事人不在场的,应在 7 日内送达处罚决定。

(3) 听证程序:适用情形责令停产停业、吊销许可证或执照、大额罚款。

主要程序:①当事人要求听证的,应当在行政机关告知后 3 日内提出;②行政机关应当在听证的 7 日前,通知当事人听证的时间、地点;③可亲自参加,可委托 1～2 人代理;④听证应公开进行,除国家秘密、商业秘密和个人隐私;⑤回避:由非本案调查人员主持,当事人认为主持人与本案有直接利害关系的,可申请听证主持人回避;⑥应制作笔录,处罚决定参照笔录。

(五) 行政强制

1. 行政强制措施

行政强制措施,是指行政机关在行政管理过程中,为制止违法行为、防止证据损毁、避免危害发生、控制危险扩大等情形,依法对公民的人身自由实施暂时性限制,或者对公民、法人或者其他组织的财物实施暂时性控制的行为。

《行政强制法》第 9 条规定,行政强制措施的种类包括:①限制公民人身自由;②查封场所、设施或者财物;③扣押财物;④冻结存款、汇款。

2. 行政强制执行

行政强制执行，是指行政机关或者行政机关申请人民法院，对不履行行政决定的公民、法人或者其他组织，依法强制履行义务的行为。

《行政强制法》第12条规定，行政强制执行的方式包括：①加处罚款或者滞纳金；②划拨存款、汇款；③拍卖或者依法处理查封、扣押的场所、设施或者财物；④排除妨碍、恢复原状；⑤代履行；⑥其他强制执行方式。

（六）行政复议

1. 受理范围

行政复议审查具体行政行为，附带审查部分抽象行政行为。如国务院部门的规定，县级以上地方人民政府及其工作部门的规定，乡、镇人民政府的规定等。

国务院部门规章和地方政府规章及内部行为（国家行为；刑事侦查行为；行政调解、仲裁行为；行政指导行为）不属于行政复议的范围。

2. 受理机关及其管辖

根据《行政复议法》第3条规定，依照本法履行行政复议职责的行政机关是行政复议机关，行政复议机关负责法制工作的机构具体办理行政复议事项。

根据《行政复议法》规定，行政复议管辖制度如下：

（1）对县级以上地方各级人民政府工作部门的具体行政行为不服的，由申请人选择，可以向该部门的本级人民政府申请行政复议，也可以向上一级主管部门申请行政复议。对海关、金融、国税、外汇管理等实行垂直领导的行政机关和国家安全机关的具体行政行为不服的，向上一级主管部门申请行政复议。

（2）对省以下各级人民政府的具体行政行为不服的，向上一级地方人民政府申请行政复议。

（3）对国务院部门或者省、自治区、直辖市人民政府的具体行政行为不服的，向作出该具体行政行为的国务院部门或者省、自治区、直辖市人民政府申请行政复议。对行政复议决定不服的，可以向人民法院提起行政诉讼；也可以向国务院申请裁决，国务院依照本法的规定作出最终裁决。

（4）对两个或者两个以上行政机关以共同的名义作出的具体行政行为不服的，向其共同上一级行政机关申请行政复议。

（七）收费问题

（1）行政许可、行政处罚的听证申请人、利害关系人不承担行政机关组织听证的费用。

（2）行政复议机关受理行政复议申请，不得向申请人收取任何费用。

（3）证人、鉴定人因出庭作证或者接受询问而支出的合理费用，由提供证人、鉴定人的一方当事人先行支付，由败诉一方当事人承担。

（4）赔偿请求人要求国家赔偿的，赔偿义务机关、复议机关和法院不得向赔偿请求人收取任何费用。

（5）代履行的费用按照成本合理确定，由当事人承担。

【例题精讲】(2012·湖南)农民王某在卖菜过程中和市民李某发生冲突,造成市民李某轻微伤。公安机关依据《治安管理处罚法》对王某处以拘留,属于(　　)。

A. 具体行政行为　　B. 抽象行政行为

C. 内部行政行为　　D. 自由裁量行政行为

【答案】A

【解析】抽象行政行为针对不特定的对象,具体行政行为针对特定的对象,故本题答案为A。

【例题精讲】(2009·国家)根据我国有关法律的规定,下列哪一种行为是不合法的(　　)。

A. 某乡人民代表大会选举产生乡长、副乡长

B. 国务院某部门制定规章设定行政许可

C. 国务院发布《关于加强市县政府依法行政的决定》

D. 全国人民代表大会常务委员会批准2008年中央预算调整方案

【答案】B

【解析】只有法律、法规和国务院的决定可以设定行政许可,省级人民政府的规章依据法定条件可以设定临时性行政许可,其他规范性文件一律不得设定行政许可,包括国务院各部委、省会市人民政府制定的规章均没有行政许可的设定权,所以B项"国务院某部门制定规章设定行政许可"是不合法的。

【例题精讲】(2009·国家)行政处罚是指行政机关依法对违反行政管理秩序的公民、法人或其他组织给予制裁的行政行为。据此,下列属于"行政处罚"的是(　　)。

A. 暂扣违章司机的机动车驾驶证

B. 对醉酒的人约束至酒醒

C. 对严重违反《公务员法》的公务员给予开除处分

D. 对到期不缴纳税款的纳税人,按日加收滞纳税款万分之五的滞纳金

【答案】A

【解析】行政处罚的种类主要有警告、罚款、没收违法所得、没收非法财产、责令停产停业、暂扣或吊销许可证、暂扣或吊销执照、行政拘留以及法律、行政法规规定的其他行政处罚,A项显然符合。B项的"醉酒"与行政管理没有什么关系;C项的"处分"是机关单位的内部行为,不属于行政处罚;D项的"加收滞纳金"属于经济行为,不属于行政处罚。

六、三大诉讼的受案范围和管辖

(一)民事诉讼的受案范围和管辖

1. 受案范围

根据《民事诉讼法》第三条的规定,民事诉讼的受案范围是公民之间、法人之间、其他组织之间以及他们相互之间因财产关系和人身关系提起的民事诉讼。另外,根据有关司法解释,行政机关对公民、法人或者其他组织之间以及他们相互之间的民事权益争议所作的调解或者根据法律、法规所作的仲裁,当事人对调解、仲裁不服,向人民法院起诉的

案件，以及当事人不服基层人民政府对民间纠纷的处理，向人民法院起诉的案件，都属于民事诉讼的受案范围。

2. 管辖

民事诉讼管辖是指各级人民政府和同级人民法院之间受理第一审民事案件的权限划分。根据《民事诉讼法》的规定，民事诉讼管辖分为级别管辖、地域管辖、指定管辖和移送管辖。

(1) 级别管辖。级别管辖是上下级人民法院之间受理第一审民事案件的权限划分。根据《民事诉讼法》第十八条至第二十一条规定，基层人民法院管辖除中级人民法院、高级人民法院、最高人民法院管辖的第一审民事案件以外的其他民事案件。中级人民法院管辖重大涉外案件、在本辖区有重大影响的案件以及最高人民法院确定由中级人民法院管辖的其他案件，包括专利纠纷案件，海事、海商案件。高级人民法院管辖本辖区内有重大影响的第一审民事案件。最高人民法院管辖全国有重大影响的和认为应当由本院审理的第一审民事案件。

(2) 地域管辖。地域管辖是指同级人民法院之间受理第一审民事案件的权限划分。地域管辖有一般地域管辖、特殊地域管辖和专属管辖之分。

(3) 指定管辖。有管辖权的人民法院由于特殊原因，不能行使管辖权的，由上级人民法院指定管辖；两个以上的人民法院因管辖权发生争议，不能协商解决的，报请它们的共同上级人民法院指定管辖。

(4) 移送管辖。移送管辖指法院在受理民事案件后，发现自己对案件并无管辖权，依法将案件移送到有管辖权的法院审理。上级人民法院有权将下级法院管辖的第一审民事案件提到本院作为第一审进行审理，或者把本院管辖的第一审民事案件交给下级人民法院作为第一审进行审理；下级人民法院对其管辖的第一审民事案件，认为需要由上级人民法院审理的，可以报请上级人民法院作为第一审进行审理。

(二) 行政诉讼的受案范围和管辖

1. 受案范围

行政诉讼的受案范围是指人民法院受理行政诉讼案件的范围。《行政诉讼法》第二条规定："公民、法人和其他组织认为行政机关和行政机关工作人员的具体行政行为侵犯其合法权益，有权依照本法向人民法院提起诉讼。"

根据《行政诉讼法》第十一条的规定，人民法院受理的行政诉讼案件的范围是：①不服行政处罚的行政案件；②不服行政强制措施的行政案件；③侵犯公民、法人或其他组织的经营自主权的行政案件；④许可证制度中侵权行为引起的行政案件；⑤不履行法定职责，侵害相对一方权益引起的行政案件；⑥未依法发给抚恤金引起的行政案件；⑦认为行政机关违法要求履行义务引起的行政案件；⑧其他因人身权、财产权引起的行政案件。

国家行为、抽象行政行为、内部行政行为、法律规定的行政最终裁决、刑事侦查行为调解、仲裁行为、行政指导行为等不属于行政诉讼的审查范围。

2. 管辖

行政诉讼的管辖是指各级人民法院和同级人民法院之间受理第一审行政案件的权限划分。

(1) 级别管辖。级别管辖是指各级人民法院之间受理第一审行政案件的权限划分。《行政诉讼法》第十三条规定:“基层人民法院管辖第一审行政案件。”在这里,基层人民法院并不是管辖所有的第一审行政案件,而是管辖除中级人民法院、高级人民法院、最高人民法院管辖的第一审行政案件以外的其他行政案件。

中级人民法院管辖下列第一审行政案件:①确认发明专利的案件、海关处理的案件;②对国务院各部门或省、自治区、直辖市人民政府所作的具体行政行为提起诉讼的案件;③本辖区内重大复杂的案件,包括:a. 被告为县级以上人民政府的案件,但以县级人民政府名义办理不动产物权登记的案件可以除外;b. 社会影响重大的共同诉讼、集团诉讼案件;c. 重大涉外行政案件;d. 涉及香港、澳门、台湾地区的行政案件;e. 其他重大、复杂案件。

高级人民法院管辖本辖区内重大复杂的第一审行政案件,最高人民法院管辖全国范围内重大复杂的第一审行政案件。

(2) 地域管辖。地域管辖是指同级人民法院之间受理第一审行政案件的权限划分。地域管辖有一般地域管辖和特殊地域管辖之分,其中特殊地域管辖又分为专属管辖和共同管辖。

①一般地域管辖。行政案件由最初作出具体行政行为的行政机关所在地的人民法院管辖。

②专属管辖。因不动产提起的诉讼,包括因不动产所有权、使用权,因违章建筑的房屋和其他建筑物的撤除以及因不动产污染引起的诉讼,由不动产所在地的人民法院管辖。

③共同管辖。经行政复议的案件,复议机关改变原具体行政行为的,可以由最初作出具体行政行为的行政机关所在地的人民法院管辖,也可以由复议机关所在地的人民法院管辖。对限制人身自由的行政强制措施不服提起的诉讼,由被告所在地或者原告所在地人民法院管辖。两个以上人民法院都有管辖权的案件,原告可以选择其中一个人民法院提起诉讼。原告向两个以上人民法院提起诉讼的,由最初收到起诉状的人民法院管辖。

(3) 管辖变更。管辖变更是指因法定的情形出现而需要改变管辖权的情况,包括移送管辖、指定管辖和管辖权的转移。

①移送管辖。人民法院发现所受理的案件不属于自己管辖时,应当依法将案件移送有管辖权的人民法院审理。

②指定管辖。由于特殊原因,致使有管辖权的人民法院无法行使管辖权,或者对管辖权发生争议而协商不成的,由上级人民法院指定管辖的法院。

③管辖权的转移。下级人民法院对其管辖的案件,认为需要由上级人民法院审判的,可以报请上级人民法院决定是否移送。

(三) 刑事诉讼的管辖

1. 刑事诉讼的管辖

刑事诉讼的管辖,是指公安机关、人民检察院和人民法院之间在刑事案件受理范围上的权限划分,以及人民法院系统内部在审判第一审刑事案件的分工。根据《刑事诉讼法》的规定，理论上将刑事诉讼的管辖分为立案管辖和审判管辖。

2. 立案管辖

立案管辖是指公安机关、人民检察院和人民法院之间在刑事案件受理范围上的权限划分。

(1) 公安机关受理的案件。《刑事诉讼法》第十八条第一款规定："刑事案件的侦查由公安机关进行，法律另有规定的除外。"这里的"法律另有规定"，指的是人民检察院、国家安全机关、监狱、军队的保卫部门依法管辖的案件，以及人民法院依法直接受理的案件。

(2) 人民检察院受理的案件。根据《刑事诉讼法》第十八条第二款规定，人民检察院受理的案件有五类：①依法贿赂犯罪；②国家工作人员的渎职犯罪；③国家机关工作人员利用职权实施的非法拘禁、刑讯逼供、报复陷害、非法搜查等侵害公民人身权利的犯罪；④国家机关工作人员利用职权实施的侵害公民民主权利的犯罪；⑤需要由人民检察院直接受理，国家机关工作人员利用职权实施的其他重大犯罪案件。其中第⑤案件须经省级以上人民检察院决定。

(3) 人民法院受理的案件。《刑事诉讼法》第十八条第三款规定："自诉案件，由人民法院直接受理。"自诉案件包括：①告诉才处理的案件；②被害人有证据证明的轻微刑事案件；③被害人有证据证明对被告人侵犯自己人身、财产权利的行为应当依法追究刑事责任，而公安机关或者人民检察院不予追究被告人刑事责任的案件。

3. 审判管辖

审判管辖是指人民法院系统内部审判第一审刑事案件的分工。根据《刑事诉讼法》第十九条至第二十七条的规定，审判管辖分为普通管辖和专门管辖，其中普通管辖又可分为级别管辖、地域管辖和指定管辖。

(1) 级别管辖。级别管辖是指各级人民法院在审判第一审刑事案件上的权限划分。《刑事诉讼法》第十九条规定："基层人民法院管辖第一审普通刑事案件，但是依照本法由上级人民法院管辖的除外。"这里"上级人民法院管辖"的案件，指的是中级人民法院管辖的危害国家安全、恐怖活动案件，可能判处无期徒刑、死刑的刑事案件；高级人民法院管辖的全省(自治区、直辖市)性的重大刑事案件；最高人民法院管辖的全国性的重大刑事案件。

(2) 地域管辖。地域管辖是指同级人民法院之间在审判第一审刑事案件权限上的划分。根据《刑事诉讼法》第二十四条、第二十五条的规定，刑事案件由犯罪地的人民法院管辖。如果由被告人居住地的人民法院审判更为适宜的，可以由被告人居住地的人民法院管辖。几个同级人民法院都有管辖权的案件，由最初受理的人民法院审判，在必要的时候可以移送主要犯罪地的人民法院审判。

(3) 指定管辖。指定管辖是指上级人民法院依照法律规定，指定其辖区内的下级人民法院对某一案件行使管辖权。《刑事诉讼法》第二十六条规定："上级人民法院可以指定下级人民法院审判管辖不明的案件，也可以指定下级人民法院将案件移送其他人民法院审判。"实践中，两个以上同级人民法院对管辖权发生争议的，首先应当协商解决，协商不成的，应当由争议的人民法院分别逐级报请共同上一级人民法院指定管辖。

(4) 专门管辖。专门管辖是指专门人民法院之间，以及专门人民法院与普通人民法院之间对受理第一审刑事案件的分工。

军事法院管辖的是现役军人和军内在编职工的刑事犯罪案件。现役军人、军内在编职工和非军人共同犯罪的，分别由军事法院和地方人民法院或者其他专门法院管辖，涉及国家军事秘密的，全案由军事法院管辖。

铁路运输法院管辖的刑事案件，主要是危害和破坏铁路运输和生产、严重破坏铁路交通设施以及在列车上犯罪的案件。铁路运输法院与地方人民法院因管辖不明而发生争议的案件，一般由地方人民法院管辖。

（四）三大诉讼法的诉讼时效

《民事诉讼法》第一百四十九条规定：人民法院适用普通程序审理的案件，应当在立案之日起六个月内审结。有特殊情况需要延长的，由本院院长批准，可以延长六个月；还需要延长的，报请上级人民法院批准。第一百六十一条规定：人民法院适用简易程序审理案件，应当在立案之日起三个月内审结。

《行政诉讼法》第八十一条规定：人民法院应当在立案之日起六个月内作出第一审判决。有特殊情况需要延长的，由高级人民法院批准，高级人民法院审理第一审案件需要延长的，由最高人民法院批准。第八十三条规定：适用简易程序审理的行政案件，由审判员一人独任审理，并应当在立案之日起四十五日内审结。

《刑事诉讼法》第二百零二条规定：人民法院审理公诉案件，应当在受理后二个月以内宣判，至迟不得超过三个月。对于可能判处死刑的案件或者附带民事诉讼的案件，以及有本法第一百五十六条规定情形之一的，经上一级人民法院批准，可以延长三个月；因特殊情况还需要延长的，报请最高人民法院批准。第二百一十四条规定：适用简易程序审理案件，人民法院应当在受理后二十日以内审结；对可能判处的有期徒刑超过三年的，可以延长至一个半月。

【例题精讲】A市B县动物卫生监督所对赵某私自从外省购进染有口蹄疫奶牛30头一案进行行政处罚时，赵某不服并向法院提起行政诉讼，由于案情较为重大，他应当直接向（　　）提起诉讼。

A. B县法院　　B. B县公安部门　　C. 省级高级法院　　D. A市中级法院

【答案】D

【解析】本题考查的是中级人民法院管辖的案件，本辖区内重大的案件比较容易忽视，所以要多加注意。

【例题精讲】（2015·国家）下列哪种情形最可能实行一审终审（　　）。

A. 基层人民法院审理被告提出反诉的买卖合同纠纷案件

B. 基层人民法院审理夫妻双方争夺子女抚养权的离婚案件

C. 中级人民法院审理在本辖区有重大影响的合同纠纷案件

D. 基层人民法院审理权利义务关系明确的租赁合同纠纷案件

【答案】D

【解析】基层人民法院和它派出的法庭审理事实清楚、权利义务关系明确、争议不大的简单的民事案件，适用简易程序。规定以外的民事案件，当事人双方也可以约定适用简易程序。符合该条件的简单的民事案件，标的额为各省、自治区、直辖市上年度就业人员年平均工资百分之三十以下的，实行一审终审。只有D项符合“事实清楚、权利义务关系明确、争议不大”的条件，最可能实现一审终审。

七、其他法律常识

公务员法、经济法、商标法、著作权法、知识产权法、合同法、物权法、婚姻法、消费者权益保护法、国家赔偿法等常识有时也会涉及，考生要注意总结高频考点。

【例题精讲】(2017·山东)小张与小刘系夫妻，婚后小张患精神病，完全丧失辨认自己行为的能力，小刘准备离婚。下列说法符合法律规定的是(　　)。

A. 小刘是小张第一顺位法定监护人，但其不能在离婚诉讼中作为小张的诉讼代理人

B. 小张的父亲作为小张的诉讼代理人参加离婚诉讼后，可以根据小张与小刘感情破裂的实际情况，代替小张对是否同意离婚作出意思表示

C. 小张的父亲作为小张的诉讼代理人，如果不能到庭，法院不能判决准予离婚

D. 如果小刘愿意放弃全部夫妻共同财产，则可以与小张协议离婚

【答案】A

【解析】A项正确：配偶作为原告提起离婚诉讼，被告为无民事行为能力人，需除了配偶外的近亲属作为诉讼代理人。A项中，小刘是小张的配偶，故其离婚诉讼中不能作为小张的诉讼代理人。

B项错误：诉讼代理人不能对是否同意离婚作出意思表示，因为法律赋予公民以婚姻自主权，由公民自主决定婚姻问题，他人不能替代。B项中，小张的父亲不能代替小张作出意思表示，是否离婚只能由法院根据婚姻状况及感情破裂程度，作出是否离婚的判决。

C项错误：无民事行为能力人的离婚诉讼，当事人的法定代理人应当到庭；法定代理人不能到庭的，人民法院应当在查清事实的基础上，依法作出判决。C项中，“法院不能判决”的表述错误。

D项错误：对于无民事行为能力人的离婚，只能通过诉讼进行，而不能协议离婚，因为无民事行为能力人不能进行民事活动，其所作出的意思表示是无效的。D项中，“可以与小张协议离婚”表述错误。

【例题精讲】(2017·福建)某天晚上，王某骑电动车回家，途中不慎掉入修路挖的坑中，造成车坏人伤。后来查明，该坑是省××集团公司下属的独立法人单位三建城建公司承建的，当天三建城建公司的员工王某挖完坑后忘记设置栅栏围挡和警戒。根据上述材料，甲的损失(　　)。

A. 应由三建城建公司承担　　B. 应由王某承担

C. 应由××集团公司承担　　D. 应由三建城建公司与王某分担

【答案】A

【解析】我国《侵权责任法》第91条规定：在公共场所或者道路上挖坑、修缮安装地下

设施等，没有设置明显标志和采取安全措施造成他人损害的，施工人应当承担侵权责任。此处的施工人是三建城建公司，而王某是该公司的员工，根据《侵权责任法》第 34 条规定，用人单位的工作人员因执行工作任务造成他人损害的，由用人单位承担侵权责任。所以责任承担主体为三建城建公司。故本题答案为 A 项。

【例题精讲】（2013·国家）下列做法符合我国法律规定的是（　　）。

A. 某公立大学以其教学大楼产权作抵押向银行申请贷款

B. 某乡镇企业以所属土地所有权作抵押向银行申请贷款

C. 某农民以所属宅基地的使用权作抵押向银行申请贷款

D. 某国有企业以所属土地使用权作抵押向银行申请贷款

【答案】D

【解析】我国《物权法》第 184 条规定：下列财产不得抵押：（一）土地所有权；（二）耕地、宅基地、自留地、自留山等集体所有的土地使用权，但法律规定可以抵押的除外；（三）学校、幼儿园、医院等以公益为目的的事业单位、社会团体的教育设施、医疗卫生设施和其他社会公益设施。A 项的“教学大楼”属于以公益为目的的学校，不得抵押。B 项的“土地所有权”不得抵押。C 项的“宅基地”不得抵押。D 项的土地使用权可以抵押，正确。

第四节　人文常识

人文常识涉及文学常识、传统文化常识等，国考、省考重点考查古代文学常识和传统文化常识。

一、古代文学常识

古代文学成果丰硕，需要积累、熟记的知识点较多。考生不仅要掌握代表作家的名字、字号、朝代、代表作品、作品主要人物形象、作品主要内容、作品地位与相关评价等，而且还要注意经典诗句与物理、化学、地理常识的交叉考查。复习时，考生可以按照“先秦文学—两汉文学—魏晋南北朝文学—隋唐五代文学—宋代文学—元代文学—明代文学—清代文学—近代文学”的时间线索串联知识点，也可按照流派、体裁(诗、词、小说、散文)建立知识框架。

【例题精讲】(2013·国家)下列作品与评价对应不正确的是(　　)。

A.《桃花扇》——借离合之情，写兴亡之感

B.《石头记》——满纸荒唐言，一把辛酸泪

C.《儒林外史》——一部儒林，终之以琴，滔滔天下，谁是知音

D.《聊斋志异》——使神魔皆有人情，精魅亦通世故

【答案】D

【解析】D项：《聊斋志异》简称《聊斋》，俗名《鬼狐传》，是中国清代著名小说家蒲松龄创作的文言短篇小说集。郭沫若对《聊斋志异》的评价是：“写鬼写妖高人一等，刺贪刺虐入木三分。”而“神魔皆有人情，精魅亦通世故”是鲁迅对《西游记》的评价。本题是选非题，所以答案是D。

A项：《桃花扇》是中国清代著名的传奇剧本，作者是孔尚任，作品通过侯方域与李香君悲欢离合的爱情故事，反映了明末动荡的社会现实及统治阶级内部的派系斗争，从而揭示了南明覆灭的根本原因。是“借离合之情，写兴亡之感”。A项正确。B项：《石头记》，古典小说《红楼梦》的别称，四大名著之一，曹雪芹著，高鹗续。《红楼梦》以曹雪芹自身经历为原型，以贾宝玉、林黛玉、薛宝钗之间的恋爱婚姻悲剧为主线，描写了以贾家为代表的四大家族的兴衰，展示了极其广阔的封建社会的典型生活环境，曲折地反映了那个社会必然崩溃、没落的历史趋势。作者自评“满纸荒唐言，一把辛酸泪”，B项正确。C项：《儒林外史》是四大谴责小说之一，作者吴敬梓利用范进等生动的艺术形象，用辛辣的笔触批判了八股科举制度及由此带来的严重社会问题。黄富民对于《儒林外史》的评价是“一部儒林，终之以琴，滔滔天下，谁是知音”，C项正确。

【例题精讲】(2013·湖南)关于《四库全书》,下列说法错误的是(　　)。

A. 编修于乾隆时期　B. 反映了清代图书的全貌

C. 在编纂过程中纪晓岚贡献突出　D. 分经、史、子、集四目

【答案】B

【解析】《四库全书》是乾隆时期组织的一部规模巨大的丛书,分为经、史、子、集四部分;其中,纪晓岚、陆锡熊和孙士毅是《四库全书》的总纂官,纪晓岚的贡献突出,故A、C、D说法均正确。《四库全书》保存了中国历史大量文献,但其中不利于清朝统治的书籍被大批销毁、篡改,因此并没有反映出清代图书的全貌,B项说法错误。

【例题精讲】(2014·国家)我国古代文人在诗词中常运用典故表达自己的思想感受,下列作品中没有使用典故的是(　　)。

A. 桃花潭水深千尺,不及汪伦送我情　B. 蓬山此去无多路,青鸟殷勤为探看

C. 为报倾城随太守,亲射虎,看孙郎　D. 东篱把酒黄昏后,有暗香盈袖

【答案】A

【解析】B项中用了两个典故:蓬山即蓬莱山,传说中海上的仙山,比喻被怀念者住的地方;青鸟为神话中为西王母取食传信的神鸟,后世以青鸟为信使的代称。C项中的孙郎即孙权,这里引用孙权的一个典故,即《三国志》记载孙权在一次出行中,坐骑为虎所伤,他镇定地在马前击毙了老虎。D项中的东篱指种菊花的地方,语出陶渊明的《饮酒》诗:"采菊东篱下,悠然见南山。"只有A项未使用典故。

【例题精讲】(2013·山东)关于唐代诗歌及诗人,下列说法不正确的是(　　)。

A. "小李杜"指的是李商隐、杜牧

B. 王维和孟浩然是边塞诗的代表作家

C. 杜甫的诗因为反映了安史之乱时的社会现实而被称为"诗史"

D. "海内存知已,天涯若比邻"是王勃的名句

【答案】B

【解析】史上有"大李杜""小李杜"之称,前者指的是李白、杜甫,后者指的是李商隐、杜牧。唐代是我国历史上诗歌最繁荣的时期,其中有两个重要的诗歌风格,"田园诗"和"边塞诗",前者的代表是王维和孟浩然,后者的代表是岑参和王昌龄等。"海内存知己,天涯若比邻"是"初唐四杰"之一的王勃《送杜少府之任蜀州》中的名句,此外其还有名篇《滕王阁序》。杜甫被称为"诗圣",因为其诗注重写实,是现实主义的诗人,杜甫生活在唐代中后期,很多诗歌反映了安史之乱时的社会现实而被称为"诗史"。所以,本题不正确的是B。

【例题精讲】(2016·山东)下列诗句与人物对应不正确的是(　　)

A. 拔山力尽乌江水,今古悠悠空浪花——项羽

B. 群山万壑赴荆门,生长明妃尚有村——西施

C. 羽扇纶巾,谈笑间,樯橹灰飞烟灭——周瑜

D. 三顾频烦天下计,两朝开济老臣心——诸葛亮

【答案】B

【解析】A 项,出自《垓下怀古》,从拔山和乌江可以推知描写的是项羽。B 项,出自杜甫的《咏怀古迹》,明妃指王昭君,因此 B 项错误,当选。C 项,出自苏轼的《念奴娇·赤壁怀古》,描写的是周瑜。D 项,出自杜甫的《蜀相》,描写的是诸葛亮。B 项当选。

【例题精讲】(2017·江苏)下列古诗词中,表达作者对友人的思念之情的是(　　)。

A. 上邪,我欲与君相知,长命无绝衰

B. 问世间,情为何物,直教人生死相许

C. 曾经沧海难为水,除却巫山不是云

D. 红豆生南国,春来发几枝。愿君多采撷,此物最相思

【答案】D

【解析】D 项,该句出自唐代诗人王维《江上赠李龟年》,借咏物而寄相思,是眷怀友人之作。正确。A 项,该句出自汉乐府《上邪》,是一首感情强烈、气势奔放的爱情诗,错误。B 项,该句出自金、元之际著名文学家元好问的《摸鱼儿·雁丘词》。作者以诘问引起读者深深的思索,引发出对世间生死不渝之爱情的热情讴歌,错误。C 项,该句出自唐代诗人元稹的《离思五首》,两句诗化用典故,以沧海之水和巫山之云隐喻爱情之深广笃厚,抒写了诗人对亡妻韦丛渝的爱情和刻骨的思念,错误。

二、传统文化常识

中国传统文化博大精深、源远流长。习近平总书记高度重视传统文化,强调传统文化是中华民族的根基和血脉,是中华民族生命力、向心力、凝聚力、创造力、前进力的重要源泉。因此,国考、省考紧密结合当前文化政策,加大了对传统文化的考查力度。考生不仅要掌握古代称谓、官职、天文、历法、节气、节日、地理、礼仪、音律、科举等知识点,而且还要掌握传统文化精粹等知识点(比如中医、国画、京剧、书法、武术、围棋、象棋、古琴、刺绣、剪纸、瓷器、茶道)。传统文化常识知识点庞大零散、复习难度大。考生可分类归纳整理知识点,标注高频考点,采取理解式记忆的方法,不断丰富自身的知识储备,进而提升自身的文化素养。

【例题精讲】(2009·国家)以下节气按时间顺序排列正确的是(　　)。

A. 立春、惊蛰、雨水、春分

B. 小暑、大暑、处暑、立秋

C. 白露、秋分、寒露、霜降

D. 立冬、小雪、小寒、冬至

【答案】C

【解析】二十四节气分别为:立春、雨水、惊蛰、春分、清明、谷雨、立夏、小满、芒种、夏至、小暑、大暑、立秋、处暑、白露、秋分、寒露、霜降、立冬、小雪、大雪、冬至、小寒、大寒。排序正确的只有 C。

【例题精讲】(2011·国家)京剧作为我国著名剧种,和中医、国画并称为中国三大国粹,下列关于京剧的表述正确的是(　　)。

A. 人们习惯上称戏班、剧团为“杏园”

B. 京剧行当中的“净”是指女性角色

C. “梅派”唱腔创始人是京剧艺术大师梅兰芳先生

D.《梁山伯与祝英台》是京剧经典曲目之一

【答案】C

【解析】京剧大师梅兰芳先生形成了自己独特的艺术风格，世称“梅派”。其代表作有《贵妃醉酒》《天女散花》《宇宙锋》《打渔杀家》。C项正确。A项错误，人们习惯上称戏班、剧团为“梨园”而非“杏园”。B项错误，京剧分为生旦净丑四大行当，生指男子，旦指女子，净指性格刚烈或粗暴的男性，丑指演滑稽人物，鼻梁上抹白粉，也称小丑、小花脸。D项错误，《梁山伯与祝英台》是越剧经典曲目之一，而非京剧。

【例题精讲】(2015·山东)中国古人一般是“因名取字”。字和名之间在意义上往往存在相同或相近、相关联、相反等关系，下列人物的名和字之间意义相反的是(　　)

A. 诸葛亮，字孔明　　B. 岳飞，字鹏举

C. 苏轼，字子瞻　　D. 韩愈，字退之

【答案】D

【解析】诸葛亮，字孔明，字与名相同或相近。岳飞，字鹏举，民间传说岳飞为金翅大鹏鸟转世，其字与名相关联。苏轼，字子瞻，源于“登轼而望之”(《左传·长勺之战》)，其字与名同样相关联。韩愈，字退之，“退之”二字来自这首诗中的最后一句：人求言实，火求心虚，欲成大器，必先退之。其名与字意义相反。故本题应选D项。

【例题精讲】(2017·山东)中国古代的姓、氏、名、字各有不同的意义。下列哪个人物的称谓是由姓和名构成的？(　　)

A. 鲁班　　B. 屈原　　C. 苏东坡　　D. 辛弃疾

【答案】D

【解析】A项：错误，鲁班，鲁非其姓，因是春秋时鲁国人故有此称。姬姓，公输氏，名班。人称公输盘、公输般、班输，或鲁般，惯称鲁班，尊称公输子。发明了锯子、曲尺、墨斗等。B项：错误，屈原，屈为氏，姓芈；原为字，名平。战国时楚国人，《离骚》的作者，楚辞的主要创立者和作者，端午节源于纪念他。C项：错误，苏东坡，东坡是他的号，姓苏，名轼，字子瞻。秦汉时期我国姓氏已合二为一。苏轼与欧阳修并称“欧苏”，为“唐宋八大家”之一。D项：正确，辛弃疾，是姓、名。辛弃疾，字幼安，号稼轩。有“词中之龙”之称，与李清照并称“济南二安”。

【例题精讲】(2015·国家)中国古代在“室”内举办宴会，座位以西为尊，北次之，南再次之，东最次。按“上北下南，左西右东”的方位，下列宴会座位安排符合礼法的是(　　)。

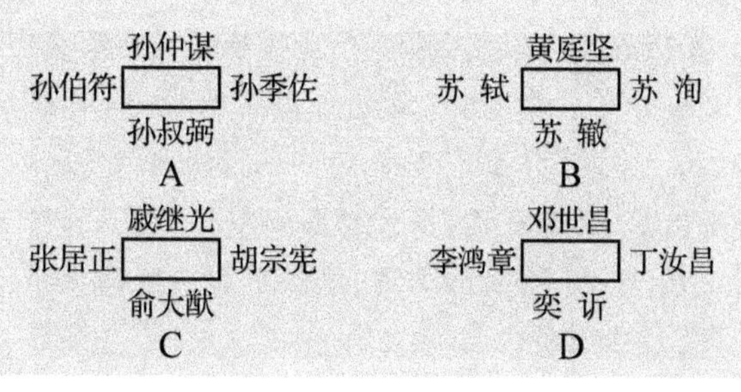

【答案】A

【解析】A项中，四人都是三国时期吴国孙坚的儿子。长子孙策，字伯符；次子孙权，字仲谋；三子孙翊，字叔弼；四子孙匡，字季佐。按照长幼顺序，孙策应坐主位，孙权次之，孙翊再次之，孙匡居末座。古代在对男性同辈排序时通常称长子为“伯”，次子为“仲”，三子为“叔”，四子为“季”。A项排序正确，当选。B项中，四人都是宋代人物。苏洵是苏轼与苏辙的父亲，苏轼是苏辙的兄长，而黄庭坚是苏轼的学生且比苏辙年幼，因此四人的排序应为：苏洵、苏轼、苏辙、黄庭坚。B项错误。C项中，四人都是明代人物。张居正位居内阁首辅，一品官位；胡宗宪官职高于戚继光和俞大猷，且俞大猷官职高于戚继光，因此四人的排序应为：张居正、胡宗宪、俞大猷、戚继光。C项错误。D项中，四人都是晚清人物。奕䜣为恭亲王，李鸿章为直隶总督，丁汝昌为北洋水师提督，邓世昌为致远舰管带，因此四人的排序应为：奕䜣、李鸿章、丁汝昌、邓世昌。D项错误。

【例题精讲】(2016·山东)关于古代音乐，下列说法不正确的是(　　)。

A. 黄钟、大吕是乐律学名词

B. 丝竹是对弦乐器和竹制管乐器的统称

C. 李龟年是唐代著名乐工

D. 教坊是汉代管理宫廷音乐的机构

【答案】D

【解析】D项：教坊是中国古代宫廷音乐机构。始建于唐代，专门管理宫廷俗乐的教习和演出事宜，清代雍正时改教坊司为和声署。本题是选非题，所以答案为D。A项：黄钟，我国古代音韵十二律中六种阳律的第一律。大吕，六种阴律的第一律。后遂以“黄钟大吕”形容音乐或言辞庄严、正大、高妙、和谐。B项：丝竹是对中国传统民族弦乐器和竹制管乐器的统称，亦泛指音乐。C项：李龟年是开元初年的著名乐工，常在贵族豪门歌唱。

【例题精讲】(2017·山东)关于诗句所描述的节日，下列对应正确的是(　　)

①东篱把酒黄昏后，有暗香盈袖

②雨中禁火空斋冷，江上流莺独坐听

③莫唱江南古调，怨抑难招，楚江沉魄

A. 元宵　清明　中秋

B. 重阳　寒食　端午

C. 中秋　寒食　端午

D. 元宵　清明　重阳

【答案】B

【解析】①出自宋李清照《醉花阴》。此句中的“东篱”，借用晋陶渊明的“采菊东篱下”(《饮酒·其五》)，指的是黄昏把酒赏菊。赏菊为九月九日重阳习俗，重阳另有饮菊花酒、登高、插茱萸等习俗。②出自唐韦应物《寒食寄京师诸弟》。“禁火空斋冷”道出寒食节习俗。寒食节相传为晋文公介子推所设，在清明前一日或两日，有禁烟火、吃冷食的习俗。③出自宋吴文英《澡兰香·林钟羽淮安重午》。“唱江南古调”是端午节习俗。“楚江沉魄”意指屈原，屈原一心救楚，反遭驱逐，投古楚国汨罗江而死，端午节即后人为纪念他而设的。端午节还有划龙舟、吃粽子、喝雄黄酒、挂艾草和菖蒲的习俗。诗句对应的节日应为重阳、寒食、端午，所以B项正确。

第五节　其他常识

一、科技常识

科技常识包括古代科学技术成就和现当代科学技术成就，考生应重点掌握与社会热点紧密相关的科技成就。

【例题精讲】下列关于我国古代科学技术的说法，正确的是(　　)。

A. 毕昇发明了造纸术

B.《黄帝内经》是我国现存最早的医书

C.《齐民要术》被称为“中国 17 世纪的工艺百科全书”

D. 三国时期，祖冲之精确计算出圆周率在 3.141 592 6～3.141 592 7 之间

【答案】B

【解析】B 项正确，最早的医学典籍是《黄帝内经》。A 项错误，毕昇所发明的是活字印刷术，造纸术是四大发明(造纸术、指南针、火药及印刷术)之一，东汉元兴元年(105)蔡伦改进了造纸术。C 项错误，《齐民要术》是贾思勰所著的一部综合性农学著作，也是世界农学史上最早的专著之一，是中国现存最早的一部完整的农书。明朝宋应星的《天工开物》才是“中国 17 世纪的工艺百科全书”。D 项错误，祖冲之计算出圆周率 3.141 592 6～3.141 592 7 之间正确，但祖冲之是南北朝时期人。

【例题精讲】(2011・国家)下列关于人类航天史的说法，正确的是(　　)。

A. 载人飞船首次在地球轨道上实现交会和对接是在 20 世纪 60 年代

B. 苏联宇航员加加林是世界上第一个进行太空行走的人

C. 成功将世界上第一颗人造地球卫星送入太空的是美国

D. 首次实现登月的载人飞船是“阿波罗 13 号”

【答案】A

【解析】A 项正确，1961 年 11 月至 1966 年 11 月美国实施了“双子星座”计划，“双子星座”计划共进行 10 次载人飞行，实现了载人飞船在地球轨道上的交会和对接。B 项错误，1965 年 3 月 18 日，苏联宇航员阿列克谢・列昂诺夫在“上升 2 号”飞船航天飞行期间实现了离舱 12 分钟的太空行走，成为历史上首位实现太空行走的宇航员。加加林是人类遨游太空的第一人。C 项错误，1957 年 10 月 4 日，苏联成功发射了世界上第一颗人造地球卫星“伴侣”。D 项错误，1969 年美国“阿波罗 11 号”飞船成功登月，阿姆斯特朗成为人类登月的第一人。

【例题精讲】(2009·国家)新中国成立以后,我国政府制定了"两弹一星"的战略决策,这一战略目标的实现是在(　　)。

A. 20世纪50~60年代　　B. "大跃进"时期

C. 20世纪60~70年代　　D. "文革"时期

【答案】C

【解析】"两弹一星"指导弹、核弹、人造卫星。中国的"两弹一星"是20世纪下半叶中华民族创建的辉煌伟业。1960年11月5日,中国的第一枚国产近程导弹发射成功;1964年10月16日,中国第一颗原子弹爆炸成功,使中国成为世界上第五个有原子弹的国家;1967年6月17日,中国第一颗氢弹空爆试验成功;1970年4月24日,中国第一颗人造卫星发射成功,使中国成为世界上第五个发射人造卫星的国家。

二、经济常识

经济常识考查的范围主要有:马克思主义政治经济学、市场经济理论、西方经济(微观经济、宏观经济、国际经济)及经济学名词四大板块。考生不仅要熟练掌握基本经济知识,还要培养经济思维能力。

【例题精讲】(2012·山东)下列经济学理论或政策,与之对应不正确的是(　　)。

A. 新自由主义——凯恩斯　　B. 经济危机理论——马克思

C. 国家调节和干预经济——罗斯福　　D. 自由放任——亚当·斯密

【答案】A

【解析】新自由主义是指当代经济理论中强调自由放任理论与政策的经济学体系和流派,产生于20世纪20—30年代。新自由主义认为市场是完全自由的竞争,倡导个人主义,提倡自由放任的市场经济,反对国家干预经济,主张私有化。凯恩斯是现代经济学最有影响的经济学家之一,代表作《就业、利息和货币通论》。他创立的宏观经济学与弗洛伊德所创立的精神分析法、爱因斯坦发现的相对论一起并称为20世纪人类知识界的三大革命。他主张放弃经济自由主义,代之以国家干预的方针和政策。A项对应错误,本题为选非题,A是答案。

B项对应正确,经济危机理论是马克思主义经济学说的重要组成部分,是研究自由资本主义现实经济危机的产物。C项对应正确,罗斯福新政的主要内容是复兴、救济和改革,为实施国家干预经济,进行体制性自我调整提供了宝贵的经验。D项对应正确,亚当·斯密被称为"经济学之父",创立了以自由放任为基础的古典经济学派,提出了经济的发展是由"看不见的手"市场来引导的理论,提倡自由竞争,反对政府干预。代表作是《国富论》。

【例题精讲】(2013·国家)下列经济指标与衡量对象对应关系正确的是(　　)。

A. 赤字率——财政风险　　B. 恩格尔系数——收入分配差距

C. 基尼系数——居民生活水平　　D. 生产者物价指数——货币供应量

【答案】A

【解析】A项正确,赤字率是衡量财政风险的一个重要指标。B项错误,恩格尔系数是食品支出总额占个人消费支出总额的比重，是衡量一个家庭或一个国家富裕程度的主要标准之一。C项错误，基尼系数是1943年美国经济学家阿尔伯特·赫希曼根据洛伦兹曲线所定义的判断收入分配公平程度的指标。D项错误，生产者物价指数是衡量工业企业产品出厂价格变动趋势和变动程度的指数，是反映某一时期生产领域价格变动情况的经济指标。

三、历史常识

历史常识包括古代历史、近代历史、现代历史、世界历史等多个模块，考生应重点掌握重大历史事件的发生时间、主要内容与影响。复习时切忌孤立地、僵化地记忆知识点，应通过点、线、面的积累，构建知识网络。

【例题精讲】（2013·国家）下列诗句反映的历史事件，按时间先后排序正确的是（　　）。

①北师覆没威海卫，签订条约在马关

②鸦片带来民族难，销烟虎门海滩前

③武装起义占三镇，武昌汉口和汉阳

A. ①③②　　B. ②③①　　C. ①②③　　D. ②①③

【答案】D

【解析】①句反映的事件是1894—1895年的“中日甲午战争”以及1895年签订的《马关条约》。②句反映的事件是1839年的“虎门销烟”。③句反映的事件是1911年的“武昌起义”。因此时间先后顺序是②①③，D项正确。

【例题精讲】（2014·国家）下列情形可能发生的是（　　）。

A. 南北朝贵族妇女去佛寺礼佛　　B. 半坡原始居民种植玉米

C. 周武王穿着铁制铠甲伐纣　　D. 秦朝儿童春天放纸风筝

【答案】A

【解析】A项正确，南北朝时期佛教盛行，贵族妇女去佛寺礼佛是可能发生的。B项错误，半坡时代并没有玉米，玉米于16世纪才传入中国。C项错误，考古发现最早的铁器属于春秋时代，周武王时代没有出现铁器。D项错误，世界上最早的纸出现于中国的西汉时期。秦朝时并没有纸。

【例题精讲】（2016·山东）下列事件或文献按时间排序正确的是（　　）。

A. 黄巢起义→黄巾起义→黄花岗起义

B.《春秋左氏传》→《资治通鉴》→《四库全书》

C. 阿姆斯特朗登月→原子弹诞生→哈勃空间望远镜升空

D. 美国《独立宣言》→《共产党宣言》→法国《人权宣言》

【答案】B

【解析】A项排序错误，黄巢起义发生于唐朝末年公元878年到公元884年；黄巾起义发生于东汉末年，开始于公元184年；黄花岗起义是1911年中国同盟会在广东省发起的一场起义。B项排序正确，《春秋左氏传》写于春秋战国时期，作者传说是左丘明；《资治通鉴》写于北宋，作者是司马光；《四库全书》编纂于清朝乾隆时期，由纪晓岚等编纂。C项排序错误，阿姆斯特朗于1969年7月21日成为第一个踏上月球的宇航员；第一颗原子弹诞生是在1945年7月16日，于美国新墨西哥州引爆成功；哈勃空间望远镜于1990年4月24日在美国肯尼迪航天中心，由“发现号”航天飞机成功发射。D项排序错误，美国《独立宣言》在1776年签署，《共产党宣言》于1848年在伦敦发表，《人权宣言》是1789年法国大革命时期颁布的纲领性文件。B项当选。

【例题精讲】（2011·国家）在几千年人类文明发展进程中，亚洲、非洲、美洲、欧洲都留下许多宝贵的文学、艺术和建筑遗产，下列文化遗产属于同一个大洲的是（　　）。

A.《最后的晚餐》、雕塑“思想者”、雕塑“大卫”

B. 胡夫金字塔、狮身人面像、帕特农神庙

C.《百年孤独》、《老人与海》、《海底两万里》

D.《飞鸟集》、《高老头》、《源氏物语》

【答案】 A

【解析】 A项正确，《最后的晚餐》的作者是意大利达·芬奇，雕塑“思想者”的作者是法国罗丹；雕塑“大卫”的作者是意大利雕塑家米开朗琪罗，都属于欧洲的文化遗产。

B项错误，“胡夫金字塔”和“狮身人面像”为埃及文化遗产，而“帕特农神庙”为希腊建筑遗产。埃及地处非洲，希腊地处欧洲。C项错误，《百年孤独》的作者是拉丁美洲作家马尔克斯，《老人与海》的作者是美国作家海明威，《海底两万里》的作者是法国科幻小说家儒勒·凡尔纳。D项错误，《飞鸟集》的作者是印度诗人泰戈尔，《高老头》的作者是法国著名作家巴尔扎克，《源氏物语》是日本的一部古典文学名著。

四、自然地理常识

自然地理的常考知识点包括宇宙环境、大气环境、海洋和陆地等，既注重对地理基本知识的考查，又注重对地理思维能力的考查。考生要注重对地理基本原理和规律的学习，不断总结地理知识，形成条理清晰、因果关系明确的地理知识图系。

【例题精讲】（2013·国家）关于地球生物演化史，下列哪组排序是正确的？（　　）

A. 蓝藻→蕨类→裸子植物→被子植物

B. 节肢动物→草履虫→软体动物→脊椎动物

C. 细菌→腔肠动物→爬行类→鱼类

D. 苔藓→绿藻→菌类→双子叶植物

【答案】 A

【解析】 B项的顺序应为：草履虫→软体动物→节肢动物→脊椎动物。C项的顺序应为：细菌→腔肠动物→鱼类→爬行类。D项的顺序应为：菌类→绿藻→苔藓→双子叶植物。A项顺序正确。植物的进化顺序为：菌藻植物（蓝藻、绿藻、红藻）→蕨类植物→裸子植物→被子植物。

【例题精讲】(2014·国家)燃放烟花最佳的气象条件:有较多分散性低云、碎积云,云底高度在1 000米左右,有一定的水汽,相对湿度70%左右,风力小于3级。下列诗句描述的天气中最适合欣赏烟花的是( )。

A. 晴空一鹤排云上,便引诗情到碧霄　　B. 黄梅时节家家雨,青草池塘处处蛙

C. 天上灰布悬,雨丝定连绵　　D. 风雨从北来,万木皆怒号

【答案】C

【解析】A项正确。诗句出自刘禹锡的《秋词》,意思是在晴朗的天空中,一只白鹤排云而上,激起了我的诗情飞到蔚蓝的天空里。A项符合碎积云、云底高度1 000米左右,相对湿度等条件,适合欣赏烟花。B项错误,诗句出自赵师秀《约客》,意思是梅子黄时,家家都被笼罩在雨中,长满青草的池塘边传来阵阵蛙声。描述的是雨天,不适合欣赏烟花。C项错误,"天上灰布悬,雨丝定连绵"是指雨层云降水,不适合欣赏烟花。D项错误,诗句出自陆游的《风雨》,"万木皆怒号"风力明显大于三级,不适合欣赏烟花。

【例题精讲】(2017·江苏)下列对诗句中所涉及的天气现象的说法,正确的是( )。

A. "八月秋高风怒号,卷我屋上三重茅"反映的是台风的影响

B. "黑云压城城欲摧,甲光向日金鳞开"中的"黑云"属于卷云

C. "清明时节雨纷纷,路上行人欲断魂"描述了江南梅雨时节的情景

D. "忽如一夜春风来,千树万树梨花开"描写的是北方的雪景

【答案】D

【解析】D项出自岑参的《白雪歌送武判官归京》。这两句写的是北方的雪景,以"春风"使梨花盛开,比拟"北风"使雪花飞舞。正确,当选。A项出自杜甫的《茅屋为秋风所破歌》。从这句诗可以看出时间是秋天,写作的地点是成都,在8月份的成都一般不会发生台风,只能说这句诗所写的天气是风比较大,算不上台风。错误。B项出自李贺的《雁门太守行》。这里的"黑云"指的是厚厚的乌云,代指攻城敌军的气势。而"卷云"具有丝缕状结构,柔丝般光泽,分离散乱的云。云体通常白色无暗影。错误。C项出自杜牧的《清明》。此句诗描写的是清明节,时间是每年公历的4月份,而江南的梅雨季节是每年的6~7月份。错误。

五、生活常识

生活常识,是指人们在日常生活中总结出来的科学知识,涵盖健康、营养、饮食、居家、生活小窍门等各方面。

【例题精讲】(2011·国家)下列有关生活常识的说法,不正确的是( )。

A. 夏天不宜穿深色衣服,深色衣服比浅色衣服更易吸收辐射热

B. 驱肠虫药若饭后服用,不易达到最好的驱虫效果

C. 按照建筑采光要求,相同高度的住宅群,昆明的楼房距应该比哈尔滨的楼房间距大

D. 在汽车玻璃清洗液中加入适当比例的酒精,可使其抗冻效果更好

【答案】C

【解析】昆明处于低纬度地区，哈尔滨处于高纬度地区，前者太阳高度较高，与地面之间的角度更大，所以楼距间可以更小。所以C项错误。

【例题精讲】（2012·山东）下列有关生活常识的叙述，不正确的是（　　）。

A. 不慎扭伤关节，不应立即揉搓按摩

B. 洪水来袭，如来不及逃生可向高处转移等候营救

C. 火灾逃生时，应用湿毛巾或口罩蒙鼻，匍匐着撤离

D. 电热毯折叠加热，升温快，且便于热量保存

【答案】D

【解析】为保证家庭使用电热毯的安全和延长电热毯的使用寿命，电热毯严格禁止折叠使用。使用电热毯的过程中，应经常检查电热毯是否有集堆、打褶现象，如有，应将皱褶摊平后再使用，因此D项不正确，符合题干要求。A、B、C三项的叙述均正确。

【例题精讲】（2015·国家）关于生活常识，下列说法错误的是（　　）。

A. 吃松花蛋时佐以食醋，是为了减少松花蛋的涩味

B. 电灯泡中加入少量红磷，是为了防止灯丝氧化

C. 纯碱使馒头稀松多孔，是因为化学反应产生二氧化碳

D. 千滚水不宜饮用，是因为其中的细菌含量会大大增加

【答案】D

【解析】千滚水是指反复煮沸的水。水在反复煮沸的过程中，滋生出亚硝酸盐、重金属等有害物质，长期饮用会影响人的身体健康。因此D项错误，当选。

【例题精讲】（2015·国家）下列关于日常生活中的做法，不正确的是（　　）。

A. 为了使用方便和最大限度地利用材料，机器上用的螺母大多是六角形

B. 在加油站不能使用手机，是因为手机在使用时产生的射频火花很容易引起爆炸，发生危险

C. 交通信号灯中红色被用作停车信号是因为红色波长最长

D. 家中遇到煤气泄漏事件应立即使用房间的电话报警

【答案】D

【解析】打电话时会产生微弱电流，遇到煤气可能发生爆炸，所以D项错误。

六、物理化学常识

物理化学常识会与诗句考查结合在一起。

【例题精讲】（2016·山东）下列各项中，不属于化学变化的是（　　）。

A. 焰色反应　　B. 铁锅生锈

C. 粮食酿酒　　D. 卤水点豆腐

【答案】A

【解析】A项，焰色反应是某些金属或它们的挥发性化合物在无色火焰中灼烧时使火焰呈现出特征颜色的反应，是物质原子内部电子能级的改变，通俗的说是原子中的电子能量的变化，不涉及物质结构和化学性质的改变。焰色反应是物理变化，它并未生成新

物质。B项，铁锅生锈是铁和水、空气发生化学反应，属于化学变化。C项，粮食中的淀粉经过发酵（无氧呼吸），生成酒精，是化学变化。D项，豆浆是蛋白质胶体溶液，加入卤水可以使胶体发生聚沉，形成豆腐，属于化学变化。因此，A项当选。

【例题精讲】（2015·国家）下列俗语与对应的成语，二者本意所指属于同一物理现象的是（　　）。

A. 宝剑锋从磨砺出——百炼成钢　　B. 酒香不怕巷子深——近朱者赤

C. 小小秤砣压千斤——举重若轻　　D. 近水楼台先得月——海市蜃楼

【答案】 B

【解析】 A项错误，"宝剑锋从磨砺出"是物理变化；"百炼成钢"是指铁经过反复锤炼才成为坚韧的钢，锤炼的目的是让铁中的碳和氧气反应生成二氧化碳，从而降低含碳量，在这个过程中发生了化学反应，属于化学变化。B项中，"酒香不怕巷子深"和"近朱者赤"的原理都是分子扩散，属于同一种物理现象，因此B项正确，当选。C项错误，"小小秤砣压千斤"利用的是杠杆原理；"举重若轻"指举起沉重的东西像是在摆弄轻的东西，在物理学中，它反应的是一种等效转换法。D项错误，"近水楼台先得月"是由光的反射产生的现象；"海市蜃楼"是由光的折射产生的自然现象。

【例题精讲】（2015·国家）对下列诗词蕴含的化学原理解释错误的是（　　）。

A. 蜡炬成灰泪始干——烃类的不完全燃烧

B. 爆竹声中一岁除——爆炸产生二氧化硫

C. 日照香炉生紫烟——多环芳香烃的升华

D. 洪炉照破夜沉沉——燃烧释放二氧化碳

【答案】 C

【解析】 C项，"日照香炉生紫烟"出自李白的《望庐山瀑布》，"紫烟"是香炉峰瀑布的水汽在日光照耀下产生的折射现象，是物理变化，不是化学变化。因此C项错误，当选。

A项，"蜡炬成灰泪始干"出自李商隐的《无题》，"灰"是指蜡烛不完全燃烧生成的碳（黑色）和一些蜡烛中杂质燃烧后的产物，属于烃类的不完全燃烧。A项正确。B项，"爆竹声中一岁除"出自王安石的《元日》，"爆竹"成分中含有硫黄，硫黄中含有硫，硫燃烧产生二氧化硫。B项正确。D项，"洪炉照破夜沉沉"出自于谦的《咏煤炭》，"洪炉"因烧炭而产生二氧化碳。D项正确。

【例题精讲】（2017·江苏）下列现象对应的光学原理错误的是（　　）。

A. 汽车后视镜扩大驾驶员视野——折射

B. 雨夜路灯出现一圈圈的光环——色散

C. 看立体电影需戴上特殊眼镜——偏振

D. 使用闪光灯拍照时出现红眼——反射

【答案】 A

【解析】 A项错误，光的折射是光从一种介质斜射入另一种介质时，传播方向发生改变，从而使光线在不同介质的交界处发生偏折。光的反射是光在传播到不同物质时，在分界面上改变传播方向又返回原来物质中的现象。汽车后视镜利用光的反射原理观察车后情况，同时利用凸面镜对光有发散作用的原理，可以扩大视野，从而更好地注意到后方车辆的情况。

B项正确，色散指复色光分解为单色光而形成光谱的现象。雨天水雾笼罩着路灯，灯光发射出来，被雨雾折射(也就是发生了色散)，从而形成五颜六色的光环。C项正确，偏振式3D技术是利用光线有“振动方向”的原理来分解原始图像的，这样人的左右眼就能接收两组画面，再经过大脑合成立体影像。D项正确，当相机闪光灯闪过后，瞳孔还没有足够的时间收缩，大量光就会从眼底(眼睛内层表面)反射出来。由于脉络膜充血足，反射到镜头上的光线就会呈红色。从而产生“红眼”。

第六节　真题演练(2019·国考地市级)

根据题目要求,在四个选项中选出一个最恰当的答案。

1. 党的十八大以来,以习近平同志为核心的党中央,紧密结合新的时代条件和实践要求,以全新的视野深化对共产党执政规律、社会主义建设规律、人类社会发展规律的认识,创立了习近平新时代中国特色社会主义思想,其核心要义是(　　)。

A. 中国特色社会主义进入了新时代

B. 实现社会主义现代化和中华民族伟大复兴

C. 坚持和发展中国特色社会主义

D. 坚持以人民为中心的发展思想

2. 根据党的十九大报告,下列说法不准确的是(　　)。

A. 发展是解决我国一切问题的基础和关键

B. 文化自信是一个国家、一个民族发展中更基本、更深沉、更持久的力量

C. 完善就业保障是中华民族永续发展的千年大计

D. 带领人民创造美好生活是我们党始终不渝的奋斗目标

3. 中国特色社会主义是改革开放以来党的全部理论和实践的主题,是党和人民历尽千辛万苦、付出巨大代价取得的根本成就。中国特色社会主义最本质的特征是(　　)。

A. 依法治国　　　　B. 人民当家作主

C. 中国共产党领导　　　　D. 实行人民代表大会制度

4. 下列与扶贫有关的说法正确的是(　　)。

A. 习近平总书记首次提出了“精准扶贫”的理念

B. 扶贫工作坚持扶贫同扶志相结合,“大水漫灌”与“精准滴灌”相结合

C. 全面发展高新产业是《“十三五”脱贫攻坚规划》提出的一项重要举措

D. 脱贫目标是到2035年稳定实现现行标准下农村贫困人口“两不愁、三保障”

5. 下列与我国军事国防相关的说法错误的是(　　)。

A. 新形势下我军的军事战略方针是积极防御

B. 中国位于海洋地缘战略区和欧亚大陆地缘战略区的交接处

C. 维护地区和世界和平是我国军队担负的主要战略任务之一

D. 大力发展军民融合是维护国家主权和安全的战略基石

6. 有关经济学常识,下列说法错误的是(　　)。

A. 货币发行是中央银行的负债业务

B. 国民收入统计中包括退休金

C. 公共物品无法通过市场机制来调节供求

D. 春节前后的物价上涨不属于通货膨胀

7. 关于文学作品中的典故，下列解释错误的是（　　）。

A. “相顾无相识，长歌怀采薇”中的“采薇”指的是建功立业的抱负

B. “劳歌一曲解行舟，红叶青山水急流”中的“劳歌”指的是送别歌曲

C. “蓬山此去无多路，青鸟殷勤为探看”中的“青鸟”指的是信使

D. “忆君初得昆山玉，同向扬州携手行”中的“昆山玉”指的是杰出人才

8. 某人扁桃体化脓，医生建议其静脉注射头孢，药液从其手背静脉到达扁桃体患处所经过的途径是：上肢静脉→右心房→①→②→左心房→③→④→动脉→扁桃体毛细血管（患处），依次填入①②③④正确的是（　　）。

A. 肺循环；右心室；左心室；主动脉

B. 右心室；肺循环；左心室；主动脉

C. 左心室；肺循环；主动脉；右心室

D. 主动脉；右心室；左心室；肺循环

9. 根据我国宪法和有关法律，下列国家机关的哪一做法不符合规定（　　）。

A. 某市监察委员会决定对涉嫌行贿的某公司法定代表人实行留置

B. 某自治州人民代表大会常务委员会制定城市环境管理的地方性法规

C. 某县人民法院执行民事事件时要求被执行人提供手机微信记录

D. 中国证券监督管理委员会依法制定有关上市公司的监管规章

10. 关于人民陪审员，下列说法符合法律规定的是（　　）。

A. 陪审员小李所在的单位因其在工作日参加审判活动而扣发他的奖金

B. 公证员小张被某县人民法院选聘为人民陪审员

C. 陪审员小赵在七人合议庭审理的案件中对法律适用参加表决

D. 陪审员小刘参加审判活动，人民法院按实际工作日对其给予补助

11. 下列犯罪行为应以盗窃罪论处的是（　　）。

A. 甲窃得价值 5 000 元的手机一部，被发现后持械抗拒抓捕

B. 乙窃得同事的信用卡一张，并用其消费 10 000 元

C. 丙在火车上捡到价值 50 000 元的提包一只，经失主催要后拒不归还

D. 丁为某私营公司的销售主管，在销售过程中私自将价值 50 000 元的产品据为己有

12. 关于我国诉讼程序中的鉴定，下列说法错误的是（　　）。

A. 对于鉴定所形成的结果，当事人有异议的可申请重新鉴定

B. 鉴定人在鉴定意见上的签名或盖章均具有法律效力

C. 民事诉讼中，基于意思自治原则，鉴定只能由当事人申请

D. 刑事诉讼中，鉴定人是否有必要出庭由人民法院决定

13. 某有限责任公司有股东甲、乙、丙、丁、戊 5 人，注册资本为 200 万元，其中甲出资 10 万元、乙 20 万、丙 10 万元、丁 10 万元、戊 150 万元。公司运行 3 年后，效益良好，甲、乙、丙、丁在戊出差期间自行商量后通过了进一步增加注册资本 50 万元的决议，下列说法正确的是（　　）。

A. 甲、乙、丙、丁通过的决议有效

B. 该增资决议应由全体股东一致同意

C. 戊可以自行决定是否增加注册资本，无需经过甲、乙、丙、丁的同意

D. 戊可以向人民法院起诉确认该增资决议无效

14. 垄断协议分为横向垄断协议和纵向垄断协议，下列哪一垄断协议与其他三项不同？（　　）

A. 甲市销售排名前五的手机销售门店召开会议，指定下半年各类手机产品的最低价格

B. 乙市四家最大的面包店把全市五十家面包店组织在一起，协议指定采购某品牌面粉

C. 丙市七家米粉厂互相约定，各米粉厂只能在划定的区域内销售米粉

D. 丁市某电器生产公司和八家电器销售公司约定对外批发电器的销售价格

15. 下列情形中，用人单位不需要支付经济补偿金的是（　　）。

A. 甲公司提出并与张某协商一致解除劳动合同

B. 乙公司未依法为李某提供劳动保护，李某提出解除劳动合同

C. 丙公司生产经营发生严重困难而解除与孙某的劳动合同

D. 丁公司于劳动合同期满后提高待遇要求续签，赵某拒绝

16. 这幅图反映了某次重要会议，这次会议可能是（　　）。

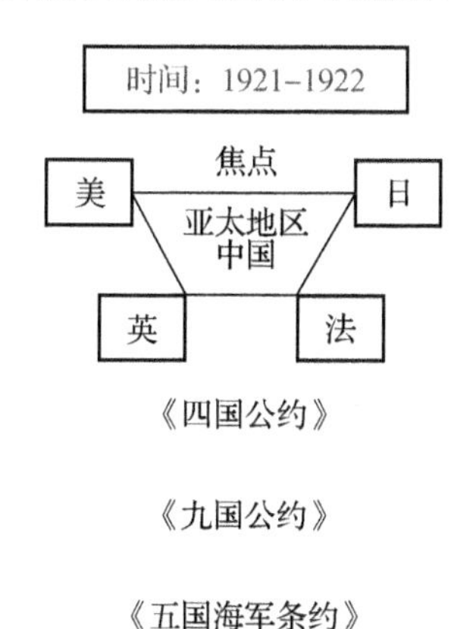

影响：确立列强在亚洲、太平洋地区的秩序

A. 巴黎和会　　B. 华盛顿会议

C. 万隆会议　　D. 雅尔塔会议

17. 关于我国的油料作物，下列说法错误的是（　　）。

A. 芝麻喜凉，果实有黑、白之分，山东省产量最高

B. 花生喜温耐瘠，适宜种在排水良好的沙质土壤中

C. 大豆喜温，生长发育期间低温会延迟开花成熟

D. 油菜抗寒力较强，是我国分布最广的油料作物

18. 下列地理分界线对应正确的是（　　）。

A. 横断山脉——内流区和外流区

B. 本初子午线——东半球和西半球

C. 200 毫米等降水量线——农耕区和畜牧业区

D. 祁连山脉——河西走廊和柴达木盆地

19. 关于核磁共振,下列说法错误的是(　　)。

A. 核磁共振技术可以进行地下水探测

B. 核磁共振技术常用于脑肿瘤的检测

C. 核磁共振会产生电离辐射影响人体健康

D. 带有心脏起搏器的病人不能做核磁共振

20. 钢是主要由铁元素和碳元素组成的①合金,钢的含碳量②大于生铁,在钢中加入其他元素能够继续改善钢的性质,例如,加入锰元素主要增加钢的③强度,在钢的锻造中,淬火可以实现其④快速冷却。

这段文字中画线部分错误的是(　　)。

A. ①　　B. ②　　C. ③　　D. ④